2014
中国住户调查年鉴
CHINA YEARBOOK OF HOUSEHOLD SURVEY

国家统计局住户调查办公室　编

COMPILED BY
Department of Household Surveys
National Bureau of Statistics of China

中国统计出版社
China Statistics Press

图书在版编目（CIP）数据

中国住户调查年鉴 . 2014 / 国家统计局住户调查办公室编 . -- 北京 : 中国统计出版社 , 2014.10
ISBN 978-7-5037-7307-5

Ⅰ . ①中… Ⅱ . ①国… Ⅲ . ①居民家庭收支调查－中国－ 2014 －年鉴②农民家庭收支调查－中国－ 2014 －年鉴 Ⅳ . ① F126.2-54 ② D422.7-54

中国版本图书馆 CIP 数据核字 (2014) 第 221911 号

中国住户调查年鉴—2014

作　　者 / 国家统计局住户调查办公室
责任编辑 / 许立舫
封面设计 / 孙元明
出版发行 / 中国统计出版社
通信地址 / 北京市丰台区西三环南路甲 6 号 邮政编码 /100073
电　　话 / 邮购（010）63376909 书店（010）68783171
网　　址 / http://csp.stats.gov.cn
印　　刷 / 河北天普润印刷厂
经　　销 / 新华书店
开　　本 / 880×1230 毫米 1/16
字　　数 / 760 千字
印　　张 / 24
版　　别 /2014 年 10 月第 1 版
版　　次 /2014 年 10 月第 1 次印刷
定　　价 /248. 00 元

如有印装差错，由本社发行部调换。

《中国住户调查年鉴—2014》编辑委员会

编 者 说 明

一、《中国住户调查年鉴—2014》是将城乡住户调查资料整合后，统一编辑出版的、全面反映中国城乡居民收支和生活状况的资料性年鉴。该年鉴首次收录了2013年城乡住户调查一体化后的全国居民人均收入和消费支出、2013年全国居民主要食品消费数量、2013年全国居民户年末主要耐用品拥有量等数据，同时继续保留了历年全国以及按31个省（区、市）分组、按收入等份分组和按4个经济区域分组的城镇居民和农村居民相关调查数据。

二、本书的资料来源于国家统计局组织开展的2013年城乡一体化住户调查，以及2012年及以前年份分别开展的城镇住户抽样调查和农村住户抽样调查，未包括香港、澳门特别行政区和台湾省数据。全国居民收支数据来自于一体化住户调查，分城乡居民收支数据则是分别按照城乡住户调查方案采集和汇总，编辑过程中尽量与以往年鉴资料保持一致。

三、全书内容分为八个部分，即：综述； 1.2013年全国居民收支与生活状况调查主要数据；2. 历年全国分城乡居民收支与生活状况调查主要数据； 3. 主要年份分城乡住户调查分组综合数据；4. 主要年份分地区分城乡居民收支数据；5. 分地区全体居民和分城乡居民收支主要数据；6. 农村住户固定资产投资基本情况；住户调查简介。

四、本年鉴数据一般保留一位小数，部分数据合计由于单位取舍不同而产生的计算误差均未作调整。

五、本年鉴各表中对全表的注解均在表上方，对表中部分指标的注解则在表下方。带续表的资料中对部分指标的注解则在最后一张续表的下方。

六、本年鉴的符号使用说明："空格"表示该统计指标数据不详或无该项统计；"#"表示其中的主要项；"*"表示本表下有注解。

编　者

2014年7月

目录

综述

第一部分　2013年全国居民收支与生活状况调查主要数据

第二部分　历年全国分城乡居民收支与生活状况调查主要数据

一、全国城镇居民收支主要数据

二、全国农村居民收支主要数据

第四部分　主要年份分地区分城乡居民收支数据

一、主要年份分地区城镇居民收支数据

二、主要年份分地区农村居民收支数据

第五部分　分地区全体居民和分城乡居民收支主要数据

一、2013年分地区全体居民收支主要数据

第六部分　农村住户固定资产投资基本情况

住户调查简介

综　述

2013年城乡住户调查主要结果综述

据对全国31个省(自治区、直辖市)16万户居民家庭的抽样调查,2013年,全国城镇居民收入稳定增长,生活质量继续提高;全国农村居民纯收入较快增长,消费结构进一步改善,生活水平提高。城乡居民收入相对差距缩小。

一、2013年城乡居民收入①②

(一)城镇居民收入

2013年全国城镇居民人均总收入29547元,人均可支配收入26955元,分别比上年增长9.6%和9.7%。剔除价格因素影响,人均可支配收入实际增长7.0%。

1. 工资性收入增长9.2%

2013年城镇居民人均工资性收入18930元,比上年增长9.2%,拉动总收入增长5.9个百分点。工资性收入保持稳定增长的主要原因,一是企业薪酬继续上升,在岗职工工资保持稳定增长;二是多数省份上调了最低工资标准,调增幅度超过10%;三是部分地区机关事业单位提高津补贴标准,增发补发绩效奖金和未休年休假工资报酬等;四是中西部地区提高艰苦边远地区津补贴标准。

2. 经营净收入增长9.8%

2013年城镇居民人均经营净收入2797元,比上年增长9.8%,拉动总收入增长0.9个百分点。经营净收入增长的主要原因,一是"营改增"范围推广到全国,有利于改善小微企业的经营环境;二是对月销售或营业额不超过2万元的企业或非企业性单位暂免征收增值税或营业税,切实提高了个体工商户和小微企业从业人员的收入。

3. 财产性收入增长14.6%

2013年城镇居民人均财产性收入810元,比上年增长14.6%,拉动总收入增长0.4个百分点。其中,由于城镇居民出租房屋面积增加、租金上涨,出租房屋收入同比增长17.0%。

4. 转移性收入增长10.1%

2013年城镇居民人均转移性收入7010元,比上年增长10.1%,拉动总收入增长2.4个百分点。主要是各地继续提高企事业单位离退休人员基本养老金水平以及最低生活保障标准、低收入家庭生活补贴标准,城镇居民人均养老金或离退休金比上年增长10.3%;人均社会救济收入比上年增长12.7%。

5. 人均可支配收入中位数③增速高于平均数增速

2013年城镇居民人均可支配收入中位数为24200元,比上年增长10.1%,增速高于平均数增速0.4个百分点,主要是中等偏下收入户收入增速要快于高收入户,中低收入群体得到更多实惠。从收入五等份分组看,低收入组人均可支配收入11434元,比上年增长10.4%;中等偏下收入组人均可支配收入18483元,增长10.3%;中等收入组人均可支配收入24518元,增长9.4%;中等偏上收入组人均可支配收入32415元,增长8.7%;高收入组人均可支配收入56389元,增长9.6%。高收入户与低收入户人均可支配收入之比为4.93,较上年缩小0.04。

6. 东、西部地区居民收入差距有所缩小

2013年东部、中部、西部和东北地区城镇居民人均可支配收入分别32472元、22736元、22710元和22875元,分别增长9.6%、9.9%、10.2%和10.2%。中部、西部和东北地区收入增速快于东部地区,东部、中部、西部和东北地区的收入之比为143.0∶100.1∶100∶100.7(2012年为143.8∶100.5∶100∶100.8),东部与其他地区之间的差距比上年有所缩小。

(二)农村居民收入

2013年全国农村居民人均纯收入8896元,比2012年增加979元,增长12.4%,剔除价格因素影响,实际增长9.3%。

1. 工资性收入保持较快增长

2013年农村居民人均工资性收入4025元,增加578元,增长16.8%,增速比2012年提高0.5个百分点。工资性收入对全年农民增收的贡献率为59.0%,拉动人均纯收入增长7.3个百分点。工资性收入较快增长的原因是2013年农民工人数继续增加,农民工工资水平保持较快上涨。据全国农民工监测调查显示,2013年外出农民工月均收入水平比2012年上涨13.9%。

2. 家庭经营纯收入增长放缓

① 本文分项收支数据因四舍五入的原因,与合计存在有小的误差。

② 若非特别说明,本文收支增长速度均未剔除价格因素影响。

③ 收入中位数:指将所有调查户按收入水平(人均可支配收入,或人均纯收入)从低到高顺序排列,处于最中间位置调查户的收入。

2013年农村居民人均家庭经营纯收入3793元，增加260元，增长7.4%，增速比2012年下降2.3个百分点。家庭经营纯收入对全年农民增收的贡献率为26.5%，拉动人均纯收入增长3.3个百分点。主要情况是：

第一产业纯收入增速下降。2013年农村居民人均家庭经营第一产业纯收入2828元，增加106元，增长3.9%，增速比2012年下降4.1个百分点。一是由于粮食等主要农产品价格涨幅下降、粮食产量增幅低于上年。二是由于土地流转和农业规模经营的发展使一部分原来计入家庭经营农业收入的收入以土地转包费形式计入农村财产性收入，或以务农工资的形式计入工资性收入中。

二、三产业纯收入保持较快增长。2013年农村居民人均家庭经营二、三产业纯收入965元，增加154元，增长19.0%。其中，人均第二产业纯收入245元，增长14.8%；人均第三产业纯收入720元，增长20.5%。二、三产业收入增长较快主要是自营劳动力数量增加较快所致。

3. 财产性收入和转移性收入继续增加

2013年农村居民人均财产性收入293元，增加44元，增长17.7%，主要是由于租金、红利及转让土地承包经营权收入等增长较快。其中，人均转让土地承包经营权收入61元，增长30.8%。农村居民人均转移性收入784元，增加98元，增长14.2%。2012年各地新型农村社会养老保险制度基本实现全覆盖，2013年扩面带来的量增因素减弱，但各地陆续提高养老、低保等社会保障标准，使得转移性收入依然较快增长。

4. 人均纯收入中位数增速高于平均数增速

2013年农村居民人均纯收入中位数7907元，增加888元，增长12.7%。中位数收入比平均收入低11.1%，名义增速高于平均收入增速0.3个百分点。主要是2013年各地提高养老、低保等社会保障标准，中等偏下收入组农户受益较为明显，收入增长较快。按农村居民家庭人均纯收入五等份分组，低收入组人均纯收入2583元，增长11.5%；中等偏下收入组人均纯收入5516元，增长14.7%；中等收入组人均纯收入7942元，增长12.8%；中等偏上收入组人均纯收入11373元，增长12.1%；高收入组人均纯收入21273元，增长11.9%。

5. 现金纯收入比重持续提高

2013年农村居民现金纯收入稳定增加，比重提高。全年现金纯收入人均8043元，比2012年增加1028元，增长14.7%，占人均纯收入比重的90.4%，比重比2012年提高1.8个百分点；实物纯收入人均853元，比2012年减少48元，下降5.4%，占人均纯收入比重的9.6%。

6. 西部地区农村居民收入增速较快

2013年东部、中部、西部、东北地区农村居民人均纯收入分别为12052元、8377元、6834元和9909元，人均纯收入增长速度分别为11.4%、12.7%、13.4%和12.0%。西部地区农村居民人均纯收入增速比东部地区农村居民人均纯收入增速高2.0个百分点，比中部地区农村居民人均纯收入增速高0.7个百分点，比东北地区农村居民人均纯收入增速高1.4个百分点。收入最高省份与最低省份的农村居民人均纯收入比值在2012年为3.95∶1，2013年缩小为3.84∶1。

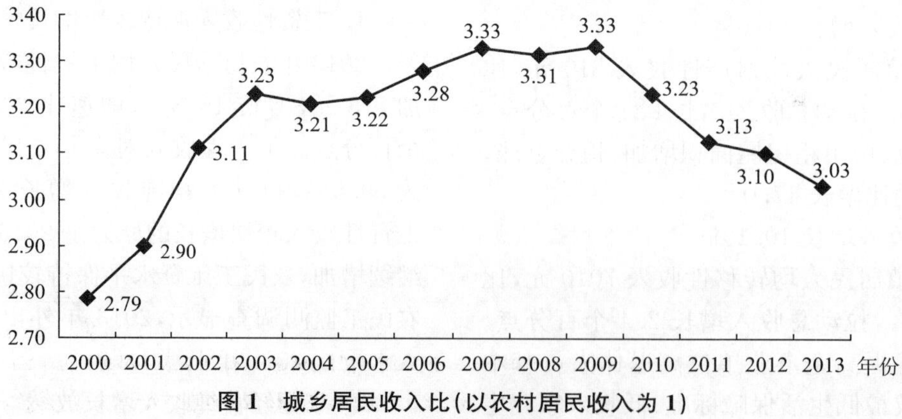

图1 城乡居民收入比(以农村居民收入为1)

(三)城乡居民收入相对差距缩小

2013年全国城镇居民人均可支配收入26955元，比2012年增长9.7%。剔除价格因素影响后实际增长7.0%；2013年全国农村居民人均纯收入8896元，比2012年增长12.4%，剔除价格因素影响后实际增长9.3%。若以农村居民人均纯收入为1，城镇居民人均可支配收入与之比值从2012年的3.10缩小到2013年的3.03。但城乡居民收入绝对差距从16648元扩大到18059元，扩大1411元。城乡居民收入相对差距连续几年缩小，主要是农村居民收入增速连续快于城镇居民收入增长增速，城镇居民人均可支配收入名义增速有所回落。

二、2013年城乡居民消费

(一)城镇居民消费

2013年全国城镇居民人均现金消费支出18023元，比上年增长8.1%，剔除价格因素影响，实际增长5.4%。城镇居民各项现金消费支出继续增长，生活质量进一步提高。

表1 2013年城镇居民人均现金消费支出

指 标	绝对数（元）	名义增长速度（%）	构成（%）
人均现金消费支出	18023	8.1	100.0
1. 食品	6312	4.5	35.0
2. 衣着	1902	4.3	10.6
3. 居住	1745	17.6	9.7
4. 家庭设备及用品	1215	8.9	6.7
5. 交通通信	2737	11.5	15.2
6. 文教娱乐	2294	12.8	12.7
7. 医疗保健	1118	5.1	6.2
8. 其他	699	6.4	3.9

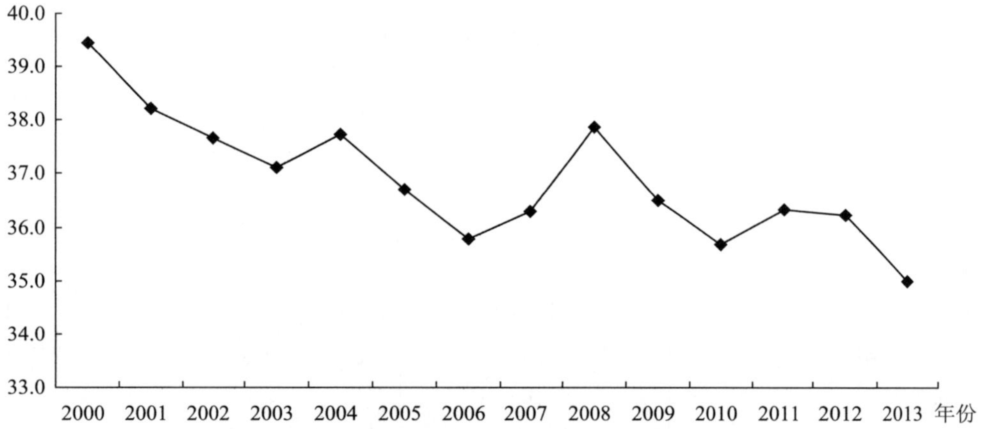

图2 2000—2013年城镇居民恩格尔系数变化情况

1. 食品支出保持增长，恩格尔系数继续下降

2013年城镇居民人均食品支出6312元，比上年增长4.5%，增速比上年低5.2个百分点。食品支出占消费支出的比重为35.0%，比上年低1.2个百分点。其中，在外饮食支出仅比上年增长1.3%，增速为历年来最低。从食品消费量看，粮食、肉类、水产品等继续保持增长，禽类、蔬菜、鲜瓜果等消费量有所下降。

2. 居住支出①快速增长，居住条件有所改善

2013年城镇居民人均居住支出1745元，比上年增长17.6%，增速高于上年12.0个百分点，占消费支出的比重比上年提高0.8个百分点。其中人均租赁房房租支出和居住服务费支出增长较快。城镇居民居住面积继续增加，至2013年底，城镇居民人均现住房建筑面积达到34.4平方米，比上年增加1.5平方米。

① 城镇居民居住支出中未含购建房支出和自有住房虚拟租金。

3. 文娱消费较快增长，教育投入不断增加

2013 年城镇居民人均文教娱乐支出 2294 元，比上年增长 12.8%，增速高于上年 3.0 个百分点，占消费支出的比重比上年提高 0.5 个百分点。其中，人均团体旅游和非义务教育学杂费、托幼费等教育支出增长较快。说明随着收入的提高和物质生活的改善，城镇居民越来越重视文化娱乐消费需求和精神生活质量提高，并且更加重视教育投入。

4. 交通仍是消费热点，出行通信更趋便捷

2013 年城镇居民人均交通通信支出 2737 元，比上年增长 11.5%。家用汽车的进一步普及，带动交通支出继续保持较快增长，2013 年城镇居民人均交通支出 1815 元，比上年增长 11.5%。至 2013 年底，每百户城镇居民家庭拥有家用汽车 24.4 辆，比上年增加 2.9 辆。随着手机、电脑等通信工具拥有量的不断增加和更新频次的加快，城镇居民购买通信工具和相应通信服务的支出继续增长；2013 年城镇居民人均通信支出 916 元，比上年增长 10.8%。其中，人均通讯工具和通讯服务支出分别增长 36.1%和 3.7%。

5. 家庭设备更新换代，耐用消费品支出增加

2013 年城镇居民人均家庭设备及用品支出 1215 元，比上年增长 8.9%。空调、洗衣机、电冰箱等家用电器拥有量继续维持在较高水平，同时城镇居民家庭加速对家具、家电的更新换代，带动 2013 年城镇居民人均耐用消费品支出 514 元，比上年增长 19.2%。

6. 医疗保健、衣着和其他支出继续增长，但增速回落

2013 年城镇居民人均医疗保健支出 1118 元，比上年增长 5.1%，增速低于上年 4.7 个百分点。其中，人均医疗费支出继续保持较快增长，而人均药品费支出有所下降。2013 年城镇居民人均衣着支出 1902 元，比上年增长 4.3%，增速低于上年 4.6 个百分点。人均其他商品和服务支出 699 元，比上年增长 6.4%，增速低于上年 6.6 个百分点。其中，人均金银珠宝饰品支出快速增长，而人均化妆品支出下降明显。

（二）农村居民消费

1. 农村居民消费支出增加

2013 年全国农村居民人均消费支出 6626 元，比 2012 年增加 718 元，名义增长 12.1%。剔除价格因素影响，实际增长 9.0%，实际增速比 2012 年下降 1.4 个百分点。

表 2　2013 年农村居民人均消费支出

指　　标	绝对数（元）	名义增长速度（%）	构成（%）
人均消费支出	6626	12.1	100.0
1. 食品	2495	7.4	37.7
2. 衣着	438	10.6	6.6
3. 居住	1234	13.6	18.6
4. 家庭设备及用品	387	13.3	5.8
5. 交通通信	796	21.9	12.0
6. 文教娱乐	486	9.1	7.3
7. 医疗保健	614	19.5	9.3
8. 其他	175	18.5	2.6

(1)恩格尔系数持续下降

2013 年农村居民人均食品支出 2495 元，比 2012 年增长 7.4%，农村居民食品支出占消费支出的比重即恩格尔系数为 37.7%，比 2012 年下降 1.6 个百分点，已连续五年保持下降(见图 3)。在农村居民的食品支出中，人均粮食支出 439 元，增长 4.8%；人均蔬菜及制品支出 218 元，增长 2.7%；人均肉禽蛋奶及制品支出 686 元，增长 10.5%；人均水产品支出 102 元，增长 10.7%；人均在外饮食支出 328 元，增长 15.8%。

(2)交通通信和医疗保健支出快速增长

2013 年农村居民人均交通通信支出 796 元，比 2012 年增长 21.9%，增速比 2012 年提高 2.6 个百分点。其中，人均购买交通工具支出 256 元，增长 15.0%；人均购买交通工具用燃料支出 145 元，增长 32.1%；人均购买交通工具用零配件支出

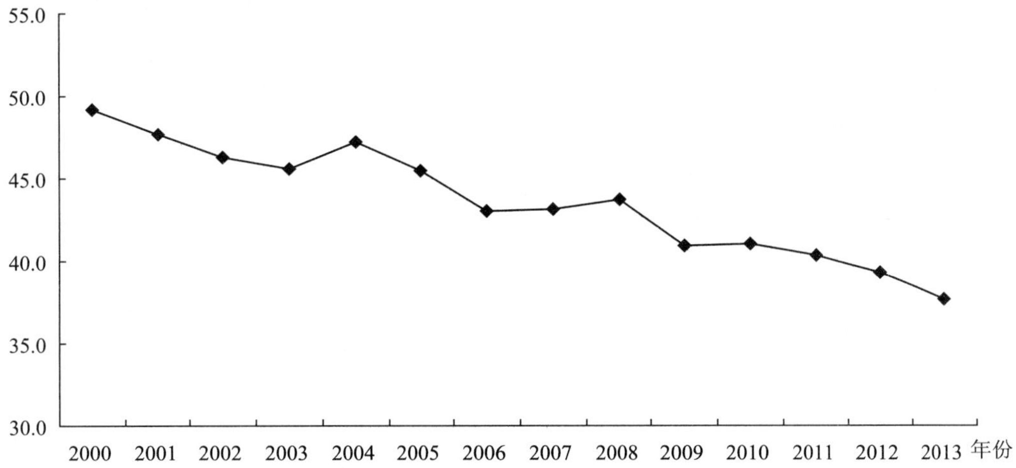

图 3　2000—2013 年农村居民恩格尔系数变化情况

54 元，增长 3.5 倍；人均购买通信工具支出 69 元，增长 45.9%；人均通信服务支出 175 元，增长 25.6%。

2013 年农村居民人均医疗保健支出 614 元，比 2012 年增长 19.5%，增速比 2012 年提高 1.9 个百分点。其中，人均购买药品支出 155 元，增长 0.8%；人均医疗保健服务支出 440 元，增长 24.7%。

(3)居住和家庭设备支出增速提高

2013 年农村居民人均居住支出 1234 元，比 2012 年增长 13.6%，增速比 2012 年提高 0.6 个百分点。其中，人均维修和装修生活用房材料支出 246 元，增长 27.5%；人均生活用水、电、燃料支出 380 元，增长 28.4%。

2013 年农村居民人均家庭设备及用品支出 387 元，比 2012 年增长 13.3%，增速比 2012 年提高 2.7 个百分点。其中，人均购买机电设备支出 128 元，增长 15.4%；人均购买日用品支出 128 元，增长 16.0%；人均购买家具支出 70 元，增长 6.3%。

(4)衣着和文教娱乐支出增速回落

2013 年农村居民人均衣着支出 438 元，比 2012 年增长 10.6%，增速比 2012 年回落 5.6 个百分点。其中，人均购买服装支出 311 元，增长 14.6%；人均购买鞋类支出 103 元，增长 8.9%。

2013 年农村居民人均文教娱乐支出 486 元，比 2012 年增长 9.1%，增速比 2012 年回落 3.3 个百分点。其中，人均购买文教娱乐用品支出 114 元，减少 3.8%；人均教育服务支出 282 元，增长 11.1%；人均文体娱乐服务支出 88 元，增长 20.4%。

(5)消费支出结构继续改善

与 2012 年比较，2013 年农村居民八大项消费结构继续改善。在农村居民消费支出中：食品支出占 37.7%，比 2012 年下降 1.7 个百分点；衣着支出占 6.6%，比 2012 年略降 0.1 个百分点；居住支出占 18.6%，比 2012 年提高 0.2 个百分点；家庭设备及用品支出占 5.8%，与 2012 年基本持平；交通通信支出占 12.0%，比 2012 年提高 1.0 个百分点；文教娱乐支出占 7.3%，比 2012 年略降 0.2 个百分点；医疗保健支出占 9.3%，比 2012 年提高 0.6 个百分点；其他商品支出占 2.6%，比 2012 年提高 0.1 个百分点(见图 4)。

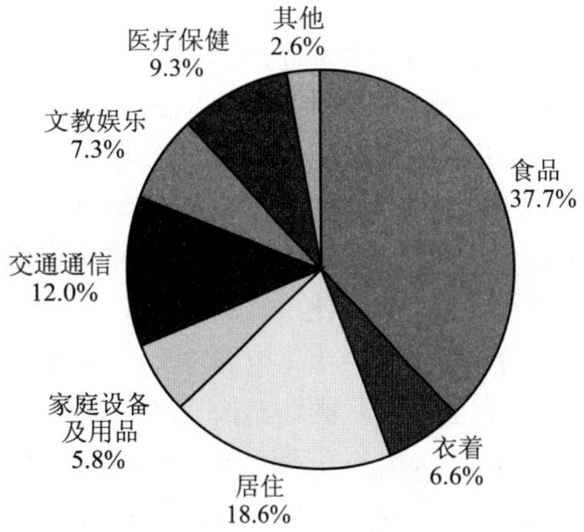

图 4　2013 年农村居民消费支出构成

(6)现金消费支出比重提高

2013 年农村居民现金消费支出 6113 元，占全部消费支出比重的 92.3%，比 2012 年提高了 0.6 个百分点。其中，购买食品的现金消费支出占食品总支出比重的 82.3%，比 2012 年提高 2.2 个百分点。

2. 农村居民生活质量稳定提高

(1)食品消费量稳定增加

2013 年农村居民消费粮食人均 149 公斤,比 2012 年减少 9.6%;消费蔬菜人均 74 公斤,比 2012 年减少 12.7%;消费食用油人均 8.6 公斤,比 2012 年增长 9.3%,其中消费的植物油占 90.0%;消费禽蛋人均 5.7 公斤,比 2012 年减少 3.5%;消费肉类人均 24.5 公斤,比 2012 年增长 4.7%,其中猪肉消费量人均 15.3 公斤,比 2012 年增长 6.5%,,牛羊肉消费量 2.1 公斤,比 2012 年增长 9.4%;消费水产品人均 5.5 公斤,比 2012 年增长 3.2%;消费瓜果人均 22.5 公斤,与 2012 年基本持平。

(2)居住条件和居住环境稳定提高

2013 年农村居民居住条件和居住环境稳定提高。2013 年有 96.0%的农村居民调查户住房拥有卫生设备,比 2012 年提高 1.5 个百分点;其中,住房有水冲式卫生厕所的调查户占 24.9%,提高 1.0 个百分点,无厕所的调查户占 4.0%,减少 1.5 个百分点。2013 年农村居民使用清洁能源的户数基本稳定。使用清洁燃料:包括沼气、燃气、燃油、电的农村居民调查户占 38.2%,与 2012 年比较基本持平。2013 年有 75.3%农村居民调查户饮用安全卫生水,其中,饮用自来水的农村居民调查户占 58.1%。2013 年住宅外有水泥或柏油状路面农村居民调查户占 51.1%的;住宅外有石头或石板等硬质路面的农村居民调查户占 23.3%;住宅外为土路等非硬质路面的农村居民调查户占 25.6%。

(3)购买耐用消费品有不同程度增加

2013 年,农村居民家庭年末拥有的主要耐用消费品稳定增加。平均每百户农村居民家庭拥有彩色电视机 117.8 台,比 2012 年增长 0.7%;洗衣机 72.3 台,增长 7.6%;电冰箱 73.1 台,增长 8.5%;摩托车 65.3 辆,增长 5.0%;移动电话 214.6 部,增长 8.5%;空调 29.7 台,增长 16.9%;抽油烟机 14.8 台,增长 0.9%;微波炉 15.8 台,增长 23.5%;热水器 44.9 台,增长 10.0%,其中具有节能功能的太阳能热水器 26.7 台,增长 1.1%。2012 年平均每百户农村居民家庭拥有电脑 23.6 台,比 2012 年增长 10.2%,其中有 74.1%的电脑接入了互联网。

三、2013 年全国农村贫困人口情况

据对全国 31 个省(自治区、直辖市)16 万户居民家庭的抽样调查,按年人均收入 2300 元(2010 年不变价)的国家农村扶贫标准测算,2013 年全国农村贫困人口为 8249 万人,比上年减少 1650 万人,下降 16.7%;贫困发生率为 8.5%,比上年下降 1.7 个百分点。

(一)各地区农村贫困人口规模全面减少,西部地区①下降最快

2013 年,按照国家农村扶贫标准测算,我国西部地区农村贫困人口为 4209 万人,比上年减少 877 万人,下降 17.2%;贫困人口占全国农村贫困人口的比重为 51%,比上年下降 0.4 个百分点;贫困发生率为 14.5%,比上年下降 3 个百分点。

中部地区农村贫困人口为 2869 万人,比上年减少 577 万人,下降 16.7%;贫困人口占全国农村贫困人口的比重为 34.8%,与上年基本持平;贫困发生率为 8.8%,比上年下降 1.8 个百分点。

东部地区农村贫困人口为 1171 万人,比上年减少 196 万人,下降 14.3%;贫困人口占全国农村贫困人口的比重为 14.2%,比上年上升 0.4 个百分点;贫困发生率为 3.3%,比上年下降 0.6 个百分点。

(二)6 个省份的农村贫困人口仍在 500 万人以上

2013 年,按照国家农村扶贫标准测算,农村贫困人口仍在 500 万人以上的省份有 6 个,包括河南、湖南、广西、四川、贵州和云南;在 300－500 万人之间的有 6 个,包括河北、安徽、江西、湖北、陕西和甘肃;在 100－300 万人之间的有 8 个,包括山西、内蒙古、辽宁、黑龙江、山东、广东、重庆和新疆;在 100 万人以下的有 11 个,包括北京、天津、吉林、上海、江苏、浙江、福建、海南、西藏、青海和宁夏。

(三)超过 1/3 的省份农村贫困发生率仍超过 10%

2013 年,按照国家农村扶贫标准测算,农村贫困发生率在 20%以上的省份有 3 个,包括贵州、西藏和甘肃;在 15%－20%之间的省份有 4 个,包括云南、陕西、青海和新疆;在 10%－15%之间的省份有 5 个,包括山西、湖南、广西、海南和宁夏;在

① 西部地区包括内蒙古、广西、重庆、四川、贵州、云南、西藏、陕西、甘肃、青海、宁夏、新疆。
中部地区包括山西、吉林、黑龙江、安徽、江西、河南、湖北、湖南。
东部地区包括北京、天津、河北、辽宁、上海、江苏、浙江、福建、山东、广东、海南。

5%—10%之间的省份有 11 个,包括河北、内蒙古、辽宁、吉林、黑龙江、安徽、江西、河南、湖北、重庆和四川;在 5%以下的省份有 8 个,包括北京、天津、上海、江苏、浙江、福建、山东和广东。

住户调查办公室主任王萍萍就居民收入统计改革和相关数据答记者问

2014 年 2 月 24 日,国家统计局在《2013 年国民经济和社会发展统计公报》发布了我国城镇居民人均可支配收入和农村居民人均纯收入数据,同时首次发布了城乡住户调查一体化后的全国居民人均可支配收入数据:2013 年全国居民人均可支配收入为 18311 元,比上年增长 8.1%。就居民收入统计改革及相关数据,《中国信息报》记者采访了国家统计局住户调查办公室主任王萍萍。

问:国家统计局在 2013 年的统计公报中首次发布了全国居民人均可支配收入数据。请问为什么发布该项数据?

答:党中央、国务院高度重视民生问题,提出了统筹城乡发展、改善收入分配格局、让全体居民共享发展成果等战略要求。这就迫切需要统计部门提供城乡一体化的居民收入统计数据,为推动城乡一体化、建立城乡统一的社会保障体系、逐步实现农民工市民化和城乡基本公共服务均等化等提供科学依据。

然而,受城乡二元结构和工作模式的影响,2013 年以前,我国城乡居民收入统计是城乡分别进行的。城镇居民收入数据来源于城镇住户调查,农村居民收入数据来源于农村住户调查;对城镇居民按可支配收入统计,对农村居民按纯收入统计。虽然,分别反映了分城乡的居民收入及变化,为过去制定相关政策提供了重要的参考依据。但是,没有全体居民收入数据,很难准确把握我国居民收入分配全貌,难以适应城乡统筹发展的需要。

为改变这种状况,与加拿大统计局合作,经数年共同研究,国家统计局 2012 年经批准,对城乡住户调查实施了一体化改革,统一了城乡居民收入指标名称、分类和统计标准,在全国统一抽选了 16 万户城乡居民家庭,正式开展了城乡一体化的住户收支与生活状况调查。至 2013 年底,国家统计局已经按新制度收集了 16 万调查户 12 个月的记账数据,并汇总计算出 2013 年城乡可比的全国居民可支配收入。

因此,城乡可比的居民可支配收入数据是基于规范统一的城乡一体化住户调查。一方面,可以更加准确地反映全体居民收入分配全貌,为国家制定统筹城乡发展和调整收入分配格局政策提供全面可靠的信息;另一方面,也可以用统一标准监测城乡居民收入增长和差距变化,更加准确地反映不同群体居民对经济发展成果的分享情况;同时,也填补了我国缺少全体居民收入数据的空白。新老口径过渡一段后,预计到"十三五"初,将正式统一并轨到城乡住户调查一体化新口径。

问:全国居民人均可支配收入是如何得到的?

答:全国居民人均可支配收入来源于城乡一体化住户调查对全国 16 万户居民家庭的直接调查。

国家统计局根据人口普查资料建立抽样框,对全国城乡居民统一按照常住地进行科学的概率抽样,随机抽选调查住宅和调查户,较好地覆盖了常住人口和流动人口。全国共抽选出 1650 个县(市、区)的约 16 万住户参加调查。样本规模和分布经过科学测算,抽样结果经过严格评估,对全国和分省有代表性。

国家统计局分布在各地的直属调查队根据统一方案和工作流程,组织调查户进行记账,及时记录调查户工资、补贴、家庭经营收支、红利、租金、利息、养老金以及交纳个税和社保费用等等现金和实物收支。在每个调查点还聘请了一个辅助调查员指导调查户记账,提高记账质量。在季末和年末调查员都要对调查户进行访问,用统一问卷对其人口、财产、社保、就业等收支相关情况进行访问登记。

各地基层调查队使用统一的方法和数据处理程序对调查户的记账和访问调查基础数据进行审核、录入并直接上报国家统计局。每个季度,国家统计局在全国随机抽选 6000 个调查户直接进行电话回访,核实重要收支数据的真实性和准确性。最后,根据审核后的 16 万调查户的分户数据汇总出全国居民人均可支配收入数据。

问:请问 2013 年城乡居民收入稳步增长的原因有哪些?

答:2013 年全国城镇居民人均可支配收入增长的主要原因:一是工资性收入稳定增长。主要是企业薪酬继续上升,就业人数稳定增加;27 个省份上调了最低工资标准。二是经营净收入平稳增长。主要是营改增的行业地区试点范围进一步扩大,惠及 600 多万户小微企业，切实提高了个体工商户和小微企业从业人员的收入。三是受居民出租房屋面积增加、租金上涨影响，财产性收入较快增长。四是政府加大社会保障和转移支付力度，包括养老金在内的转移性收入稳步增长。

2013 年全国农村居民人均纯收入增长的主要原因：一是工资性收入保持较快增长。主要是 2013 年农民工人数继续增加，农民工工资水平保持较快上涨。2013 年外出农民工月均收入水平同比上涨 13.9%。二是家庭经营二、三产业纯收入较快增长。主要是自营劳动力数量增加较快，人均家庭经营二、三产业纯收入增长 19.0%。三是由于租金、红利及转让土地承包经营权收入等快速增长，财产性收入继续增加。四是部分地区陆续提高了养老、低保等社会保障标准，使得转移性收入依然增长较快。

从全年个人收入所得税增长 12.2%的情况看，收入和税收的增长情况也是匹配的。

2013 年，我国经济运行环境错综复杂，在经济下行压力加大的情况下，城乡居民人均收入稳定较快增长、与 GDP 增长保持基本同步，实属难能可贵。这是党中央、国务院高度重视民生改善，从加强农业基础、稳定经济增长、扩大人员就业、完善社会保障等多方面保障和增加居民收入的结果。

问：2013 年城镇居民人均可支配收入实际增长 7.0%，低于国内生产总值（GDP）增长速度，请问您如何评价？

答：2013 年城镇居民人均可支配收入实际增长 7.0%，农村居民人均纯收入实际增长 9.3%，全国居民人均可支配收入实际增长 8.1%，全国国内生产总值（GDP）增长 7.7%。从总体上看，居民收入增长与 GDP 增长保持了基本同步。

比较居民收入增长与 GDP 增长是否同步，需要在同范围、同口径、同方法下进行，即人均数与人均数比、全体数与全体数比、实际增速与实际增速比。2013 年，我国 GDP 总量实际增长 7.7%，扣除人口自然增长因素后，人均 GDP 实际增长 7.1%，与之对应的全国居民人均可支配收入实际增长 8.1%。即使增长稍慢的城镇居民人均可支配收入 7.0%的增幅，与人均 GDP7.1%的增幅也是基本相当的。所以，综合上述各种情况，2013 年我国实现了居民收入和国内生产总值增长基本同步。

1

2013 年全国居民收支与生活状况调查主要数据

1-1-1　2013年全国居民收支与生活状况调查基本情况

指　　标	单 位	绝对数
一、基本情况		
户均常住人口	人/户	3.1
户均常住从业人口	人/户	1.8
平均每户家庭从业人口比重	%	58.4
平均每一从业人口负担人数（包括从业者本人）	人	1.7
二、户主文化程度		
（一）未上过学	%	2.9
（二）小学	%	20.2
（三）初中	%	41.7
（四）高中	%	20.0
（五）大学专科	%	8.9
（六）大学本科及以上	%	6.2
三、常住从业人员就业类型		
（一）雇主	%	1.8
（二）公职人员	%	3.1
（三）事业单位人员	%	6.3
（四）国有企业雇员	%	5.2
（五）其他雇员	%	38.0
（六）农业自营	%	34.7
（七）非农自营	%	10.9
四、常住从业人员从事主要行业		
（一）第一产业	%	35.6
（二）第二产业	%	23.5
（三）第三产业	%	40.9
五、常住户家庭收入与支出		
居民可支配收入	元/人	18310.8
居民现金可支配收入	元/人	17114.6
现金可支配收入占可支配收入比重	%	93.5
居民消费支出	元/人	13220.4
居民现金消费支出	元/人	10917.4
居民现金消费支出占消费支出比重	%	82.6
六、居民收入基尼系数		0.473

注：从2013年起，国家统计局开展了城乡一体化住户收支与生活状况抽样调查，表1-1-1至1-1-8数据来源于此调查样本，与2013年前的分城镇和农村住户抽样调查的调查范围、调查方法、指标口径有所不同。

1-1-2 2013年全国居民可支配收入和现金可支配收入

指　标	绝对数（元/人）	构成（%）
可支配收入	**18310.8**	**100.0**
一、工资性收入	10410.8	56.9
(一)工资	9418.1	51.4
(二)实物福利	62.1	0.3
(三)其他	930.5	5.1
二、经营净收入	3434.7	18.8
(一)第一产业净收入	1508.1	8.2
1. 农业	1128.6	6.2
2. 林业	86.4	0.5
3. 牧业	248.0	1.4
4. 渔业	45.1	0.2
(二)第二产业经营净收入	336.3	1.8
(三)第三产业经营净收入	1590.3	8.7
三、财产净收入	1423.3	7.8
四、转移净收入	3042.1	16.6
(一)转移性收入	3929.9	21.5
其中：养老金或离退休金	2725.8	14.9
(二)转移性支出	887.9	4.8
其中：社会保障支出	613.7	3.4
现金可支配收入	**17114.6**	**100.0**
一、现金工资性收入	10348.6	60.5
(一)工资	9418.1	55.0
(二)其他工资性收入	930.5	5.4
二、现金经营净收入	3354.2	19.6
(一)第一产业净收入	1152.8	6.7
1. 农业	797.2	4.7
2. 林业	48.1	0.3
3. 牧业	261.2	1.5
4. 渔业	46.3	0.3
(二)第二产业净收入	405.1	2.4
(三)第三产业净收入	1796.3	10.5
三、现金财产净收入	526.6	3.1
四、现金转移净收入	2885.2	16.9
(一)现金转移性收入	3774.7	22.1
其中：养老金或离退休金	2725.8	15.9
(二)现金转移性支出	889.5	5.2
其中：社会保障支出	613.7	3.6

1-1-3　2013年全国居民消费支出和现金消费支出

指　　标	单位	绝对数（元/人）	构成（%）
一、消费支出	**元/人**	**13220.4**	**100.0**
食品烟酒	元/人	4126.7	31.2
衣着	元/人	1027.1	7.8
居住	元/人	2998.5	22.7
生活用品及服务	元/人	806.5	6.1
交通和通信	元/人	1627.1	12.3
教育、文化和娱乐	元/人	1397.7	10.6
医疗保健	元/人	912.1	6.9
其他用品及服务	元/人	324.7	2.5
二、现金消费支出	**元/人**	**10917.4**	**100.0**
食品烟酒	元/人	3822.8	35.0
衣着	元/人	1025.7	9.4
居住	元/人	1155.1	10.6
生活用品及服务	元/人	801.8	7.3
交通和通信	元/人	1624.8	14.9
教育、文化和娱乐	元/人	1396.5	12.8
医疗保健	元/人	772.1	7.1
其他用品及服务	元/人	318.7	2.9
三、现金消费支出占消费支出比重	**%**	**82.6**	
食品烟酒	%	92.6	
衣着	%	99.9	
居住	%	38.5	
生活用品及服务	%	99.4	
交通和通信	%	99.9	
教育、文化和娱乐	%	99.9	
医疗保健	%	84.7	
其他用品及服务	%	98.1	

注：消费支出中包括“自有住房折算租金”。

1-1-4　2013年全国居民消费支出细项

指　　标	绝对数（元/人）	构成（%）
消费支出	**13220.4**	**100.0**
(一)食品烟酒	4126.7	31.2
1.食品	2966.2	22.4
2.烟酒	403.7	3.1
3.饮料	84.7	0.6
4.饮食服务	664.4	5.0
(二)衣着	1027.1	7.8
1.衣类	770.4	5.8
2.鞋类	229.0	1.7
(三)居住	2998.5	22.7
1.租赁房房租	160.8	1.2
2.住房维修及管理	353.1	2.7
3.水、电、燃料及其他	625.0	4.7
4.自有住房折算租金	1793.2	13.6
(四)生活用品及服务	806.5	6.1
1.家具及室内装饰品	131.3	1.0
2.家用器具	221.2	1.7
3.家用纺织品	74.7	0.6
4.家庭日用杂品	225.1	1.7
5.个人护理用品	98.0	0.7
6.家庭服务	39.0	0.3
(五)交通和通信	1627.1	12.3
1.交通	1066.6	8.1
2.通信	558.2	4.2
(六)教育、文化和娱乐	1397.7	10.6
1.教育	821.0	6.2
2.文化和娱乐	576.2	4.4
(七)医疗保健	912.1	6.9
1.医疗器具及药品	318.7	2.4
2.医疗服务	593.4	4.5
(八)其他用品及服务	324.7	2.5
1.其他用品	198.3	1.5
2.其他服务	124.0	0.9

1-1-5　2013年全国居民现金消费支出细项

指　标	绝对数（元/人）	构成（%）
现金消费支出	**10917.4**	**100.0**
(一)食品烟酒	3822.8	35.0
1.食品	2691.9	24.7
2.烟酒	403.6	3.7
3.饮料	84.5	0.8
4.饮食服务	642.8	5.9
(二)衣着	1025.7	9.4
1.衣类	770.1	7.1
2.鞋类	229.0	2.1
(三)居住	1155.1	10.6
1.租赁房房租	160.8	1.5
2.住房维修及管理	353.1	3.2
3.水、电、燃料及其他	625.0	5.7
(四)生活用品及服务	801.8	7.3
1.家具及室内装饰品	131.3	1.2
2.家用器具	221.2	2.0
3.家用纺织品	74.7	0.7
4.家庭日用杂品	225.1	2.1
5.个人护理用品	98.0	0.9
6.家庭服务	39.0	0.4
(五)交通和通信	1624.8	14.9
1.交通	1066.6	9.8
2.通信	558.2	5.1
(六)教育、文化和娱乐	1396.5	12.8
1.教育	821.1	7.5
2.文化和娱乐	575.5	5.3
(七)医疗保健	772.1	7.1
1.医疗器具及药品	316.5	2.9
2.医疗服务	593.4	5.4
(八)其他用品及服务	318.7	2.9
1.其他用品	196.3	1.8
2.其他服务	122.4	1.1

1-1-6　2013年全国居民主要食品消费量

单位：公斤/人

指　　标	绝对数
一、粮食	148.7
(一)谷物	138.9
(二)薯类	2.3
(三)豆类	7.5
#大豆	1.1
二、食用油	12.7
#食用植物油	12.0
三、蔬菜及食用菌	97.5
#鲜菜	94.9
四、肉禽及其制品	32.7
#猪肉	19.8
牛肉	1.5
羊肉	0.9
家禽	6.4
五、水产品	10.4
六、蛋类	8.2
七、奶类	11.7
八、干鲜瓜果类	40.7
*鲜瓜果	37.8
坚果类	3.0
九、食糖	5.5

1-1-7　2013年全国居民年末主要耐用消费品拥有量

单位：平均每百户

指　　标	单　位	绝对数
家用汽车	辆	16.9
摩托车	辆	38.5
电动助力车	台	39.5
洗衣机	台	80.8
电冰箱(柜)	台	82.0
微波炉	台	34.6
彩色电视机	台	116.1
空调	台	70.4
热水器	台	64.2
排油烟机	台	42.5
固定电话	线	41.6
移动电话	部	203.2
计算机	台	48.9
照相机	台	21.0

1-1-8　2013年全国居民第一产业生产经营收支情况

单位：元/人

指　　标	绝对数
一、生产经营收入	**2771.2**
(一)农业	1836.6
(二)林业	108.3
(三)牧业	746.5
(四)渔业	79.9
二、生产经营现金收入	**2234.7**
(一)农业	1418.8
(二)林业	68.8
(三)牧业	668.8
(四)渔业	78.2
三、生产经营费用支出	**1158.8**
(一)农业	638.1
(二)林业	20.8
(三)牧业	467.7
(四)渔业	32.2
四、生产经营现金费用支出	**1087.2**
(一)农业	623.4
(二)林业	20.7
(三)牧业	411.1
(四)渔业	31.9

2

历年全国分城乡居民收支与生活状况调查主要数据

一、全国城镇居民收支主要数据

2-1-1　城镇居民可支配收入和指数

年　份	可支配收入（元/人）	比上年名义增长（%）	比上年实际增长（%）	指　数 1978年=100	年均增长率（1978为基年）（%）
1978	343.4			100.0	
1979	405.0	17.9	15.7	115.7	15.7
1980	477.6	17.9	9.7	127.0	12.7
1981	500.4	4.8	2.2	129.9	9.1
1982	535.3	7.0	4.9	136.3	8.0
1983	564.6	5.5	3.9	141.5	7.2
1984	652.1	15.5	12.2	158.7	8.0
1985	739.1	13.3	1.1	160.4	7.0
1986	900.9	21.9	13.9	182.7	7.8
1987	1002.1	11.2	2.2	186.8	7.2
1988	1180.2	17.8	-2.4	182.3	6.2
1989	1373.9	16.4	0.1	182.5	5.6
1990	1510.2	9.9	8.5	198.1	5.9
1991	1700.6	12.6	7.1	212.4	6.0
1992	2026.6	19.2	9.7	232.9	6.2
1993	2577.4	27.2	9.5	255.1	6.4
1994	3496.2	35.6	8.5	276.8	6.6
1995	4283.0	22.5	4.9	290.3	6.5
1996	4838.9	13.0	3.8	301.6	6.3
1997	5160.3	6.6	3.4	311.9	6.2
1998	5425.1	5.1	5.8	329.9	6.2
1999	5854.0	7.9	9.3	360.6	6.3
2000	6280.0	7.3	6.4	383.7	6.3
2001	6859.6	9.2	8.5	416.3	6.4
2002	7702.8	12.3	13.4	472.1	6.7
2003	8472.2	10.0	9.0	514.6	6.8
2004	9421.6	11.2	7.7	554.2	6.8
2005	10493.0	11.4	9.6	607.4	6.9
2006	11759.5	12.1	10.4	670.7	7.0
2007	13785.8	17.2	12.2	752.5	7.2
2008	15780.8	14.5	8.4	815.7	7.2
2009	17174.7	8.8	9.8	895.4	7.3
2010	19109.4	11.3	7.8	965.2	7.3
2011	21809.8	14.1	8.4	1046.3	7.4
2012	24564.7	12.6	9.6	1146.7	7.4
2013	26955.1	9.7	7.0	1227.0	7.4

注：可支配收入绝对数按当年价格计算，指数按可比价计算。

2-1-2 城镇居民收入来源及构成

年 份	可支配收 入	总收入	工薪收入	经营净收入	财产性收入	转移性收入
收入来源(元/人)						
1985	739.1	821.4				
1990	1510.2	1516.2	1149.7	22.5	15.6	328.4
1995	4283.0	4288.1	3385.3	77.5	90.4	734.8
2000	6280.0	6295.9	4480.5	246.2	128.4	1440.8
2001	6859.6	6868.9	4829.9	274.1	134.6	1630.4
2002	7702.8	8177.4	5740.0	332.2	102.1	2003.2
2003	8472.2	9061.2	6410.2	403.8	135.0	2112.2
2004	9421.6	10128.5	7152.8	493.9	161.2	2320.7
2005	10493.0	11320.8	7797.5	679.6	192.9	2650.7
2006	11759.5	12719.2	8767.0	809.6	244.0	2898.7
2007	13785.8	14908.6	10234.8	940.7	348.5	3384.6
2008	15780.8	17067.8	11299.0	1453.6	387.0	3928.2
2009	17174.7	18858.1	12382.1	1528.7	431.8	4515.5
2010	19109.4	21033.4	13707.7	1713.5	520.3	5091.9
2011	21809.8	23979.2	15411.9	2209.7	649.0	5708.6
2012	24564.7	26959.0	17335.6	2548.3	707.0	6368.1
2013	26955.1	29547.1	18929.8	2797.1	809.9	7010.3
收入构成(%)						
1985		100.0				
1990		100.0	75.8	1.5	1.0	21.7
1995		100.0	78.9	1.8	2.1	17.1
2000		100.0	71.2	3.9	2.0	22.9
2001		100.0	70.3	4.0	2.0	23.7
2002		100.0	70.2	4.1	1.2	24.5
2003		100.0	70.7	4.5	1.5	23.3
2004		100.0	70.6	4.9	1.6	22.9
2005		100.0	68.9	6.0	1.7	23.4
2006		100.0	68.9	6.4	1.9	22.8
2007		100.0	68.6	6.3	2.3	22.7
2008		100.0	66.2	8.5	2.3	23.0
2009		100.0	65.7	8.1	2.3	23.9
2010		100.0	65.2	8.1	2.5	24.2
2011		100.0	64.3	9.2	2.7	23.8
2012		100.0	64.3	9.5	2.6	23.6
2013		100.0	64.1	9.5	2.7	23.7

2-1-3 城镇居民现金消费支出及增长率

年份	现金消费支出(元/人)	比上年名义增长(%)	比上年实际增长(%)	指数 1978年=100	年均增长率(1978为基年)(%)
1978	311.2			100.0	
1980	412.4			121.0	10.0
1981	456.8	10.8		130.9	9.4
1982	471.0	3.1	1.1	132.3	7.2
1983	505.9	7.4	5.3	139.3	6.9
1984	559.4	10.6	7.7	150.0	7.0
1985	673.2	20.3	7.5	161.2	7.1
1986	799.0	18.7	10.9	178.8	7.5
1987	884.4	10.7	1.7	182.0	6.9
1988	1104.0	24.8	3.4	188.1	6.5
1989	1211.0	9.7	-5.7	177.5	5.4
1990	1278.9	5.6	4.3	185.1	5.3
1991	1453.8	13.7	8.2	200.3	5.5
1992	1671.7	15.0	5.9	212.0	5.5
1993	2110.8	26.3	8.8	230.6	5.7
1994	2851.3	35.1	8.1	249.1	5.9
1995	3537.6	24.1	6.2	264.6	5.9
1996	3919.5	10.8	1.8	269.5	5.7
1997	4185.6	6.8	3.6	279.1	5.6
1998	4331.6	3.5	4.1	290.6	5.5
1999	4615.9	6.6	8.0	313.8	5.6
2000	4998.0	8.3	7.4	337.0	5.7
2001	5309.0	6.2	5.5	355.5	5.7
2002	6029.9	13.6	14.7	407.9	6.0
2003	6510.9	8.0	7.0	436.5	6.1
2004	7182.1	10.3	6.8	466.1	6.1
2005	7942.9	10.6	8.9	507.4	6.2
2006	8696.6	9.5	7.9	547.4	6.3
2007	9997.5	15.0	10.0	602.1	6.4
2008	11242.9	12.5	6.5	641.3	6.4
2009	12264.6	9.1	10.1	706.1	6.5
2010	13471.5	9.8	6.4	751.3	6.5
2011	15160.9	12.5	6.8	802.3	6.5
2012	16674.3	10.0	7.1	859.3	6.5
2013	18022.6	8.1	5.4	905.7	6.5

2-1-4 城镇居民现金消费支出

单位：元/人

年 份	现金消费支 出	食 品	衣 着	居 住	家庭设备及用品	交通通信	文教娱乐	医疗保健	其 他
1979	311.2								
1980	412.4								
1985	673.2	358.8	103.0	23.6	74.7	8.8	69.3	5.4	29.6
1990	1278.9	693.8	170.9	60.9	108.5	40.5	112.3	25.7	66.6
1995	3537.6	1772.0	479.2	283.8	263.4	183.2	331.0	110.1	114.9
2000	4998.0	1971.3	500.5	565.3	374.5	427.0	669.6	318.1	171.8
2001	5309.0	2028.0	533.7	610.7	376.2	493.9	736.6	343.3	186.6
2002	6029.9	2271.8	590.9	624.4	388.7	626.0	902.3	430.1	195.8
2003	6510.9	2416.9	637.7	699.4	410.3	721.1	934.4	476.0	215.1
2004	7182.1	2709.6	686.8	733.5	407.4	843.6	1032.8	528.2	240.2
2005	7942.9	2914.4	800.5	808.7	446.5	996.7	1097.5	600.9	277.8
2006	8696.6	3111.9	901.8	904.2	498.5	1147.1	1203.0	620.5	309.5
2007	9997.5	3628.0	1042.0	982.3	601.8	1357.4	1329.2	699.1	357.7
2008	11242.9	4259.8	1165.9	1145.4	691.8	1417.1	1358.3	786.2	418.3
2009	12264.6	4478.5	1284.2	1228.9	786.9	1682.6	1472.8	856.4	474.2
2010	13471.5	4804.7	1444.3	1332.1	908.0	1983.7	1627.6	871.8	499.2
2011	15160.9	5506.3	1674.7	1405.0	1023.2	2149.7	1851.7	969.0	581.3
2012	16674.3	6040.9	1823.4	1484.3	1116.1	2455.5	2033.5	1063.7	657.1
2013	18022.6	6311.9	1902.0	1745.1	1215.1	2736.9	2294.0	1118.3	699.4

2-1-5 城镇居民现金消费支出构成

单位：%

年 份	现金消费支 出	食 品	衣 着	居 住	家庭设备及用品	交通通信	文教娱乐	医疗保健	其 他
1979	100.0								
1980	100.0								
1985	100.0	53.3	15.3	3.5	11.1	1.3	10.3	0.8	4.4
1990	100.0	54.2	13.4	4.8	8.5	3.2	8.8	2.0	5.2
1995	100.0	50.1	13.5	8.0	7.4	5.2	9.4	3.1	3.2
2000	100.0	39.4	10.0	11.3	7.5	8.5	13.4	6.4	3.4
2001	100.0	38.2	10.1	11.5	7.1	9.3	13.9	6.5	3.5
2002	100.0	37.7	9.8	10.4	6.4	10.4	15.0	7.1	3.2
2003	100.0	37.1	9.8	10.7	6.3	11.1	14.4	7.3	3.3
2004	100.0	37.7	9.6	10.2	5.7	11.7	14.4	7.4	3.3
2005	100.0	36.7	10.1	10.2	5.6	12.5	13.8	7.6	3.5
2006	100.0	35.8	10.4	10.4	5.7	13.2	13.8	7.1	3.6
2007	100.0	36.3	10.4	9.8	6.0	13.6	13.3	7.0	3.6
2008	100.0	37.9	10.4	10.2	6.2	12.6	12.1	7.0	3.7
2009	100.0	36.5	10.5	10.0	6.4	13.7	12.0	7.0	3.9
2010	100.0	35.7	10.7	9.9	6.7	14.7	12.1	6.5	3.7
2011	100.0	36.3	11.0	9.3	6.7	14.2	12.2	6.4	3.8
2012	100.0	36.2	10.9	8.9	6.7	14.7	12.2	6.4	3.9
2013	100.0	35.0	10.6	9.7	6.7	15.2	12.7	6.2	3.9

2-1-6 按五等份分组的城镇居民可支配收入

单位：元/人

年 份	平均每人可支配收入	低收入户(20%)	中等偏下户(20%)	中等收入户(20%)	中等偏上户(20%)	高收入户(20%)
2000	6280.0	3132.0	4623.5	5897.9	7487.4	11299.0
2001	6859.6	3319.7	4946.6	6366.2	8164.2	12662.6
2002	7702.8	3032.1	4932.0	6656.8	8869.5	15459.5
2003	8472.2	3295.4	5377.3	7278.8	9763.4	17471.8
2004	9421.6	3642.2	6024.1	8166.5	11050.9	20101.6
2005	10493.0	4017.3	6710.6	9190.1	12603.4	22902.3
2006	11759.5	4567.1	7554.2	10269.7	14049.2	25410.8
2007	13785.8	5364.3	8900.5	12042.2	16385.8	29478.9
2008	15780.8	6074.9	10195.6	13984.2	19254.1	34667.8
2009	17174.7	6725.2	11243.6	15399.9	21018.0	37433.9
2010	19109.4	7605.2	12702.1	17224.0	23188.9	41158.0
2011	21809.8	8788.9	14498.3	19544.9	26420.0	47021.0
2012	24564.7	10353.8	16761.4	22419.1	29813.7	51456.4
2013	26955.1	11433.7	18482.7	24518.3	32415.1	56389.5

2-1-7 按五等份分组的城镇居民可支配收入增长率

单位：%

年 份	平均每人可支配收入	低收入户(20%)	中等偏下户(20%)	中等收入户(20%)	中等偏上户(20%)	高收入户(20%)
2000						
2001	9.2	6.0	7.0	7.9	9.0	12.1
2002	12.3	-8.7	-0.3	4.6	8.6	22.1
2003	10.0	8.7	9.0	9.3	10.1	13.0
2004	11.2	10.5	12.0	12.2	13.2	15.1
2005	11.4	10.3	11.4	12.5	14.0	13.9
2006	12.1	13.7	12.6	11.7	11.5	11.0
2007	17.2	17.5	17.8	17.3	16.6	16.0
2008	14.5	13.2	14.6	16.1	17.5	17.6
2009	8.8	10.7	10.3	10.1	9.2	8.0
2010	11.3	13.1	13.0	11.8	10.3	9.9
2011	14.1	15.6	14.1	13.5	13.9	14.2
2012	12.6	17.8	15.6	14.7	12.8	9.4
2013	9.7	10.4	10.3	9.4	8.7	9.6

注：本表可支配收入增长率均为名义增长率。

2-1-8 东、中、西部及东北地区城镇居民可支配收入

单位：元/人

年 份	全国	东部地区	中部地区	西部地区	东北地区
2005	10493.0	13374.9	8808.5	8783.2	8730.0
2006	11759.5	14967.4	9902.3	9728.5	9830.1
2007	13785.8	16974.2	11634.4	11309.5	11463.3
2008	15780.8	19203.5	13225.9	12971.2	13119.7
2009	17174.7	20953.2	14367.1	14213.5	14324.3
2010	19109.4	23272.8	15962.0	15806.5	15941.0
2011	21809.8	26406.0	18323.2	18159.4	18301.3
2012	24564.7	29621.6	20697.2	20600.2	20759.3
2013	26955.1	32472.0	22736.1	22710.1	22874.6

2-1-9 东、中、西部及东北地区城镇居民可支配收入增长率

单位：%

年 份	全国	东部地区	中部地区	西部地区	东北地区
2005	11.4				
2006	12.1	11.9	12.4	10.8	12.6
2007	17.2	13.4	17.5	16.3	16.6
2008	14.5	13.1	13.7	14.7	14.4
2009	8.8	9.1	8.6	9.6	9.2
2010	11.3	11.1	11.1	11.2	11.3
2011	14.1	13.5	14.8	14.9	14.8
2012	12.6	12.2	13.0	13.4	13.4
2013	9.7	9.6	9.9	10.2	10.2

注：本表可支配收入增长率均为名义增长率。

二、全国农村居民收支主要数据

2-2-1 农村居民纯收入和指数

年　份	纯收入（元/人）	比上年名义增长（%）	比上年实际增长（%）	指　数 1978年=100	年均增长率（1978为基年）（%）
1978	133.6			100.0	
1979	160.2	19.9	19.2	119.2	19.2
1980	191.3	19.5	16.6	139.0	17.9
1981	223.4	16.8	15.4	160.4	17.1
1982	270.1	20.9	19.9	192.3	17.8
1983	309.8	14.7	14.2	219.6	17.0
1984	355.3	14.7	13.6	249.5	16.5
1985	397.6	11.9	7.8	268.9	15.2
1986	423.8	6.6	3.2	277.6	13.6
1987	462.6	9.2	5.2	292.0	12.6
1988	544.9	17.8	6.4	310.7	12.0
1989	601.5	10.4	-1.6	305.7	10.7
1990	686.3	14.1	1.8	311.2	9.9
1991	708.6	3.2	2.0	317.4	9.3
1992	784.0	10.6	5.9	336.2	9.0
1993	921.6	17.6	3.2	346.9	8.6
1994	1221.0	32.5	5.0	364.3	8.4
1995	1577.7	29.2	5.3	383.6	8.2
1996	1926.1	22.1	9.0	418.1	8.3
1997	2090.1	8.5	4.6	437.3	8.1
1998	2162.0	3.4	4.3	456.1	7.9
1999	2210.3	2.2	3.8	473.5	7.7
2000	2253.4	1.9	2.1	483.4	7.4
2001	2366.4	5.0	4.2	503.7	7.3
2002	2475.6	4.6	4.8	527.9	7.2
2003	2622.2	5.9	4.3	550.6	7.1
2004	2936.4	12.0	6.8	588.0	7.1
2005	3254.9	10.8	6.2	624.5	7.0
2006	3587.0	10.2	7.4	670.7	7.0
2007	4140.4	15.4	9.5	734.4	7.1
2008	4760.6	15.0	8.0	793.2	7.1
2009	5153.2	8.2	8.5	860.6	7.2
2010	5919.0	14.9	10.9	954.4	7.3
2011	6977.3	17.9	11.4	1063.2	7.4
2012	7916.6	13.5	10.7	1176.9	7.5
2013	8895.9	12.4	9.3	1286.4	7.6

2-2-2 农村居民纯收入

(按收入来源分) 单位：元/人

年　份	纯收入	一、工资性收入	二、家庭经营纯收入	三、财产性收入	四、转移性收入
1978	133.6	88.3	35.8		9.5
1979	160.2	100.7	44.0		15.5
1980	191.3	106.4	62.6		22.4
1981	223.4	113.8	84.5		25.1
1982	270.1	142.9	102.8		24.5
1983	309.8	57.5	227.7		24.6
1984	355.3	66.5	261.7		27.2
1985	397.6	72.2	296.0		29.5
1986	423.8	81.6	313.3		28.9
1987	462.6	95.5	345.5		21.6
1988	544.9	117.8	403.2		24.0
1989	601.5	136.5	434.6		30.5
1990	686.3	138.8	518.6		29.0
1991	708.6	151.9	523.6		33.0
1992	784.0	184.4	561.6		38.0
1993	921.6	194.5	678.5	7.0	41.6
1994	1221.0	263.0	881.9	28.6	47.6
1995	1577.7	353.7	1125.8	41.0	57.3
1996	1926.1	450.8	1362.5	42.6	70.2
1997	2090.1	514.6	1472.7	23.6	79.3
1998	2162.0	573.6	1466.0	30.4	92.0
1999	2210.3	630.3	1448.4	31.6	100.2
2000	2253.4	702.3	1427.3	45.0	78.8
2001	2366.4	771.9	1459.6	47.0	87.9
2002	2475.6	840.2	1486.5	50.7	98.2
2003	2622.2	918.4	1541.3	65.8	96.8
2004	2936.4	998.5	1745.8	76.6	115.5
2005	3254.9	1174.5	1844.5	88.5	147.4
2006	3587.0	1374.8	1931.0	100.5	180.8
2007	4140.4	1596.2	2193.7	128.2	222.3
2008	4760.6	1853.7	2435.6	148.1	323.2
2009	5153.2	2061.3	2526.8	167.2	397.9
2010	5919.0	2431.1	2832.8	202.2	452.9
2011	6977.3	2963.4	3222.0	228.6	563.3
2012	7916.6	3447.5	3533.4	249.1	686.7
2013	8895.9	4025.4	3793.2	293.0	784.3

注：1992年以前转移性收入为财产性收入和转移性收入合计。

2-2-3　农村居民纯收入构成

（按收入来源分）　　　　单位：%

年　份	纯收入	一、工资性收入	二、家庭经营纯收入	三、财产性收入	四、转移性收入
1978	100.0	66.1	26.8		7.1
1979	100.0	62.9	27.5		9.7
1980	100.0	55.6	32.7		11.7
1981	100.0	50.9	37.8		11.2
1982	100.0	52.9	38.1		9.1
1983	100.0	18.6	73.5		7.9
1984	100.0	18.7	73.6		7.6
1985	100.0	18.1	74.4		7.4
1986	100.0	19.3	73.9		6.8
1987	100.0	20.6	74.7		4.7
1988	100.0	21.6	74.0		4.4
1989	100.0	22.7	72.2		5.1
1990	100.0	20.2	75.6		4.2
1991	100.0	21.4	73.9		4.7
1992	100.0	23.5	71.6		4.9
1993	100.0	21.1	73.6	0.8	4.5
1994	100.0	21.5	72.2	2.3	3.9
1995	100.0	22.4	71.4	2.6	3.6
1996	100.0	23.4	70.7	2.2	3.6
1997	100.0	24.6	70.5	1.1	3.8
1998	100.0	26.5	67.8	1.4	4.3
1999	100.0	28.5	65.5	1.4	4.5
2000	100.0	31.2	63.3	2.0	3.5
2001	100.0	32.6	61.7	2.0	3.7
2002	100.0	33.9	60.0	2.0	4.0
2003	100.0	35.0	58.8	2.5	3.7
2004	100.0	34.0	59.5	2.6	3.9
2005	100.0	36.1	56.7	2.7	4.5
2006	100.0	38.3	53.8	2.8	5.0
2007	100.0	38.6	53.0	3.1	5.4
2008	100.0	38.9	51.2	3.1	6.8
2009	100.0	40.0	49.0	3.2	7.7
2010	100.0	41.1	47.9	3.4	7.7
2011	100.0	42.5	46.2	3.3	8.1
2012	100.0	43.5	44.6	3.1	8.7
2013	100.0	45.2	42.6	3.3	8.8

2-2-4 农村居民纯收入

(按收入形态分)

单位：元/人

年 份	纯收入	现金纯收入	实物纯收入
1978	133.6	56.0	77.6
1979	160.2	72.0	88.2
1980	191.3	94.4	97.0
1981	223.4	123.4	100.1
1982	270.1	153.6	116.6
1983	309.8	174.6	135.1
1984	355.3	202.4	153.0
1985	397.6	250.9	146.7
1986	423.8	269.9	153.9
1987	462.6	308.0	154.5
1988	544.9	386.4	158.5
1989	601.5	426.0	175.5
1990	686.3	439.7	246.6
1991	708.6	467.6	241.0
1992	784.0	508.5	275.5
1993	921.6	571.2	350.4
1994	1221.0	791.8	429.2
1995	1577.7	987.0	590.7
1996	1926.1	1218.7	707.4
1997	2090.1	1403.7	686.5
1998	2162.0	1455.7	706.3
1999	2210.3	1538.2	672.1
2000	2253.4	1648.7	604.8
2001	2366.4	1748.0	618.4
2002	2475.6	1899.8	575.9
2003	2622.2	2134.9	487.4
2004	2936.4	2317.4	619.0
2005	3254.9	2738.3	516.6
2006	3587.0	3067.8	519.2
2007	4140.4	3525.6	614.7
2008	4760.6	4029.7	730.9
2009	5153.2	4542.7	610.5
2010	5919.0	5143.7	775.3
2011	6977.3	6092.6	884.7
2012	7916.6	7014.9	901.7
2013	8895.9	8042.7	853.2

2-2-5 农村居民纯收入构成

（按收入形态分）

单位：%

年 份	纯收入	现金纯收入	实物纯收入
1978	100.0	41.9	58.1
1979	100.0	45.0	55.0
1980	100.0	49.3	50.7
1981	100.0	55.2	44.8
1982	100.0	56.9	43.1
1983	100.0	56.4	43.6
1984	100.0	56.9	43.1
1985	100.0	63.1	36.9
1986	100.0	63.7	36.3
1987	100.0	66.6	33.4
1988	100.0	70.9	29.1
1989	100.0	70.8	29.2
1990	100.0	64.1	35.9
1991	100.0	66.0	34.0
1992	100.0	64.9	35.1
1993	100.0	62.0	38.0
1994	100.0	64.8	35.2
1995	100.0	62.6	37.4
1996	100.0	63.3	36.7
1997	100.0	67.2	32.8
1998	100.0	67.3	32.7
1999	100.0	69.6	30.4
2000	100.0	73.2	26.8
2001	100.0	73.9	26.1
2002	100.0	76.7	23.3
2003	100.0	81.4	18.6
2004	100.0	78.9	21.1
2005	100.0	84.1	15.9
2006	100.0	85.5	14.5
2007	100.0	85.2	14.8
2008	100.0	84.6	15.4
2009	100.0	88.2	11.8
2010	100.0	86.9	13.1
2011	100.0	87.3	12.7
2012	100.0	88.6	11.4
2013	100.0	90.4	9.6

2-2-6 农村居民消费支出及增长率

年 份	消费支出 (元/人)	比上年名义增长 (%)	比上年实际增长 (%)	指 数 1978年=100	年均增长率 (1978为基年) (%)	恩格尔系数
1978	116.1			100.0		0.6771
1979	134.5	15.9	13.6	113.6	13.6	0.6396
1980	162.2	20.6	15.5	131.2	14.5	0.6177
1981	190.8	17.6	15.2	151.2	14.8	0.5986
1982	220.2	15.4	13.6	171.7	14.5	0.6067
1983	248.3	12.7	11.4	191.3	13.9	0.5941
1984	273.8	10.3	7.1	204.9	12.7	0.5917
1985	317.4	15.9	7.7	220.6	12.0	0.5779
1986	357.0	12.5	6.0	233.9	11.2	0.5636
1987	398.3	11.6	5.1	245.8	10.5	0.5575
1988	476.7	19.7	1.9	250.5	9.6	0.5399
1989	535.4	12.3	-5.9	235.7	8.1	0.5481
1990	584.6	9.2	4.5	246.3	7.8	0.5880
1991	619.8	6.0	3.6	255.2	7.5	0.5761
1992	659.0	6.3	1.6	259.3	7.0	0.5755
1993	769.7	16.8	2.7	266.3	6.7	0.5806
1994	1016.8	32.1	7.1	285.2	6.8	0.5886
1995	1310.4	28.9	9.7	312.8	6.9	0.5862
1996	1572.1	20.0	11.2	347.9	7.2	0.5634
1997	1617.2	2.9	0.4	349.2	6.8	0.5505
1998	1590.3	-1.7	-0.7	346.8	6.4	0.5343
1999	1577.4	-0.8	0.7	349.2	6.1	0.5256
2000	1670.1	5.9	6.0	370.2	6.1	0.4913
2001	1741.1	4.2	3.4	382.8	6.0	0.4771
2002	1834.3	5.4	5.8	405.0	6.0	0.4625
2003	1943.3	5.9	4.3	422.4	5.9	0.4559
2004	2184.7	12.4	7.3	453.2	6.0	0.4723
2005	2555.4	17.0	11.5	505.3	6.2	0.4548
2006	2829.0	10.7	9.1	551.3	6.3	0.4302
2007	3223.9	14.0	8.1	596.0	6.3	0.4308
2008	3660.7	13.6	6.6	635.3	6.4	0.4367
2009	3993.5	9.1	9.4	695.1	6.5	0.4097
2010	4381.8	9.7	5.9	736.2	6.4	0.4109
2011	5221.1	19.2	12.6	828.9	6.6	0.4036
2012	5908.0	13.2	10.4	915.1	6.7	0.3933
2013	6625.5	12.1	9.0	997.5	6.8	0.3766

2-2-7 农村居民消费支出

单位：元/人

年份	消费支出	一、食品支出	二、衣着支出	三、居住支出	四、家庭设备及用品支出	五、交通通信支出	六、文教娱乐支出	七、医疗保健支出	八、其他支出
1978	116.1	78.6	14.7	12.0					
1979	134.5	86.0	17.6	16.0					
1980	162.2	100.2	20.0	22.5	4.1	0.6	8.3	3.4	3.2
1981	190.8	114.1	23.8	31.6	4.2	0.6	10.1	4.2	2.2
1982	220.2	133.5	25.0	35.6	9.4	0.6	7.5	4.7	4.0
1983	248.3	147.6	28.0	42.0	14.0	3.6	5.7	4.4	3.0
1984	273.8	162.3	28.9	48.4	14.8	3.4	8.2	5.0	2.7
1985	317.4	183.4	30.8	57.9	16.2	5.6	12.4	7.7	3.6
1986	357.0	201.5	33.0	70.3	19.6	6.2	14.4	8.7	3.3
1987	398.3	222.1	34.2	79.8	21.5	8.2	18.5	10.7	3.4
1988	476.7	257.4	41.1	96.3	30.0	8.9	25.7	13.4	3.9
1989	535.4	293.4	44.5	105.2	32.4	8.5	30.6	16.4	4.3
1990	584.6	343.8	45.4	101.4	30.9	8.4	31.4	19.0	4.3
1991	619.8	357.1	51.1	102.3	35.3	10.3	36.4	22.3	5.0
1992	659.0	379.3	52.5	104.9	36.7	12.2	43.8	24.2	5.5
1993	769.7	446.8	55.3	106.8	44.7	17.4	58.4	27.2	13.1
1994	1016.8	598.5	70.3	142.3	55.5	24.0	75.1	32.1	19.0
1995	1310.4	768.2	89.8	182.2	68.5	33.8	102.4	42.5	23.1
1996	1572.1	885.5	113.8	219.1	84.2	47.1	132.5	58.3	31.7
1997	1617.2	890.3	109.4	233.2	85.4	53.9	148.2	62.5	34.3
1998	1590.3	849.6	98.1	239.6	81.9	60.7	159.4	68.1	32.9
1999	1577.4	829.0	92.0	232.7	82.3	68.7	168.3	70.0	34.3
2000	1670.1	820.5	96.0	258.3	75.4	93.1	186.7	87.6	52.5
2001	1741.1	830.7	98.7	279.1	77.0	110.0	192.6	96.6	56.4
2002	1834.3	848.4	105.0	300.2	80.4	128.5	210.3	103.9	57.7
2003	1943.3	886.0	110.3	308.4	81.7	162.5	235.7	115.8	43.0
2004	2184.7	1031.9	120.2	324.3	89.2	192.6	247.6	130.6	48.3
2005	2555.4	1162.2	148.6	370.2	111.4	245.0	295.5	168.1	54.5
2006	2829.0	1217.0	168.0	469.0	126.6	288.8	305.1	191.5	63.1
2007	3223.9	1389.0	193.4	573.8	149.1	328.4	305.7	210.2	74.2
2008	3660.7	1598.7	211.8	678.8	174.0	360.2	314.5	246.0	76.7
2009	3993.5	1636.0	232.5	805.0	204.8	402.9	340.6	287.5	84.1
2010	4381.8	1800.7	264.0	835.2	234.1	461.1	366.7	326.0	94.0
2011	5221.1	2107.3	341.3	961.5	308.9	547.0	396.4	436.8	122.0
2012	5908.0	2323.9	396.4	1086.4	341.7	652.8	445.5	513.8	147.6
2013	6625.5	2495.5	438.3	1233.6	387.1	796.0	485.9	614.2	174.9

注：1979年及以前消费支出中的各细项均为其中项。

2-2-8 农村居民消费支出构成

单位：%

年 份	消费支出	一、食品支出	二、衣着支出	三、居住支出	四、家庭设备及用品支出	五、交通通信支出	六、文教娱乐支出	七、医疗保健支出	八、其他支出
1978	100.0	67.7	12.7	10.3					
1979	100.0	64.0	13.1	11.9					
1980	100.0	61.8	12.3	13.8	2.6	0.4	5.1	2.1	2.0
1981	100.0	59.8	12.5	16.6	2.2	0.3	5.3	2.2	1.2
1982	100.0	60.6	11.4	16.1	4.3	0.3	3.4	2.1	1.8
1983	100.0	59.4	11.3	16.9	5.7	1.4	2.3	1.8	1.2
1984	100.0	59.3	10.6	17.7	5.4	1.2	3.0	1.8	1.0
1985	100.0	57.8	9.7	18.2	5.1	1.8	3.9	2.4	1.1
1986	100.0	56.5	9.2	19.7	5.5	1.7	4.0	2.4	0.9
1987	100.0	55.8	8.6	20.0	5.4	2.1	4.6	2.7	0.9
1988	100.0	54.0	8.6	20.2	6.3	1.9	5.4	2.8	0.8
1989	100.0	54.8	8.3	19.7	6.0	1.6	5.7	3.1	0.8
1990	100.0	58.8	7.8	17.3	5.3	1.4	5.4	3.3	0.7
1991	100.0	57.6	8.2	16.5	5.7	1.7	5.9	3.6	0.8
1992	100.0	57.5	8.0	15.9	5.6	1.9	6.6	3.7	0.8
1993	100.0	58.1	7.2	13.9	5.8	2.3	7.6	3.5	1.7
1994	100.0	58.9	6.9	14.0	5.5	2.4	7.4	3.2	1.9
1995	100.0	58.6	6.9	13.9	5.2	2.6	7.8	3.2	1.8
1996	100.0	56.3	7.2	13.9	5.4	3.0	8.4	3.7	2.0
1997	100.0	55.1	6.8	14.4	5.3	3.3	9.2	3.9	2.1
1998	100.0	53.4	6.2	15.1	5.2	3.8	10.0	4.3	2.1
1999	100.0	52.6	5.8	14.8	5.2	4.4	10.7	4.4	2.2
2000	100.0	49.1	5.7	15.5	4.5	5.6	11.2	5.2	3.1
2001	100.0	47.7	5.7	16.0	4.4	6.3	11.1	5.5	3.2
2002	100.0	46.2	5.7	16.4	4.4	7.0	11.5	5.7	3.1
2003	100.0	45.6	5.7	15.9	4.2	8.4	12.1	6.0	2.2
2004	100.0	47.2	5.5	14.8	4.1	8.8	11.3	6.0	2.2
2005	100.0	45.5	5.8	14.5	4.4	9.6	11.6	6.6	2.1
2006	100.0	43.0	5.9	16.6	4.5	10.2	10.8	6.8	2.2
2007	100.0	43.1	6.0	17.8	4.6	10.2	9.5	6.5	2.3
2008	100.0	43.7	5.8	18.5	4.8	9.8	8.6	6.7	2.1
2009	100.0	41.0	5.8	20.2	5.1	10.1	8.5	7.2	2.1
2010	100.0	41.1	6.0	19.1	5.3	10.5	8.4	7.4	2.1
2011	100.0	40.4	6.5	18.4	5.9	10.5	7.6	8.4	2.3
2012	100.0	39.3	6.7	18.4	5.8	11.0	7.5	8.7	2.5
2013	100.0	37.7	6.6	18.6	5.8	12.0	7.3	9.3	2.6

2-2-9 农村居民现金消费支出

单位：元/人

年 份	现金消费支出	一、食品支出	二、衣着支出	三、居住支出	四、家庭设备及用品支出	五、交通通信支出	六、文教娱乐支出	七、医疗保健支出	八、其他支出
1978	47.6								
1979	61.8								
1980	83.8	31.4	19.8	14.5	3.2	0.6	8.0	3.3	3.1
1981	108.9	42.0	23.5	20.8	4.1	0.6	9.9	4.1	3.9
1982	126.4	53.9	24.6	25.1	4.9	0.6	7.4	5.0	5.0
1983	148.3	59.8	27.8	30.9	14.0	3.3	5.7	4.0	2.8
1984	163.2	64.7	28.0	36.1	14.6	4.1	7.1	5.7	3.0
1985	194.7	76.6	30.1	42.8	16.1	5.6	12.3	7.7	3.5
1986	228.2	88.9	32.4	54.9	19.4	6.2	14.4	8.7	3.3
1987	263.8	104.3	33.5	64.0	21.4	8.2	18.4	10.7	3.4
1988	330.9	129.6	40.3	79.5	29.8	8.9	25.6	13.4	3.9
1989	378.5	155.4	43.5	87.7	32.2	8.5	30.6	16.4	4.2
1990	374.7	155.9	44.0	81.2	30.7	8.4	31.3	19.0	4.3
1991	404.7	164.4	49.7	81.8	34.8	10.3	36.3	22.3	5.1
1992	431.4	175.7	51.2	82.8	36.2	12.2	43.7	24.1	5.5
1993	490.1	198.0	54.8	78.2	44.4	17.4	58.3	26.1	13.1
1994	648.2	264.0	69.7	109.2	55.1	24.0	75.1	32.1	19.0
1995	859.4	353.2	88.7	147.9	68.1	33.7	102.4	42.5	23.1
1996	1076.2	423.8	112.7	186.2	84.0	47.1	132.5	58.3	31.7
1997	1126.3	435.7	108.3	198.3	85.2	53.9	148.2	62.5	34.3
1998	1128.2	428.9	97.0	199.4	81.8	60.7	159.4	68.1	32.9
1999	1144.6	426.0	91.5	203.6	82.1	68.7	168.3	70.0	34.3
2000	1284.7	464.3	95.2	231.1	74.4	93.1	186.7	87.6	52.5
2001	1364.1	484.5	98.0	249.8	76.2	110.0	192.6	96.6	56.4
2002	1467.6	511.0	104.5	271.5	80.2	128.5	210.3	103.9	57.7
2003	1576.6	551.2	109.5	278.1	81.3	162.5	235.7	115.8	42.6
2004	1754.5	629.9	119.6	297.2	89.0	192.6	247.6	130.6	48.1
2005	2134.6	770.7	147.9	342.3	110.9	245.0	295.5	168.1	54.1
2006	2415.5	835.5	167.3	438.3	126.1	288.8	305.1	191.5	62.9
2007	2767.1	967.6	192.6	540.1	148.7	328.4	305.7	210.2	73.9
2008	3159.4	1135.2	211.1	642.3	173.6	360.2	314.5	246.0	76.7
2009	3504.8	1180.7	231.9	772.6	204.5	402.9	340.6	287.5	84.1
2010	3859.3	1313.2	263.4	801.4	233.5	461.1	366.7	326.0	94.0
2011	4733.4	1651.3	341.1	930.2	308.6	547.0	396.4	436.8	122.0
2012	5414.5	1863.1	396.1	1054.2	341.4	652.8	445.5	513.8	147.5
2013	6112.9	2054.5	437.7	1169.3	384.5	795.8	485.6	613.9	171.6

2-2-10 农村居民现金消费支出构成

单位：%

年 份	现金消费支出	一、食品支出	二、衣着支出	三、居住支出	四、家庭设备及用品支出	五、交通通信支出	六、文教娱乐支出	七、医疗保健支出	八、其他支出
1978	100.0								
1979	100.0								
1980	100.0	37.4	23.7	17.3	3.8	0.7	9.6	3.9	3.7
1981	100.0	38.5	21.6	19.1	3.7	0.5	9.1	3.8	3.6
1982	100.0	42.6	19.5	19.9	3.8	0.5	5.8	3.9	4.0
1983	100.0	40.3	18.8	20.8	9.5	2.2	3.8	2.7	1.9
1984	100.0	39.6	17.1	22.1	8.9	2.5	4.4	3.5	1.8
1985	100.0	39.3	15.5	22.0	8.2	2.9	6.3	3.9	1.8
1986	100.0	39.0	14.2	24.1	8.5	2.7	6.3	3.8	1.4
1987	100.0	39.5	12.7	24.2	8.1	3.1	7.0	4.0	1.3
1988	100.0	39.2	12.2	24.0	9.0	2.7	7.7	4.0	1.2
1989	100.0	41.0	11.5	23.2	8.5	2.3	8.1	4.3	1.1
1990	100.0	41.6	11.7	21.7	8.2	2.2	8.4	5.1	1.1
1991	100.0	40.6	12.3	20.2	8.6	2.5	9.0	5.5	1.3
1992	100.0	40.7	11.9	19.2	8.4	2.8	10.1	5.6	1.3
1993	100.0	40.4	11.2	16.0	9.0	3.6	11.9	5.3	2.7
1994	100.0	40.7	10.7	16.9	8.5	3.7	11.6	4.9	2.9
1995	100.0	41.1	10.3	17.2	7.9	3.9	11.9	4.9	2.7
1996	100.0	39.4	10.5	17.3	7.8	4.4	12.3	5.4	2.9
1997	100.0	38.7	9.6	17.6	7.6	4.8	13.2	5.5	3.0
1998	100.0	38.0	8.6	17.7	7.2	5.4	14.1	6.0	2.9
1999	100.0	37.2	8.0	17.8	7.2	6.0	14.7	6.1	3.0
2000	100.0	36.1	7.4	18.0	5.8	7.2	14.5	6.8	4.1
2001	100.0	35.5	7.2	18.3	5.6	8.1	14.1	7.1	4.1
2002	100.0	34.8	7.1	18.5	5.5	8.8	14.3	7.1	3.9
2003	100.0	35.0	6.9	17.6	5.2	10.3	14.9	7.3	2.7
2004	100.0	35.9	6.8	16.9	5.1	11.0	14.1	7.4	2.7
2005	100.0	36.1	6.9	16.0	5.2	11.5	13.8	7.9	2.5
2006	100.0	34.6	6.9	18.1	5.2	12.0	12.6	7.9	2.6
2007	100.0	35.0	7.0	19.5	5.4	11.9	11.0	7.6	2.7
2008	100.0	35.9	6.7	20.3	5.5	11.4	10.0	7.8	2.4
2009	100.0	33.7	6.6	22.0	5.8	11.5	9.7	8.2	2.4
2010	100.0	34.0	6.8	20.8	6.1	11.9	9.5	8.4	2.4
2011	100.0	34.9	7.2	19.7	6.5	11.6	8.4	9.2	2.6
2012	100.0	34.4	7.3	19.5	6.3	12.1	8.2	9.5	2.7
2013	100.0	33.6	7.2	19.1	6.3	13.0	7.9	10.0	2.8

2-2-11 按五等份分组的农村居民纯收入

单位：元/人

年 份	平均每人纯收入	低收入户(20%)	中等偏下户(20%)	中等收入户(20%)	中等偏上户(20%)	高收入户(20%)
2000	2253.4	802.0	1440.0	2004.0	2767.0	5190.0
2001	2366.4	818.0	1491.0	2081.0	2891.0	5534.0
2002	2475.6	857.0	1548.0	2164.0	3031.0	5903.0
2003	2622.2	865.9	1606.5	2273.1	3206.8	6346.9
2004	2936.4	1007.0	1842.2	2578.6	3608.0	6931.0
2005	3254.9	1067.2	2018.3	2851.0	4003.3	7747.4
2006	3587.0	1182.5	2222.0	3148.5	4446.6	8474.8
2007	4140.4	1346.9	2581.8	3658.8	5129.8	9790.7
2008	4760.6	1499.8	2935.0	4203.1	5928.6	11290.2
2009	5153.2	1549.3	3110.1	4502.1	6467.6	12319.1
2010	5919.0	1869.8	3621.2	5221.7	7440.6	14049.7
2011	6977.3	2000.5	4255.7	6207.7	8893.6	16783.1
2012	7916.6	2316.2	4807.5	7041.0	10142.1	19008.9
2013	8895.9	2583.2	5516.4	7942.1	11373.0	21272.7

2-2-12 按五等份分组的农村居民纯收入增长率

单位：%

年 份	平均每人纯收入	低收入户(20%)	中等偏下户(20%)	中等收入户(20%)	中等偏上户(20%)	高收入户(20%)
2000						
2001	5.0	2.0	3.5	3.8	4.5	6.6
2002	4.6	4.8	3.8	4.0	4.8	6.7
2003	5.9	1.0	3.8	5.0	5.8	7.5
2004	12.0	16.3	14.7	13.4	12.5	9.2
2005	10.8	6.0	9.6	10.6	11.0	11.8
2006	10.2	10.8	10.1	10.4	11.1	9.4
2007	15.4	13.9	16.2	16.2	15.4	15.5
2008	15.0	11.4	13.7	14.9	15.6	15.3
2009	8.2	3.3	6.0	7.1	9.1	9.1
2010	14.9	20.7	16.4	16.0	15.0	14.0
2011	17.9	7.0	17.5	18.9	19.5	19.5
2012	13.5	15.8	13.0	13.4	14.0	13.3
2013	12.4	11.5	14.7	12.8	12.1	11.9

注：本表纯收入增长率均为名义增长率。

2-2-13 东、中、西部及东北地区农村居民纯收入

单位：元/人

年 份	全国	东部地区	中部地区	西部地区	东北地区
2000	2253.4	3271.3	2077.6	1661.0	2177.0
2001	2366.4	3450.5	2169.5	1721.2	2339.0
2002	2475.6	3629.2	2278.5	1820.9	2483.5
2003	2622.2	3864.2	2368.7	1935.9	2648.2
2004	2936.4	4253.8	2692.3	2157.9	3097.9
2005	3254.9	4720.3	2956.6	2378.9	3379.0
2006	3587.0	5188.2	3283.2	2588.4	3744.9
2007	4140.4	5855.0	3844.4	3028.4	4348.3
2008	4760.6	6598.2	4453.4	3517.7	5101.2
2009	5153.2	7155.5	4792.8	3816.5	5456.6
2010	5919.0	8142.8	5509.6	4417.9	6434.5
2011	6977.3	9585.0	6529.9	5246.7	7790.6
2012	7916.6	10817.5	7435.2	6026.6	8846.5
2013	8895.9	12052.1	8376.5	6833.6	9909.2

2-2-14 东、中、西部及东北地区农村居民纯收入增长率

单位：%

年 份	全国	东部地区	中部地区	西部地区	东北地区
2000					
2001	5.0	5.5	4.4	3.6	7.4
2002	4.6	5.2	5.0	5.8	6.2
2003	5.9	6.5	4.0	6.3	6.6
2004	12.0	10.1	13.7	11.5	17.0
2005	10.8	11.0	9.8	10.2	9.1
2006	10.2	9.9	11.0	8.8	10.8
2007	15.4	12.9	17.1	17.0	16.1
2008	15.0	12.7	15.8	16.2	17.3
2009	8.2	8.4	7.6	8.5	7.0
2010	14.9	13.8	15.0	15.8	17.9
2011	17.9	17.7	18.5	18.8	21.1
2012	13.5	12.9	13.9	14.9	13.6
2013	12.4	11.4	12.7	13.4	12.0

注：本表纯收入增长率均为名义增长率。

2-2-15 农村贫困状况

年份	1978年标准		2008年标准		2010年标准	
	贫困人口（万人）	贫困发生率（%）	贫困人口（万人）	贫困发生率（%）	贫困人口（万人）	贫困发生率（%）
1978	25000	30.7				
1980	22000	26.8				
1981	15200	18.5				
1982	14500	17.5				
1983	13500	16.2				
1984	12800	15.1				
1985	12500	14.8				
1986	13100	15.5				
1987	12200	14.3				
1988	9600	11.1				
1989	10200	11.6				
1990	8500	9.4				
1991	9400	10.4				
1992	8000	8.8				
1994	7000	7.7				
1995	6540	7.1				
1997	4962	5.4				
1998	4210	4.6				
1999	3412	3.7				
2000	3209	3.5	9422	10.2		
2001	2927	3.2	9029	9.8		
2002	2820	3.0	8645	9.2		
2003	2900	3.1	8517	9.1		
2004	2610	2.8	7587	8.1		
2005	2365	2.5	6432	6.8		
2006	2148	2.3	5698	6.0		
2007	1479	1.6	4320	4.6		
2008			4007	4.2		
2009			3597	3.8		
2010			2688	2.8	16567	17.2
2011					12238	12.7
2012					9899	10.2
2013					8249	8.5

注：①1978年标准：1978—1999年称为农村贫困标准，2000—2007年称为农村绝对贫困标准。
②2008年标准：2000—2007年称为农村低收入标准，2008—2010年称为农村贫困标准。
③2010年标准：是新确定的农村扶贫标准。

三、全国分城乡居民主要食品、耐用品和农村居民家庭经营收支数据

2-3-1 城镇居民全年主要食品购买量

单位：公斤/人

年 份	粮食	鲜菜	食用植物油	猪肉	牛羊肉	禽类
1981	145.4	152.3	4.8	16.9	1.7	1.9
1982	144.6	159.1	5.8	16.9	1.8	2.3
1983	144.5	165.0	6.5	18.0	1.9	2.6
1984	142.1	149.0	7.1	17.1	2.8	2.9
1985	131.2	147.7	6.4	17.2	3.0	3.8
1986	137.9	148.3	6.2	19.0	2.6	3.7
1987	133.9	142.6	6.4	18.9	3.1	3.4
1988	137.2	147.0	7.0	16.9	2.8	4.0
1989	133.9	144.6	6.2	17.5	2.7	3.7
1990	130.7	138.7	6.4	18.5	3.3	3.4
1991	127.9	132.2	6.9	18.9	3.3	4.4
1992	111.5	124.9	6.7	17.7	3.7	5.1
1993	97.8	120.6	7.1	17.4	3.4	5.2
1994	101.7	120.7	7.5	17.1	3.1	4.1
1995	97.0	116.5	7.1	17.2	2.4	5.8
1996	94.7	118.5	7.1	17.1	3.3	5.4
1997	88.6	113.3	7.2	15.3	3.7	6.5
1998	86.7	113.8	7.6	15.9	3.3	6.3
1999	84.9	114.9	7.8	16.9	3.1	6.7
2000	82.3	114.7	8.2	16.7	3.3	7.4
2001	79.7	115.9	8.1	16.0	3.2	7.3
2002	78.5	116.5	8.5	20.3	3.0	9.2
2003	79.5	118.3	9.2	20.4	3.3	9.2
2004	78.2	122.3	9.3	19.2	3.7	6.4
2005	77.0	118.6	9.3	20.2	3.7	9.0
2006	75.9	117.6	9.4	20.0	3.8	8.3
2007	78.7	117.8	9.6	18.2	3.9	9.7
2008	63.6	123.2	10.3	19.3	3.4	8.5
2009	81.3	120.5	9.7	20.5	3.7	10.5
2010	81.5	116.1	8.8	20.7	3.8	10.2
2011	80.7	114.6	9.3	20.6	2.8	10.6
2012	78.8	112.3	9.1	21.2	3.7	10.8

注：1994年禽类的购买量只包括鸡和鸭的购买量，不包括其他禽类及制品的购买量。

2-3-1 续表 单位：公斤/人

年 份	鲜蛋	水产品	鲜奶	水果(瓜果)	酒
1981	5.2	7.3	4.1	21.2	4.4
1982	5.9	7.7	4.5	27.7	4.5
1983	6.9	8.1	4.6	27.1	5.3
1984	7.6	7.8	5.2	32.1	6.8
1985	8.8	7.8	6.4	36.5	8.0
1986	7.1	8.2	4.7	40.2	9.4
1987	6.6	7.9			9.9
1988	6.9	7.1			9.5
1989	7.1	7.6	4.2	38.8	9.0
1990	7.3	7.7	4.6	41.1	9.3
1991	8.3	8.0	4.7	41.7	9.5
1992	9.5	8.2	5.5	47.4	9.9
1993	8.9	8.0	5.4	38.9	9.7
1994	9.7	8.5	5.3	40.0	10.0
1995	9.7	9.2	4.6	45.0	9.9
1996	9.6		4.8	46.2	9.7
1997	11.1		5.1	52.1	9.6
1998	10.2		6.2	54.8	9.7
1999	10.9	10.3	7.9	54.2	9.6
2000	11.2	11.7	9.9	57.5	10.0
2001	10.4		11.9	59.9	9.7
2002	10.6	13.2	15.7	56.5	9.1
2003	11.2	13.4	18.6	57.8	9.4
2004	10.4	12.5	18.8	56.5	8.9
2005	10.4	12.6	17.9	56.7	8.9
2006	10.4	13.0	18.3	60.2	9.1
2007	10.3	14.2	17.8	59.5	9.1
2008	10.7	11.9	15.2	54.5	7.7
2009	10.6	12.2	14.9	56.6	8.0
2010	10.0	15.2	14.0	54.2	7.0
2011	10.1	14.6	13.7	52.0	6.8
2012	10.5	15.2	14.0	56.1	6.9

注：2008、2009年水产品的购买量只包括鱼和虾的购买量，不包括其他水产品及制品的购买量。

2-3-2　城镇居民年末主要耐用消费品拥有量

单位：平均每百户

年　份	摩托车 (辆)	洗衣机 (台)	电冰箱 (台)	彩色电视机 (台)	组合音响 (套)	照相机 (架)	空调 (台)
1985	1.0	52.8	9.6	18.4		12.1	0.1
1990	1.9	78.4	42.3	59.0		19.2	0.3
1991	2.3	80.6	48.7	68.4		21.3	0.7
1992	2.8	83.4	52.6	74.9	4.0	24.3	1.2
1993	3.5	86.4	56.7	79.5	5.7	26.5	2.3
1994	5.3	87.3	62.1	86.2	8.7	29.8	5.0
1995	6.3	89.0	66.2	89.8	10.5	30.6	8.1
1999	15.1	91.4	77.7	111.6	19.7	38.1	24.5
2000	18.8	90.5	80.1	116.6	22.2	38.4	30.8
2001	20.2	92.2	81.9	120.5	23.8	39.8	35.8
2002	22.2	92.9	87.4	126.4	25.2	44.1	51.1
2003	24.0	94.4	88.7	130.5	26.9	45.4	61.8
2004	24.8	95.9	90.2	133.4	28.3	47.0	69.8
2005	25.0	95.5	90.7	134.8	28.8	46.9	80.7
2006	25.3	96.8	91.8	137.4	29.1	48.0	87.8
2007	24.8	96.8	95.0	137.8	30.2	45.1	95.1
2008	21.4	94.7	93.6	132.9	27.4	39.1	100.3
2009	22.4	96.0	95.4	135.7	28.2	41.7	106.8
2010	22.5	96.9	96.6	137.4	28.1	43.7	112.1
2011	20.1	97.1	97.2	135.2	24.0	44.5	122.0
2012	20.3	98.0	98.5	136.1	23.6	46.4	126.8

2-3-2　续表

单位：平均每百户

年　份	淋浴热水器 (台)	计算机 (台)	摄像机 (架)	微波炉 (台)	健身器材 (套)	移动电话 (部)	家用汽车 (辆)
1985							
1990							
1991							
1992	13.0						
1993	17.7						
1994	25.2						
1995	30.1						
1999	45.5	5.9	1.1	12.2	3.8	7.1	0.3
2000	49.1	9.7	1.3	17.6	3.5	19.5	0.5
2001	52.0	13.3	1.6	22.3	4.0	34.0	0.6
2002	62.4	20.6	1.9	30.9	3.7	62.9	0.9
2003	66.6	27.8	2.5	37.0	4.1	90.1	1.4
2004	69.4	33.1	3.2	41.7	4.2	111.4	2.2
2005	72.7	41.5	4.3	47.6	4.7	137.0	3.4
2006	75.1	47.2	5.1	50.6	5.0	152.9	4.3
2007	79.5	53.8	6.2	53.4	4.4	165.2	6.1
2008	80.7	59.3	7.1	54.6	4.0	172.0	8.8
2009	83.4	65.7	7.8	57.2	4.1	181.0	10.9
2010	84.8	71.2	8.2	59.0	4.2	188.9	13.1
2011	89.1	81.9	9.4	60.7	4.1	205.3	18.6
2012	91.0	87.0	10.0	62.2	4.3	212.6	21.5

2-3-3 农村居民全年主要食品消费量

单位：公斤/人

年 份	粮食	1. 细粮	2. 粗粮	食用油	1. 植物油	2. 动物油	蔬菜	食糖
1978	247.8	122.5	125.3	2.0	1.3	0.7	141.5	0.7
1979	256.7	139.4	117.3	2.4	1.5	0.9	131.2	0.8
1980	257.2	162.9	94.2	2.5	1.4	1.1	127.2	1.1
1981	256.1	172.4	83.7	3.1	1.9	1.2	124.0	1.1
1982	260.0	191.8	68.1	3.4	2.1	1.4	132.0	1.2
1983	259.9	196.3	63.6	3.5	2.2	1.3	131.0	1.3
1984	266.5	209.1	57.5	4.0	2.5	1.5	140.0	1.3
1985	257.5	208.8	48.6	4.0	2.6	1.4	131.1	1.5
1986	259.3	212.2	47.1	4.2	2.6	1.6	133.7	1.6
1987	259.4	211.4	48.0	4.7	3.1	1.6	130.4	1.7
1988	259.5	210.7	48.8	4.8	3.3	1.5	130.1	1.4
1989	262.3	213.5	48.8	4.8	3.3	1.5	133.4	1.5
1990	262.1	215.0	47.1	5.2	3.5	1.6	134.0	1.5
1991	255.6	213.8	41.8	5.7	3.9	1.8	127.0	1.4
1992	250.5	210.6	39.9	5.9	4.1	1.8	129.1	1.5
1993	251.8	221.0	30.8	5.7	4.1	1.6	107.4	1.4
1994	257.6	212.0	45.6	5.7	4.1	1.6	107.9	1.3
1995	256.1	210.7	45.3	5.8	4.3	1.6	104.6	1.3
1996	256.2	206.5	49.7	6.1	4.5	1.6	106.3	1.4
1997	250.7	208.9	41.8	6.2	4.7	1.4	107.2	1.4
1998	248.9	209.0	39.9	6.1	4.6	1.5	109.0	1.4
1999	247.5	206.2	41.3	6.2	4.6	1.6	108.9	1.5
2000	250.2	207.1	43.1	7.1	5.5	1.6	106.7	1.3
2001	238.6	199.7	38.9	7.0	5.5	1.5	109.3	1.4
2002	236.5	199.4	37.1	7.5	5.8	1.8	110.6	1.6
2003	222.4	192.5	29.9	6.3	5.3	1.0	107.4	1.2
2004	218.3	189.8	28.5	5.3	4.3	1.0	106.6	1.1
2005	208.9	181.8	27.1	6.0	4.9	1.1	102.3	1.1
2006	205.6	178.0	27.6	5.8	4.7	1.1	100.5	1.1
2007	199.5	173.8	25.7	6.0	5.1	0.9	99.0	1.1
2008	199.1	173.7	25.4	6.2	5.4	0.9	99.7	1.1
2009	189.3	165.2	24.0	6.3	5.4	0.8	98.4	1.1
2010	181.4	159.4	22.0	6.3	5.5	0.8	93.3	1.0
2011	170.7	151.8	18.9	7.5	6.6	0.9	89.4	1.0
2012	164.3	144.9	19.4	7.8	6.9	0.9	84.7	1.2

2-3-3 续表 单位：公斤/人

年 份	猪牛羊肉	1. 猪肉	2. 牛羊肉	禽类	禽蛋及制品	水产品	奶及制品	酒
1978	5.8	5.2	0.6	0.3	0.8	0.8		1.2
1979	6.5	6.1	0.4	0.3	0.9	0.7		1.4
1980	7.7	7.3	0.5	0.7	1.2	1.1		1.9
1981	8.7	8.2	0.5	0.7	1.3	1.3		2.3
1982	9.1	8.4	0.7	0.8	1.4	1.3	0.7	2.7
1983	10.0	9.3	0.7	0.8	1.6	1.6	0.8	3.2
1984	10.6	9.9	0.7	0.9	1.8	1.7	0.8	3.5
1985	11.0	10.3	0.7	1.0	2.1	1.6	0.8	4.4
1986	11.8	11.1	0.7	1.1	2.1	1.9	1.4	5.0
1987	11.7	11.0	0.7	1.2	2.3	2.0	1.1	5.5
1988	10.7	10.1	0.7	1.3	2.3	1.9	1.1	5.9
1989	11.0	10.3	0.7	1.3	2.4	2.1	1.0	6.0
1990	11.3	10.5	0.8	1.3	2.4	2.1	1.1	6.1
1991	12.2	11.2	1.0	1.3	2.7	2.2	1.3	6.4
1992	11.8	10.9	1.0	1.5	2.9	2.3	1.5	6.6
1993	11.7	10.9	0.8	1.6	2.9	2.8	0.9	6.5
1994	11.0	10.2	0.8	1.6	3.0	3.0	0.7	6.0
1995	11.3	10.6	0.7	1.8	3.2	3.4	0.6	6.5
1996	12.9	11.9	1.1	1.9	3.4	3.7	0.8	7.1
1997	12.7	11.5	1.3	2.4	4.1	3.8	1.0	7.1
1998	13.2	11.9	1.3	2.3	4.1	3.7	0.9	7.0
1999	13.9	12.7	1.2	2.5	4.3	3.8	1.0	7.0
2000	14.4	13.3	1.1	2.8	4.8	3.9	1.1	7.0
2001	14.5	13.4	1.2	2.9	4.7	4.1	1.2	7.1
2002	14.9	13.7	1.2	2.9	4.7	4.4	1.2	7.5
2003	15.0	13.8	1.3	3.2	4.8	4.7	1.7	7.7
2004	14.8	13.5	1.3	3.1	4.6	4.5	2.0	7.8
2005	17.1	15.6	1.5	3.7	4.7	4.9	2.9	9.6
2006	17.0	15.5	1.6	3.5	5.0	5.0	3.1	10.0
2007	14.9	13.4	1.5	3.9	4.7	5.4	3.5	10.2
2008	13.9	12.6	1.3	4.4	5.4	5.2	3.4	9.7
2009	15.3	14.0	1.4	4.2	5.3	5.3	3.6	10.1
2010	15.8	14.4	1.4	4.2	5.1	5.2	3.6	9.7
2011	16.3	14.4	1.9	4.5	5.4	5.4	5.2	10.2
2012	16.4	14.4	2.0	4.5	5.9	5.4	5.3	10.0

2-3-4 农村居民年末主要耐用消费品拥有量

单位：平均每百户

年 份	自行车（辆）	摩托车（辆）	洗衣机（台）	电冰箱（台）	空调（台）	抽油烟机（台）	热水器（台）
1978	30.8						
1979	36.2						
1980	36.9						
1981	44.4						
1982	51.5						
1983	63.4		0.4				
1984	74.5		1.0				
1985	80.6		1.9	0.1			
1986	90.3	0.6	3.2	0.2			
1987	98.5	0.6	4.8	0.3			
1988	107.5	0.9	6.8	0.6			
1989	113.4	1.0	8.2	0.9			
1990	118.3	0.9	9.1	1.2			
1991	121.6	1.1	11.0	1.6			
1992	125.7	1.4	12.2	2.2			
1993	133.4	2.1	13.8	3.1	0.1	0.3	
1994	136.5	3.2	15.3	4.0	0.1	0.4	
1995	147.0	4.9	16.9	5.2	0.2	0.6	
1996	139.1	8.4	20.5	7.3	0.3	0.9	
1997	142.0	10.9	21.9	8.5	0.4	2.3	
1998	137.2	13.5	22.8	9.3	0.6	1.7	
1999	136.9	16.5	24.3	10.6	0.7	2.3	
2000	120.5	21.9	28.6	12.3	1.3	2.8	5.1
2001	120.8	24.7	29.9	13.6	1.7	3.2	5.8
2002	121.3	28.1	31.8	14.8	2.3	3.6	6.7
2003	118.5	31.8	34.3	15.9	3.5	4.1	8.0
2004	118.2	36.2	37.3	17.8	4.7	4.8	9.4
2005	98.4	40.7	40.2	20.1	6.4	6.0	12.4
2006	98.7	44.6	43.0	22.5	7.3	7.0	14.7
2007	97.7	48.5	45.9	26.1	8.5	8.1	17.9
2008	97.6	52.5	49.1	30.2	9.8	8.5	19.8
2009	96.5	56.6	53.1	37.1	12.2	9.8	23.7
2010	96.0	59.0	57.3	45.2	16.0	11.1	28.3
2011	77.1	60.9	62.6	61.5	22.6	13.2	36.7
2012	79.0	62.2	67.2	67.3	25.4	14.7	40.8

2-3-4 续表

单位：平均每百户

年 份	黑白电视机（台）	彩色电视机（台）	照相机（台）	计算机（台）	固定电话机（部）	移动电话（部）	汽车(生活用)（辆）
1978							
1979							
1980	0.4						
1981	0.9						
1982	1.7						
1983	4.0						
1984	7.2						
1985	10.9	0.8	0.2				
1986	15.8	1.5	0.3				
1987	22.0	2.3	0.5				
1988	28.6	2.8	0.6				
1989	33.9	3.6	0.8				
1990	39.7	4.7	0.7				
1991	47.5	6.4	0.9				
1992	52.4	8.1	1.0				
1993	58.3	10.9	1.0				
1994	61.8	13.5	1.2				
1995	63.8	16.9	1.4				
1996	65.1	22.9	1.9				
1997	65.1	27.3	2.1				
1998	63.6	32.6	2.2				
1999	62.4	38.2	2.7				
2000	53.0	48.7	3.1	0.5	26.4	4.3	0.3
2001	50.7	54.4	3.2	0.7	34.1	8.1	0.4
2002	48.1	60.5	3.3	1.1	40.8	13.7	0.4
2003	42.8	67.8	3.4	1.4	49.1	23.7	0.5
2004	37.9	75.1	3.7	1.9	54.5	34.7	0.6
2005	21.8	84.1	4.1	2.1	58.4	50.2	0.8
2006	17.5	89.4	4.2	2.7	64.1	62.1	1.1
2007	12.1	94.4	4.3	3.7	68.4	77.8	1.2
2008	9.9	99.2	4.4	5.4	67.0	96.1	1.3
2009	7.7	108.9	4.8	7.5	62.7	115.2	2.1
2010	6.4	111.8	5.2	10.4	60.8	136.5	2.8
2011	1.7	115.5	4.5	18.0	43.1	179.7	5.5
2012	1.4	116.9	5.2	21.4	42.2	197.8	6.6

2-3-5　农村居民家庭经营总收入

单位：元/人

年　份	家庭经营总收入	一、第一产业收入	1.农业收入	2.林业收入	3.牧业收入	4.渔业收入	二、第二产业收入	三、第三产业收入
1978	54.0	50.8	20.4		30.4			3.2
1979	63.7	58.5	20.6		37.8			5.2
1980	87.4	78.9	30.5		48.4			8.6
1981	115.1	99.7	41.1		58.6			15.4
1982	139.0	114.5	46.5		67.5	0.5		24.5
1983	330.0	311.7	234.4	4.1	71.6	1.6	4.2	14.1
1984	382.0	357.6	269.7	5.5	80.2	2.2	4.8	19.7
1985	445.3	400.6	283.4	7.4	104.0	5.7	12.3	32.4
1986	476.7	427.8	305.6	6.7	108.6	6.9	14.8	34.2
1987	530.9	472.7	334.6	7.4	122.6	8.1	19.4	38.8
1988	637.5	562.1	371.8	8.6	170.3	11.4	25.7	49.7
1989	704.7	622.1	418.8	9.0	183.6	10.8	27.8	54.8
1990	815.8	735.6	531.1	8.5	185.7	10.2	25.9	54.3
1991	854.7	771.2	545.4	9.8	204.5	11.5	25.7	57.9
1992	925.7	828.3	577.3	11.3	226.2	13.5	30.3	67.1
1993	1083.6	933.8	651.0	15.1	251.3	16.3	37.2	112.7
1994	1442.7	1264.7	891.6	15.8	336.4	21.0	47.8	130.1
1995	1877.4	1652.3	1188.1	16.5	420.8	26.9	65.4	159.7
1996	2233.7	1945.6	1419.6	19.1	475.2	31.7	87.3	200.8
1997	2346.7	2019.8	1407.9	21.9	555.4	34.5	101.3	225.7
1998	2286.8	1934.1	1362.3	21.1	512.0	38.7	102.9	249.8
1999	2211.6	1832.1	1305.2	24.6	460.0	42.4	110.3	269.1
2000	2251.3	1810.7	1231.7	27.9	502.8	48.3	133.7	306.9
2001	2325.2	1889.7	1269.1	27.4	541.4	51.9	134.2	301.3
2002	2380.5	1924.8	1279.8	31.4	553.4	60.1	144.6	311.2
2003	2455.0	1993.4	1328.3	36.2	571.7	57.2	150.5	311.1
2004	2804.5	2333.6	1570.0	39.9	662.7	61.0	153.2	317.7
2005	3164.4	2621.3	1704.1	53.2	786.0	78.0	167.1	376.1
2006	3310.0	2711.0	1827.1	65.0	738.1	80.7	186.2	412.8
2007	3776.7	3122.0	2053.8	69.6	903.6	95.0	210.4	444.3
2008	4302.1	3592.8	2305.8	76.6	1104.8	105.6	225.1	484.2
2009	4404.0	3622.9	2372.3	80.5	1059.5	110.7	248.9	532.2
2010	4937.5	4046.1	2728.4	100.0	1098.6	119.1	279.6	611.8
2011	5939.8	4766.5	3171.6	125.5	1348.0	121.5	343.5	829.8
2012	6461.0	5137.5	3497.7	130.3	1371.6	137.9	381.3	942.2

注：1982年以前的第三产业收入为第二产业收入和第三产业收入合计,以下各表同。

2-3-6 农村居民家庭经营纯收入

单位：元/人

年份	家庭经营纯收入	一、第一产业收入	1.农业收入	2.林业收入	3.牧业收入	4.渔业收入	二、第二产业收入	三、第三产业收入
1978	35.8	33.8	17.9		15.9			2.0
1979	44.0	40.0	18.0		21.9			4.1
1980	62.6	56.3	26.3		30.1			6.2
1981	84.5	71.8	34.1		37.7			12.8
1982	102.8	80.1	38.5		41.1	0.4	10.0	12.8
1983	227.7	212.7	173.9	3.7	33.9	1.2	4.2	10.8
1984	261.7	241.9	198.4	4.6	37.4	1.5	4.8	15.0
1985	296.0	263.8	202.1	6.2	52.0	3.6	9.6	22.6
1986	313.3	277.6	216.2	5.9	50.8	4.7	12.0	23.8
1987	345.5	300.8	220.2	6.6	68.5	5.6	15.7	29.1
1988	403.2	345.6	236.0	7.8	94.1	7.8	20.3	37.2
1989	434.6	371.7	253.9	8.1	102.2	7.4	22.2	40.7
1990	518.6	456.0	344.6	7.5	96.8	7.1	21.3	41.2
1991	523.6	460.6	338.7	8.5	105.2	8.2	20.5	42.6
1992	561.6	486.9	354.5	9.6	113.9	8.9	24.2	50.6
1993	678.5	567.0	448.4	12.6	96.8	9.2	26.3	85.2
1994	881.9	746.7	610.5	12.9	112.3	11.0	36.0	99.2
1995	1125.8	956.5	799.4	13.5	127.8	15.7	48.2	121.2
1996	1362.5	1147.3	955.1	16.1	158.6	17.5	64.6	150.6
1997	1472.7	1220.0	976.2	19.4	203.5	21.0	78.0	174.8
1998	1466.0	1192.4	962.8	18.7	188.5	22.4	80.1	193.5
1999	1448.4	1139.0	918.3	21.6	174.3	24.8	91.1	218.3
2000	1427.3	1090.7	833.9	22.4	207.4	27.0	99.4	237.2
2001	1459.6	1126.6	863.6	22.1	212.0	28.9	100.0	233.1
2002	1486.5	1135.0	866.7	25.5	210.6	32.2	108.6	243.0
2003	1541.3	1195.6	885.7	29.3	245.7	34.9	108.6	237.1
2004	1745.8	1398.0	1056.5	34.1	271.1	36.3	108.2	239.5
2005	1844.5	1469.6	1097.7	45.8	283.6	42.5	108.3	266.7
2006	1931.0	1521.3	1159.6	55.0	265.6	41.2	121.7	288.0
2007	2193.7	1745.1	1303.8	59.2	335.1	47.1	137.6	311.0
2008	2435.6	1945.9	1427.0	66.2	397.5	55.2	149.0	340.7
2009	2526.8	1988.2	1497.9	69.6	360.4	60.3	164.5	374.1
2010	2832.8	2231.0	1723.5	87.7	355.6	64.3	182.1	419.7
2011	3222.0	2519.9	1896.7	99.5	462.5	61.2	192.6	509.4
2012	3533.4	2722.2	2106.8	103.7	441.0	70.7	213.7	597.4

注：1982年以前的第三产业收入为第二产业收入和第三产业收入合计。

2-3-7 农村居民家庭经营费用支出

单位：元/人

年份	家庭经营费用支出	一、第一产业支出	1.农业支出	2.林业支出	3.牧业支出	4.渔业支出	二、第二产业支出	三、第三产业支出
1978	16.8	14.6	1.6		13.1			2.2
1979	19.4	18.0	3.0		15.0			1.4
1980	25.3	23.6	5.9		17.6			1.8
1981	30.1	27.8	8.2		19.6			2.3
1982	35.6	33.3	7.8		25.4	0.1		2.3
1983	80.3	77.7	47.5	0.3	29.6	0.4		2.6
1984	95.7	92.0	56.7	0.7	34.1	0.5		3.7
1985	121.4	110.7	59.5	1.0	48.4	1.9	2.0	8.7
1986	132.7	121.3	67.8	0.8	50.6	2.2	2.4	9.0
1987	150.6	137.1	79.7	0.8	54.1	2.5	3.7	9.7
1988	194.6	176.8	96.1	0.9	76.2	3.7	5.4	12.5
1989	221.9	202.6	117.0	0.8	81.4	3.4	5.6	13.7
1990	241.1	223.4	130.4	1.0	88.9	3.1	4.6	13.2
1991	267.3	246.8	142.9	1.3	99.4	3.3	5.2	15.3
1992	292.3	269.6	151.0	1.7	112.4	4.6	6.2	16.5
1993	330.0	299.3	165.3	2.0	126.1	5.8	9.0	21.8
1994	458.6	423.6	229.9	2.3	183.2	8.2	9.7	25.3
1995	621.7	575.6	321.5	2.5	242.4	9.2	14.3	31.8
1996	709.4	650.0	378.2	2.4	257.8	11.6	18.5	40.9
1997	706.3	646.3	348.9	2.1	284.4	11.0	18.8	41.1
1998	652.5	589.6	317.6	1.9	257.1	12.9	18.1	44.7
1999	599.7	544.7	304.1	2.4	224.5	13.8	15.1	40.0
2000	654.3	571.7	315.8	4.3	234.6	16.9	27.2	55.3
2001	696.0	612.7	325.5	4.2	264.5	18.5	27.9	55.4
2002	731.0	643.5	336.6	4.8	279.3	22.8	30.3	57.3
2003	755.4	667.6	347.6	6.2	293.3	20.5	34.5	53.2
2004	923.9	829.2	435.0	5.4	365.7	23.1	36.8	57.9
2005	1189.7	1058.3	540.9	7.2	476.9	33.3	47.8	83.6
2006	1242.3	1093.5	598.9	9.8	447.6	37.2	52.6	96.2
2007	1432.7	1270.5	674.6	10.1	540.3	45.5	59.6	102.6
2008	1704.5	1531.5	798.3	10.0	675.4	47.9	62.6	110.4
2009	1700.1	1511.9	788.6	10.5	664.7	48.1	68.5	119.8
2010	1915.6	1685.4	914.4	12.0	706.8	52.2	79.3	150.9
2011	2431.1	2057.4	1149.5	25.3	824.6	58.1	125.4	248.2
2012	2626.0	2214.1	1255.4	25.7	868.2	64.8	140.3	271.6

2-3-8 农村居民家庭经营费用现金支出

单位：元/人

年 份	家庭经营费用现金支出	一、第一产业支出	1.农业支出	2.林业支出	3.牧业支出	4.渔业支出	二、第二产业支出	三、第三产业支出
1978	7.4							
1979	9.1							
1980	14.1							
1981	22.4							
1982	20.9							
1983	50.6	48.4	33.9	0.2	13.9	0.3		2.2
1984	61.1	57.7	39.7	0.6	16.9	0.5		3.5
1985	80.0	69.9	43.1	0.9	24.2	1.7	2.0	8.1
1986	86.9	76.1	49.4	0.7	24.0	2.0	2.3	8.6
1987	101.0	88.1	59.1	0.7	25.9	2.4	3.6	9.3
1988	137.8	121.2	72.8	0.7	44.2	3.5	4.8	11.7
1989	160.4	142.2	92.2	0.7	46.1	3.3	5.3	13.0
1990	162.9	146.4	99.5	0.8	43.2	3.0	4.2	12.3
1991	188.4	169.1	112.8	1.1	52.1	3.1	5.1	14.2
1992	206.5	185.0	118.8	1.0	61.0	4.2	5.9	15.6
1993	241.2	211.3	133.1	1.8	70.7	5.7	8.8	21.1
1994	327.8	294.4	182.8	2.0	101.8	7.9	9.5	24.0
1995	454.7	410.7	261.4	2.1	138.3	8.8	13.8	30.3
1996	524.0	468.4	313.7	2.1	141.6	11.1	17.8	37.7
1997	539.9	483.1	298.4	1.9	172.3	10.4	18.6	38.3
1998	511.7	451.6	277.4	1.8	159.8	12.5	17.5	42.6
1999	470.7	417.6	269.1	2.3	132.8	13.5	15.0	38.1
2000	544.5	462.9	286.5	4.2	155.7	16.5	27.0	54.6
2001	584.8	502.4	296.6	4.0	183.7	18.1	27.7	54.7
2002	617.4	530.7	309.7	4.6	194.2	22.2	30.2	56.5
2003	638.4	551.1	318.1	6.1	206.8	20.2	34.4	52.9
2004	788.6	694.3	402.2	5.2	264.0	22.9	36.6	57.6
2005	1052.5	921.5	510.5	6.5	371.8	32.6	47.6	83.4
2006	1104.1	955.6	569.5	9.0	340.2	36.8	52.6	95.9
2007	1287.2	1125.3	642.5	9.8	428.2	44.8	59.5	102.4
2008	1551.0	1378.2	765.6	9.6	555.9	47.1	62.6	110.2
2009	1554.6	1366.8	759.5	10.1	549.8	47.5	68.2	119.6
2010	1757.6	1527.6	880.3	11.4	584.3	51.6	79.3	150.7
2011	2269.2	1896.8	1116.1	24.9	698.1	57.7	124.9	247.5
2012	2483.0	2071.6	1228.4	25.4	753.2	64.5	140.2	271.2

3

主要年份分城乡住户调查分组综合数据

一、按收入等级分组

(一)城镇住户调查分组综合数据

3-1-1-1　2005年城镇居民家庭基本情况

指　标		全　国	最低收入户(10%)	#困难户(5%)	较低收入户(10%)	中等偏下户(20%)	中等收入户(20%)	中等偏上户(20%)	较高收入户(10%)	最高收入户(10%)
调查户数	(户)	54496	5376	2666	5454	10943	10966	10920	5440	5398
调查户比重	(%)	100.0	9.9	4.9	10.0	20.1	20.1	20.0	10.0	9.9
平均每户家庭人口	(人)	2.96	3.34	3.38	3.22	3.10	2.95	2.79	2.68	2.64
平均每户就业人口	(人)	1.51	1.26	1.13	1.45	1.55	1.56	1.54	1.54	1.59
平均每户就业面	(%)	51.0	37.7	33.4	45.0	50.0	52.9	55.2	57.5	60.2
平均每一就业者负担人数										
(包括就业者本人)	(人)	2.0	2.7	3.0	2.2	2.0	1.9	1.8	1.7	1.7
平均每人全部年收入	(元)	11320.8	3377.7	2733.3	5202.1	7177.1	9887.0	13596.7	18687.7	31237.5
平均每人可支配收入	(元)	10493.0	3134.9	2495.8	4885.3	6710.6	9190.1	12603.4	17202.9	28773.1
平均每人总支出	(元)	10579.5	3696.5	3118.3	5158.8	6922.4	9350.4	12529.2	16847.9	28300.8
平均每人现金消费支出	(元)	7942.9	3111.5	2656.4	4295.4	5574.3	7308.1	9410.8	12102.5	19153.7
食品		2914.4	1475.7	1290.1	1926.0	2336.3	2838.8	3425.9	4151.1	5367.3
#粮食		242.2	219.2	213.5	226.8	232.8	241.9	254.4	264.8	267.1
肉禽及其制品		564.9	343.4	296.3	433.5	514.3	584.5	655.8	716.1	756.4
蛋类		71.5	51.7	46.1	63.8	68.9	74.2	78.2	84.4	79.9
水产品		188.8	70.3	57.8	101.1	133.2	176.0	234.2	314.6	403.7
奶及奶制品		138.6	50.8	39.4	82.7	110.8	140.4	173.2	206.8	248.3
衣着		800.5	243.7	189.8	408.6	565.1	784.6	1010.6	1256.0	1757.6
#服装		577.0	162.2	125.2	279.5	397.2	559.0	732.0	929.8	1312.7
居住		808.7	384.1	338.7	472.2	580.0	745.5	921.7	1195.5	1897.9
#住房		249.3	58.3	44.0	77.8	112.9	200.9	284.8	451.3	903.4
家庭设备及用品		446.5	109.2	90.4	171.6	268.8	397.2	546.1	754.9	1287.5
#耐用消费品		213.2	31.2	25.6	60.7	117.2	188.1	270.4	377.9	663.6
交通通信		996.7	228.4	180.9	375.9	536.2	764.7	1074.9	1590.3	3769.6
文教娱乐		1097.5	363.6	293.2	518.8	720.4	985.7	1336.8	1700.2	2908.0
#文化娱乐用品		280.2	43.3	33.5	84.4	152.5	236.6	364.9	493.0	874.9
医疗保健		600.9	232.5	206.5	308.1	408.1	561.8	764.9	997.6	1287.7
其他		277.8	74.4	66.9	114.1	159.3	229.8	329.9	457.0	878.2
现金消费支出构成	(%)	100.0	100.0	100.0	100.0	100.0	100.0	100.0	100.0	100.0
食品		36.7	47.4	48.6	44.8	41.9	38.8	36.4	34.3	28.0
衣着		10.1	7.8	7.1	9.5	10.1	10.7	10.7	10.4	9.2
居住		10.2	12.3	12.8	11.0	10.4	10.2	9.8	9.9	9.9
家庭设备及用品		5.6	3.5	3.4	4.0	4.8	5.4	5.8	6.2	6.7
交通通信		12.5	7.3	6.8	8.8	9.6	10.5	11.4	13.1	19.7
文教娱乐		13.8	11.7	11.0	12.1	12.9	13.5	14.2	14.0	15.2
医疗保健		7.6	7.5	7.8	7.2	7.3	7.7	8.1	8.2	6.7
其他		3.5	2.4	2.5	2.7	2.9	3.1	3.5	3.8	4.6

注:收入水平为所有城镇调查户按人均可支配收入由低到高排队,按10%,10%,20%,20%,20%,10%,10%的比例分为七组。

3-1-1-2 2006年城镇居民家庭基本情况

指标		全国	最低收入户(10%)	#困难户(5%)	较低收入户(10%)	中等偏下户(20%)	中等收入户(20%)	中等偏上户(20%)	较高收入户(10%)	最高收入户(10%)
调查户数	(户)	56094	5594	2801	5607	11251	11236	11225	5610	5571
调查户比重	(%)	100.0	10.0	5.0	10.0	20.1	20.0	20.0	10.0	9.9
平均每户家庭人口	(人)	2.95	3.31	3.33	3.20	3.09	2.92	2.79	2.69	2.62
平均每户就业人口	(人)	1.53	1.30	1.17	1.52	1.56	1.56	1.55	1.56	1.62
平均每户就业面	(%)	51.9	39.3	35.1	47.5	50.5	53.4	55.6	58.0	61.8
平均每一就业者负担人数										
(包括就业者本人)	(人)	1.9	2.5	2.8	2.1	2.0	1.9	1.8	1.7	1.6
平均每人全部年收入	(元)	12719.2	3871.4	3129.3	5946.1	8103.7	11052.1	15199.7	20699.6	34834.4
平均每人可支配收入	(元)	11759.5	3568.7	2838.9	5540.7	7554.2	10269.7	14049.2	19069.0	31967.3
平均每人总支出	(元)	11881.8	4121.2	3576.6	5885.1	7612.0	10230.6	13852.1	19029.9	32636.9
平均每人现金消费支出	(元)	8696.6	3423.0	2953.3	4765.6	6108.3	7905.4	10218.3	13169.8	21061.7
食品		3111.9	1586.0	1387.7	2073.5	2484.3	3019.4	3647.9	4392.4	5746.7
#粮食		246.5	219.1	213.4	229.8	239.4	246.4	257.7	270.0	272.6
肉禽及其制品		545.6	346.3	301.3	439.2	496.8	556.6	623.6	685.7	725.8
蛋类		67.6	49.5	44.6	57.9	65.6	70.6	74.2	78.7	76.1
水产品		202.9	79.0	64.2	111.2	143.8	188.4	257.6	327.1	417.6
奶及奶制品		150.2	60.9	46.5	95.1	121.6	153.2	183.7	217.9	260.3
衣着		901.8	286.1	225.0	470.0	665.7	884.7	1120.4	1350.8	1956.6
#服装		646.7	191.5	148.2	319.8	466.8	628.6	810.9	981.2	1454.7
居住		904.2	427.2	391.5	530.1	655.6	799.3	1009.6	1341.9	2196.6
#住房		285.1	59.2	53.9	83.7	135.8	197.1	310.9	506.4	1134.2
家庭设备及用品		498.5	140.0	121.2	212.0	301.4	444.6	583.9	842.3	1415.4
#耐用消费品		233.9	42.7	34.6	75.8	125.4	213.2	280.7	414.6	719.8
交通通信		1147.1	257.7	205.6	431.1	610.0	859.9	1264.5	1801.0	4316.8
文教娱乐		1203.0	406.1	332.6	572.4	782.0	1047.5	1469.1	1901.7	3176.1
#文化娱乐用品		310.3	59.3	43.9	99.4	168.3	256.9	397.7	558.6	944.0
医疗保健		620.5	234.5	213.4	350.0	425.5	590.5	762.4	1020.2	1311.4
其他		309.5	85.4	76.2	126.5	183.8	259.6	360.4	519.6	942.1
现金消费支出构成	(%)	100.0	100.0	100.0	100.0	100.0	100.0	100.0	100.0	100.0
食品		35.8	46.3	47.0	43.5	40.7	38.2	35.7	33.4	27.3
衣着		10.4	8.4	7.6	9.9	10.9	11.2	11.0	10.3	9.3
居住		10.4	12.5	13.3	11.1	10.7	10.1	9.9	10.2	10.4
家庭设备及用品		5.7	4.1	4.1	4.4	4.9	5.6	5.7	6.4	6.7
交通通信		13.2	7.5	7.0	9.0	10.0	10.9	12.4	13.7	20.5
文教娱乐		13.8	11.9	11.3	12.0	12.8	13.3	14.4	14.4	15.1
医疗保健		7.1	6.9	7.2	7.3	7.0	7.5	7.5	7.7	6.2
其他		3.6	2.5	2.6	2.7	3.0	3.3	3.5	3.9	4.5

3-1-1-3　2007年城镇居民家庭基本情况

指　标		全　国	最低收入户（10%）	#困难户（5%）	较低收入户（10%）	中等偏下户（20%）	中等收入户（20%）	中等偏上户（20%）	较高收入户（10%）	最高收入户（10%）
调查户数	（户）	59305	5940	2967	5936	11881	11869	11865	5919	5894
调查户比重	（%）	100.0	10.0	5.0	10.0	20.0	20.0	20.0	10.0	9.9
平均每户家庭人口	（人）	2.91	3.30	3.30	3.20	3.05	2.88	2.74	2.63	2.58
平均每户就业人口	（人）	1.54	1.34	1.23	1.55	1.57	1.57	1.54	1.54	1.60
平均每户就业面	（%）	52.9	40.6	37.3	48.4	51.5	54.5	56.2	58.6	62.0
平均每一就业者负担人数										
（包括就业者本人）	（人）	1.9	2.5	2.7	2.1	1.9	1.8	1.8	1.7	1.6
平均每人全部年收入	（元）	14908.6	4604.1	3744.9	6992.6	9568.0	12978.6	17684.6	24106.6	40019.2
平均每人可支配收入	（元）	13785.8	4210.1	3357.9	6504.6	8900.5	12042.3	16385.8	22233.6	36784.5
平均每人总支出	（元）	13513.9	4904.0	4233.3	6939.2	8955.3	11862.5	15629.1	21147.6	35242.6
平均每人现金消费支出	（元）	9997.5	4036.3	3447.7	5634.2	7123.7	9097.4	11570.4	15297.7	23337.3
食品		3628.0	1904.1	1672.4	2451.2	2942.8	3538.3	4229.8	5062.1	6439.5
#粮食		278.3	223.7	214.7	246.9	263.1	280.5	302.8	319.4	325.9
肉禽及其制品		703.3	437.7	387.2	552.7	637.5	717.3	806.8	883.0	958.3
蛋类		83.8	58.5	53.2	70.2	78.7	88.2	94.8	97.8	98.9
水产品		243.8	97.7	81.2	137.6	180.0	229.6	302.7	376.5	491.0
奶及奶制品		160.7	76.0	62.3	108.9	130.7	165.2	192.2	225.8	264.0
衣着		1042.0	360.9	288.5	565.2	776.9	1017.7	1278.2	1579.1	2162.6
#服装		747.9	243.1	191.6	389.1	544.9	725.6	917.9	1150.9	1616.6
居住		982.3	469.1	415.7	605.0	718.3	873.9	1095.4	1436.7	2290.1
#住房		302.2	64.4	49.5	115.0	135.6	215.1	315.5	532.1	1174.8
家庭设备及用品		601.8	163.9	130.6	282.5	385.0	545.2	716.9	967.7	1597.4
#耐用消费品		285.5	49.4	34.1	113.0	166.8	262.5	339.4	484.3	826.6
交通通信		1357.4	314.2	243.2	548.8	710.1	993.4	1420.3	2467.7	4815.6
文教娱乐		1329.2	445.7	366.5	647.0	877.4	1172.4	1544.2	2092.0	3526.2
#文化娱乐用品		343.2	63.2	49.6	124.3	192.6	304.1	408.0	614.9	1013.8
医疗保健		699.1	281.1	250.3	378.7	501.7	646.5	861.4	1108.6	1472.5
其他		357.7	97.3	80.6	155.8	211.7	310.0	424.2	583.9	1033.2
现金消费支出构成	（%）	100.0	100.0	100.0	100.0	100.0	100.0	100.0	100.0	100.0
食品		36.3	47.2	48.5	43.5	41.3	38.9	36.6	33.1	27.6
衣着		10.4	8.9	8.4	10.0	10.9	11.2	11.0	10.3	9.3
居住		9.8	11.6	12.1	10.7	10.1	9.6	9.5	9.4	9.8
家庭设备及用品		6.0	4.1	3.8	5.0	5.4	6.0	6.2	6.3	6.8
交通通信		13.6	7.8	7.1	9.7	10.0	10.9	12.3	16.1	20.6
文教娱乐		13.3	11.0	10.6	11.5	12.3	12.9	13.3	13.7	15.1
医疗保健		7.0	7.0	7.3	6.7	7.0	7.1	7.4	7.2	6.3
其他		3.6	2.4	2.3	2.8	3.0	3.4	3.7	3.8	4.4

3-1-1-4　2008年城镇居民家庭基本情况

指　标		全　国	最低收入户(10%)	#困难户(5%)	较低收入户(10%)	中等偏下户(20%)	中等收入户(20%)	中等偏上户(20%)	较高收入户(10%)	最高收入户(10%)
调查户数	(户)	64675	6353	3137	6485	12983	12993	12998	6445	6418
调查户比重	(%)	100.0	9.8	4.8	10.0	20.1	20.1	20.1	10.0	9.9
平均每户家庭人口	(人)	2.91	3.33	3.34	3.22	3.06	2.89	2.74	2.62	2.51
平均每户就业人口	(人)	1.48	1.27	1.16	1.44	1.52	1.50	1.49	1.51	1.57
平均每户就业面	(%)	50.9	38.1	34.7	44.7	49.7	51.9	54.4	57.6	62.5
平均每一就业者负担人数		2.0	2.6	2.9	2.2	2.0	1.9	1.8	1.7	1.6
(包括就业者本人)	(人)									
平均每人全部年收入	(元)	17067.8	5203.8	4187.2	7916.5	10974.6	15054.7	20784.2	28518.9	47422.4
平均每人可支配收入	(元)	15780.8	4753.6	3734.4	7363.3	10195.6	13984.2	19254.1	26250.1	43613.8
平均每人总支出	(元)	14747.9	5495.6	4659.3	7556.7	9914.5	13173.4	17615.2	24074.4	38380.2
平均每人现金消费支出	(元)	11242.9	4532.9	3862.7	6195.3	7993.7	10344.7	13316.6	17888.2	26982.1
食品		4259.8	2182.3	1889.9	2846.3	3428.9	4181.3	5043.6	6087.3	7874.1
#粮食		328.3	260.0	244.4	286.6	305.4	335.6	355.9	384.7	403.3
肉禽及其制品		896.9	534.6	451.7	699.0	806.5	930.1	1039.7	1160.6	1237.9
蛋类		91.7	64.6	58.4	78.0	86.0	95.9	102.5	108.4	111.2
水产品		280.3	115.2	93.4	164.8	211.7	271.0	349.2	444.5	551.4
奶及奶制品		189.8	86.7	74.2	120.8	155.2	191.2	234.0	278.2	327.4
衣着		1165.9	398.0	310.0	598.7	843.2	1136.5	1432.9	1857.5	2643.0
#服装		839.1	268.7	205.8	409.9	588.7	808.1	1031.2	1364.0	2001.1
居住		1145.4	556.2	489.3	688.4	841.3	1060.6	1265.9	1795.5	2681.9
#住房		345.1	74.7	63.3	107.9	164.7	269.5	350.8	687.7	1355.8
家庭设备及用品		691.8	190.8	146.6	309.6	437.2	616.3	837.6	1210.0	1925.6
#耐用消费品		309.3	57.1	35.7	110.2	174.8	268.6	379.1	564.7	977.7
交通通信		1417.1	345.3	265.4	532.5	764.1	1078.8	1633.6	2632.9	4985.7
文教娱乐		1358.3	424.2	378.3	594.7	851.8	1171.4	1630.1	2297.2	3959.3
#文化娱乐用品		354.8	69.4	50.6	122.2	198.2	301.8	438.3	669.9	1112.9
医疗保健		786.2	323.9	293.1	457.2	587.6	748.7	977.9	1257.6	1589.7
其他		418.3	112.2	90.1	168.0	239.6	351.1	494.9	750.3	1322.7
现金消费支出构成	(%)	100.0	100.0	100.0	100.0	100.0	100.0	100.0	100.0	100.0
食品		37.9	48.1	48.9	45.9	42.9	40.4	37.9	34.0	29.2
衣着		10.4	8.8	8.0	9.7	10.5	11.0	10.8	10.4	9.8
居住		10.2	12.3	12.7	11.1	10.5	10.3	9.5	10.0	9.9
家庭设备及用品		6.2	4.2	3.8	5.0	5.5	6.0	6.3	6.8	7.1
交通通信		12.6	7.6	6.9	8.6	9.6	10.4	12.3	14.7	18.5
文教娱乐		12.1	9.4	9.8	9.6	10.7	11.3	12.2	12.8	14.7
医疗保健		7.0	7.1	7.6	7.4	7.4	7.2	7.3	7.0	5.9
其他		3.7	2.5	2.3	2.7	3.0	3.4	3.7	4.2	4.9

3-1-1-5　2009年城镇居民家庭基本情况

指　标		全　国	最　低收入户(10%)	#困难户(5%)	较　低收入户(10%)	中　等偏下户(20%)	中　等收入户(20%)	中　等偏上户(20%)	较　高收入户(10%)	最　高收入户(10%)
调查户数	（户）	65506	6518	3248	6563	13132	13137	13122	6526	6508
调查户比重	（%）	100.0	10.0	5.0	10.0	20.0	20.1	20.0	10.0	9.9
平均每户家庭人口	（人）	2.89	3.29	3.30	3.23	3.04	2.84	2.71	2.61	2.51
平均每户就业人口	（人）	1.49	1.32	1.22	1.46	1.53	1.49	1.49	1.51	1.55
平均每户就业面	（%）	51.6	40.1	37.0	45.2	50.3	52.5	55.0	57.9	61.8
平均每一就业者负担人数										
（包括就业者本人）	（人）	1.9	2.5	2.7	2.2	2.0	1.9	1.8	1.7	1.6
平均每人全部年收入	（元）	18858.1	5950.7	4935.8	8956.8	12345.2	16858.4	23050.8	31171.7	51349.6
平均每人可支配收入	（元）	17174.7	5253.2	4197.6	8162.1	11243.6	15399.9	21018.0	28386.5	46826.1
平均每人总支出	（元）	17248.3	6185.6	5519.8	8475.2	11353.5	15197.5	20764.8	28179.5	46936.9
平均每人现金消费支出	（元）	12264.6	4900.6	4256.8	6743.1	8738.8	11309.7	14964.4	19263.9	29004.4
食品		4478.5	2293.8	2041.6	3009.5	3640.2	4410.5	5367.0	6360.3	8135.0
#粮食		334.3	265.3	254.4	292.2	316.3	339.8	366.0	380.9	407.4
肉禽及其制品		867.5	520.9	458.4	691.2	787.0	904.4	1010.8	1095.8	1178.2
蛋类		92.8	66.1	61.1	79.2	86.3	97.1	103.9	110.0	114.1
水产品		301.4	121.9	99.1	182.4	231.6	293.7	383.0	472.1	571.4
奶及奶制品		196.1	89.1	77.6	128.1	158.5	201.0	241.7	283.4	341.6
衣着		1284.2	458.5	376.6	684.2	962.5	1263.8	1601.2	1986.2	2782.3
#服装		924.0	306.9	250.0	466.3	675.0	900.3	1156.3	1465.4	2092.7
居住		1228.9	578.9	515.7	735.2	880.8	1131.0	1493.3	1775.1	2863.3
#住房		397.0	84.7	60.8	123.9	178.5	301.4	526.4	659.6	1482.1
家庭设备及用品		786.9	226.0	173.8	366.4	521.5	701.1	977.1	1325.5	2114.2
#耐用消费品		359.0	70.1	42.6	138.7	218.0	308.0	453.9	633.0	1086.0
交通通信		1682.6	394.8	310.3	582.3	861.4	1285.0	2047.8	3181.9	5858.7
文教娱乐		1472.8	457.2	390.6	666.0	953.8	1290.1	1807.7	2461.1	4116.4
#文化娱乐用品		381.3	83.0	68.3	151.8	225.5	335.8	483.4	682.5	1117.0
医疗保健		856.4	362.6	344.0	504.1	632.0	834.5	1072.0	1322.4	1745.9
其他		474.2	128.7	104.4	195.4	286.7	393.7	598.2	851.4	1388.6
现金消费支出构成	（%）	100.0	100.0	100.0	100.0	100.0	100.0	100.0	100.0	100.0
食品		36.5	46.8	48.0	44.6	41.7	39.0	35.9	33.0	28.0
衣着		10.5	9.4	8.8	10.1	11.0	11.2	10.7	10.3	9.6
居住		10.0	11.8	12.1	10.9	10.1	10.0	10.0	9.2	9.9
家庭设备及用品		6.4	4.6	4.1	5.4	6.0	6.2	6.5	6.9	7.3
交通通信		13.7	8.1	7.3	8.6	9.9	11.4	13.7	16.5	20.2
文教娱乐		12.0	9.3	9.2	9.9	10.9	11.4	12.1	12.8	14.2
医疗保健		7.0	7.4	8.1	7.5	7.2	7.4	7.2	6.9	6.0
其他		3.9	2.6	2.5	2.9	3.3	3.5	4.0	4.4	4.8

3-1-1-6 2010年城镇居民家庭基本情况

指 标		全 国	最 低 收入户 (10%)	#困难户 (5%)	较 低 收入户 (10%)	中 等 偏下户 (20%)	中 等 收入户 (20%)	中 等 偏上户 (20%)	较 高 收入户 (10%)	最 高 收入户 (10%)
调查户数	(户)	65607	6569	3279	6570	13144	13103	13121	6553	6548
调查户比重	(%)	100.0	10.0	5.0	10.0	20.0	20.0	20.0	10.0	10.0
平均每户家庭人口	(人)	2.88	3.29	3.32	3.20	3.02	2.82	2.70	2.61	2.51
平均每户就业人口	(人)	1.49	1.32	1.22	1.52	1.52	1.48	1.49	1.51	1.54
平均每户就业面	(%)	51.7	40.1	36.7	47.5	50.3	52.5	55.2	57.9	61.4
平均每一就业者负担人数										
(包括就业者本人)	(人)	1.9	2.5	2.7	2.1	2.0	1.9	1.8	1.7	1.6
平均每人全部年收入	(元)	21033.4	6703.7	5483.1	10247.0	13971.0	18920.7	25497.8	34254.6	56435.2
平均每人可支配收入	(元)	19109.4	5948.1	4739.2	9285.3	12702.1	17224.0	23188.9	31044.0	51431.6
平均每人总支出	(元)	18258.4	6871.0	6039.5	9288.7	12388.4	16693.5	21667.5	29012.0	47401.1
平均每人现金消费支出	(元)	13471.5	5471.8	4715.3	7360.2	9649.2	12609.4	16140.4	21000.4	31761.6
食品		4804.7	2525.3	2231.5	3246.7	3946.0	4773.8	5710.1	6756.0	8535.2
#粮食		385.5	295.6	282.3	326.4	357.7	393.1	425.5	453.9	492.4
肉禽及其制品		914.2	563.9	493.0	728.8	835.9	955.2	1051.4	1142.4	1242.2
蛋类		98.0	68.0	62.3	80.5	91.2	102.4	111.9	117.7	121.8
水产品		326.9	137.5	113.6	192.2	253.1	313.8	416.3	497.3	635.5
奶及奶制品		198.5	91.6	76.9	127.6	158.9	199.0	245.9	296.7	346.4
衣着		1444.3	513.6	417.3	804.7	1076.0	1408.1	1786.6	2226.7	3148.9
#服装		1057.1	351.8	284.7	568.2	768.5	1020.3	1311.9	1657.1	2404.1
居住		1332.1	656.3	591.9	775.1	1010.0	1260.3	1504.2	2000.0	3014.7
#住房		421.2	115.2	99.0	114.2	227.0	348.7	457.4	772.9	1520.4
家庭设备及用品		908.0	288.6	223.4	427.2	600.9	833.6	1111.0	1500.2	2380.6
#耐用消费品		394.6	90.8	60.7	153.5	239.7	365.9	496.6	683.5	1112.9
交通通信		1983.7	448.3	359.2	669.1	1051.8	1620.6	2358.0	3630.6	6770.3
文教娱乐		1627.6	502.6	424.1	746.7	1038.0	1421.3	2001.5	2739.7	4515.2
#文化娱乐用品		407.0	97.1	81.1	166.4	238.4	351.2	521.7	728.8	1171.4
医疗保健		871.8	405.3	360.0	478.3	637.8	864.7	1060.1	1313.6	1842.8
其他		499.2	132.0	108.1	212.5	288.8	427.1	608.9	833.5	1553.9
现金消费支出构成	(%)									
食品		35.7	46.2	47.3	44.1	40.9	37.9	35.4	32.2	26.9
衣着		10.7	9.4	8.8	10.9	11.2	11.2	11.1	10.6	9.9
居住		9.9	12.0	12.6	10.5	10.5	10.0	9.3	9.5	9.5
家庭设备及用品		6.7	5.3	4.7	5.8	6.2	6.6	6.9	7.1	7.5
交通通信		14.7	8.2	7.6	9.1	10.9	12.9	14.6	17.3	21.3
文教娱乐		12.1	9.2	9.0	10.1	10.8	11.3	12.4	13.0	14.2
医疗保健		6.5	7.4	7.6	6.5	6.6	6.9	6.6	6.3	5.8
其他		3.7	2.4	2.3	2.9	3.0	3.4	3.8	4.0	4.9

3-1-1-7 2011年城镇居民家庭基本情况

指标	全国	最低收入户(10%)	#困难户(5%)	较低收入户(10%)	中等偏下户(20%)	中等收入户(20%)	中等偏上户(20%)	较高收入户(10%)	最高收入户(10%)
调查户数 (户)	65655	6505	3232	6566	13170	13178	13177	6572	6488
调查户比重 (%)	100.0	9.9	4.9	10.0	20.1	20.1	20.1	10.0	9.9
平均每户家庭人口 (人)	2.87	3.30	3.32	3.20	3.01	2.82	2.67	2.57	2.53
平均每户就业人口 (人)	1.48	1.29	1.16	1.51	1.52	1.49	1.48	1.48	1.58
平均每户就业面 (%)	51.6	39.1	34.9	47.2	50.5	52.8	55.4	57.6	62.5
平均每一就业者负担人数(包括就业者本人) (人)	1.9	2.6	2.9	2.1	2.0	1.9	1.8	1.7	1.6
平均每人全部年收入 (元)	23979.2	7819.4	6445.5	11751.3	15880.7	21439.7	29058.9	39215.5	64460.7
平均每人可支配收入 (元)	21809.8	6876.1	5398.2	10672.0	14498.3	19544.9	26420.0	35579.2	58841.9
平均每人总支出 (元)	20365.7	8147.6	7290.9	10749.2	13926.1	18386.9	24276.2	32969.2	51203.5
平均每人现金消费支出 (元)	15160.9	6431.9	5575.6	8509.3	10872.8	14028.2	18160.9	23906.2	35183.6
食品	5506.3	2948.9	2618.9	3715.9	4535.8	5467.1	6515.0	7789.9	9681.7
#粮食	437.6	351.6	340.8	370.3	410.1	444.1	477.8	515.5	540.4
肉禽及其制品	1105.9	704.3	630.1	879.1	1023.0	1154.5	1269.5	1376.0	1448.3
蛋类	116.7	81.0	75.7	94.2	110.2	121.2	133.5	139.5	143.2
水产品	354.0	148.5	126.5	204.0	269.9	345.3	452.7	548.2	677.8
奶及奶制品	234.0	115.7	95.1	150.9	195.4	235.8	284.6	340.3	392.7
衣着	1674.7	608.0	489.5	913.4	1250.9	1628.6	2045.8	2598.3	3699.1
#服装	1237.0	426.7	336.2	649.0	903.6	1188.1	1513.4	1954.1	2849.0
居住	1405.0	749.0	675.7	874.8	1023.0	1232.7	1627.6	2116.8	3272.7
#住房	451.3	161.0	122.4	185.8	212.9	280.5	518.2	852.4	1715.3
家庭设备及用品	1023.2	335.3	261.5	489.7	666.5	923.4	1277.1	1736.4	2625.9
#耐用消费品	423.8	98.5	65.9	170.4	255.9	375.3	559.7	759.0	1151.6
交通通信	2149.7	501.1	397.6	841.4	1150.2	1762.3	2647.9	3963.0	6912.7
文教娱乐	1851.7	642.7	541.5	876.7	1163.1	1637.1	2238.1	3155.7	5060.6
#文化娱乐用品	449.6	123.8	99.0	180.8	273.2	401.6	558.3	779.1	1286.9
医疗保健	969.0	483.6	449.9	579.2	759.8	911.0	1136.9	1512.4	1959.8
其他	581.3	163.2	141.1	218.3	323.6	466.1	672.4	1033.8	1971.2
现金消费支出构成 (%)	100.0	100.0	100.0	100.0	100.0	100.0	100.0	100.0	100.0
食品	36.3	45.8	47.0	43.7	41.7	39.0	35.9	32.6	27.5
衣着	11.0	9.5	8.8	10.7	11.5	11.6	11.3	10.9	10.5
居住	9.3	11.6	12.1	10.3	9.4	8.8	9.0	8.9	9.3
家庭设备及用品	6.7	5.2	4.7	5.8	6.1	6.6	7.0	7.3	7.5
交通通信	14.2	7.8	7.1	9.9	10.6	12.6	14.6	16.6	19.6
文教娱乐	12.2	10.0	9.7	10.3	10.7	11.7	12.3	13.2	14.4
医疗保健	6.4	7.5	8.1	6.8	7.0	6.5	6.3	6.3	5.6
其他	3.8	2.5	2.5	2.6	3.0	3.3	3.7	4.3	5.6

3-1-1-8 2012年城镇居民家庭基本情况

指标	全国	最低收入户(10%)	#困难户(5%)	较低收入户(10%)	中等偏下户(20%)	中等收入户(20%)	中等偏上户(20%)	较高收入户(10%)	最高收入户(10%)
调查户数 (户)	65981	6590	3287	6601	13214	13220	13201	6593	6562
调查户比重 (%)	100.0	10.0	5.0	10.0	20.0	20.0	20.0	10.0	9.9
平均每户家庭人口 (人)	2.86	3.30	3.33	3.21	2.99	2.80	2.67	2.58	2.52
平均每户就业人口 (人)	1.49	1.31	1.21	1.53	1.53	1.48	1.47	1.50	1.58
平均每户就业面 (%)	52.1	39.7	36.3	47.7	51.2	52.9	55.1	58.1	62.7
平均每一就业者负担人数									
(包括就业者本人) (人)	1.9	2.5	2.8	2.1	2.0	1.9	1.8	1.7	1.6
平均每人全部年收入 (元)	26959.0	9209.5	7520.9	13724.7	18374.8	24531.4	32758.8	43471.0	69877.3
平均每人可支配收入 (元)	24564.7	8215.1	6520.0	12488.6	16761.4	22419.1	29813.7	39605.2	63824.2
平均每人总支出 (元)	22341.4	9164.9	7976.5	12134.8	15806.6	20447.7	26670.7	35705.6	54192.7
平均每人现金消费支出 (元)	16674.3	7301.4	6366.8	9610.4	12280.8	15719.9	19830.2	25796.9	37661.7
食品	6040.9	3310.4	2979.3	4147.4	5028.6	6061.4	7102.4	8561.0	10323.1
#粮食	458.5	365.0	358.7	385.8	426.0	473.2	501.7	542.7	564.5
肉禽及其制品	1183.6	767.5	699.3	946.7	1088.3	1249.4	1341.1	1480.4	1555.7
蛋类	119.0	84.3	77.0	96.6	112.0	125.7	133.3	142.4	147.1
水产品	408.9	173.4	145.1	235.6	308.8	412.7	522.7	630.6	768.2
奶及奶制品	253.6	125.8	110.1	169.0	208.3	260.1	308.8	365.4	423.3
衣着	1823.4	706.8	589.8	1045.5	1408.2	1765.9	2213.8	2767.5	3928.5
#服装	1344.9	494.8	408.1	746.4	1018.9	1288.1	1637.7	2067.9	3019.3
居住	1484.3	832.6	759.6	924.5	1160.4	1384.3	1708.7	2154.3	3123.3
#住房	463.6	177.5	140.8	168.8	279.3	354.8	543.5	798.5	1520.4
家庭设备及用品	1116.1	405.4	333.1	569.3	760.0	1033.6	1346.2	1827.9	2807.3
#耐用消费品	431.5	119.4	91.7	185.9	272.9	395.2	532.2	738.2	1195.8
交通通信	2455.5	602.8	495.3	954.4	1393.0	2063.3	2960.6	4304.1	7971.1
文教娱乐	2033.5	723.0	613.9	1034.9	1326.6	1785.5	2449.1	3432.8	5431.6
#文化娱乐用品	451.9	144.7	118.0	209.6	284.9	404.8	565.4	793.4	1187.2
医疗保健	1063.7	548.3	466.5	669.6	832.9	1096.0	1248.9	1580.0	1951.1
其他	657.1	172.1	129.2	265.0	371.1	529.9	800.4	1169.4	2125.7
现金消费支出构成 (%)	100.0	100.0	100.0	100.0	100.0	100.0	100.0	100.0	100.0
食品	36.2	45.3	46.8	43.2	40.9	38.6	35.8	33.2	27.4
衣着	10.9	9.7	9.3	10.9	11.5	11.2	11.2	10.7	10.4
居住	8.9	11.4	11.9	9.6	9.4	8.8	8.6	8.4	8.3
家庭设备及用品	6.7	5.6	5.2	5.9	6.2	6.6	6.8	7.1	7.5
交通通信	14.7	8.3	7.8	9.9	11.3	13.1	14.9	16.7	21.2
文教娱乐	12.2	9.9	9.6	10.8	10.8	11.4	12.4	13.3	14.4
医疗保健	6.4	7.5	7.3	7.0	6.8	7.0	6.3	6.1	5.2
其他	3.9	2.4	2.0	2.8	3.0	3.4	4.0	4.5	5.6

(二)农村住户调查分组综合数据

3-1-2-1　2005年农村居民家庭基本情况

指　　标	单　位	低收入户(20%)	中等偏下户(20%)	中等收入户(20%)	中等偏上户(20%)	高收入户(20%)
一、常住人口	人/户	4.6	4.3	4.1	3.9	3.5
二、劳动力人数	人/户	2.9	2.9	2.8	2.8	2.6
劳动力负担人口	人/劳动力	1.6	1.5	1.4	1.4	1.3
三、劳动力文化程度						
1.文盲或半文盲	%	11.2	7.8	6.1	4.9	3.9
2.小学程度	%	32.4	28.9	27.2	24.5	22.5
3.初中程度	%	47.9	52.3	54.0	55.1	52.0
4.高中程度	%	7.0	8.6	9.8	11.7	14.7
5.中专程度	%	1.1	1.7	2.1	2.8	4.2
6.大专及以上	%	0.4	0.7	0.8	1.0	2.6
四、年末生产性						
固定资产原值	元/户	7039.1	5851.0	6116.5	6769.4	10001.7
五、年内新建房屋面积	平方米/人	0.6	0.7	0.8	0.9	1.1
#砖木结构面积	平方米/人	0.3	0.3	0.3	0.3	0.3
六、年内新建房屋价值	元/平方米	316.3	311.0	322.2	351.4	530.6
七、年末居住住房面积	平方米/人	22.3	25.6	28.9	32.6	42.1
#砖木结构面积	平方米/人	10.5	12.3	14.7	16.1	18.3
八、年末居住住房价值	元/平方米	195.9	209.4	228.3	269.3	392.8
九、经营耕地面积	亩/人	1.9	1.9	2.1	2.3	2.3
十、经营山地面积	亩/人	0.3	0.3	0.3	0.3	0.3
十一、主要食品消费量						
粮食	公斤/人	197.8	205.2	212.0	216.2	216.1
蔬菜及制品	公斤/人	81.8	97.8	106.1	112.9	118.5
食用油	公斤/人	4.0	4.4	4.9	5.3	6.4
食糖	公斤/人	0.9	1.1	1.1	1.2	1.4
卷烟	盒/人	18.1	21.7	24.3	28.3	35.3
水果	公斤/人	8.3	10.1	11.6	13.9	17.8
猪肉	公斤/人	13.0	14.6	17.2	16.2	17.9
牛羊肉	公斤/人	1.4	1.2	1.3	1.4	2.2
奶及奶制品	公斤/人	2.2	2.2	2.5	2.9	5.1
禽类	公斤/人	2.1	2.9	3.6	4.3	6.2
蛋及蛋制品	公斤/人	2.7	3.8	4.7	5.5	7.5
水产品	公斤/人	2.1	3.1	4.3	6.0	10.6

注:收入等级为按农村居民户的人均纯收入五等份分组。

3-1-2-1 续表 1　　单位：元/人

指　　标	低收入户 (20%)	中等偏下户 (20%)	中等收入户 (20%)	中等偏上户 (20%)	高收入户 (20%)
一、收入					
1. 总收入	2090.0	3024.4	4022.7	5453.6	10210.6
(1)工资性收入	321.7	672.2	1043.1	1538.8	3097.0
(2)家庭经营收入	1655.1	2194.4	2769.7	3616.8	6326.9
(3)财产性收入	21.9	32.3	46.4	80.9	304.0
(4)转移性收入	91.3	125.5	163.4	217.1	482.7
2. 纯收入	1067.2	2018.3	2851.0	4003.3	7747.4
(1)工资性收入	321.7	672.2	1043.1	1538.8	3097.0
(2)家庭经营收入	662.6	1230.7	1651.9	2231.0	3965.8
(3)财产性收入	21.9	32.3	46.4	80.9	304.0
(4)转移性收入	61.0	83.1	109.5	152.6	380.5
3. 现金收入	1538.8	2312.4	3266.3	4659.4	9408.7
(1)工资性收入	321.4	671.6	1042.3	1537.4	3092.2
(2)家庭经营收入	1115.6	1498.0	2033.3	2849.7	5574.5
(3)财产性收入	13.4	21.4	31.3	59.2	273.2
(4)转移性收入	88.3	121.3	159.3	213.1	468.8
二、支出					
1. 总支出	2647.0	3036.3	3652.6	4561.2	7515.0
(1)家庭经营费用支出	882.2	865.9	1007.6	1251.9	2144.7
(2)购置生产性固定资产支出	92.7	102.8	108.0	147.1	226.8
(3)税费支出	7.8	8.0	10.9	16.9	24.7
(4)消费支出	1548.3	1913.1	2327.7	2879.1	4593.0
(5)财产性支出	10.2	10.2	15.8	22.8	58.6
(6)转移性支出	105.8	136.3	182.6	243.6	467.1
2. 现金支出	2110.6	2466.2	3057.9	3986.3	6996.6
(1)家庭经营费用支出	731.8	722.9	870.6	1118.6	2027.6
(2)购置生产性固定资产支出	92.7	102.8	108.0	147.1	226.8
(3)税费支出	7.4	7.9	10.8	16.8	24.6
(4)消费支出	1163.2	1486.9	1871.0	2438.8	4195.9
(5)财产性支出	10.2	10.2	15.8	22.8	58.6
(6)转移性支出	105.3	135.5	181.6	242.3	463.1

3-1-2-1 续表 2

单位：元/人

指　　标	低收入户(20%)	中等偏下户(20%)	中等收入户(20%)	中等偏上户(20%)	高收入户(20%)
三、消费支出					
1. 消费支出	1548.3	1913.1	2327.7	2879.1	4593.0
食品	796.3	950.1	1120.9	1297.3	1807.6
衣着	88.0	108.7	132.4	167.5	276.2
居住	205.9	249.8	313.2	411.5	758.2
家庭设备及用品	59.6	76.2	95.8	127.6	224.1
交通通信	111.2	153.7	207.0	281.5	539.4
文教娱乐	155.5	209.4	262.2	345.2	571.5
医疗保健	106.4	128.5	148.1	183.5	305.1
其他	25.4	36.6	48.2	65.0	111.1
2. 现金消费支出	1163.2	1486.9	1871.0	2438.8	4195.9
食品	435.0	553.8	697.0	888.1	1440.1
衣着	87.2	108.0	131.9	166.9	275.7
居住	183.7	221.4	282.2	381.6	729.5
家庭设备及用品	59.0	75.7	94.8	127.4	224.0
交通通信	111.2	153.7	207.0	281.5	539.4
文教娱乐	155.5	209.4	262.2	345.2	571.5
医疗保健	106.4	128.5	148.1	183.5	305.1
其他	25.2	36.2	47.9	64.5	110.6
3. 现金消费支出占					
消费支出比重(%)	75.1	77.7	80.4	84.7	91.4
食品	54.6	58.3	62.2	68.5	79.7
衣着	99.1	99.4	99.6	99.6	99.8
居住	89.2	88.6	90.1	92.8	96.2
家庭设备及用品	98.9	99.3	98.9	99.9	100.0
交通通信	100.0	100.0	100.0	100.0	100.0
文教娱乐	100.0	100.0	100.0	100.0	100.0
医疗保健	100.0	100.0	100.0	100.0	100.0
其他	98.9	99.1	99.4	99.2	99.6

3-1-2-2 2006年农村居民家庭基本情况

指　　标	单　位	低收入户 (20%)	中等偏下户 (20%)	中等收入户 (20%)	中等偏上户 (20%)	高收入户 (20%)
一、常住人口	人/户	4.6	4.3	4.1	3.8	3.5
二、劳动力人数	人/户	3.0	2.9	2.9	2.8	2.6
劳动力负担人口	人/劳动力	1.5	1.5	1.4	1.4	1.3
三、劳动力文化程度						
1.文盲或半文盲	%	10.4	7.7	6.1	4.7	3.7
2.小学程度	%	31.9	28.0	25.7	23.5	22.0
3.初中程度	%	48.5	53.2	54.6	55.7	52.3
4.高中程度	%	7.3	8.8	10.5	11.9	14.7
5.中专程度	%	1.3	1.6	2.1	2.8	4.3
6.大专及以上	%	0.5	0.6	1.0	1.4	3.0
四、年末生产性						
固定资产原值	元/户	7431.4	6047.9	6368.4	7476.3	10864.9
五、年内新建(购)住房面积	平方米/人	0.6	0.6	0.8	1.0	1.4
#砖木结构面积	平方米/人	0.2	0.2	0.2	0.3	0.4
六、年内新建住房价值	元/平方米	330.4	329.3	355.9	381.0	496.4
七、年末居住住房面积	平方米/人	22.8	26.5	29.9	33.7	43.9
# 砖木结构面积	平方米/人	10.6	13.1	15.2	16.5	18.8
八、年末居住住房价值	元/平方米	200.6	218.6	243.6	280.5	441.7
九、经营耕地面积	亩/人	2.0	1.9	2.1	2.4	2.2
十、经营山地面积	亩/人	0.3	0.3	0.3	0.3	0.3
十一、主要食品消费量						
粮食	公斤/人	191.3	202.7	208.9	215.0	214.0
蔬菜及制品	公斤/人	82.0	96.5	103.4	111.2	115.0
食用油	公斤/人	4.7	5.3	5.9	6.5	7.3
食糖	公斤/人	0.9	1.0	1.1	1.1	1.3
卷烟	盒/人	17.2	21.2	24.5	27.6	35.7
水果	公斤/人	7.9	9.8	11.5	13.7	18.1
猪肉	公斤/人	13.3	14.6	15.2	16.4	18.6
牛羊肉	公斤/人	1.4	1.2	1.3	1.7	2.3
奶及奶制品	公斤/人	2.1	2.2	2.7	3.3	6.0
禽类	公斤/人	2.0	2.7	3.4	4.2	5.9
蛋及蛋制品	公斤/人	3.0	4.0	5.1	5.9	7.9
水产品	公斤/人	2.1	3.1	4.3	6.1	11.0

3-1-2-2 续表 1 单位：元/人

指　　标	低收入户(20%)	中等偏下户(20%)	中等收入户(20%)	中等偏上户(20%)	高收入户(20%)
一、收入					
1. 总收入	2244.7	3248.6	4346.8	6002.9	11066.2
(1)工资性收入	386.0	814.1	1230.5	1807.0	3495.2
(2)家庭经营收入	1726.8	2252.0	2877.5	3846.8	6647.5
(3)财产性收入	19.9	32.6	51.8	91.1	359.4
(4)转移性收入	111.9	149.8	186.9	258.1	564.1
2. 纯收入	1182.5	2222.0	3148.5	4446.6	8474.8
(1)工资性收入	386.0	814.1	1230.5	1807.0	3495.2
(2)家庭经营收入	698.9	1265.7	1731.3	2356.5	4172.0
(3)财产性收入	19.9	32.6	51.8	91.1	359.4
(4)转移性收入	77.7	109.5	134.8	192.1	448.2
3. 现金收入	1658.7	2544.9	3588.9	5190.2	10275.3
(1)工资性收入	385.8	813.9	1229.8	1806.1	3491.6
(2)家庭经营收入	1150.2	1563.7	2139.4	3062.1	5903.0
(3)财产性收入	13.5	19.9	36.3	68.6	329.1
(4)转移性收入	109.1	147.4	183.4	253.4	551.6
二、支出					
1. 总支出	2771.3	3172.6	3941.7	5068.1	8368.6
(1)家庭经营费用支出	913.8	886.2	1032.8	1347.7	2243.1
(2)购置生产性固定资产支出	110.8	85.1	111.0	168.7	231.0
(3)税费支出	6.0	6.8	9.4	12.5	22.8
(4)消费支出	1624.7	2039.1	2567.9	3230.4	5276.7
(5)财产性支出	10.5	12.9	13.0	28.7	44.2
(6)转移性支出	105.5	142.6	207.6	280.3	550.7
2. 现金支出	2224.4	2603.4	3373.6	4498.3	7860.3
(1)家庭经营费用支出	753.6	738.5	895.6	1220.1	2132.8
(2)购置生产性固定资产支出	110.8	85.1	111.0	168.7	231.0
(3)税费支出	5.9	6.7	9.4	12.5	22.7
(4)消费支出	1239.0	1618.8	2138.3	2790.1	4883.4
(5)财产性支出	10.5	12.9	13.0	28.7	44.2
(6)转移性支出	104.6	141.4	206.4	278.4	546.2

3-1-2-2 续表 2 单位：元/人

指　　标	低收入户 (20%)	中等偏下户 (20%)	中等收入户 (20%)	中等偏上户 (20%)	高收入户 (20%)
三、消费支出					
1. 消费支出	1624.7	2039.1	2567.9	3230.4	5276.7
食品	805.3	979.8	1154.8	1367.8	1965.7
衣着	94.4	118.2	150.0	193.7	320.7
居住	237.2	296.4	406.6	517.9	1011.6
家庭设备及用品	63.9	85.8	110.1	147.5	256.8
交通通信	129.1	178.4	243.3	348.0	626.5
文教娱乐	146.4	202.1	272.9	371.6	608.6
医疗保健	117.5	137.2	173.2	209.5	359.0
其他	30.8	41.2	57.1	74.3	127.8
2. 现金消费支出	1239.0	1618.8	2138.3	2790.1	4883.4
食品	445.8	590.7	758.5	965.3	1605.2
衣着	93.7	117.5	149.4	193.0	320.0
居住	212.4	266.5	374.6	481.6	980.0
家庭设备及用品	63.4	85.4	109.5	147.0	256.3
交通通信	129.1	178.4	243.3	348.0	626.5
文教娱乐	146.4	202.1	272.9	371.6	608.6
医疗保健	117.5	137.2	173.2	209.5	359.0
其他	30.6	41.0	56.9	74.1	127.6
3. 现金消费支出占					
消费支出比重(%)	76.3	79.4	83.3	86.4	92.5
食品	55.4	60.3	65.7	70.6	81.7
衣着	99.2	99.4	99.6	99.6	99.8
居住	89.6	89.9	92.1	93.0	96.9
家庭设备及用品	99.2	99.5	99.5	99.7	99.8
交通通信	100.0	100.0	100.0	100.0	100.0
文教娱乐	100.0	100.0	100.0	100.0	100.0
医疗保健	100.0	100.0	100.0	100.0	100.0
其他	99.3	99.6	99.7	99.7	99.8

3-1-2-3 2007年农村居民家庭基本情况

指　　标	单　位	低收入户(20%)	中等偏下户(20%)	中等收入户(20%)	中等偏上户(20%)	高收入户(20%)
一、常住人口	人/户	4.6	4.3	4.0	3.8	3.4
二、劳动力人数	人/户	3.0	3.0	2.9	2.8	2.6
劳动力负担人口	人/劳动力	1.5	1.5	1.4	1.4	1.3
三、劳动力文化程度						
1.文盲或半文盲	%	9.8	7.4	5.9	4.6	3.5
2.小学程度	%	30.9	27.6	24.8	23.4	21.2
3.初中程度	%	49.5	53.2	55.0	54.9	52.0
4.高中程度	%	7.9	9.2	10.9	12.5	15.2
5.中专程度	%	1.4	1.7	2.3	3.0	4.6
6.大专及以上	%	0.6	0.8	1.1	1.5	3.6
四、年末生产性						
固定资产原值	元/户	7949.5	6996.0	7213.4	8061.5	11725.5
五、年内新建(购)住房面积	平方米/人	0.6	0.8	1.0	1.1	1.6
#砖木结构面积	平方米/人	0.2	0.2	0.3	0.3	0.4
六、年内新建住房价值	元/平方米	393.3	406.0	414.6	461.5	655.4
七、年末居住住房面积	平方米/人	23.6	27.2	30.9	34.8	45.3
#砖木结构面积	平方米/人	11.0	13.4	15.2	16.5	19.3
八、年末居住住房价值	元/平方米	221.8	237.0	261.6	305.7	485.2
九、经营耕地面积	亩/人	2.0	2.0	2.1	2.3	2.4
十、经营山地面积	亩/人	0.3	0.3	0.3	0.3	0.3
十一、主要食品消费量						
粮食	公斤/人	185.3	196.4	204.0	208.5	207.0
蔬菜及制品	公斤/人	78.2	93.2	102.2	110.7	117.4
食用油	公斤/人	4.7	5.3	6.1	6.6	7.6
食糖	公斤/人	0.9	1.0	1.0	1.1	1.3
卷烟	盒/人	17.3	21.2	23.6	27.9	35.2
水果	公斤/人	8.9	10.8	12.7	14.7	20.1
猪肉	公斤/人	11.5	12.7	13.1	14.4	16.0
牛羊肉	公斤/人	1.3	1.2	1.3	1.6	2.3
奶及奶制品	公斤/人	2.4	2.6	3.1	3.8	6.4
禽类	公斤/人	2.3	3.0	3.8	4.7	6.3
蛋及蛋制品	公斤/人	2.7	3.8	4.7	5.6	7.5
水产品	公斤/人	2.3	3.5	4.8	6.4	11.3

3-1-2-3 续表 1 单位：元/人

指　　标	低收入户(20%)	中等偏下户(20%)	中等收入户(20%)	中等偏上户(20%)	高收入户(20%)
一、收入					
1. 总收入	2554.6	3718.4	5042.3	6797.5	12926.9
(1)工资性收入	447.3	969.8	1450.1	2142.0	3930.4
(2)家庭经营收入	1941.6	2521.6	3299.0	4220.9	7865.0
(3)财产性收入	29.9	47.7	65.9	115.9	451.5
(4)转移性收入	135.8	179.3	227.3	318.8	680.0
2. 纯收入	1346.9	2581.7	3658.8	5129.8	9790.7
(1)工资性收入	447.3	969.8	1450.1	2142.0	3930.4
(2)家庭经营收入	768.4	1428.4	1978.0	2635.7	4857.1
(3)财产性收入	29.9	47.7	65.9	115.9	451.5
(4)转移性收入	101.3	135.9	164.9	236.3	551.7
3. 现金收入	1891.0	2913.8	4163.7	5865.6	11993.4
(1)工资性收入	446.9	969.5	1449.7	2141.1	3927.1
(2)家庭经营收入	1293.5	1742.7	2453.2	3330.2	6996.9
(3)财产性收入	18.4	25.6	38.0	81.4	404.4
(4)转移性收入	132.2	175.9	222.8	312.9	665.1
二、支出					
1. 总支出	3170.1	3625.1	4526.0	5636.7	9811.7
(1)家庭经营费用支出	1051.2	977.6	1191.9	1431.6	2751.5
(2)购置生产性固定资产支出	106.5	90.4	117.0	144.8	312.2
(3)税费支出	6.1	7.4	10.4	12.5	26.6
(4)消费支出	1850.6	2357.9	2938.5	3682.7	5994.4
(5)财产性支出	12.2	14.3	19.6	31.8	65.1
(6)转移性支出	143.5	177.4	248.7	333.2	661.9
2. 现金支出	2573.0	3010.5	3906.5	5018.4	9243.2
(1)家庭经营费用支出	879.5	826.8	1050.8	1301.7	2625.4
(2)购置生产性固定资产支出	106.5	90.4	117.0	144.8	312.2
(3)税费支出	5.8	7.3	10.1	12.3	26.2
(4)消费支出	1426.3	1895.2	2461.6	3196.3	5558.8
(5)财产性支出	12.2	14.3	19.6	31.8	65.1
(6)转移性支出	142.6	176.4	247.5	331.5	655.5

3-1-2-3 续表 2 单位：元/人

指　　标	低收入户(20%)	中等偏下户(20%)	中等收入户(20%)	中等偏上户(20%)	高收入户(20%)
三、消费支出					
1. 消费支出	1850.6	2357.9	2938.5	3682.7	5994.4
食品	932.2	1128.5	1326.6	1572.0	2203.0
衣着	111.0	139.2	176.8	221.6	361.3
居住	285.6	374.1	495.6	645.3	1227.7
家庭设备及用品	74.5	99.3	133.8	176.8	299.9
交通通信	143.7	207.5	285.0	385.3	717.9
文教娱乐	144.9	197.2	263.3	355.0	654.6
医疗保健	124.8	162.7	192.8	238.8	374.2
其他	34.0	49.5	64.5	87.9	155.8
2. 现金消费支出	1426.3	1895.2	2461.6	3196.3	5558.8
食品	535.9	699.1	888.4	1126.9	1804.3
衣着	110.4	138.2	175.7	220.8	360.5
居住	259.1	342.5	458.7	605.4	1192.2
家庭设备及用品	73.8	98.8	133.5	176.6	299.5
交通通信	143.7	207.5	285.0	385.3	717.9
文教娱乐	144.9	197.2	263.3	355.0	654.6
医疗保健	124.8	162.7	192.8	238.8	374.2
其他	33.7	49.2	64.2	87.6	155.5
3. 现金消费支出占					
消费支出比重(%)	77.1	80.4	83.8	86.8	92.7
食品	57.5	62.0	67.0	71.7	81.9
衣着	99.5	99.3	99.3	99.6	99.8
居住	90.7	91.5	92.5	93.8	97.1
家庭设备及用品	99.1	99.6	99.8	99.8	99.9
交通通信	100.0	100.0	100.0	100.0	100.0
文教娱乐	100.0	100.0	100.0	100.0	100.0
医疗保健	100.0	100.0	100.0	100.0	100.0
其他	99.1	99.5	99.6	99.6	99.8

3-1-2-4　2008年农村居民家庭基本情况

指　　标	单　位	低收入户(20%)	中等偏下户(20%)	中等收入户(20%)	中等偏上户(20%)	高收入户(20%)
一、常住人口	人/户	4.5	4.3	4.1	3.8	3.4
二、劳动力人数	人/户	3.0	3.0	2.9	2.8	2.6
劳动力负担人口	人/劳动力	1.5	1.4	1.4	1.4	1.3
三、劳动力文化程度						
1.文盲或半文盲	%	9.3	7.2	5.7	4.5	3.6
2.小学程度	%	29.7	27.5	24.6	22.9	21.0
3.初中程度	%	50.4	52.7	54.9	54.9	51.2
4.高中程度	%	8.4	9.9	11.1	12.8	15.5
5.中专程度	%	1.5	1.8	2.4	3.2	4.7
6.大专及以上	%	0.6	0.9	1.3	1.8	4.1
四、年末生产性						
固定资产原值	元/户	8811.1	7294.4	7626.7	8911.0	12631.4
五、年内新建(购)住房面积	平方米/人	0.7	0.8	1.0	1.1	1.6
#砖木结构面积	平方米/人	0.2	0.3	0.3	0.3	0.4
六、年内新建住房价值	元/平方米	486.8	458.0	466.9	511.8	676.8
七、年末居住住房面积	平方米/人	24.4	27.7	31.5	35.6	46.7
#砖木结构面积	平方米/人	11.3	13.4	14.9	16.9	19.4
八、年末居住住房价值	元/平方米	238.6	254.7	283.6	325.9	504.8
九、经营耕地面积	亩/人	1.9	2.0	2.2	2.5	2.4
十、经营山地面积	亩/人	0.3	0.3	0.3	0.3	0.3
十一、主要食品消费量						
粮食	公斤/人	184.4	206.6	199.5	202.7	204.7
蔬菜及制品	公斤/人	86.1	96.9	98.6	107.8	113.9
食用油	公斤/人	4.9	5.6	6.3	7.1	7.9
食糖	公斤/人	0.9	1.0	1.1	1.2	1.4
卷烟	盒/人	17.4	20.6	23.4	27.8	34.5
水果	公斤/人	9.2	10.8	12.5	14.6	19.1
猪肉	公斤/人	10.9	11.5	12.3	13.7	15.8
牛羊肉	公斤/人	1.1	1.1	1.1	1.4	2.0
奶及奶制品	公斤/人	2.4	2.9	3.1	3.6	5.6
禽类	公斤/人	2.7	3.4	4.3	5.2	7.0
蛋及蛋制品	公斤/人	3.3	4.5	5.5	6.4	8.4
水产品	公斤/人	2.3	3.3	4.8	6.6	10.8

3-1-2-4 续表 1 单位：元/人

指　　标	低收入户 (20%)	中等偏下户 (20%)	中等收入户 (20%)	中等偏上户 (20%)	高收入户 (20%)
一、收入					
1. 总收入	3072.3	4264.1	5764.9	7930.9	14895.4
(1)工资性收入	528.7	1095.2	1686.7	2494.8	4525.1
(2)家庭经营收入	2310.0	2858.4	3661.9	4861.6	8983.6
(3)财产性收入	30.7	45.9	81.5	132.9	534.3
(4)转移性收入	202.9	264.6	334.8	441.5	852.3
2. 纯收入	1499.8	2935.0	4203.1	5928.6	11290.2
(1)工资性收入	528.7	1095.2	1686.7	2494.8	4525.1
(2)家庭经营收入	781.2	1580.1	2169.3	2945.4	5512.6
(3)财产性收入	30.7	45.9	81.5	132.9	534.3
(4)转移性收入	159.3	213.7	265.6	355.4	718.2
3. 现金收入	2278.9	3329.7	4753.7	6857.0	13845.0
(1)工资性收入	527.9	1093.6	1684.7	2491.4	4515.7
(2)家庭经营收入	1530.0	1945.8	2680.3	3825.8	8000.1
(3)财产性收入	23.6	30.9	59.5	105.6	494.5
(4)转移性收入	197.4	259.5	329.1	434.3	834.7
二、支出					
1. 总支出	3839.1	4167.3	5099.3	6563.4	11215.5
(1)家庭经营费用支出	1393.1	1157.8	1358.5	1746.2	3195.7
(2)购置生产性固定资产支出	120.9	119.6	130.7	168.7	299.5
(3)税费支出	6.4	7.8	9.2	12.3	25.6
(4)消费支出	2144.8	2652.8	3286.4	4191.2	6853.7
(5)财产性支出	15.1	20.6	25.4	38.8	69.4
(6)转移性支出	158.7	208.5	289.2	406.3	771.7
2. 现金支出	3187.4	3509.0	4434.5	5888.9	10577.6
(1)家庭经营费用支出	1214.0	1002.5	1218.0	1600.9	3054.1
(2)购置生产性固定资产支出	120.9	119.6	130.7	168.7	299.5
(3)税费支出	6.4	7.8	9.2	12.2	25.6
(4)消费支出	1674.0	2151.9	2763.8	3665.0	6364.4
(5)财产性支出	15.1	20.6	25.4	38.8	69.4
(6)转移性支出	157.0	206.6	287.4	403.3	764.6

3-1-2-4 续表 2　　　　单位：元/人

指　　标	低收入户 (20%)	中等偏下户 (20%)	中等收入户 (20%)	中等偏上户 (20%)	高收入户 (20%)
三、消费支出					
1. 消费支出	2144.8	2652.8	3286.4	4191.2	6853.7
食品	1088.4	1293.7	1527.0	1815.7	2521.5
衣着	121.6	149.3	192.2	247.6	397.0
居住	348.2	428.3	538.8	764.2	1518.7
家庭设备及用品	88.2	122.6	155.3	205.3	343.0
交通通信	168.3	224.3	302.4	410.7	806.1
文教娱乐	147.0	194.6	277.1	383.5	662.2
医疗保健	145.9	187.3	224.2	273.5	451.5
其他	37.0	52.7	69.6	90.7	153.7
2. 现金消费支出	1674.0	2151.9	2763.8	3665.0	6364.4
食品	645.1	826.1	1043.2	1332.3	2082.3
衣着	121.2	148.2	191.6	246.8	396.1
居住	321.5	396.5	500.8	722.7	1470.2
家庭设备及用品	87.9	122.2	155.0	204.8	342.4
交通通信	168.3	224.3	302.4	410.7	806.1
文教娱乐	147.0	194.6	277.1	383.5	662.2
医疗保健	145.9	187.3	224.2	273.5	451.5
其他	37.0	52.7	69.6	90.7	153.7
3. 现金消费支出占					
消费支出比重(%)	78.0	81.1	84.1	87.4	92.9
食品	59.3	63.9	68.3	73.4	82.6
衣着	99.7	99.3	99.7	99.7	99.7
居住	92.3	92.6	93.0	94.6	96.8
家庭设备及用品	99.6	99.7	99.8	99.8	99.8
交通通信	100.0	100.0	100.0	100.0	100.0
文教娱乐	100.0	100.0	100.0	100.0	100.0
医疗保健	100.0	100.0	100.0	100.0	100.0
其他	100.0	100.0	100.0	100.0	100.0

3-1-2-5　2009年农村居民家庭基本情况

指　　标	单　位	低收入户(20%)	中等偏下户(20%)	中等收入户(20%)	中等偏上户(20%)	高收入户(20%)
一、常住人口	人/户	4.5	4.3	4.0	3.7	3.4
二、劳动力人数	人/户	3.0	3.0	2.9	2.8	2.6
劳动力负担人口	人/劳动力	1.5	1.4	1.4	1.3	1.3
三、劳动力文化程度						
1.文盲或半文盲	%	9.1	6.8	5.5	4.5	3.4
2.小学程度	%	29.4	26.3	24.6	22.4	19.8
3.初中程度	%	50.3	53.8	54.1	54.5	50.7
4.高中程度	%	8.6	10.0	11.7	12.9	16.1
5.中专程度	%	1.7	2.0	2.7	3.4	5.0
6.大专及以上	%	0.9	1.1	1.5	2.3	5.1
四、年末生产性						
固定资产原值	元/户	9630.1	8014.2	8377.9	9490.9	14339.8
五、年内新建(购)住房面积	平方米/人	0.9	1.0	1.2	1.3	1.8
#砖木结构面积	平方米/人	0.3	0.3	0.3	0.3	0.3
六、年内新建住房价值	元/平方米	548.1	546.4	544.7	620.2	780.0
七、年末居住住房面积	平方米/人	25.3	29.0	32.3	37.3	47.9
#砖木结构面积	平方米/人	11.7	13.6	15.1	17.0	19.4
八、年末居住住房价值	元/平方米	255.6	278.7	306.7	351.2	544.8
九、经营耕地面积	亩/人	2.0	2.0	2.2	2.5	2.7
十、经营山地面积	亩/人	0.3	0.4	0.4	0.3	0.3
十一、主要食品消费量						
粮食	公斤/人	179.8	186.7	191.3	195.1	196.1
蔬菜及制品	公斤/人	76.9	87.9	97.2	105.2	134.7
食用油	公斤/人	5.0	5.6	6.3	6.9	8.0
食糖	公斤/人	0.9	1.0	1.1	1.1	1.3
卷烟	盒/人	17.6	20.6	23.5	28.0	34.9
水果	公斤/人	9.9	11.5	13.1	15.2	19.6
猪肉	公斤/人	11.8	12.9	13.6	15.0	17.4
牛羊肉	公斤/人	1.2	1.1	1.2	1.4	2.1
奶及奶制品	公斤/人	2.4	3.4	3.0	3.9	5.7
禽类	公斤/人	2.6	3.4	4.2	5.1	6.7
蛋及蛋制品	公斤/人	3.4	4.4	5.2	6.4	8.0
水产品	公斤/人	2.2	3.4	4.6	6.4	11.1

3-1-2-5 续表 1 单位：元/人

指　　标	低收入户 (20%)	中等偏下户 (20%)	中等收入户 (20%)	中等偏上户 (20%)	高收入户 (20%)
一、收入					
1. 总收入	3151.6	4431.4	6057.3	8488.0	16006.5
(1)工资性收入	561.8	1201.1	1865.6	2805.4	4993.7
(2)家庭经营收入	2322.1	2867.5	3714.5	4997.2	9314.7
(3)财产性收入	25.8	49.6	86.3	144.1	629.7
(4)转移性收入	241.9	313.2	391.0	541.2	1068.4
2. 纯收入	1549.3	3110.1	4502.1	6467.6	12319.1
(1)工资性收入	561.8	1201.1	1865.6	2805.4	4993.7
(2)家庭经营收入	767.3	1608.0	2238.3	3081.1	5778.6
(3)财产性收入	25.8	49.6	86.3	144.1	629.7
(4)转移性收入	194.3	251.5	312.0	436.9	917.1
3. 现金收入	2508.7	3607.6	5165.7	7559.2	15012.0
(1)工资性收入	561.3	1199.5	1863.9	2801.2	4982.5
(2)家庭经营收入	1688.2	2063.6	2852.3	4106.3	8396.1
(3)财产性收入	22.4	37.0	67.0	120.3	588.8
(4)转移性收入	236.9	307.5	382.6	531.4	1044.6
二、支出					
1. 总支出	4136.5	4395.8	5391.9	7038.2	12091.2
(1)家庭经营费用支出	1404.5	1128.6	1330.3	1735.5	3230.5
(2)购置生产性固定资产支出	158.5	126.6	158.6	197.5	408.0
(3)税费支出	7.1	5.8	8.0	11.8	20.4
(4)消费支出	2354.9	2870.9	3546.0	4591.8	7485.7
(5)财产性支出	20.7	22.0	30.1	44.9	88.7
(6)转移性支出	190.9	241.8	318.9	456.7	857.9
2. 现金支出	3504.3	3746.8	4740.6	6388.1	11482.6
(1)家庭经营费用支出	1231.3	976.5	1190.8	1603.0	3108.8
(2)购置生产性固定资产支出	158.5	126.6	158.6	197.5	408.0
(3)税费支出	7.0	5.7	7.9	11.8	20.3
(4)消费支出	1898.5	2376.9	3038.1	4081.2	7008.9
(5)财产性支出	20.7	22.0	30.1	44.9	88.7
(6)转移性支出	188.3	239.1	315.0	449.8	848.0

3-1-2-5 续表 2

单位：元/人

指　　标	低收入户(20%)	中等偏下户(20%)	中等收入户(20%)	中等偏上户(20%)	高收入户(20%)
三、消费支出					
1. 消费支出	2354.9	2870.9	3546.0	4591.8	7485.7
食品	1106.8	1317.2	1549.7	1861.7	2601.8
衣着	135.4	164.3	209.5	268.7	436.5
居住	430.5	534.4	655.4	894.6	1731.1
家庭设备及用品	118.0	141.9	178.5	248.0	384.7
交通通信	190.3	240.4	327.7	469.4	910.7
文教娱乐	156.0	210.5	296.1	416.0	722.3
医疗保健	176.5	209.9	256.3	333.7	521.1
其他	41.4	52.4	73.0	99.7	177.5
2. 现金消费支出	1898.5	2376.9	3038.1	4081.2	7008.9
食品	673.7	850.9	1075.7	1389.6	2171.9
衣着	134.7	163.7	208.9	268.2	435.9
居住	408.2	507.5	622.4	856.8	1685.1
家庭设备及用品	117.7	141.6	178.1	247.7	384.3
交通通信	190.3	240.4	327.7	469.4	910.7
文教娱乐	156.0	210.5	296.1	416.0	722.3
医疗保健	176.5	209.9	256.3	333.7	521.1
其他	41.4	52.4	73.0	99.7	177.5
3. 现金消费支出占					
消费支出比重(%)	80.6	82.8	85.7	88.9	93.6
食品	60.9	64.6	69.4	74.6	83.5
衣着	99.5	99.7	99.7	99.8	99.9
居住	94.8	95.0	95.0	95.8	97.3
家庭设备及用品	99.7	99.8	99.8	99.9	99.9
交通通信	100.0	100.0	100.0	100.0	100.0
文教娱乐	100.0	100.0	100.0	100.0	100.0
医疗保健	100.0	100.0	100.0	100.0	100.0
其他	100.0	100.0	100.0	100.0	100.0

3-1-2-6 2010年农村居民家庭基本情况

指 标	单 位	低收入户(20%)	中等偏下户(20%)	中等收入户(20%)	中等偏上户(20%)	高收入户(20%)
一、常住人口	人/户	4.5	4.2	4.0	3.7	3.3
二、劳动力人数	人/户	3.1	3.0	2.9	2.8	2.6
劳动力负担人口	人/劳动力	1.5	1.4	1.4	1.3	1.3
三、劳动力文化程度						
1.文盲或半文盲	%	8.3	6.6	5.6	4.4	3.3
2.小学程度	%	28.8	26.4	24.0	22.3	19.8
3.初中程度	%	50.8	53.1	54.0	54.0	50.2
4.高中程度	%	9.1	10.4	11.9	13.3	16.3
5.中专程度	%	1.9	2.2	2.7	3.5	4.8
6.大专及以上	%	1.2	1.4	1.8	2.6	5.6
四、年末生产性						
固定资产原值	元/户	10104.7	8537.1	9219.3	10647.9	15022.9
五、年内新建(购)住房面积	平方米/人	0.5	0.6	0.8	0.9	1.3
#砖木结构面积	平方米/人	0.2	0.2	0.2	0.2	0.3
六、年内新建住房价值	元/平方米	576.5	566.8	632.0	654.6	843.7
七、年末居住住房面积	平方米/人	25.8	29.5	33.2	38.0	47.9
#砖木结构面积	平方米/人	11.9	13.7	15.6	17.0	19.3
八、年末居住住房价值	元/平方米	280.0	303.7	338.4	377.7	601.3
九、经营耕地面积	亩/人	1.9	2.1	2.2	2.6	2.8
十、经营山地面积	亩/人	0.4	0.4	0.3	0.4	0.3
十一、主要食品消费量						
粮食	公斤/人	172.2	179.7	182.4	188.8	186.8
蔬菜及制品	公斤/人	76.9	88.2	95.1	103.0	109.2
食用油	公斤/人	5.0	5.7	6.4	7.1	7.9
食糖	公斤/人	0.9	1.0	1.0	1.0	1.4
卷烟	盒/人	17.0	20.4	23.6	27.1	34.9
水果	公斤/人	8.9	10.8	12.1	14.2	18.3
猪肉	公斤/人	12.2	13.2	14.2	15.6	17.7
牛羊肉	公斤/人	1.3	1.1	1.3	1.4	2.1
奶及奶制品	公斤/人	2.7	2.9	3.3	3.8	5.5
禽类	公斤/人	2.7	3.4	4.1	5.0	6.4
蛋及蛋制品	公斤/人	3.2	4.2	5.1	6.0	7.9
水产品	公斤/人	2.3	3.4	4.6	6.3	10.7

3-1-2-6 续表 1

单位：元/人

指　　标	低收入户(20%)	中等偏下户(20%)	中等收入户(20%)	中等偏上户(20%)	高收入户(20%)
一、收入					
1. 总收入	3566.2	5101.7	6986.4	9702.1	18327.4
(1)工资性收入	675.4	1431.6	2239.5	3289.8	5880.8
(2)家庭经营收入	2576.0	3241.8	4174.9	5618.2	10514.2
(3)财产性收入	44.1	73.3	120.8	185.8	702.1
(4)转移性收入	270.7	355.0	451.3	608.3	1230.3
2. 纯收入	1869.8	3621.2	5221.7	7440.6	14049.7
(1)工资性收入	675.4	1431.6	2239.5	3289.8	5880.8
(2)家庭经营收入	939.4	1828.3	2496.6	3462.2	6419.4
(3)财产性收入	44.1	73.3	120.8	185.8	702.1
(4)转移性收入	210.9	288.0	364.8	502.8	1047.4
3. 现金收入	2721.7	4085.3	5918.8	8553.0	17200.7
(1)工资性收入	674.6	1429.8	2237.7	3286.4	5871.3
(2)家庭经营收入	1747.9	2258.8	3152.0	4533.7	9486.9
(3)财产性收入	35.0	48.7	86.0	137.2	639.8
(4)转移性收入	264.2	348.0	443.1	595.8	1202.8
二、支出					
1. 总支出	4393.8	4933.2	6045.5	7761.1	13482.9
(1)家庭经营费用支出	1482.8	1274.4	1518.6	1953.7	3772.4
(2)购置生产性固定资产支出	135.6	131.1	142.2	210.0	395.3
(3)税费支出	4.7	5.0	6.2	10.8	18.8
(4)消费支出	2535.4	3219.5	3963.8	5025.6	8190.4
(5)财产性支出	22.5	21.1	30.5	55.7	137.5
(6)转移性支出	212.7	282.0	384.2	505.4	968.6
2. 现金支出	3694.4	4227.5	5354.0	7069.6	12863.2
(1)家庭经营费用支出	1298.0	1105.1	1367.4	1809.7	3641.6
(2)购置生产性固定资产支出	135.6	131.1	142.2	210.0	395.3
(3)税费支出	4.7	5.0	6.2	10.7	18.8
(4)消费支出	2022.5	2685.8	3426.3	4482.9	7710.0
(5)财产性支出	22.5	21.1	30.5	55.7	137.5
(6)转移性支出	211.0	279.4	381.4	500.6	960.1

3-1-2-6 续表 2　　　　单位：元/人

指　　标	低收入户(20%)	中等偏下户(20%)	中等收入户(20%)	中等偏上户(20%)	高收入户(20%)
三、消费支出					
1. 消费支出	2535.4	3219.5	3963.8	5025.6	8190.4
食品	1236.7	1464.6	1718.0	2047.6	2828.4
衣着	151.2	190.6	239.1	305.2	496.9
居住	417.7	562.2	718.4	934.9	1787.9
家庭设备及用品	120.4	174.0	220.7	276.8	435.1
交通通信	208.6	281.1	372.3	525.5	1073.8
文教娱乐	165.0	235.1	318.0	446.1	782.2
医疗保健	190.3	246.7	295.1	381.0	589.9
其他	45.4	65.0	82.1	108.5	196.1
2. 现金消费支出	2022.5	2685.8	3426.3	4482.9	7710.0
食品	756.4	963.3	1216.3	1543.7	2384.4
衣着	150.8	189.8	238.5	304.3	496.3
居住	385.9	531.4	683.8	897.4	1752.6
家庭设备及用品	120.0	173.3	220.1	276.3	434.8
交通通信	208.6	281.1	372.3	525.5	1073.8
文教娱乐	165.0	235.1	318.0	446.1	782.2
医疗保健	190.3	246.7	295.1	381.0	589.9
其他	45.4	65.0	82.1	108.5	196.0
3. 现金消费支出占					
消费支出比重(%)	79.8	83.4	86.4	89.2	94.1
食品	61.2	65.8	70.8	75.4	84.3
衣着	99.7	99.6	99.8	99.7	99.9
居住	92.4	94.5	95.2	96.0	98.0
家庭设备及用品	99.7	99.6	99.7	99.8	99.9
交通通信	100.0	100.0	100.0	100.0	100.0
文教娱乐	100.0	100.0	100.0	100.0	100.0
医疗保健	100.0	100.0	100.0	100.0	100.0
其他	100.0	100.0	100.0	100.0	100.0

3-1-2-7　2011年农村居民家庭基本情况

指　标	单　位	低收入户(20%)	中等偏下户(20%)	中等收入户(20%)	中等偏上户(20%)	高收入户(20%)
一、常住人口	人/户	4.5	4.2	3.9	3.6	3.2
二、劳动力人数	人/户	3.0	2.9	2.8	2.7	2.5
劳动力负担人口	人/劳动力	1.5	1.5	1.4	1.3	1.3
三、劳动力文化程度						
1.文盲或半文盲	%	8.2	6.3	4.9	4.3	3.2
2.小学程度	%	31.4	28.6	26.7	24.1	20.6
3.初中程度	%	50.3	53.1	54.4	54.6	52.6
4.高中程度	%	7.1	8.1	9.5	11.3	14.0
5.中专程度	%	1.6	2.1	2.4	2.9	4.0
6.大专及以上	%	1.4	1.7	2.1	2.8	5.7
四、年末生产性						
固定资产原值	元/户	17907.7	13289.3	13684.5	13906.1	21574.0
五、年内新建(购)住房面积	平方米/人	1.0	1.2	1.2	1.5	1.7
#砖木结构面积	平方米/人	0.3	0.3	0.3	0.4	0.4
六、年内新建住房价值	元/平方米	769.3	711.7	736.1	756.6	1024.6
七、年末居住住房面积	平方米/人	27.7	31.8	35.7	40.5	49.9
#砖木结构面积	平方米/人	12.2	14.3	16.0	18.0	20.8
八、年末居住住房价值	元/平方米	505.1	529.0	567.5	659.8	1006.5
九、经营耕地面积	亩/人	2.0	1.9	2.2	2.5	3.1
十、经营山地面积	亩/人	0.6	0.5	0.5	0.4	0.4
十一、主要食品消费量						
粮食	公斤/人	165.7	167.2	172.6	176.0	174.1
蔬菜及制品	公斤/人	72.1	83.9	91.5	100.6	105.4
食用油	公斤/人	6.2	6.8	7.5	8.3	9.3
食糖	公斤/人	0.9	0.9	1.0	1.2	1.2
卷烟	盒/人	19.2	22.0	25.9	30.2	38.1
水果	公斤/人	9.8	11.5	13.2	15.9	20.0
猪肉	公斤/人	11.6	13.1	14.4	16.0	18.3
牛羊肉	公斤/人	2.1	1.7	1.6	1.7	2.5
奶及奶制品	公斤/人	4.3	4.8	5.0	5.6	6.5
禽类	公斤/人	3.0	3.7	4.5	5.3	6.9
蛋及蛋制品	公斤/人	3.7	4.6	5.6	6.3	7.4
水产品	公斤/人	2.5	3.6	4.9	6.6	10.8

3-1-2-7 续表 1 单位：元/人

指　　标	低收入户(20%)	中等偏下户(20%)	中等收入户(20%)	中等偏上户(20%)	高收入户(20%)
一、收入					
1. 总收入	4420.5	6168.2	8462.4	11685.5	22278.2
(1)工资性收入	861.0	1792.2	2739.8	4083.7	6943.6
(2)家庭经营收入	3147.6	3812.3	4980.5	6578.5	13076.7
(3)财产性收入	49.6	84.3	142.4	212.1	791.7
(4)转移性收入	362.4	479.5	599.7	811.3	1466.1
2. 纯收入	2000.5	4255.7	6207.7	8893.6	16783.1
(1)工资性收入	861.0	1792.2	2739.8	4083.7	6943.6
(2)家庭经营收入	824.9	2018.6	2856.7	3947.6	7784.4
(3)财产性收入	49.6	84.3	142.4	212.1	791.7
(4)转移性收入	265.0	360.7	468.7	650.2	1263.3
3. 现金收入	3498.0	5079.5	7227.3	10341.5	20782.5
(1)工资性收入	860.3	1790.6	2737.6	4078.8	6932.6
(2)家庭经营收入	2253.6	2768.4	3806.9	5315.4	11710.9
(3)财产性收入	32.9	53.9	99.8	157.3	709.2
(4)转移性收入	351.1	466.6	583.0	790.0	1429.9
二、支出					
1. 总支出	5988.4	6224.8	7563.0	9486.3	15871.1
(1)家庭经营费用支出	2049.3	1575.5	1882.2	2363.0	4823.6
(2)购置生产性固定资产支出	233.6	182.8	228.0	256.2	476.4
(3)税费支出	7.6	8.7	9.3	12.2	21.9
(4)消费支出	3312.6	3962.3	4817.9	6002.9	9149.6
(5)财产性支出	7.3	9.7	6.8	9.8	32.0
(6)转移性支出	378.0	485.8	618.8	842.1	1367.7
2. 现金支出	5323.7	5557.7	6898.0	8826.0	15253.4
(1)家庭经营费用支出	1870.3	1411.5	1730.3	2212.6	4663.2
(2)购置生产性固定资产支出	233.6	182.8	228.0	256.2	476.4
(3)税费支出	7.6	8.6	9.3	12.2	21.9
(4)消费支出	2829.5	3462.6	4309.4	5501.9	8711.0
(5)财产性支出	7.3	9.7	6.8	9.8	32.0
(6)转移性支出	375.4	482.4	614.2	833.3	1348.9

3-1-2-7 续表 2 单位：元/人

指　　标	低收入户(20%)	中等偏下户(20%)	中等收入户(20%)	中等偏上户(20%)	高收入户(20%)
三、消费支出					
1. 消费支出	3312.6	3962.3	4817.9	6002.9	9149.6
食品	1485.4	1729.9	2010.7	2395.5	3264.4
衣着	208.5	250.4	309.3	400.7	618.4
居住	572.3	677.5	857.0	1086.9	1863.7
家庭设备及用品	172.6	225.3	289.3	373.3	560.2
交通通信	292.0	354.7	476.1	634.1	1144.1
文教娱乐	202.3	267.2	344.3	471.5	815.7
医疗保健	312.6	372.7	421.6	496.6	645.2
其他	66.8	84.7	109.7	144.3	237.9
2. 现金消费支出	2829.5	3462.6	4309.4	5501.9	8711.0
食品	1030.7	1260.0	1534.6	1929.2	2860.5
衣着	208.3	250.1	309.0	400.5	618.1
居住	544.4	648.3	825.1	1052.6	1829.6
家庭设备及用品	172.4	224.9	289.0	373.1	560.0
交通通信	292.0	354.7	476.1	634.1	1144.1
文教娱乐	202.3	267.2	344.3	471.5	815.7
医疗保健	312.6	372.7	421.6	496.6	645.2
其他	66.8	84.7	109.7	144.2	237.9
3. 现金消费支出占					
消费支出比重(%)	85.4	87.4	89.4	91.7	95.2
食品	69.4	72.8	76.3	80.5	87.6
衣着	99.9	99.9	99.9	100.0	99.9
居住	95.1	95.7	96.3	96.8	98.2
家庭设备及用品	99.9	99.8	99.9	100.0	100.0
交通通信	100.0	100.0	100.0	100.0	100.0
文教娱乐	100.0	100.0	100.0	100.0	100.0
医疗保健	100.0	100.0	100.0	100.0	100.0
其他	100.0	100.0	100.0	100.0	100.0

3-1-2-8 2012年农村居民家庭基本情况

指　　标	单　位	低收入户(20%)	中等偏下户(20%)	中等收入户(20%)	中等偏上户(20%)	高收入户(20%)
一、常住人口	人/户	4.4	4.2	4.0	3.6	3.2
二、劳动力人数	人/户	2.9	2.9	2.8	2.7	2.5
劳动力负担人口	人/劳动力	1.5	1.5	1.4	1.3	1.3
三、劳动力文化程度						
1.文盲或半文盲	%	8.0	6.3	4.8	3.9	3.0
2.小学程度	%	30.7	28.5	26.2	23.7	20.3
3.初中程度	%	50.7	52.9	54.0	55.1	52.7
4.高中程度	%	7.3	8.5	9.9	11.1	13.9
5.中专程度	%	1.8	2.0	2.6	3.1	4.0
6.大专及以上	%	1.6	1.8	2.5	3.0	6.2
四、年末生产性						
固定资产原值	元/户	18622.5	13828.5	14340.6	15665.3	22338.3
五、年内新建(购)住房面积	平方米/人	0.7	0.8	0.9	1.3	1.3
#砖木结构面积	平方米/人	0.2	0.3	0.2	0.3	0.2
六、年内新建住房价值	元/平方米	766.7	737.7	774.1	833.8	999.2
七、年末居住住房面积	平方米/人	28.5	32.4	36.4	41.6	51.0
#砖木结构面积	平方米/人	13.1	14.6	16.3	18.2	21.1
八、年末居住住房价值	元/平方米	521.4	543.6	583.4	685.4	1007.3
九、经营耕地面积	亩/人	2.0	2.0	2.3	2.6	3.1
十、经营山地面积	亩/人	0.5	0.5	0.4	0.5	0.5
十一、主要食品消费量						
粮食	公斤/人	159.8	161.4	163.9	169.2	169.2
蔬菜及制品	公斤/人	67.9	78.0	86.3	95.3	103.1
食用油	公斤/人	6.5	7.0	7.7	8.7	9.9
食糖	公斤/人	0.9	1.0	1.8	1.1	1.3
卷烟	盒/人	19.2	22.3	25.2	30.6	37.9
水果	公斤/人	11.3	13.0	15.0	18.0	22.6
猪肉	公斤/人	11.2	13.1	14.4	16.1	18.6
牛肉	公斤/人	1.0	0.9	0.9	1.0	1.4
羊肉	公斤/人	1.0	0.9	0.8	0.8	1.2
奶及奶制品	公斤/人	4.1	4.9	5.2	5.5	7.3
禽类	公斤/人	2.9	3.8	4.4	5.2	6.9
蛋及蛋制品	公斤/人	4.2	5.1	5.9	7.0	8.0
水产品	公斤/人	2.5	3.5	4.8	6.6	11.0

3-1-2-8 续表 1 单位：元/人

指　　标	低收入户(20%)	中等偏下户(20%)	中等收入户(20%)	中等偏上户(20%)	高收入户(20%)
一、收入					
1. 总收入	4878.3	6823.0	9468.6	13171.0	25037.2
(1)工资性收入	993.4	2053.7	3196.4	4789.2	8109.6
(2)家庭经营收入	3400.5	4106.3	5410.2	7185.9	14313.5
(3)财产性收入	52.7	84.8	143.2	236.7	885.3
(4)转移性收入	431.7	578.2	718.8	959.2	1728.8
2. 纯收入	2316.2	4807.5	7041.0	10142.1	19008.9
(1)工资性收入	993.4	2053.7	3196.4	4789.2	8109.6
(2)家庭经营收入	937.7	2216.2	3124.7	4330.4	8500.1
(3)财产性收入	52.7	84.8	143.2	236.7	885.3
(4)转移性收入	332.4	452.7	576.7	785.8	1513.9
3. 现金收入	3948.6	5679.7	8207.6	11851.5	23575.4
(1)工资性收入	992.7	2052.6	3194.3	4784.0	8096.6
(2)家庭经营收入	2497.9	2999.6	4198.5	5935.9	12964.4
(3)财产性收入	40.0	65.0	114.7	199.0	825.8
(4)转移性收入	418.0	562.4	700.1	932.6	1688.5
二、支出					
1. 总支出	6573.3	6859.8	8402.9	10685.4	17718.0
(1)家庭经营费用支出	2176.3	1664.8	2035.0	2558.0	5325.6
(2)购置生产性固定资产支出	215.6	172.7	234.8	269.9	534.3
(3)税费支出	7.0	6.5	8.6	8.6	20.4
(4)消费支出	3742.3	4464.3	5430.3	6924.2	10275.3
(5)财产性支出	3.8	6.4	7.6	7.9	27.9
(6)转移性支出	428.3	545.2	686.7	916.9	1534.5
2. 现金支出	5933.3	6188.5	7738.1	10042.9	17130.6
(1)家庭经营费用支出	2020.4	1515.8	1893.0	2426.2	5194.5
(2)购置生产性固定资产支出	215.6	172.7	234.8	269.9	534.3
(3)税费支出	6.7	6.4	8.6	8.6	20.4
(4)消费支出	3262.1	3946.1	4912.6	6421.3	9836.2
(5)财产性支出	3.8	6.4	7.6	7.9	27.9
(6)转移性支出	424.6	541.1	681.5	909.1	1517.3

3-1-2-8 续表 2　　单位：元/人

指　标	低收入户(20%)	中等偏下户(20%)	中等收入户(20%)	中等偏上户(20%)	高收入户(20%)
三、消费支出					
1. 消费支出	3742.3	4464.3	5430.3	6924.2	10275.3
食品	1620.3	1902.7	2197.4	2672.6	3622.7
衣着	246.1	287.6	358.4	466.1	717.8
居住	637.7	775.2	990.7	1341.2	1952.8
家庭设备及用品	197.4	250.1	319.1	406.7	618.4
交通通信	360.3	412.7	546.9	732.5	1418.8
文教娱乐	230.2	294.2	386.8	533.1	918.9
医疗保健	370.9	439.1	499.1	595.7	737.1
其他	79.4	102.7	131.9	176.4	288.7
2. 现金消费支出	3262.1	3946.1	4912.6	6421.3	9836.2
食品	1173.2	1416.0	1712.2	2203.1	3217.4
衣着	245.9	287.3	358.1	465.8	717.6
居住	605.2	744.2	958.9	1308.4	1919.6
家庭设备及用品	197.1	249.8	318.7	406.4	618.0
交通通信	360.3	412.7	546.9	732.5	1418.8
文教娱乐	230.2	294.2	386.8	533.1	918.9
医疗保健	370.9	439.1	499.1	595.7	737.1
其他	79.4	102.7	131.9	176.3	288.6
3. 现金消费支出占					
消费支出比重(%)	87.2	88.4	90.5	92.7	95.7
食品	72.4	74.4	77.9	82.4	88.8
衣着	99.9	99.9	99.9	99.9	100.0
居住	94.9	96.0	96.8	97.6	98.3
家庭设备及用品	99.9	99.9	99.9	99.9	99.9
交通通信	100.0	100.0	100.0	100.0	100.0
文教娱乐	100.0	100.0	100.0	100.0	100.0
医疗保健	100.0	100.0	100.0	100.0	100.0
其他	99.9	100.0	100.0	100.0	100.0

二、按四大经济区域分组

(一)城镇住户调查分组综合数据

3-2-1-1 2005年东、中、西部及东北地区城镇居民家庭基本情况

指　　标		东部地区	中部地区	西部地区	东北地区
调查户数	(户)	22727	10698	13821	7250
平均每户家庭人口	(人)	3.00	2.95	2.96	2.86
平均每户就业人口	(人)	1.58	1.51	1.47	1.40
平均每户就业面	(%)	52.67	51.19	49.66	48.95
平均每一就业者负担人数					
(包括就业者本人)	(人)	1.90	1.95	2.01	2.04
平均每人全部年收入	(元)	14584.6	9393.2	9418.4	9295.6
#可支配收入		13374.9	8808.5	8783.2	8730.0
平均每人现金消费支出	(元)	9922.4	6540.9	6963.5	6835.5
食　品		3521.3	2491.9	2655.3	2477.7
衣　着		860.4	791.4	717.5	806.9
居　住		990.4	672.9	692.6	772.8
家庭设备及用品		579.2	372.5	401.3	291.5
交通通信		1472.1	662.1	778.6	692.5
文教娱乐		1438.9	865.5	960.9	822.1
医疗保健		710.6	474.6	521.5	687.2
其他		349.5	209.9	235.9	284.8
平均每人现金消费支出构成 (%)					
(人均现金消费支出=100)					
食　品		35.5	38.1	38.1	36.2
衣　着		8.7	12.1	10.3	11.8
居　住		10.0	10.3	9.9	11.3
家庭设备及用品		5.8	5.7	5.8	4.3
交通通信		14.8	10.1	11.2	10.1
文教娱乐		14.5	13.2	13.8	12.0
医疗保健		7.2	7.3	7.5	10.1
其他		3.5	3.2	3.4	4.2

3-2-1-2 2006年东、中、西部及东北地区城镇居民家庭基本情况

指标		东部地区	中部地区	西部地区	东北地区
调查户数	(户)	22876	10949	15019	7250
平均每户家庭人口	(人)	2.98	2.92	2.97	2.84
平均每户就业人口	(人)	1.60	1.51	1.52	1.40
平均每户就业面	(%)	53.69	51.71	51.18	49.30
平均每一就业者负担人数					
(包括就业者本人)	(人)	1.86	1.93	1.95	2.03
平均每人全部年收入	(元)	16380.4	10572.9	10443.0	10489.8
＃可支配收入		14967.4	9902.3	9728.5	9830.1
平均每人现金消费支出	(元)	10870.5	7260.4	7504.4	7389.8
食　品		3761.9	2703.1	2770.2	2651.2
衣　着		970.1	880.0	818.1	903.1
居　住		1103.8	763.6	756.4	875.9
家庭设备及用品		629.0	420.6	460.9	337.4
交通通信		1678.5	787.8	900.7	757.4
文教娱乐		1597.1	962.6	1021.4	859.3
医疗保健		737.5	509.9	513.9	699.8
其他		392.6	232.8	262.7	305.8
平均每人现金消费支出构成 (%)					
(人均现金消费支出=100)					
食　品		34.6	37.2	36.9	35.9
衣　着		8.9	12.1	10.9	12.2
居　住		10.2	10.5	10.1	11.9
家庭设备及用品		5.8	5.8	6.1	4.6
交通通信		15.4	10.9	12.0	10.2
文教娱乐		14.7	13.3	13.6	11.6
医疗保健		6.8	7.0	6.8	9.5
其他		3.6	3.2	3.5	4.1

3-2-1-3 2007年东、中、西部及东北地区城镇居民家庭基本情况

指 标		东部地区	中部地区	西部地区	东北地区
调查户数	(户)	24266	10999	16690	7350
平均每户家庭人口	(人)	2.94	2.90	2.91	2.78
平均每户就业人口	(人)	1.58	1.53	1.53	1.42
平均每户就业面	(%)	53.74	52.76	52.58	51.08
平均每一就业者负担人数					
(包括就业者本人)	(人)	1.86	1.90	1.90	1.96
平均每人全部年收入	(元)	18545.0	12392.2	12130.7	12306.2
#可支配收入		16974.2	11634.4	11309.5	11463.3
平均每人现金消费支出	(元)	12126.6	8339.3	8477.5	8669.4
食 品		4249.5	3099.0	3295.5	3120.0
衣 着		1094.7	1010.6	975.4	1045.2
居 住		1176.4	838.8	777.5	975.1
家庭设备及用品		733.1	546.5	512.8	407.5
交通通信		1939.1	896.1	993.2	912.1
文教娱乐		1711.3	1084.8	1039.8	1006.6
医疗保健		796.4	576.8	584.4	830.1
其他		426.2	286.9	298.9	373.0
平均每人现金消费支出构成	(%)				
(人均现金消费支出=100)					
食 品		35.0	37.2	38.9	36.0
衣 着		9.0	12.1	11.5	12.1
居 住		9.7	10.1	9.2	11.2
家庭设备及用品		6.0	6.6	6.0	4.7
交通通信		16.0	10.7	11.7	10.5
文教娱乐		14.1	13.0	12.3	11.6
医疗保健		6.6	6.9	6.9	9.6
其他		3.5	3.4	3.5	4.3

3-2-1-4 2008年东、中、西部及东北地区城镇居民家庭基本情况

指 标		东部地区	中部地区	西部地区	东北地区
调查户数	(户)	28418	10989	17268	8000
平均每户家庭人口	(人)	2.95	2.90	2.92	2.77
平均每户就业人口	(人)	1.53	1.45	1.47	1.37
平均每户就业面	(%)	51.86	50.00	50.34	49.46
平均每一就业者负担人数					
(包括就业者本人)	(人)	1.93	2.00	1.99	2.02
平均每人全部年收入	(元)	20965.5	14061.7	13917.0	14162.0
#可支配收入		19203.5	13225.9	12971.2	13119.7
平均每人现金消费支出	(元)	13434.7	9249.0	9604.0	10038.2
食 品		4928.0	3596.9	3914.0	3724.7
衣 着		1237.3	1083.6	1087.2	1213.8
居 住		1354.4	976.5	891.8	1167.6
家庭设备及用品		834.9	607.3	588.4	503.9
交通通信		1945.5	917.9	1089.9	1039.6
文教娱乐		1761.3	1048.3	1035.1	1050.9
医疗保健		860.7	706.3	664.5	897.8
其他		512.6	312.2	333.3	439.8
平均每人现金消费支出构成	(%)				
(人均现金消费支出=100)					
食 品		36.7	38.9	40.8	37.1
衣 着		9.2	11.7	11.3	12.1
居 住		10.1	10.6	9.3	11.6
家庭设备及用品		6.2	6.6	6.1	5.0
交通通信		14.5	9.9	11.3	10.4
文教娱乐		13.1	11.3	10.8	10.5
医疗保健		6.4	7.6	6.9	8.9
其他		3.8	3.4	3.5	4.4

3-2-1-5　2009年东、中、西部及东北地区城镇居民家庭基本情况

指　　标		东部地区	中部地区	西部地区	东北地区
调查户数	（户）	28418	10989	18099	8000
平均每户家庭人口	（人）	2.93	2.88	2.91	2.75
平均每户就业人口	（人）	1.54	1.45	1.48	1.37
平均每户就业面	（%）	52.56	50.35	50.86	49.82
平均每一就业者负担人数					
（包括就业者本人）	（人）	1.90	1.99	1.97	2.01
平均每人全部年收入	（元）	23153.2	15539.4	15523.0	15842.6
＃可支配收入		20953.2	14367.1	14213.5	14324.3
平均每人现金消费支出	（元）	14619.8	10031.1	10642.0	11128.9
食　品		5173.2	3773.7	4111.0	4024.9
衣　着		1349.1	1170.1	1235.8	1378.4
居　住		1433.6	1078.0	989.0	1231.0
家庭设备及用品		939.3	698.6	688.7	573.5
交通通信		2315.2	1068.9	1318.0	1265.9
文教娱乐		1903.4	1140.4	1163.6	1119.0
医疗保健		929.8	753.1	739.6	1029.4
其他		576.0	348.4	396.3	506.9
平均每人现金消费支出构成	（%）				
（人均现金消费支出=100）					
食　品		35.4	37.6	38.6	36.2
衣　着		9.2	11.7	11.6	12.4
居　住		9.8	10.7	9.3	11.1
家庭设备及用品		6.4	7.0	6.5	5.2
交通通信		15.8	10.7	12.4	11.4
文教娱乐		13.0	11.4	10.9	10.1
医疗保健		6.4	7.5	7.0	9.2
其他		3.9	3.5	3.7	4.6

3-2-1-6　2010年东、中、西部及东北地区城镇居民家庭基本情况

指　　标		东部地区	中部地区	西部地区	东北地区
调查户数	(户)	28419	11090	18100	8000
平均每户家庭人口	(人)	2.91	2.87	2.90	2.72
平均每户就业人口	(人)	1.55	1.44	1.48	1.36
平均每户就业面	(%)	53.26	50.17	51.03	50.00
平均每一就业者负担人数					
(包括就业者本人)	(人)	1.88	1.99	1.96	2.00
平均每人全部年收入	(元)	25773.3	17303.0	17309.0	17688.2
#可支配收入		23272.8	15962.0	15806.5	15941.0
平均每人现金消费支出	(元)	15972.6	11100.9	11780.0	12075.2
食　品		5581.7	4012.7	4444.9	4170.7
衣　着		1515.6	1314.2	1373.9	1590.0
居　住		1557.9	1164.6	1097.9	1262.0
家庭设备及用品		1061.6	813.4	800.3	714.6
交通通信		2666.0	1352.6	1560.9	1491.4
文教娱乐		2077.2	1281.6	1281.4	1279.0
医疗保健		929.0	769.9	776.4	1059.1
其他		583.7	391.9	444.3	508.6
平均每人现金消费支出构成	(%)				
(人均现金消费支出=100)					
食　品		34.9	36.1	37.7	34.5
衣　着		9.5	11.8	11.7	13.2
居　住		9.8	10.5	9.3	10.5
家庭设备及用品		6.6	7.3	6.8	5.9
交通通信		16.7	12.2	13.3	12.4
文教娱乐		13.0	11.5	10.9	10.6
医疗保健		5.8	6.9	6.6	8.8
其他		3.7	3.5	3.8	4.2

3-2-1-7　2011年东、中、西部及东北地区城镇居民家庭基本情况

指　　标		东部地区	中部地区	西部地区	东北地区
调查户数	(户)	28717	10989	17950	7999
平均每户家庭人口	(人)	2.91	2.86	2.91	2.65
平均每户就业人口	(人)	1.55	1.43	1.49	1.32
平均每户就业面	(%)	53.26	50.00	51.20	49.81
平均每一就业者负担人数					
(包括就业者本人)	(人)	1.88	2.00	1.95	2.01
平均每人全部年收入	(元)	29226.0	19868.2	19868.0	20163.2
#可支配收入		26406.0	18323.2	18159.4	18301.3
平均每人现金消费支出	(元)	17870.0	12647.0	13335.9	13491.2
食　品		6329.2	4710.7	5121.5	4730.3
衣　着		1755.0	1535.8	1618.2	1778.9
居　住		1635.2	1235.3	1162.2	1339.5
家庭设备及用品		1205.2	870.7	916.0	841.7
交通通信		2838.3	1534.3	1699.6	1642.8
文教娱乐		2360.2	1475.5	1447.3	1443.0
医疗保健		1033.1	856.0	880.5	1144.6
其他		713.9	428.6	490.7	570.5
平均每人现金消费支出构成	(%)				
(人均现金消费支出=100)					
食　品		35.4	37.2	38.4	35.1
衣　着		9.8	12.1	12.1	13.2
居　住		9.2	9.8	8.7	9.9
家庭设备及用品		6.7	6.9	6.9	6.2
交通通信		15.9	12.1	12.7	12.2
文教娱乐		13.2	11.7	10.9	10.7
医疗保健		5.8	6.8	6.6	8.5
其他		4.0	3.4	3.7	4.2

3-2-1-8 2012年东、中、西部及东北地区城镇居民家庭基本情况

指　　标		东部地区	中部地区	西部地区	东北地区
调查户数	(户)	28819	10988	18175	7998
平均每户家庭人口	(人)	2.89	2.84	2.91	2.68
平均每户就业人口	(人)	1.55	1.45	1.49	1.34
平均每户就业面	(%)	53.63	51.06	51.20	50.00
平均每一就业者负担人数					
(包括就业者本人)	(人)	1.86	1.96	1.95	2.00
平均每人全部年收入	(元)	32713.5	22451.1	22475.1	22816.2
#可支配收入		29621.6	20697.2	20600.2	20759.3
平均每人现金消费支出	(元)	19510.2	13968.8	14845.3	14968.5
食　品		6919.4	5157.6	5692.6	5176.5
衣　着		1885.2	1680.4	1788.9	1966.5
居　住		1713.5	1303.1	1248.0	1438.7
家庭设备及用品		1286.4	985.9	1017.1	918.0
交通通信		3233.5	1723.7	1975.5	1919.7
文教娱乐		2576.9	1646.4	1590.4	1594.2
医疗保健		1097.2	988.9	963.3	1299.3
其他		798.2	482.8	569.6	655.6
平均每人现金消费支出构成 (%)					
(人均现金消费支出=100)					
食　品		35.5	36.9	38.3	34.6
衣　着		9.7	12.0	12.1	13.1
居　住		8.8	9.3	8.4	9.6
家庭设备及用品		6.6	7.1	6.9	6.1
交通通信		16.6	12.3	13.3	12.8
文教娱乐		13.2	11.8	10.7	10.7
医疗保健		5.6	7.1	6.5	8.7
其他		4.1	3.5	3.8	4.4

(二)农村住户调查分组综合数据

3-2-2-1 2005年东、中、西部及东北地区农村居民家庭基本情况

指　　标	单　位	东部地区	中部地区	西部地区	东北地区
一、调查户数	户	21550	18850	22060	5730
二、常住人口	人/户	3.9	4.1	4.3	3.6
三、劳动力人数	人/户	2.8	2.9	2.9	2.7
劳动力负担人口	人/劳动力	1.4	1.4	1.5	1.3
四 、劳动力文化程度					
1.不识字或识字很少	%	4.9	6.2	10.4	2.3
2.小学程度	%	22.6	25.2	33.4	26.6
3.初中程度	%	54.0	55.5	45.9	59.8
4.高中程度	%	13.6	10.1	7.8	7.8
5.中专程度	%	3.2	2.2	1.8	2.1
6.大专及以上	%	1.7	0.8	0.6	1.4
五、年末生产性					
固定资产原值	元/户	8164.3	4955.3	7391.9	9689.9
六、年内新建住房面积	平方米/人	0.8	1.1	0.7	0.5
#砖木结构面积	平方米/人	0.3	0.3	0.3	0.4
七、年内新建住房造价	元/平方米	522.2	307.3	278.1	491.7
八、年末居住住房面积	平方米/人	34.5	31.4	25.7	21.8
#砖木结构面积	平方米/人	16.9	16.0	9.6	16.6
九、年末居住住房价值	元/平方米	388.5	202.4	179.2	319.7
十、经营耕地面积	亩/人	1.1	1.6	2.3	7.0
十一、经营山地面积	亩/人	0.3	0.4	0.4	0.1
十二、主要食品消费量					
粮食	公斤/人	196.6	222.1	214.2	184.6
蔬菜及制品	公斤/人	86.0	116.1	97.7	138.8
食用油	公斤/人	6.7	5.9	5.0	7.9
食糖	公斤/人	1.2	1.1	1.2	0.8
卷烟	盒/人	27.1	27.0	22.3	21.1
水果	公斤/人	12.4	11.2	10.6	20.6
猪肉	公斤/人	13.2	12.9	20.7	12.5
牛羊肉	公斤/人	0.9	0.6	2.8	1.0
奶及奶制品	公斤/人	3.6	1.0	4.0	1.9
禽类	公斤/人	5.0	3.1	3.1	3.2
蛋及蛋制品	公斤/人	6.0	5.2	2.6	7.4
水产品	公斤/人	9.4	4.5	1.4	4.5

注：东部地区:北京、天津、河北、上海、江苏、浙江、福建、山东、广东、海南。中部地区：山西、安徽、江西、河南、湖北、湖南。西部地区：内蒙古、广西、重庆、四川、贵州、云南、西藏、陕西、甘肃、青海、宁夏、新疆。东北地区：辽宁、吉林、黑龙江。

3-2-2-1 续表 1

单位：元/人

指　　标	东部地区	中部地区	西部地区	东北地区
一、收入				
1. 总收入	6226.6	4051.8	3646.0	5783.7
(1)工资性收入	2198.1	1052.6	674.5	709.7
(2)家庭经营收入	3574.1	2809.2	2770.9	4639.8
(3)财产性收入	159.7	36.8	49.3	170.6
(4)转移性收入	294.7	153.2	151.3	263.6
2. 纯收入	4720.3	2956.6	2378.9	3379.0
(1)工资性收入	2198.1	1052.6	674.5	709.7
(2)家庭经营收入	2140.6	1774.9	1537.8	2310.8
(3)财产性收入	159.7	36.8	49.3	170.6
(4)转移性收入	221.9	92.2	117.3	187.9
3. 现金收入	5679.7	3288.4	2806.9	5124.7
(1)工资性收入	2195.0	1051.8	673.8	709.6
(2)家庭经营收入	3049.9	2055.6	1947.0	4098.8
(3)财产性收入	149.6	31.1	39.5	54.0
(4)转移性收入	285.2	149.9	146.6	262.4
二、支出				
1. 总支出	5095.3	3518.3	3447.8	5578.2
(1)家庭经营费用支出	1274.1	940.5	1111.9	2140.3
(2)购置生产性固定资产支出	103.4	99.4	136.2	341.6
(3)税费支出	20.8	13.1	7.2	8.4
(4)消费支出	3409.0	2276.9	2022.9	2557.3
(5)财产性支出	22.0	7.2	14.8	110.5
(6)转移性支出	266.0	181.2	154.9	420.0
2. 现金支出	4707.2	2964.0	2709.7	5120.8
(1)家庭经营费用支出	1210.6	852.4	876.4	1971.7
(2)购置生产性固定资产支出	103.4	99.4	136.2	341.6
(3)税费支出	20.7	12.9	7.0	8.3
(4)消费支出	3087.4	1811.6	1521.5	2268.7
(5)财产性支出	22.0	7.2	14.8	110.5
(6)转移性支出	263.0	180.4	153.9	420.0

3-2-2-1 续表 2

单位：元/人

指　　标	东部地区	中部地区	西部地区	东北地区
三、消费支出				
1. 消费支出	3409.0	2276.9	2022.9	2557.3
食品	1435.9	1094.1	1007.2	1009.6
衣着	191.5	134.5	112.8	191.0
居住	537.5	307.2	265.5	403.4
家庭设备及用品	163.2	97.6	82.5	84.4
交通通信	367.5	197.5	167.5	278.4
文教娱乐	414.7	260.2	216.5	303.4
医疗保健	218.5	137.6	134.6	230.1
其他	80.2	48.3	36.2	57.0
2. 现金消费支出	3087.4	1811.6	1521.5	2268.7
食品	1137.0	661.9	533.0	773.8
衣着	191.1	133.8	111.9	190.7
居住	515.9	275.5	240.6	350.9
家庭设备及用品	163.0	97.0	81.7	84.4
交通通信	367.5	197.5	167.5	278.4
文教娱乐	414.7	260.2	216.5	303.4
医疗保健	218.5	137.6	134.6	230.1
其他	79.7	48.2	35.7	57.0
3. 现金消费支出占				
消费支出比重(%)	90.6	79.6	75.2	88.7
食品	79.2	60.5	52.9	76.6
衣着	99.8	99.5	99.2	99.8
居住	96.0	89.7	90.6	87.0
家庭设备及用品	99.9	99.4	99.0	100.0
交通通信	100.0	100.0	100.0	100.0
文教娱乐	100.0	100.0	100.0	100.0
医疗保健	100.0	100.0	100.0	100.0
其他	99.4	99.8	98.5	100.0

3-2-2-2　2006年东、中、西部及东北地区农村居民家庭基本情况

指　　标	单　位	东部地区	中部地区	西部地区	东北地区
一、调查户数	户	21550	18850	22060	5730
二、常住人口	人/户	3.9	4.1	4.3	3.6
三、劳动力人数	人/户	2.8	2.9	2.9	2.6
劳动力负担人口	人/劳动力	1.4	1.4	1.5	1.3
四 、劳动力文化程度					
1.不识字或识字很少	%	4.8	6.1	9.9	2.2
2.小学程度	%	21.9	24.1	32.9	25.1
3.初中程度	%	54.3	55.9	46.8	61.2
4.高中程度	%	13.8	10.7	7.9	7.8
5.中专程度	%	3.3	2.2	1.8	2.2
6.大专及以上	%	2.0	1.0	0.7	1.5
五、年末生产性					
固定资产原值	元/户	8800.4	5331.0	7707.0	10698.2
六、年内新建(购)住房面积	平方米/人	0.9	1.1	0.7	0.5
#砖木结构面积	平方米/人	0.3	0.2	0.2	0.4
七、年内新建(购)住房价值	元/平方米	509.7	323.4	322.2	568.3
八、年末居住住房面积	平方米/人	35.9	32.5	26.3	22.2
#砖木结构面积	平方米/人	17.4	15.9	10.4	17.3
九、年末居住住房价值	元/平方米	422.1	213.0	191.0	339.7
十、经营耕地面积	亩/人	1.1	1.6	2.3	7.0
十一、经营山地面积	亩/人	0.3	0.4	0.4	0.1
十二、主要食品消费量					
粮食	公斤/人	195.4	219.4	208.0	184.7
蔬菜及制品	公斤/人	86.7	112.0	95.1	139.9
食用油	公斤/人	6.5	5.7	5.0	7.5
食糖	公斤/人	1.2	1.0	1.1	0.8
卷烟	盒/人	26.8	26.6	21.9	20.9
水果	公斤/人	13.5	10.4	10.4	17.5
猪肉	公斤/人	14.0	13.1	19.3	12.8
牛羊肉	公斤/人	1.0	0.6	3.0	0.8
奶及奶制品	公斤/人	4.2	1.3	3.9	2.2
禽类	公斤/人	4.9	2.9	2.9	2.8
蛋及蛋制品	公斤/人	6.4	5.6	2.8	7.6
水产品	公斤/人	9.5	4.6	1.4	4.5

3-2-2-2 续表 1

单位：元/人

指　　标	东部地区	中部地区	西部地区	东北地区
一、收入				
1. 总收入	6753.7	4440.8	3926.7	6181.3
(1)工资性收入	2484.5	1256.5	795.9	902.6
(2)家庭经营收入	3743.4	2960.9	2890.3	4797.2
(3)财产性收入	188.4	43.3	56.9	156.6
(4)转移性收入	337.4	180.1	183.5	324.8
2. 纯收入	5188.2	3283.2	2588.4	3744.9
(1)工资性收入	2484.5	1256.5	795.9	902.6
(2)家庭经营收入	2251.8	1869.5	1588.8	2435.2
(3)财产性收入	188.4	43.3	56.9	156.6
(4)转移性收入	263.6	113.8	146.8	250.4
3. 现金收入	6189.8	3678.6	3108.1	5392.9
(1)工资性收入	2482.4	1255.8	795.4	902.4
(2)家庭经营收入	3200.0	2211.0	2087.9	4109.6
(3)财产性收入	177.9	36.4	44.5	57.3
(4)转移性收入	329.6	175.4	180.4	323.6
二、支出				
1. 总支出	5602.3	3886.1	3702.9	5788.3
(1)家庭经营费用支出	1325.3	992.7	1175.9	2152.5
(2)购置生产性固定资产支出	132.5	110.9	141.8	267.5
(3)税费支出	16.1	11.5	6.4	8.7
(4)消费支出	3806.2	2559.9	2192.1	2781.1
(5)财产性支出	13.3	6.4	15.5	129.4
(6)转移性支出	308.8	204.7	171.2	449.1
2. 现金支出	5211.2	3335.7	2983.7	5323.0
(1)家庭经营费用支出	1266.0	903.0	936.4	1977.6
(2)购置生产性固定资产支出	132.5	110.9	141.8	267.5
(3)税费支出	15.9	11.5	6.4	8.5
(4)消费支出	3477.7	2101.1	1713.3	2491.4
(5)财产性支出	13.3	6.4	15.5	129.4
(6)转移性支出	305.7	202.8	170.3	448.7

3-2-2-2 续表 2 单位：元/人

指　　标	东部地区	中部地区	西部地区	东北地区
三、消费支出				
1. 消费支出	3806.2	2559.9	2192.1	2781.1
食品	1542.1	1151.4	1019.4	1043.4
衣着	218.8	153.3	125.9	210.4
居住	673.0	392.4	347.5	482.2
家庭设备及用品	178.3	116.3	95.4	96.9
交通通信	428.9	237.8	204.2	297.1
文教娱乐	430.9	284.7	206.7	322.2
医疗保健	245.3	163.4	152.2	258.9
其他	88.9	60.6	40.7	69.9
2. 现金消费支出	3477.7	2101.1	1713.3	2491.4
食品	1243.8	721.2	573.1	804.8
衣着	218.4	152.7	124.8	210.0
居住	643.7	364.8	317.4	431.5
家庭设备及用品	178.2	115.9	94.4	96.9
交通通信	428.9	237.8	204.2	297.1
文教娱乐	430.9	284.7	206.7	322.2
医疗保健	245.3	163.4	152.2	258.9
其他	88.5	60.6	40.5	69.9
3. 现金消费支出占				
消费支出比重(%)	91.4	82.1	78.2	89.6
食品	80.7	62.6	56.2	77.1
衣着	99.8	99.6	99.1	99.8
居住	95.7	93.0	91.3	89.5
家庭设备及用品	99.9	99.7	98.9	100.0
交通通信	100.0	100.0	100.0	100.0
文教娱乐	100.0	100.0	100.0	100.0
医疗保健	100.0	100.0	100.0	100.0
其他	99.5	100.0	99.5	100.0

3-2-2-3　2007年东、中、西部及东北地区农村居民家庭基本情况

指　　标	单　位	东部地区	中部地区	西部地区	东北地区
一、调查户数	户	21550	18850	22060	5730
二、常住人口	人/户	3.9	4.1	4.3	3.5
三、劳动力人数	人/户	2.8	2.9	2.9	2.6
劳动力负担人口	人/劳动力	1.4	1.4	1.5	1.3
四 、劳动力文化程度					
1.不识字或识字很少	%	4.2	5.7	9.9	2.0
2.小学程度	%	21.1	23.6	32.2	24.7
3.初中程度	%	54.4	55.9	46.8	62.0
4.高中程度	%	14.5	11.2	8.3	7.7
5.中专程度	%	3.5	2.4	2.0	2.0
6.大专及以上	%	2.4	1.1	0.8	1.6
五、年末生产性					
固定资产原值	元/户	9342.1	5973.1	8527.7	12228.1
六、年内新建(购)住房面积	平方米/人	1.0	1.2	0.9	0.5
#砖木结构面积	平方米/人	0.3	0.3	0.3	0.4
七、年内新建(购)住房价值	元/平方米	654.4	398.4	392.3	609.7
八、年末居住住房面积	平方米/人	37.0	33.6	27.1	22.7
#砖木结构面积	平方米/人	17.5	16.1	10.6	18.2
九、年末居住住房价值	元/平方米	460.8	233.0	204.5	378.0
十、经营耕地面积	亩/人	1.2	1.6	2.4	7.5
十一、经营山地面积	亩/人	0.3	0.4	0.4	0.1
十二、主要食品消费量					
粮食	公斤/人	190.6	211.5	202.4	177.3
蔬菜及制品	公斤/人	87.1	112.4	91.5	132.7
食用油	公斤/人	6.5	6.0	4.9	8.6
食糖	公斤/人	1.2	1.0	1.1	0.7
卷烟	盒/人	26.6	26.0	21.9	21.5
水果	公斤/人	14.8	11.7	11.3	19.5
猪肉	公斤/人	11.7	11.1	17.3	10.1
牛羊肉	公斤/人	1.1	0.6	2.8	0.9
奶及奶制品	公斤/人	4.6	1.7	4.1	3.0
禽类	公斤/人	5.2	3.3	3.2	3.3
蛋及蛋制品	公斤/人	6.0	5.3	2.6	7.2
水产品	公斤/人	9.9	5.2	1.6	4.7

3-2-2-3 续表 1 单位：元/人

指 标	东部地区	中部地区	西部地区	东北地区
一、收入				
1. 总收入	7626.9	5161.2	4544.9	7392.7
(1)工资性收入	2795.7	1492.2	944.3	1049.4
(2)家庭经营收入	4205.4	3378.5	3305.1	5724.0
(3)财产性收入	231.6	65.3	69.6	216.1
(4)转移性收入	394.2	225.2	225.9	403.2
2. 纯收入	5855.0	3844.4	3028.4	4348.3
(1)工资性收入	2795.7	1492.2	944.3	1049.4
(2)家庭经营收入	2518.3	2133.7	1831.7	2764.0
(3)财产性收入	231.6	65.3	69.6	216.1
(4)转移性收入	309.4	153.2	182.7	318.8
3. 现金收入	6996.0	4278.7	3606.4	6400.9
(1)工资性收入	2793.7	1491.8	943.7	1049.4
(2)家庭经营收入	3607.4	2519.3	2387.3	4881.9
(3)财产性收入	210.7	47.3	54.0	68.0
(4)转移性收入	384.2	220.3	221.3	401.6
二、支出				
1. 总支出	6301.5	4423.0	4282.6	7026.5
(1)家庭经营费用支出	1510.1	1134.7	1332.6	2717.2
(2)购置生产性固定资产支出	109.2	95.1	178.1	358.9
(3)税费支出	16.8	12.0	7.9	10.0
(4)消费支出	4281.0	2937.5	2526.9	3180.3
(5)财产性支出	20.7	7.0	23.1	144.9
(6)转移性支出	363.7	236.7	214.0	615.3
2. 现金支出	5892.0	3838.7	3469.9	6509.5
(1)家庭经营费用支出	1458.4	1050.4	1064.9	2521.5
(2)购置生产性固定资产支出	109.2	95.1	178.1	358.9
(3)税费支出	16.8	12.0	7.8	6.9
(4)消费支出	3927.8	2438.6	1983.0	2862.1
(5)财产性支出	20.7	7.0	23.1	144.9
(6)转移性支出	359.2	235.6	213.0	615.3

3-2-2-3 续表 2

单位：元/人

指　　标	东部地区	中部地区	西部地区	东北地区
三、消费支出				
1. 消费支出	4281.0	2937.5	2526.9	3180.3
食品	1736.4	1317.3	1178.0	1204.2
衣着	243.2	178.9	148.0	254.9
居住	812.6	498.1	427.9	551.7
家庭设备及用品	204.6	142.2	111.5	121.1
交通通信	482.0	272.4	234.1	344.1
文教娱乐	439.7	274.6	205.3	335.9
医疗保健	259.1	182.6	174.1	281.4
其他	103.3	71.4	47.9	87.0
2. 现金消费支出	3927.8	2438.6	1983.0	2862.1
食品	1421.7	849.7	664.5	946.6
衣着	242.7	178.2	146.6	253.9
居住	775.1	467.9	400.1	492.3
家庭设备及用品	204.5	141.9	110.6	120.9
交通通信	482.0	272.4	234.1	344.1
文教娱乐	439.7	274.6	205.3	335.9
医疗保健	259.1	182.6	174.1	281.4
其他	102.8	71.2	47.6	87.0
3. 现金消费支出占				
消费支出比重(%)	91.7	83.0	78.5	90.0
食品	81.9	64.5	56.4	78.6
衣着	99.8	99.6	99.1	99.6
居住	95.4	93.9	93.5	89.2
家庭设备及用品	100.0	99.8	99.2	99.9
交通通信	100.0	100.0	100.0	100.0
文教娱乐	100.0	100.0	100.0	100.0
医疗保健	100.0	100.0	100.0	100.0
其他	99.6	99.7	99.3	100.0

3-2-2-4 2008年东、中、西部及东北地区农村居民家庭基本情况

指　　标	单　位	东部地区	中部地区	西部地区	东北地区
一、调查户数	户	21550	18850	22060	5730
二、常住人口	人/户	3.9	4.0	4.3	3.5
三、劳动力人数	人/户	2.8	2.9	2.9	2.6
劳动力负担人口	人/劳动力	1.4	1.4	1.5	1.3
四、劳动力文化程度					
1.不识字或识字很少	%	4.0	5.6	9.7	1.7
2.小学程度	%	20.8	23.1	31.7	24.1
3.初中程度	%	54.0	55.8	46.9	62.3
4.高中程度	%	14.8	11.7	8.7	7.9
5.中专程度	%	3.6	2.5	2.0	2.1
6.大专及以上	%	2.7	1.3	1.0	1.8
五、年末生产性					
固定资产原值	元/户	9887.1	6322.9	9300.5	13967.4
六、年内新建(购)住房面积	平方米/人	0.9	1.3	0.9	0.5
#砖木结构面积	平方米/人	0.3	0.3	0.3	0.4
七、年内新建(购)住房价值	元/平方米	710.1	438.6	459.9	719.5
八、年末居住住房面积	平方米/人	38.0	34.6	27.7	23.2
#砖木结构面积	平方米/人	17.8	16.2	10.6	18.1
九、年末居住住房价值	元/平方米	484.8	247.5	222.0	402.1
十、经营耕地面积	亩/人	1.2	1.6	2.4	7.6
十一、经营山地面积	亩/人	0.3	0.4	0.4	0.1
十二、主要食品消费量					
粮食	公斤/人	185.5	216.7	201.0	179.1
蔬菜及制品	公斤/人	85.6	122.5	89.2	121.5
食用油	公斤/人	7.1	6.2	4.9	9.3
食糖	公斤/人	1.2	1.0	1.1	0.8
卷烟	盒/人	26.0	25.5	21.8	22.1
水果	公斤/人	14.4	11.8	10.8	20.1
猪肉	公斤/人	11.1	10.5	16.3	10.3
牛羊肉	公斤/人	0.8	0.5	2.5	0.8
奶及奶制品	公斤/人	4.4	1.9	4.0	2.7
禽类	公斤/人	5.9	3.7	3.8	3.4
蛋及蛋制品	公斤/人	6.9	6.0	2.9	8.8
水产品	公斤/人	9.9	4.9	1.6	4.6

3-2-2-4 续表 1

单位：元/人

指　　标	东部地区	中部地区	西部地区	东北地区
一、收入				
1. 总收入	8604.0	5988.1	5285.8	9133.7
(1)工资性收入	3189.5	1744.5	1098.6	1233.1
(2)家庭经营收入	4648.9	3862.2	3768.0	7060.5
(3)财产性收入	275.8	75.3	80.1	213.2
(4)转移性收入	489.8	306.1	339.2	626.9
2. 纯收入	6598.2	4453.4	3517.7	5101.2
(1)工资性收入	3189.5	1744.5	1098.6	1233.1
(2)家庭经营收入	2731.4	2408.3	2045.7	3143.4
(3)财产性收入	275.8	75.3	80.1	213.2
(4)转移性收入	401.5	225.3	293.5	511.4
3. 现金收入	7874.2	4955.3	4176.8	8141.6
(1)工资性收入	3183.8	1743.1	1096.0	1230.9
(2)家庭经营收入	3951.4	2850.5	2680.0	6193.7
(3)财产性收入	260.7	62.2	68.2	92.2
(4)转移性收入	478.2	299.5	332.6	624.9
二、支出				
1. 总支出	7123.1	5134.7	4890.6	8695.1
(1)家庭经营费用支出	1728.8	1338.5	1570.1	3642.3
(2)购置生产性固定资产支出	120.8	129.9	180.0	367.0
(3)税费支出	18.4	11.3	6.8	6.6
(4)消费支出	4802.1	3375.6	2867.1	3720.3
(5)财产性支出	24.2	8.6	20.3	208.9
(6)转移性支出	428.6	270.8	246.2	750.1
2. 现金支出	6683.3	4512.9	4000.1	8085.6
(1)家庭经营费用支出	1674.8	1255.4	1289.5	3402.2
(2)购置生产性固定资产支出	120.8	129.9	180.0	367.0
(3)税费支出	18.4	11.3	6.8	6.6
(4)消费支出	4421.7	2838.7	2259.6	3351.2
(5)财产性支出	24.2	8.6	20.3	208.9
(6)转移性支出	423.5	269.0	243.9	749.7

3-2-2-4 续表 2

单位：元/人

指　　标	东部地区	中部地区	西部地区	东北地区
三、消费支出				
1. 消费支出	4802.1	3375.6	2867.1	3720.3
食品	1978.9	1524.8	1367.5	1382.0
衣着	267.5	193.2	161.0	289.9
居住	924.9	630.5	497.3	690.3
家庭设备及用品	232.4	175.1	129.0	137.5
交通通信	529.0	293.8	257.3	393.5
文教娱乐	458.7	270.0	205.8	394.7
医疗保健	304.6	215.4	199.2	338.6
其他	106.1	72.8	50.1	93.8
2. 现金消费支出	4421.7	2838.7	2259.6	3351.2
食品	1641.5	1014.0	788.1	1118.1
衣着	266.9	192.6	159.8	289.9
居住	882.5	605.6	471.0	585.3
家庭设备及用品	232.3	174.6	128.3	137.3
交通通信	529.0	293.8	257.3	393.5
文教娱乐	458.7	270.0	205.8	394.7
医疗保健	304.6	215.4	199.2	338.6
其他	106.1	72.8	50.1	93.8
3. 现金消费支出占				
消费支出比重 (%)	92.1	84.1	78.8	90.1
食品	83.0	66.5	57.6	80.9
衣着	99.8	99.6	99.3	100.0
居住	95.4	96.1	94.7	84.8
家庭设备及用品	100.0	99.7	99.5	99.8
交通通信	100.0	100.0	100.0	100.0
文教娱乐	100.0	100.0	100.0	100.0
医疗保健	100.0	100.0	100.0	100.0
其他	100.0	100.0	100.0	100.0

3-2-2-5 2009年东、中、西部及东北地区农村居民家庭基本情况

指 标	单 位	东部地区	中部地区	西部地区	东北地区
一、调查户数	户	21550	18850	22060	5730
二、常住人口	人/户	3.8	4.0	4.2	3.4
三、劳动力人数	人/户	2.8	2.9	2.9	2.6
劳动力负担人口	人/劳动力	1.4	1.4	1.4	1.3
四、劳动力文化程度					
1.不识字或识字很少	%	3.9	5.2	9.4	1.6
2.小学程度	%	19.9	22.7	31.0	23.2
3.初中程度	%	54.1	55.5	46.6	63.2
4.高中程度	%	15.0	12.1	9.4	7.8
5.中专程度	%	3.8	2.7	2.3	2.1
6.大专及以上	%	3.4	1.7	1.3	2.1
五、年末生产性					
固定资产原值	元/户	10977.9	7040.5	10164.6	15074.4
六、年内新建(购)住房面积	平方米/人	1.0	1.5	1.3	0.5
#砖木结构面积	平方米/人	0.2	0.3	0.4	0.4
七、年内新建(购)住房价值	元/平方米	826.4	502.4	583.7	796.1
八、年末居住住房面积	平方米/人	39.0	36.0	28.8	24.0
#砖木结构面积	平方米/人	18.0	15.9	11.0	19.1
九、年末居住住房价值	元/平方米	517.2	271.1	246.5	434.7
十、经营耕地面积	亩/人	1.2	1.7	2.5	8.0
十一、经营山地面积	亩/人	0.3	0.4	0.4	0.1
十二、主要食品消费量					
粮食	公斤/人	180.0	198.7	195.4	162.5
蔬菜及制品	公斤/人	88.4	110.5	94.3	114.2
食用油	公斤/人	7.4	6.0	5.0	8.8
食糖	公斤/人	1.2	1.0	1.1	0.8
卷烟	盒/人	26.1	25.7	22.0	22.6
水果	公斤/人	14.5	12.1	12.3	21.1
猪肉	公斤/人	12.4	11.6	17.6	12.3
牛羊肉	公斤/人	1.0	0.5	2.6	0.7
奶及奶制品	公斤/人	4.4	2.5	3.9	2.9
禽类	公斤/人	5.7	3.6	3.7	3.1
蛋及蛋制品	公斤/人	6.7	6.1	2.9	8.1
水产品	公斤/人	10.1	4.7	1.6	4.5

3-2-2-5 续表 1 单位：元/人

指　　标	东部地区	中部地区	西部地区	东北地区
一、收入				
1. 总收入	9233.2	6350.6	5604.1	9336.4
(1)工资性收入	3543.1	1902.4	1233.7	1354.7
(2)家庭经营收入	4789.5	3981.2	3855.7	7031.8
(3)财产性收入	305.9	90.6	90.4	244.3
(4)转移性收入	594.7	376.4	424.3	705.6
2. 纯收入	7155.5	4792.8	3816.5	5456.6
(1)工资性收入	3543.1	1902.4	1233.7	1354.7
(2)家庭经营收入	2817.2	2519.5	2121.1	3262.3
(3)财产性收入	305.9	90.6	90.4	244.3
(4)转移性收入	489.4	280.2	371.3	595.3
3. 现金收入	8603.4	5439.6	4579.9	8686.5
(1)工资性收入	3535.4	1901.6	1231.7	1351.8
(2)家庭经营收入	4200.6	3088.0	2846.8	6513.3
(3)财产性收入	290.9	81.6	82.8	117.9
(4)转移性收入	576.5	368.4	418.5	703.6
二、支出				
1. 总支出	7550.2	5429.0	5380.3	9250.6
(1)家庭经营费用支出	1766.8	1334.5	1568.3	3466.7
(2)购置生产性固定资产支出	144.7	147.3	232.4	498.5
(3)税费支出	14.8	10.6	6.0	8.1
(4)消费支出	5148.6	3622.0	3238.7	4148.3
(5)财产性支出	20.7	8.9	26.5	291.9
(6)转移性支出	454.5	305.7	308.4	837.2
2. 现金支出	7119.1	4814.1	4517.4	8705.6
(1)家庭经营费用支出	1720.7	1247.2	1298.9	3265.9
(2)购置生产性固定资产支出	144.7	147.3	232.4	498.5
(3)税费支出	14.7	10.6	5.9	8.1
(4)消费支出	4771.5	3098.2	2647.5	3813.9
(5)财产性支出	20.7	8.9	26.5	291.9
(6)转移性支出	446.8	301.9	306.2	827.4

3-2-2-5 续表 2　　　　单位：元/人

指　　标	东部地区	中部地区	西部地区	东北地区
三、消费支出				
1. 消费支出	5148.6	3622.0	3238.7	4148.3
食品	2047.7	1539.5	1395.9	1414.5
衣着	289.4	206.0	184.1	325.8
居住	992.8	748.4	677.4	839.3
家庭设备及用品	260.3	204.4	163.1	170.7
交通通信	604.6	313.8	296.4	403.5
文教娱乐	498.1	288.4	221.5	444.0
医疗保健	339.6	240.4	245.9	448.8
其他	116.1	81.2	54.4	101.6
2. 现金消费支出	4771.5	3098.2	2647.5	3813.9
食品	1709.3	1042.3	829.7	1155.7
衣着	289.1	205.5	183.0	325.6
居住	954.6	722.6	653.8	764.0
家庭设备及用品	260.1	204.0	162.6	170.7
交通通信	604.6	313.8	296.4	403.5
文教娱乐	498.1	288.4	221.5	444.0
医疗保健	339.6	240.4	245.9	448.8
其他	116.1	81.2	54.4	101.6
3. 现金消费支出占				
消费支出比重(%)	92.7	85.5	81.7	91.9
食品	83.5	67.7	59.4	81.7
衣着	99.9	99.8	99.4	99.9
居住	96.2	96.6	96.5	91.0
家庭设备及用品	99.9	99.8	99.7	100.0
交通通信	100.0	100.0	100.0	100.0
文教娱乐	100.0	100.0	100.0	100.0
医疗保健	100.0	100.0	100.0	100.0
其他	100.0	100.0	100.0	100.0

3-2-2-6 2010年东、中、西部及东北地区农村居民家庭基本情况

指　　标	单　位	东部地区	中部地区	西部地区	东北地区
一、调查户数	户	21550	18850	22060	5730
二、常住人口	人/户	3.8	4.0	4.2	3.4
三、劳动力人数	人/户	2.7	3.0	2.9	2.5
劳动力负担人口	人/劳动力	1.4	1.4	1.4	1.3
四、劳动力文化程度					
1.不识字或识字很少	%	3.7	5.1	9.1	1.4
2.小学程度	%	19.7	22.5	30.7	23.0
3.初中程度	%	53.8	55.1	46.5	63.3
4.高中程度	%	15.1	12.4	9.9	7.9
5.中专程度	%	3.9	2.8	2.3	2.1
6.大专及以上	%	3.8	2.0	1.5	2.2
五、年末生产性					
固定资产原值	元/户	11522.4	7455.1	11179.8	16510.5
六、年内新建(购)住房面积	平方米/人	0.7	1.0	0.8	0.4
#砖木结构面积	平方米/人	0.2	0.2	0.2	0.3
七、年内新建(购)住房价值	元/平方米	848.4	549.5	616.5	1042.4
八、年末居住住房面积	平方米/人	39.3	36.7	29.4	24.2
#砖木结构面积	平方米/人	17.9	16.0	11.3	19.8
九、年末居住住房价值	元/平方米	564.3	296.2	272.1	464.9
十、经营耕地面积	亩/人	1.2	1.7	2.5	8.0
十一、经营山地面积	亩/人	0.3	0.4	0.4	0.1
十二、主要食品消费量					
粮食	公斤/人	175.0	188.6	186.6	156.0
蔬菜及制品	公斤/人	82.6	108.6	86.8	110.1
食用油	公斤/人	7.2	6.3	5.0	8.6
食糖	公斤/人	1.1	0.9	1.1	0.8
卷烟	盒/人	26.1	24.9	21.6	22.5
水果	公斤/人	14.0	11.0	11.1	18.9
猪肉	公斤/人	13.0	12.2	18.0	11.8
牛羊肉	公斤/人	1.0	0.5	2.7	0.8
奶及奶制品	公斤/人	4.4	2.4	3.9	2.8
禽类	公斤/人	5.7	3.4	3.7	2.6
蛋及蛋制品	公斤/人	6.6	5.6	2.9	7.3
水产品	公斤/人	9.9	4.6	1.6	4.2

3-2-2-6 续表 1

单位：元/人

指　　标	东部地区	中部地区	西部地区	东北地区
一、收入				
1. 总收入	10473.6	7262.3	6390.0	10921.8
(1)工资性收入	4116.5	2244.6	1499.3	1629.8
(2)家庭经营收入	5303.2	4463.3	4310.9	8237.3
(3)财产性收入	358.5	111.4	113.6	319.5
(4)转移性收入	695.5	443.0	466.2	735.2
2. 纯收入	8142.8	5509.6	4417.9	6434.5
(1)工资性收入	4116.5	2244.6	1499.3	1629.8
(2)家庭经营收入	3095.4	2816.6	2403.1	3841.6
(3)财产性收入	358.5	111.4	113.6	319.5
(4)转移性收入	572.4	337.0	401.9	643.5
3. 现金收入	9713.4	6197.5	5191.0	9685.0
(1)工资性收入	4109.0	2242.7	1498.7	1627.9
(2)家庭经营收入	4604.7	3428.9	3132.5	7198.6
(3)财产性收入	326.5	92.3	98.9	127.6
(4)转移性收入	673.2	433.6	460.8	730.9
二、支出				
1. 总支出	8435.9	5992.7	5891.9	10041.3
(1)家庭经营费用支出	1990.5	1515.9	1725.7	4065.1
(2)购置生产性固定资产支出	134.8	145.4	216.9	513.7
(3)税费支出	15.4	6.7	4.8	5.3
(4)消费支出	5735.4	3957.4	3537.5	4352.1
(5)财产性支出	32.1	15.2	34.8	323.8
(6)转移性支出	527.8	352.0	372.2	781.4
2. 现金支出	7980.7	5343.8	4946.1	9500.8
(1)家庭经营费用支出	1944.6	1416.8	1433.1	3847.7
(2)购置生产性固定资产支出	134.8	145.4	216.9	513.7
(3)税费支出	15.3	6.7	4.8	5.3
(4)消费支出	5333.4	3410.5	2886.6	4029.3
(5)财产性支出	32.1	15.2	34.8	323.8
(6)转移性支出	520.5	349.2	369.9	781.1

3-2-2-6 续表 2

单位：元/人

指　　标	东部地区	中部地区	西部地区	东北地区
三、消费支出				
1. 消费支出	5735.4	3957.4	3537.5	4352.1
食品	2243.0	1680.4	1556.6	1566.6
衣着	327.8	232.9	213.1	359.5
居住	1106.4	768.7	663.9	767.0
家庭设备及用品	297.2	234.5	190.6	173.1
交通通信	703.0	353.6	341.6	428.8
文教娱乐	534.5	311.1	233.5	511.5
医疗保健	394.4	284.6	275.6	439.6
其他	129.1	91.5	62.6	106.0
2. 现金消费支出	5333.4	3410.5	2886.6	4029.3
食品	1877.1	1168.7	934.5	1303.2
衣着	327.5	232.2	212.0	359.5
居住	1070.8	735.1	636.9	707.5
家庭设备及用品	297.1	233.7	189.9	173.1
交通通信	703.0	353.6	341.6	428.8
文教娱乐	534.5	311.1	233.5	511.5
医疗保健	394.4	284.6	275.6	439.6
其他	129.0	91.5	62.6	106.0
3. 现金消费支出占				
消费支出比重(%)	93.0	86.2	81.6	92.6
食品	83.7	69.5	60.0	83.2
衣着	99.9	99.7	99.5	100.0
居住	96.8	95.6	95.9	92.2
家庭设备及用品	100.0	99.6	99.6	100.0
交通通信	100.0	100.0	100.0	100.0
文教娱乐	100.0	100.0	100.0	100.0
医疗保健	100.0	100.0	100.0	100.0
其他	100.0	100.0	100.0	100.0

3-2-2-7　2011年东、中、西部及东北地区农村居民家庭基本情况

指　　标	单　位	东部地区	中部地区	西部地区	东北地区
一、调查户数	户	25520	18850	23260	6000
二、常住人口	人/户	3.7	4.0	4.2	3.3
三、劳动力人数	人/户	2.7	2.9	2.7	2.5
劳动力负担人口	人/劳动力	1.4	1.4	1.5	1.3
四、劳动力文化程度					
1.不识字或识字很少	%	3.9	4.8	8.2	2.2
2.小学程度	%	22.2	23.6	32.6	28.4
3.初中程度	%	54.6	55.1	47.7	60.9
4.高中程度	%	12.3	11.1	7.6	5.6
5.中专程度	%	3.2	2.8	2.0	1.3
6.大专及以上	%	3.7	2.6	1.9	1.7
五、年末生产性					
固定资产原值	元/户	14930.4	10974.5	18845.0	26162.3
六、年内新建(购)住房面积	平方米/人	1.2	1.7	1.2	0.5
#砖木结构面积	平方米/人	0.3	0.3	0.4	0.4
七、年内新建(购)住房价值	元/平方米	999.4	689.2	746.5	1043.5
八、年末居住住房面积	平方米/人	40.9	40.2	31.4	26.0
#砖木结构面积	平方米/人	18.7	16.3	12.3	21.5
九、年末居住住房价值	元/平方米	932.7	501.7	492.0	751.6
十、经营耕地面积	亩/人	1.1	1.6	2.5	8.7
十一、经营山地面积	亩/人	0.4	0.6	0.6	0.1
十二、主要食品消费量					
粮食	公斤/人	157.2	172.9	181.7	163.4
蔬菜及制品	公斤/人	85.2	99.3	82.5	102.3
食用油	公斤/人	7.9	7.8	6.3	10.1
食糖	公斤/人	1.1	0.9	1.1	0.7
卷烟	盒/人	29.3	28.1	22.1	28.1
水果	公斤/人	16.6	12.2	11.0	20.5
猪肉	公斤/人	14.4	12.2	16.7	11.8
牛肉	公斤/人	0.7	0.4	1.7	0.7
羊肉	公斤/人	0.4	0.2	2.0	0.3
奶及奶制品	公斤/人	5.6	2.9	6.8	3.9
禽类	公斤/人	6.1	4.0	4.0	3.2
蛋及蛋制品	公斤/人	7.1	6.0	3.1	7.6
水产品	公斤/人	10.3	5.1	1.6	4.7

3-2-2-7 续表 1　　　　　　单位：元/人

指　　标	东部地区	中部地区	西部地区	东北地区
一、收入				
1. 总收入	12495.3	8790.9	7854.7	13996.2
(1)工资性收入	5014.8	2809.5	1811.4	2020.9
(2)家庭经营收入	6200.9	5271.2	5291.8	10737.1
(3)财产性收入	407.2	111.0	137.3	407.1
(4)转移性收入	872.4	599.1	614.2	831.1
2. 纯收入	9585.0	6529.9	5246.7	7790.6
(1)工资性收入	5014.8	2809.5	1811.4	2020.9
(2)家庭经营收入	3444.6	3184.4	2780.8	4669.7
(3)财产性收入	407.2	111.0	137.3	407.1
(4)转移性收入	718.4	425.0	517.2	692.9
3. 现金收入	11687.8	7599.1	6535.9	11810.4
(1)工资性收入	5006.9	2807.3	1809.5	2020.0
(2)家庭经营收入	5465.8	4125.0	4006.2	8825.5
(3)财产性收入	375.1	89.6	113.0	143.3
(4)转移性收入	840.1	577.2	607.3	821.7
二、支出				
1. 总支出	10338.4	7558.3	7279.3	12707.1
(1)家庭经营费用支出	2466.1	1894.3	2202.5	5536.4
(2)购置生产性固定资产支出	196.4	173.0	300.6	740.1
(3)税费支出	19.9	8.2	8.2	8.7
(4)消费支出	6856.3	4786.0	4187.9	5348.6
(5)财产性支出	14.1	11.0	13.0	5.8
(6)转移性支出	785.6	685.9	567.0	1067.5
2. 现金支出	9955.1	6945.9	6355.8	12088.5
(1)家庭经营费用支出	2416.7	1803.6	1914.7	5264.8
(2)购置生产性固定资产支出	196.4	173.0	300.6	740.1
(3)税费支出	19.9	8.1	8.2	8.7
(4)消费支出	6539.9	4267.4	3554.6	5004.3
(5)财产性支出	14.1	11.0	13.0	5.8
(6)转移性支出	768.1	682.8	564.6	1064.7

3-2-2-7 续表 2

单位：元/人

指　　标	东部地区	中部地区	西部地区	东北地区
三、消费支出				
1. 消费支出	6856.3	4786.0	4187.9	5348.6
食品	2667.1	1955.4	1780.3	2028.6
衣着	440.3	302.1	270.2	443.1
居住	1250.3	922.9	771.3	872.6
家庭设备及用品	403.1	315.0	244.1	221.2
交通通信	802.3	430.1	422.4	573.3
文教娱乐	580.5	341.1	269.3	489.4
医疗保健	544.6	400.1	349.3	573.7
其他	168.1	119.4	81.1	146.8
2. 现金消费支出	6539.9	4267.4	3554.6	5004.3
食品	2377.7	1464.0	1177.8	1758.1
衣着	440.1	301.8	269.8	443.1
居住	1223.8	896.3	741.2	799.0
家庭设备及用品	402.9	314.7	243.7	221.1
交通通信	802.3	430.1	422.4	573.3
文教娱乐	580.5	341.1	269.3	489.4
医疗保健	544.6	400.1	349.3	573.7
其他	168.1	119.4	81.1	146.8
3. 现金消费支出占				
消费支出比重(%)	95.4	89.2	84.9	93.6
食品	89.1	74.9	66.2	86.7
衣着	99.9	99.9	99.9	100.0
居住	97.9	97.1	96.1	91.6
家庭设备及用品	100.0	99.9	99.9	100.0
交通通信	100.0	100.0	100.0	100.0
文教娱乐	100.0	100.0	100.0	100.0
医疗保健	100.0	100.0	100.0	100.0
其他	100.0	100.0	100.0	100.0

3-2-2-8　2012年东、中、西部及东北地区农村居民家庭基本情况

指　　标	单　位	东部地区	中部地区	西部地区	东北地区
一、调查户数	户	26630	18850	22270	6000
二、常住人口	人/户	3.6	4.0	4.2	3.3
三、劳动力人数	人/户	2.6	2.9	2.9	2.5
劳动力负担人口	人/劳动力	1.4	1.4	1.5	1.3
四、劳动力文化程度					
1.不识字或识字很少	%	3.8	4.7	8.0	2.1
2.小学程度	%	21.9	23.1	32.0	28.0
3.初中程度	%	54.9	54.9	47.9	61.0
4.高中程度	%	12.2	11.4	7.8	5.6
5.中专程度	%	3.3	2.8	2.2	1.3
6.大专及以上	%	3.9	3.1	2.1	1.9
五、年末生产性					
固定资产原值	元/户	15809.8	11414.4	19969.4	27526.1
六、年内新建(购)住房面积	平方米/人	0.9	1.3	0.9	0.3
#砖木结构面积	平方米/人	0.2	0.2	0.3	0.2
七、年内新建(购)住房价值	元/平方米	1078.5	689.8	775.7	1150.4
八、年末居住住房面积	平方米/人	42.1	41.0	32.2	26.2
#砖木结构面积	平方米/人	19.2	16.1	13.1	21.9
九、年末居住住房价值	元/平方米	985.7	517.0	507.9	764.9
十、经营耕地面积	亩/人	1.1	1.7	2.5	9.0
十一、经营山地面积	亩/人	0.4	0.7	0.5	0.2
十二、主要食品消费量					
粮食	公斤/人	149.1	162.7	179.7	154.6
蔬菜及制品	公斤/人	80.3	93.7	79.1	96.1
食用油	公斤/人	8.1	8.3	6.7	10.3
食糖	公斤/人	1.1	1.4	1.1	0.8
卷烟	盒/人	29.6	27.0	22.5	28.8
水果	公斤/人	18.9	13.8	12.6	23.2
猪肉	公斤/人	14.8	12.3	16.0	12.5
牛肉	公斤/人	0.6	0.4	2.0	0.5
羊肉	公斤/人	0.4	0.1	2.1	0.3
奶及奶制品	公斤/人	6.1	3.0	6.6	3.8
禽类	公斤/人	6.1	3.8	4.0	3.1
蛋及蛋制品	公斤/人	7.9	6.4	3.5	7.5
水产品	公斤/人	10.6	5.0	1.6	4.4

3-2-2-8 续表 1

单位：元/人

指　　标	东部地区	中部地区	西部地区	东北地区
一、收入				
1. 总收入	13919.2	9829.4	8857.1	15711.0
(1)工资性收入	5791.0	3328.1	2124.4	2377.7
(2)家庭经营收入	6647.0	5703.1	5807.9	11985.5
(3)财产性收入	451.9	113.5	154.9	421.5
(4)转移性收入	1029.4	684.8	770.0	926.4
2. 纯收入	10817.5	7435.2	6026.6	8846.5
(1)工资性收入	5791.0	3328.1	2124.4	2377.7
(2)家庭经营收入	3710.8	3483.1	3083.9	5283.2
(3)财产性收入	451.9	113.5	154.9	421.5
(4)转移性收入	863.8	510.6	663.4	764.2
3. 现金收入	13194.1	8580.7	7511.7	13430.9
(1)工资性收入	5781.5	3326.1	2123.4	2374.0
(2)家庭经营收入	5983.0	4495.3	4489.3	9942.6
(3)财产性收入	438.8	100.2	136.9	198.3
(4)转移性收入	990.9	659.0	762.1	916.1
二、支出				
1. 总支出	11397.4	8462.3	8164.0	14017.6
(1)家庭经营费用支出	2630.0	2021.8	2396.9	6144.0
(2)购置生产性固定资产支出	171.9	206.6	305.9	777.8
(3)税费支出	17.2	6.0	8.2	5.7
(4)消费支出	7683.0	5469.0	4798.4	5941.2
(5)财产性支出	12.8	7.3	9.7	8.9
(6)转移性支出	882.5	751.6	645.0	1139.9
2. 现金支出	11037.8	7865.0	7242.2	13433.0
(1)家庭经营费用支出	2590.7	1947.8	2134.4	5909.4
(2)购置生产性固定资产支出	171.9	206.6	305.9	777.8
(3)税费支出	17.2	6.0	8.0	5.7
(4)消费支出	7379.0	4950.5	4141.1	5594.4
(5)财产性支出	12.8	7.3	9.7	8.9
(6)转移性支出	866.1	746.9	643.0	1136.8

3-2-2-8 续表 2

单位：元/人

指　　标	东部地区	中部地区	西部地区	东北地区
三、消费支出				
1. 消费支出	7683.0	5469.0	4798.4	5941.2
食品	2947.5	2119.2	1992.2	2237.3
衣着	498.0	355.0	322.0	517.2
居住	1379.9	1108.1	877.8	848.9
家庭设备及用品	443.5	350.2	272.0	242.6
交通通信	965.8	515.7	503.9	654.7
文教娱乐	647.1	385.6	306.3	555.6
医疗保健	604.7	492.5	419.0	704.0
其他	196.5	142.8	105.0	180.9
2. 现金消费支出	7379.0	4950.5	4141.1	5594.4
食品	2671.1	1629.0	1366.4	1969.7
衣着	497.8	354.7	321.7	517.0
居住	1352.9	1080.3	847.2	770.3
家庭设备及用品	443.2	350.0	271.6	242.2
交通通信	965.8	515.7	503.9	654.7
文教娱乐	647.1	385.6	306.3	555.6
医疗保健	604.7	492.5	419.0	704.0
其他	196.4	142.8	105.0	180.9
3. 现金消费支出占				
消费支出比重(%)	96.0	90.5	86.3	94.2
食品	90.6	76.9	68.6	88.0
衣着	100.0	99.9	99.9	100.0
居住	98.0	97.5	96.5	90.7
家庭设备及用品	99.9	100.0	99.9	99.8
交通通信	100.0	100.0	100.0	100.0
文教娱乐	100.0	100.0	100.0	100.0
医疗保健	100.0	100.0	100.0	100.0
其他	100.0	100.0	99.9	100.0

4

主要年份分地区分城乡居民收支数据

一、主要年份分地区城镇居民收支数据

4-1-1　2005年城镇居民收入来源

单位：元/人

地　区	可支配收　入	总收入				
			工薪收入	经营净收入	财产性收入	转移性收入
全　国	**10493.0**	**11320.8**	**7797.5**	**679.6**	**192.9**	**2650.7**
北　京	17653.0	19533.3	13666.3	213.7	190.4	5462.9
天　津	12638.6	13563.3	8174.6	665.5	148.2	4575.0
河　北	9107.1	9616.8	6346.5	643.8	117.5	2509.0
山　西	8913.9	9538.6	7103.5	351.0	136.4	1947.8
内蒙古	9136.8	9565.1	6669.5	857.6	161.3	1876.8
辽　宁	9107.6	9837.2	6103.4	486.0	95.6	3152.2
吉　林	8690.6	9123.0	5905.9	712.9	80.7	2423.6
黑龙江	8272.5	8722.5	5478.0	858.7	73.0	2312.8
上　海	18645.0	20602.9	14280.7	798.1	292.2	5232.0
江　苏	12318.6	13330.0	8397.2	1028.7	240.4	3663.7
浙　江	16293.8	17877.4	11941.1	1921.8	552.9	3461.6
安　徽	8470.7	9184.6	6425.5	620.7	124.6	2013.7
福　建	12321.3	13407.6	8791.6	839.4	448.0	3328.7
江　西	8619.7	9042.5	6222.6	532.6	81.2	2206.2
山　东	10744.8	11607.8	9026.6	492.1	151.9	1937.3
河　南	8668.0	9146.0	6095.5	660.9	95.8	2293.8
湖　北	8785.9	9395.1	6576.9	419.7	112.3	2286.1
湖　南	9524.0	10106.1	6805.3	872.3	195.6	2232.9
广　东	14769.9	16249.9	12265.0	1043.5	417.3	2524.1
广　西	9286.7	10022.4	6975.4	519.9	176.1	2351.0
海　南	8123.9	8670.2	6071.2	661.6	198.2	1739.2
重　庆	10243.5	11079.2	7848.5	492.4	188.2	2550.0
四　川	8386.0	9003.6	5838.3	515.5	211.4	2438.4
贵　州	8151.1	8385.1	5516.2	790.8	90.3	1987.8
云　南	9265.9	9994.7	6170.9	595.5	428.1	2800.2
西　藏※	9431.2	10659.3	10401.7	43.2	10.4	204.0
陕　西	8272.0	8902.3	6347.8	179.3	135.2	2240.0
甘　肃	8086.8	8738.1	6486.8	373.8	39.6	1837.8
青　海	8057.9	8766.7	5613.8	513.4	62.1	2577.4
宁　夏	8093.6	8744.9	5771.6	956.7	64.4	1952.2
新　疆	7990.2	8693.7	6553.5	522.1	54.5	1563.5

注:2005年及以前城镇住户调查西藏仅调查了拉萨市,2006年开始调查范围扩大到七市县。

4-1-2 2005年城镇居民现金消费支出

单位：元/人

地 区	现金消费支出	食 品	粮 食	淀粉及薯类	干豆类及豆制品	油脂类	肉禽及制品	蛋 类
全 国	**7942.9**	**2914.4**	**242.2**	**23.4**	**38.4**	**85.4**	**564.9**	**71.5**
北 京	13244.2	4215.6	255.6	30.9	46.4	92.7	649.7	82.4
天 津	9653.3	3542.9	258.0	34.4	35.0	87.6	547.2	115.5
河 北	6699.7	2315.8	219.0	22.2	30.6	109.3	402.4	89.8
山 西	6342.6	2056.8	262.1	32.8	28.5	53.6	280.6	75.2
内蒙古	6928.6	2177.6	256.5	25.2	21.1	53.9	384.4	51.2
辽 宁	7369.3	2861.0	272.8	35.4	45.3	93.7	480.1	93.8
吉 林	6794.7	2356.0	242.6	29.4	38.7	69.5	415.0	65.4
黑龙江	6178.0	2071.6	255.9	29.6	30.6	71.4	371.5	60.6
上 海	13773.4	4940.1	253.5	29.6	68.5	80.0	695.4	76.7
江 苏	8621.8	3205.8	223.3	24.6	53.4	72.3	622.0	74.8
浙 江	12253.7	4140.3	239.5	20.7	53.0	77.6	579.0	56.7
安 徽	6367.7	2781.5	235.4	19.2	40.7	89.5	572.0	99.6
福 建	8794.4	3595.2	306.8	22.8	45.3	88.8	794.2	80.8
江 西	6109.4	2495.1	225.0	13.6	47.7	116.4	557.3	56.7
山 东	7457.3	2512.7	219.2	23.9	32.3	66.1	433.9	95.5
河 南	6038.0	2067.5	228.8	24.8	32.7	66.1	371.2	76.1
湖 北	6736.6	2625.4	225.1	16.5	42.3	103.3	498.9	59.0
湖 南	7505.0	2689.4	243.0	13.5	43.5	112.4	582.7	54.5
广 东	11809.9	4265.2	284.2	16.4	30.8	97.5	1047.5	55.3
广 西	7032.8	2906.7	224.4	15.6	39.4	94.2	876.5	50.9
海 南	5928.8	2820.0	193.9	10.5	18.3	88.5	810.1	35.1
重 庆	8623.3	3135.7	218.1	29.9	39.0	99.8	692.6	73.4
四 川	6891.3	2709.7	222.4	24.3	33.0	102.2	657.7	69.0
贵 州	6159.3	2458.3	220.0	13.2	30.9	87.7	565.1	54.5
云 南	6996.9	2997.1	267.6	19.0	36.8	52.8	523.0	61.3
西 藏	8617.1	3830.5	356.0	25.0	9.4	138.8	767.8	59.0
陕 西	6656.5	2401.5	240.3	28.2	39.1	75.2	325.3	59.4
甘 肃	6529.2	2352.8	224.2	27.4	25.4	87.2	358.3	57.0
青 海	6245.3	2267.4	244.0	26.1	19.5	64.2	439.5	47.4
宁 夏	6404.3	2228.6	237.1	25.9	30.6	77.7	361.9	42.7
新 疆	6207.5	2257.4	252.4	22.0	23.5	79.8	447.0	48.6

4-1-2 续表 1

单位：元/人

地区	水产品类	菜类	调味品	糖类	烟草类	酒和饮料	干鲜瓜果类	#坚果及果仁
全国	**188.8**	**275.5**	**37.0**	**29.0**	**146.0**	**134.7**	**206.3**	**32.4**
北京	174.0	294.9	75.0	52.8	139.1	286.0	380.4	72.6
天津	287.0	270.4	61.6	30.0	144.6	204.4	282.6	62.4
河北	112.4	254.3	31.4	30.1	118.7	174.7	185.4	23.6
山西	36.8	247.6	24.5	17.1	131.8	84.7	144.1	22.5
内蒙古	50.1	169.5	28.8	20.8	120.0	123.3	172.9	24.9
辽宁	224.2	329.4	49.7	38.9	174.9	163.6	269.8	29.4
吉林	113.0	273.9	33.8	28.6	103.3	119.3	235.9	22.2
黑龙江	93.2	195.9	32.6	20.6	73.3	94.7	188.2	25.4
上海	573.3	382.6	52.6	65.6	258.8	230.9	333.7	62.7
江苏	266.2	291.6	39.2	26.1	191.7	133.1	192.8	38.2
浙江	515.8	335.2	35.8	33.2	325.8	194.2	297.1	54.3
安徽	132.4	274.3	35.0	22.9	186.4	207.8	167.6	27.9
福建	623.5	335.0	45.1	24.4	129.2	138.4	228.6	31.8
江西	140.5	271.7	27.9	24.4	105.7	80.8	178.2	27.3
山东	147.0	211.9	30.0	19.4	75.5	153.4	206.9	34.3
河南	43.5	217.3	29.5	17.2	96.6	119.6	147.0	25.1
湖北	147.3	305.5	35.7	23.7	153.3	109.1	151.8	27.2
湖南	132.3	257.1	26.1	31.3	154.1	94.5	209.4	29.1
广东	405.7	348.6	38.1	39.5	96.2	112.9	237.8	26.7
广西	178.5	266.7	28.2	26.1	65.7	74.6	183.0	26.3
海南	399.0	268.9	30.3	18.4	94.0	61.8	145.2	8.4
重庆	122.2	308.1	44.7	35.0	207.5	106.6	182.3	35.0
四川	82.8	274.2	44.4	31.7	153.3	104.6	168.9	30.2
贵州	49.9	240.8	33.3	33.9	194.3	110.3	174.4	27.2
云南	93.4	347.9	29.6	25.3	296.7	103.7	178.9	19.5
西藏	124.5	470.8	53.0	114.5	439.7	334.4	240.3	4.2
陕西	57.5	208.0	36.2	20.2	132.2	104.7	170.5	35.1
甘肃	50.5	213.0	34.7	19.4	152.5	132.2	192.9	34.9
青海	59.5	195.5	30.0	26.0	117.4	133.1	163.0	30.8
宁夏	53.2	198.0	28.8	24.2	125.6	98.5	198.8	36.6
新疆	58.3	205.7	26.1	31.8	82.1	90.1	200.2	39.0

4-1-2 续表 2

单位：元/人

地　区	糕点类	奶及奶制品	其他食品	在外用餐	食品加工服务费	衣　着	服　装	衣着材料
全　国	**61.4**	**138.6**	**62.7**	**607.2**	**1.3**	**800.5**	**577.0**	**9.6**
北　京	151.8	270.4	85.1	1147.4	0.9	1184.1	803.2	16.8
天　津	107.9	149.2	80.1	847.2	0.4	698.9	488.9	11.5
河　北	50.0	134.3	19.6	330.6	1.0	787.3	552.0	13.2
山　西	45.4	154.3	32.0	405.4	0.5	933.0	689.9	11.8
内蒙古	34.2	120.1	96.0	448.6	1.0	1047.9	733.1	10.2
辽　宁	60.1	140.1	39.2	348.3	1.6	740.8	506.9	7.9
吉　林	44.1	105.3	42.3	394.3	1.8	826.2	588.1	7.5
黑龙江	35.4	95.6	35.5	386.4	0.5	878.0	605.7	7.0
上　海	132.3	246.9	128.6	1330.9	0.1	940.5	694.1	15.3
江　苏	57.9	156.3	103.0	676.0	1.6	804.2	588.1	9.7
浙　江	71.9	155.3	84.7	1063.7	1.4	1264.1	969.8	10.9
安　徽	54.4	154.7	52.5	436.2	0.9	763.5	549.0	9.7
福　建	56.6	152.3	48.8	474.4	0.4	708.8	549.8	3.3
江　西	49.6	119.6	80.0	398.7	1.4	647.8	475.9	12.5
山　东	68.5	159.6	83.3	484.8	1.5	925.9	665.0	12.4
河　南	48.6	115.3	41.8	391.5	0.4	806.4	595.3	10.0
湖　北	57.3	110.3	46.3	538.7	1.6	806.7	579.8	11.8
湖　南	43.4	119.2	85.9	485.9	0.7	790.7	568.4	9.1
广　东	85.3	134.5	65.6	1169.0	0.2	673.9	491.0	1.9
广　西	45.5	99.6	56.7	579.9	1.2	520.0	385.2	7.2
海　南	43.5	69.5	24.8	508.1	0.1	309.5	242.4	0.5
重　庆	48.8	168.1	56.1	696.6	6.9	849.5	626.2	4.9
四　川	42.6	138.9	46.2	510.0	3.6	640.9	458.3	9.0
贵　州	46.5	96.4	69.0	437.2	1.2	702.9	500.6	8.3
云　南	78.4	78.2	48.6	755.7	0.5	643.9	488.2	8.3
西　藏	38.3	339.9	33.9	280.0	5.3	1051.8	663.2	1.5
陕　西	64.9	124.3	59.6	655.2	0.7	673.1	474.3	12.9
甘　肃	38.4	136.8	96.2	506.5	0.4	806.3	560.3	12.8
青　海	39.2	104.4	99.7	458.6	0.3	690.8	495.1	7.9
宁　夏	36.0	124.2	81.5	483.8	0.3	776.5	567.4	12.9
新　疆	49.9	113.8	48.1	477.2	1.0	826.0	578.3	13.7

4-1-2 续表 3　　单位：元/人

地 区	鞋 类	衣着加工服务费	居 住	住 房	水电燃料及其他	家庭设备及用品	耐用消费品	室内装饰品
全 国	**176.2**	**6.7**	**808.7**	**249.3**	**516.3**	**446.5**	**213.2**	**16.6**
北 京	296.2	15.5	1039.8	456.3	527.7	852.2	442.0	33.6
天 津	160.1	8.0	1291.6	562.1	658.5	524.2	294.7	25.9
河 北	184.6	7.4	762.1	170.2	569.9	414.5	248.4	19.1
山 西	192.1	2.4	727.9	269.3	419.6	359.4	195.6	17.5
内蒙古	229.6	11.2	722.6	191.9	473.6	394.4	172.1	29.6
辽 宁	182.1	6.6	792.8	187.9	583.8	304.8	93.6	24.8
吉 林	193.0	8.9	845.5	205.6	603.5	279.6	125.9	7.1
黑龙江	218.8	7.9	695.2	159.1	505.0	282.8	121.2	11.4
上 海	182.4	12.2	1412.1	666.8	610.7	800.3	409.7	31.2
江 苏	163.8	8.3	794.9	335.0	433.6	586.8	286.1	16.3
浙 江	240.6	9.2	1059.4	368.2	641.3	609.2	285.3	26.8
安 徽	177.4	2.9	590.3	157.1	415.2	290.9	153.9	7.8
福 建	132.4	3.3	1071.9	386.2	648.4	455.4	203.7	8.1
江 西	133.3	5.3	646.2	197.8	435.3	427.0	206.8	10.6
山 东	198.3	8.2	751.7	209.0	505.9	503.4	275.6	20.4
河 南	168.8	5.0	652.0	160.2	457.7	376.3	190.1	13.7
湖 北	180.4	7.1	683.9	156.8	505.7	371.0	162.6	10.1
湖 南	178.3	5.1	771.5	272.7	470.0	451.0	205.0	12.8
广 东	151.1	4.7	1181.4	278.1	780.3	605.1	230.9	16.1
广 西	106.1	4.0	769.8	224.7	513.2	420.7	209.7	13.1
海 南	55.6	1.3	585.4	161.8	388.2	304.1	118.5	9.7
重 庆	186.9	5.1	882.4	365.6	461.7	583.5	334.1	30.9
四 川	144.4	7.1	705.4	257.3	407.5	422.7	202.6	10.8
贵 州	167.0	3.2	583.5	102.1	462.8	335.7	113.5	4.9
云 南	128.2	1.3	543.1	124.5	394.2	291.2	131.7	7.6
西 藏	368.4	5.3	517.5	112.0	386.3	476.3	96.3	41.2
陕 西	152.3	6.8	653.4	166.5	458.5	371.8	177.7	12.7
甘 肃	175.9	7.5	680.8	225.0	423.1	366.2	186.5	16.3
青 海	142.7	5.9	666.4	226.4	393.8	356.5	168.3	17.5
宁 夏	160.7	8.0	711.2	190.7	483.1	417.4	225.8	23.4
新 疆	187.8	10.5	571.7	125.2	406.4	310.0	122.0	22.4

4-1-2 续表 4　　　　单位：元/人

地　区					交通通信		
	床上用品	家庭日用杂品	家具材料	家庭服务		交　通	通　信
全　国	**39.7**	**138.4**	**3.0**	**35.7**	**996.7**	**499.6**	**497.1**
北　京	53.6	246.9	6.0	70.2	1943.5	1100.7	842.8
天　津	29.4	135.6	1.2	37.5	998.0	505.3	492.7
河　北	39.5	89.5	3.3	14.8	772.3	385.3	387.1
山　西	23.4	98.3	3.1	21.6	604.4	188.5	415.8
内蒙古	39.8	131.3	3.4	18.2	755.5	320.1	435.4
辽　宁	44.8	115.6	7.6	18.5	744.0	282.2	461.8
吉　林	27.5	105.7	1.0	12.3	733.5	319.1	414.4
黑龙江	29.9	98.9	3.0	18.6	597.0	232.9	364.1
上　海	73.9	185.5	1.9	98.0	1983.7	1161.3	822.4
江　苏	44.8	184.6	2.4	52.7	1050.9	632.3	418.6
浙　江	74.2	155.0	10.0	57.9	2097.4	1299.0	798.5
安　徽	21.7	90.3	2.1	15.0	676.9	259.0	417.9
福　建	37.5	151.2	1.1	53.8	1048.7	384.3	664.4
江　西	38.3	134.1	5.0	32.2	567.5	191.4	376.1
山　东	37.8	151.1	2.4	16.1	902.3	476.7	425.6
河　南	37.7	106.9	4.4	23.6	636.6	177.1	459.5
湖　北	26.3	143.9	0.6	27.6	649.9	242.8	407.1
湖　南	42.5	152.1	4.8	33.8	801.3	296.2	505.1
广　东	58.4	202.3	0.5	97.0	2333.1	1557.6	775.5
广　西	38.6	130.1	0.6	28.7	703.4	317.8	385.6
海　南	25.8	129.2	1.2	19.8	728.3	351.0	377.3
重　庆	44.2	139.7	0.6	34.1	929.9	324.4	605.5
四　川	33.0	130.6	3.4	42.3	827.7	402.7	425.0
贵　州	26.6	168.0	0.9	21.9	625.4	219.5	405.9
云　南	48.4	84.4	1.7	17.3	930.6	390.7	539.9
西　藏	134.9	177.2	8.1	18.6	1310.0	520.4	789.5
陕　西	29.8	126.6	4.3	20.8	630.2	217.6	412.5
甘　肃	29.0	115.8	2.7	15.9	638.6	243.3	395.3
青　海	33.6	120.7	6.8	9.7	691.3	347.1	344.1
宁　夏	25.7	121.0	0.6	21.1	705.7	291.4	414.3
新　疆	22.9	117.9	1.3	23.5	757.1	375.8	381.3

4-1-2 续表 5

单位：元/人

地区	文教娱乐	文化娱乐用品	教育	文化娱乐服务	医疗保健	其他	其他商品	服务
全国	**1097.5**	**280.2**	**571.3**	**245.9**	**600.9**	**277.8**	**173.1**	**104.6**
北京	2186.6	677.4	924.8	584.4	1295.8	526.8	335.0	191.8
天津	1283.7	382.5	716.4	184.8	996.4	317.6	187.6	130.0
河北	795.4	234.7	408.6	152.1	642.7	209.5	118.6	90.9
山西	932.5	215.5	548.8	168.2	538.7	189.9	106.8	83.1
内蒙古	968.8	263.2	504.8	200.8	533.4	328.4	203.8	124.6
辽宁	849.5	194.4	529.1	126.0	751.2	325.2	144.0	181.2
吉林	800.2	176.9	502.1	121.3	675.8	278.0	157.3	120.7
黑龙江	802.5	180.9	479.9	141.8	613.2	237.8	161.6	76.2
上海	2272.8	647.2	1136.2	489.4	796.8	627.2	427.8	199.4
江苏	1287.9	362.0	656.3	269.6	579.3	311.9	185.1	126.8
浙江	1849.7	412.5	972.7	464.5	831.8	401.9	252.4	149.5
安徽	666.4	194.0	352.8	119.6	400.3	197.9	95.8	102.0
福建	1107.0	319.4	531.4	256.2	478.4	329.1	181.2	147.9
江西	805.4	184.5	392.8	228.1	326.5	194.0	118.8	75.2
山东	1040.0	328.1	546.6	165.2	579.0	242.3	169.0	73.3
河南	805.1	208.7	421.7	174.7	472.3	221.9	147.6	74.3
湖北	904.8	192.7	517.3	194.7	499.3	195.6	136.3	59.4
湖南	1138.7	251.3	582.2	305.3	601.3	261.2	169.1	92.1
广东	1669.1	353.9	755.9	559.2	704.9	377.2	244.2	133.0
广西	998.9	250.9	528.1	219.8	466.0	247.4	150.2	97.2
海南	652.0	162.7	347.1	142.3	351.1	178.6	130.4	48.1
重庆	1391.1	359.6	772.5	259.0	629.3	221.9	162.2	59.6
四川	909.0	230.5	449.7	228.8	442.8	233.0	146.7	86.3
贵州	811.7	204.8	383.0	223.9	403.4	238.4	160.2	78.2
云南	775.6	213.2	337.4	225.0	663.0	152.4	92.0	60.5
西藏	678.3	121.6	428.1	128.6	338.6	414.3	201.6	212.6
陕西	1081.9	211.0	701.8	169.1	605.3	239.3	147.7	91.6
甘肃	942.8	257.1	505.9	179.8	492.2	249.5	168.7	80.9
青海	803.1	219.0	360.5	223.6	554.1	215.8	153.0	62.8
宁夏	770.0	219.6	388.3	162.1	535.9	259.0	174.7	84.3
新疆	741.4	182.8	456.3	102.3	499.2	244.8	174.7	70.1

4-1-3 2006年城镇居民收入来源

单位：元/人

地 区	可支配收入	总收入	工薪收入	经营净收入	财产性收入	转移性收入
全 国	**11759.5**	**12719.2**	**8767.0**	**809.6**	**244.0**	**2898.7**
北 京	19977.5	22417.2	16284.2	236.4	270.5	5626.1
天 津	14283.1	15476.0	9259.7	743.0	165.1	5308.3
河 北	10304.6	10887.2	7065.3	779.3	113.5	2929.1
山 西	10027.7	10793.9	7877.3	377.0	159.4	2380.1
内蒙古	10358.0	10811.9	7552.7	955.6	209.8	2093.8
辽 宁	10369.6	11230.0	6611.4	688.2	146.5	3783.9
吉 林	9775.1	10245.3	6576.5	786.2	117.3	2765.3
黑龙江	9182.3	9721.9	6028.1	1032.1	99.3	2562.4
上 海	20667.9	22808.6	16016.4	958.5	300.3	5533.4
江 苏	14084.3	15248.7	9501.4	1259.8	259.6	4227.9
浙 江	18265.1	19954.0	13015.8	2172.1	888.8	3877.4
安 徽	9771.1	10574.5	7430.9	680.3	148.3	2315.1
福 建	13753.3	15102.4	10164.5	956.5	508.7	3472.7
江 西	9551.1	10014.6	6897.9	653.4	107.0	2356.3
山 东	12192.2	13222.9	10442.1	558.2	220.7	2002.0
河 南	9810.3	10339.2	6861.5	770.4	129.7	2577.6
湖 北	9802.7	10533.3	7573.6	486.9	122.8	2350.1
湖 南	10504.7	11146.1	7401.7	929.8	287.2	2527.3
广 东	16015.6	17725.6	13031.3	1339.4	565.5	2789.4
广 西	9898.8	10624.3	7419.4	890.8	189.8	2124.3
海 南	9395.1	10081.7	6954.5	727.1	231.2	2168.9
重 庆	11569.7	12548.9	9266.4	525.2	192.9	2564.4
四 川	9350.1	10117.0	6676.0	644.0	260.2	2536.8
贵 州	9116.6	9439.3	6507.1	886.3	120.9	1925.0
云 南	10069.9	10848.1	6881.4	536.7	467.3	2962.7
西 藏	8941.1	9540.9	7512.3	389.9	218.0	1420.8
陕 西	9267.7	9938.2	6958.2	309.0	175.4	2495.5
甘 肃	8920.6	9586.5	7008.4	403.6	32.1	2142.4
青 海	9000.4	9803.1	6316.6	564.1	62.9	2859.5
宁 夏	9177.3	10002.0	6450.8	979.0	89.2	2483.1
新 疆	8871.3	9689.1	7490.7	594.8	58.4	1545.2

4-1-4　2006年城镇居民现金消费支出

单位：元/人

地区	现金消费支出	食品	粮食	淀粉及薯类	干豆类及豆制品	油脂类	肉禽及制品	蛋类
全国	**8696.6**	**3111.9**	**246.5**	**23.9**	**38.3**	**87.1**	**545.6**	**67.6**
北京	14825.4	4560.5	259.5	34.6	44.2	97.0	631.3	77.0
天津	10548.1	3680.2	247.3	29.5	31.4	98.4	514.2	96.0
河北	7343.5	2492.3	221.3	24.3	31.5	108.4	381.5	83.6
山西	7170.9	2252.5	278.7	36.9	32.9	58.3	289.3	71.0
内蒙古	7666.6	2323.6	261.1	21.1	21.5	54.4	371.3	45.5
辽宁	7987.5	3102.1	294.3	41.1	44.9	97.2	474.5	89.0
吉林	7352.6	2457.2	234.1	32.4	39.8	66.7	402.4	59.9
黑龙江	6655.4	2215.7	255.1	30.6	33.0	66.7	366.0	58.1
上海	14761.8	5249.0	272.1	30.3	65.7	84.4	684.2	72.5
江苏	9628.6	3462.7	235.1	28.1	53.9	77.0	600.6	72.8
浙江	13348.5	4393.4	243.7	21.6	51.5	77.9	549.4	54.8
安徽	7294.7	3091.3	243.8	17.3	40.8	92.2	548.9	96.2
福建	9807.7	3854.3	312.8	21.9	44.7	88.5	772.8	76.0
江西	6645.5	2636.9	233.7	10.6	45.1	117.8	530.7	54.8
山东	8468.4	2711.7	223.6	23.6	33.2	69.0	422.4	89.9
河南	6685.2	2215.3	236.7	26.4	32.9	69.4	362.5	71.8
湖北	7397.3	2868.4	226.1	16.7	42.4	107.7	473.2	59.9
湖南	8169.3	2850.9	247.1	12.9	45.2	111.4	569.9	53.7
广东	12432.2	4503.9	284.5	16.6	31.0	103.4	1013.8	52.0
广西	6792.0	2857.4	230.3	15.8	36.3	87.0	870.6	46.7
海南	7126.8	3097.7	192.9	12.0	18.4	87.7	823.9	35.6
重庆	9398.7	3415.9	212.4	30.1	39.2	95.9	634.9	73.7
四川	7524.8	2838.2	223.2	23.6	33.6	102.2	601.8	63.9
贵州	6848.4	2649.0	214.7	11.7	30.1	82.5	536.6	52.3
云南	7379.8	3102.5	253.8	17.2	32.8	43.5	497.4	60.3
西藏	6192.6	3107.9	317.9	29.8	7.0	95.6	722.5	38.4
陕西	7553.3	2588.9	248.1	28.3	38.8	77.4	323.4	52.7
甘肃	6974.2	2408.4	224.9	21.4	22.8	82.6	327.5	48.8
青海	6530.1	2366.4	246.1	17.9	19.0	60.0	430.8	42.5
宁夏	7205.6	2445.0	243.4	30.1	28.9	80.0	370.8	40.1
新疆	6730.0	2387.0	256.7	23.0	25.2	76.0	436.7	43.5

4-1-4 续表 1　　　　单位：元/人

地　区	水产品类	菜　类	调味品	糖　类	烟草类	酒和饮料	干鲜瓜果类	坚果及果仁
全　国	**202.9**	**298.5**	**39.9**	**33.3**	**164.7**	**148.5**	**240.2**	**36.4**
北　京	182.9	314.3	78.4	54.2	160.9	311.6	447.1	87.4
天　津	292.6	308.2	61.3	32.5	157.3	188.6	303.4	58.7
河　北	119.5	279.3	34.5	35.4	136.2	196.9	215.8	27.3
山　西	44.6	242.6	28.5	20.4	152.5	102.2	178.8	25.9
内蒙古	50.0	191.4	29.4	20.9	130.7	134.1	188.7	25.1
辽　宁	255.5	348.6	55.0	44.7	200.8	179.8	319.7	39.0
吉　林	115.5	284.3	38.5	32.9	113.6	129.8	278.3	26.9
黑龙江	97.3	217.0	36.9	25.3	81.2	102.9	225.7	30.2
上　海	595.3	402.3	55.1	62.3	289.4	231.2	378.0	70.9
江　苏	285.6	320.3	42.7	32.3	215.5	152.3	224.6	43.4
浙　江	552.4	364.6	38.0	37.5	370.5	196.4	334.3	57.9
安　徽	143.2	295.6	38.4	29.6	235.2	253.1	204.7	34.2
福　建	670.3	352.9	47.4	30.6	146.6	157.2	262.9	35.4
江　西	140.7	320.2	31.4	28.2	123.9	85.6	207.3	31.5
山　东	174.1	239.3	33.3	23.0	82.9	166.9	251.0	38.4
河　南	47.6	245.7	32.5	19.6	106.5	128.6	168.5	29.8
湖　北	152.0	348.3	39.2	28.1	194.7	124.4	175.1	29.3
湖　南	133.7	297.2	29.7	36.4	175.8	101.6	249.3	30.7
广　东	414.2	356.9	38.4	43.9	114.2	131.0	271.4	29.5
广　西	237.1	280.8	27.7	26.6	59.8	74.4	191.4	22.7
海　南	434.2	291.5	35.7	21.8	104.3	66.2	176.1	10.2
重　庆	135.9	339.2	47.9	45.2	225.7	120.1	229.3	39.7
四　川	83.3	297.8	47.4	36.1	173.0	116.1	194.4	31.6
贵　州	53.5	262.8	34.1	39.0	229.7	135.6	202.2	30.5
云　南	87.5	338.9	31.8	34.6	340.8	93.5	208.0	21.5
西　藏	41.3	311.4	27.9	68.1	359.2	269.6	150.1	2.5
陕　西	58.5	235.1	37.5	25.0	139.2	120.9	193.9	36.3
甘　肃	48.6	250.0	35.0	21.9	141.8	140.4	207.7	37.6
青　海	60.8	229.6	29.6	25.8	123.2	147.8	183.8	33.0
宁　夏	54.0	230.4	30.1	28.9	141.3	111.4	230.4	44.0
新　疆	61.0	230.5	27.4	35.9	85.6	100.4	226.6	46.4

4-1-4 续表 2

单位：元/人

地区	糕点类	奶及奶制品	其他食品	在外用餐	食品加工服务费	衣着	服装	衣着材料
全国	**64.2**	**150.2**	**68.2**	**691.2**	**1.4**	**901.8**	**646.7**	**9.4**
北京	168.7	279.9	99.5	1319.0	0.5	1442.4	991.0	13.3
天津	103.1	153.2	83.4	979.6	0.4	864.9	606.7	13.9
河北	54.1	140.6	18.5	409.5	1.5	849.6	591.4	12.5
山西	47.9	171.8	37.3	458.6	0.4	1016.7	749.0	11.2
内蒙古	37.0	125.0	122.7	518.1	0.8	1168.9	825.4	6.9
辽宁	61.9	149.1	39.5	404.7	1.8	846.9	582.4	9.3
吉林	46.6	106.5	43.4	430.9	1.7	907.6	640.2	7.7
黑龙江	40.1	106.3	44.4	422.7	6.5	971.4	657.7	7.1
上海	142.6	267.3	134.8	1481.6	0.2	1026.9	752.9	18.0
江苏	61.0	173.1	111.6	774.5	1.7	886.8	640.9	9.7
浙江	73.4	160.3	81.4	1185.0	0.8	1383.6	1057.5	10.5
安徽	57.2	175.1	62.3	557.6	0.4	869.6	626.2	11.1
福建	59.2	159.1	53.1	597.8	0.6	784.7	605.5	2.9
江西	51.8	129.1	92.6	432.8	0.8	725.7	531.6	10.4
山东	76.9	176.7	76.6	547.8	1.5	1091.2	777.3	11.7
河南	52.1	123.2	46.1	444.7	0.5	919.3	671.3	8.5
湖北	58.8	124.2	57.8	638.7	1.2	877.0	622.4	9.9
湖南	45.0	117.9	78.9	544.8	0.6	868.2	624.9	9.0
广东	88.1	157.3	68.1	1318.7	0.4	719.3	525.2	1.7
广西	46.1	95.0	49.1	481.4	1.2	477.7	354.5	5.0
海南	42.2	83.9	30.8	640.2	0.3	375.4	288.5	0.7
重庆	45.9	187.8	74.6	873.9	4.4	1039.0	764.3	6.1
四川	43.5	146.3	54.3	594.7	3.1	754.9	533.6	10.8
贵州	50.5	107.1	93.7	511.3	1.6	832.7	592.7	11.4
云南	61.6	68.8	59.0	872.8	0.4	745.1	564.9	6.7
西藏	18.5	269.2	33.0	346.8	1.6	734.8	493.6	7.2
陕西	72.1	133.2	68.1	736.2	0.7	768.5	543.2	12.2
甘肃	36.5	137.9	109.2	550.8	0.7	854.0	591.7	12.6
青海	40.7	112.8	98.5	497.1	0.5	725.0	510.1	7.8
宁夏	39.4	135.1	91.8	557.6	1.5	874.4	631.9	13.4
新疆	55.1	123.7	50.0	528.9	0.9	953.0	665.3	13.9

4-1-4 续表 3

单位：元/人

地　区	鞋　类	衣着加工服务费	居　住	住　房	水电燃料及其他	家庭设备及用品	耐用消费品	室内装饰品
全　国	**205.8**	**7.2**	**904.2**	**285.1**	**569.4**	**498.5**	**233.9**	**19.8**
北　京	364.4	16.9	1212.9	575.7	585.6	977.5	507.0	38.8
天　津	199.7	9.4	1368.2	524.6	756.7	634.4	329.8	40.2
河　北	207.3	7.7	864.9	205.5	632.7	460.3	264.5	25.8
山　西	214.8	2.8	830.4	325.8	454.9	441.8	241.3	20.4
内蒙古	258.2	13.0	802.3	203.9	523.0	464.6	220.4	33.1
辽　宁	214.2	6.1	909.4	257.3	626.2	362.1	120.3	27.5
吉　林	221.9	9.3	985.0	227.4	726.6	318.7	127.4	17.0
黑龙江	256.9	8.3	755.3	179.3	547.0	319.4	126.7	14.1
上　海	205.7	12.8	1435.7	683.0	619.1	877.6	458.3	32.9
江　苏	192.5	8.2	997.5	490.1	478.7	647.5	306.6	15.3
浙　江	271.7	8.7	1229.3	478.4	698.1	615.5	288.1	23.1
安　徽	201.6	3.5	694.2	214.6	457.2	337.0	167.1	6.8
福　建	153.3	3.7	1233.5	480.8	700.3	525.7	253.8	12.5
江　西	156.7	5.4	742.9	253.9	474.0	451.3	210.8	14.7
山　东	243.4	8.6	838.2	217.7	573.0	526.3	276.0	21.5
河　南	204.1	5.7	737.0	173.1	525.5	431.0	230.2	15.7
湖　北	209.0	7.3	752.6	186.7	539.4	401.2	162.6	9.2
湖　南	205.4	5.8	871.7	278.3	562.3	513.6	235.6	13.5
广　东	162.6	4.5	1254.7	307.5	802.5	633.0	229.4	26.5
广　西	99.7	3.8	826.9	276.9	522.4	360.6	167.4	7.9
海　南	74.2	1.6	743.6	218.9	477.5	405.8	168.0	14.0
重　庆	232.0	7.0	954.6	302.5	583.3	615.7	305.0	31.8
四　川	177.8	8.1	728.4	200.5	477.5	505.8	241.5	17.4
贵　州	198.4	4.4	627.2	118.1	486.1	446.5	159.6	12.5
云　南	154.2	1.4	585.4	156.0	401.4	335.1	158.2	7.8
西　藏	221.6	2.1	612.7	64.9	538.1	211.1	59.2	17.2
陕　西	177.8	7.6	746.6	231.7	475.4	478.6	262.5	20.3
甘　肃	187.5	8.8	716.4	222.2	464.0	403.8	211.2	21.6
青　海	161.4	5.1	653.0	198.6	401.8	420.3	216.3	25.9
宁　夏	193.0	8.0	891.0	309.6	538.0	480.7	260.9	24.4
新　疆	222.7	12.2	698.7	194.3	470.0	364.1	140.0	24.5

4-1-4 续表 4　　　　单位：元/人

地　区	床上用品	家庭日用杂品	家具材料	家庭服务	交通通信	交　通	通　信
全　国	**44.7**	**158.4**	**3.4**	**38.4**	**1147.1**	**606.9**	**540.2**
北　京	69.2	286.5	6.6	69.3	2173.3	1232.1	941.2
天　津	41.8	171.9	2.6	48.1	1092.9	520.6	572.3
河　北	47.5	101.8	1.7	19.0	875.4	453.6	421.9
山　西	27.4	110.4	7.8	34.5	825.2	354.5	470.7
内蒙古	44.2	143.8	2.6	20.5	928.5	458.3	470.2
辽　宁	52.6	130.7	5.9	25.3	797.6	330.3	467.3
吉　林	32.6	121.9	1.3	18.6	815.0	398.1	416.9
黑龙江	34.2	120.2	1.5	22.6	665.0	261.9	403.2
上　海	82.0	209.3	2.4	92.7	2332.8	1395.5	937.3
江　苏	53.8	210.0	3.8	58.1	1203.5	747.3	456.2
浙　江	59.6	161.8	17.6	65.3	2492.0	1628.2	863.8
安　徽	27.7	115.2	1.4	18.9	788.3	289.6	498.6
福　建	41.1	164.2	2.6	51.4	1232.7	523.9	708.9
江　西	37.9	159.7	0.3	27.9	600.2	189.0	411.2
山　东	44.2	160.8	4.2	19.8	1175.6	703.8	471.7
河　南	43.3	118.2	3.4	20.4	762.1	259.5	502.6
湖　北	33.9	164.0	0.5	31.1	763.1	321.1	442.0
湖　南	44.4	177.5	3.1	39.6	965.1	451.1	514.0
广　东	59.0	228.2	2.7	87.3	2394.7	1593.8	800.9
广　西	31.9	128.1	0.1	25.3	785.0	415.4	369.6
海　南	34.3	159.1	1.3	29.1	1154.9	720.9	434.0
重　庆	56.8	154.3	12.3	55.6	976.0	336.6	639.5
四　川	39.4	165.2	0.8	41.6	1009.4	511.2	498.2
贵　州	37.6	205.6	3.2	28.1	775.1	279.4	495.7
云　南	58.4	90.8	0.2	19.8	1076.9	530.6	546.3
西　藏	43.6	78.9	5.0	7.2	694.2	193.9	500.3
陕　西	34.8	141.0	0.5	19.5	824.5	373.7	450.8
甘　肃	36.2	112.6	4.5	17.8	703.1	276.4	426.7
青　海	30.3	123.6	6.5	17.8	753.1	338.3	414.8
宁　夏	32.1	141.8	0.3	21.3	774.6	324.1	450.5
新　疆	24.2	144.6	6.1	24.7	765.7	344.7	421.0

4-1-4 续表 5　　　　单位：元/人

地区	文教娱乐	文化娱乐用品	教育	文化娱乐服务	医疗保健	其他	其他商品	服务
全国	**1203.0**	**310.3**	**612.0**	**280.8**	**620.5**	**309.5**	**195.7**	**113.8**
北京	2514.8	809.4	974.6	730.7	1322.4	621.7	427.7	194.0
天津	1452.2	432.7	749.5	269.9	1049.3	406.0	238.2	167.8
河北	827.7	243.9	416.1	167.7	737.4	235.9	122.8	113.1
山西	1007.9	260.6	539.9	207.4	590.0	206.5	112.0	94.5
内蒙古	1052.7	307.5	515.7	229.5	555.0	371.2	231.8	139.4
辽宁	853.9	206.7	511.2	136.0	767.1	348.2	165.2	183.0
吉林	890.2	235.3	491.9	163.1	671.4	307.6	169.2	138.4
黑龙江	843.9	209.7	484.3	150.0	634.3	250.4	161.8	88.6
上海	2431.7	702.9	1225.3	503.6	762.9	645.1	445.6	199.5
江苏	1467.4	404.6	721.7	341.0	600.7	362.6	223.6	139.0
浙江	1946.2	448.6	1052.6	444.9	852.3	436.4	275.2	161.1
安徽	869.2	200.7	543.1	125.4	441.4	203.8	113.4	90.4
福建	1321.3	370.6	632.9	317.8	513.6	342.0	183.8	158.1
江西	894.6	212.5	420.5	261.5	357.0	236.9	146.6	90.3
山东	1202.0	354.6	632.5	214.9	624.1	299.5	205.0	94.5
河南	847.1	231.6	423.3	192.2	520.6	252.8	166.0	86.8
湖北	997.7	221.3	557.1	219.4	517.2	220.1	154.7	65.4
湖南	1182.2	269.6	573.3	339.3	632.5	285.0	187.1	97.9
广东	1813.9	406.0	803.6	604.2	707.9	405.0	273.1	132.0
广西	850.9	230.8	398.3	221.9	401.1	232.4	155.6	76.8
海南	791.2	206.8	439.1	145.3	369.3	188.8	135.5	53.3
重庆	1449.5	354.8	816.6	278.1	705.7	242.3	178.2	64.0
四川	976.3	221.3	480.2	274.9	449.9	261.9	159.1	102.7
贵州	938.4	226.6	424.0	287.8	329.8	249.7	169.9	79.7
云南	754.7	190.9	321.6	242.2	600.1	180.1	111.5	68.6
西藏	359.3	35.9	271.9	51.5	221.7	250.8	114.6	136.2
陕西	1280.1	280.3	773.5	226.4	612.3	253.8	164.0	89.8
甘肃	1034.4	277.4	545.1	211.9	562.7	291.5	183.7	107.8
青海	793.7	199.3	336.7	257.7	542.9	275.7	191.0	84.6
宁夏	846.7	284.2	326.5	236.1	578.8	314.5	214.7	99.8
新疆	819.7	230.5	462.0	127.3	472.4	269.5	190.3	79.2

4-1-5 2007年城镇居民收入来源

单位：元/人

地区	可支配收入	总收入	工薪收入	经营净收入	财产性收入	转移性收入
全国	**13785.8**	**14908.6**	**10234.8**	**940.7**	**348.5**	**3384.6**
北京	21988.7	24575.6	17318.7	298.5	530.8	6427.5
天津	16357.4	17828.2	10882.2	800.8	233.0	5912.1
河北	11690.5	12336.0	8325.7	649.8	163.8	3196.7
山西	11565.0	12468.4	9057.8	431.1	187.5	2792.1
内蒙古	12377.8	12977.1	9300.6	1037.0	303.9	2335.6
辽宁	12300.4	13438.4	8213.1	765.3	263.7	4196.3
吉林	11285.5	11798.6	7641.2	741.5	131.8	3284.1
黑龙江	10245.3	10882.2	6946.0	919.7	98.3	2918.3
上海	23622.7	26101.5	18996.6	1157.6	368.8	5578.6
江苏	16378.0	17686.5	10791.2	1502.1	402.9	4990.4
浙江	20573.8	22583.8	14509.7	2611.9	1080.3	4382.0
安徽	11473.6	12499.3	8684.0	688.3	249.8	2877.3
福建	15506.1	16983.3	11175.3	1208.8	739.9	3859.3
江西	11451.7	11984.0	8411.7	655.3	155.5	2761.4
山东	14264.7	15366.3	11814.2	730.2	304.7	2517.2
河南	11477.1	12083.0	8058.8	819.3	159.6	3045.2
湖北	11485.8	12382.9	8809.8	602.2	217.9	2753.1
湖南	12293.5	12997.9	8612.5	975.1	388.2	3022.1
广东	17699.3	19618.9	14659.4	1331.5	649.4	2978.5
广西	12200.4	13182.6	9075.2	890.8	449.4	2767.2
海南	10996.9	11792.1	8113.0	695.8	283.0	2700.2
重庆	12590.8	13441.2	9717.5	654.8	230.4	2838.5
四川	11098.3	12009.8	8147.3	755.2	297.5	2809.8
贵州	10678.4	11066.4	7750.2	764.6	161.3	2390.3
云南	11496.1	12296.4	8019.7	686.2	476.8	3113.8
西藏	11130.9	11951.7	10370.4	280.7	254.4	1046.1
陕西	10763.3	11482.1	8292.4	280.1	121.0	2788.7
甘肃	10012.3	10859.7	8140.7	494.1	71.4	2153.6
青海	10276.1	11428.3	7849.4	542.9	66.6	2969.3
宁夏	10859.3	11793.1	7667.8	1182.9	147.4	2795.0
新疆	10313.4	11303.0	9012.2	606.3	68.0	1616.5

4-1-6 2007年城镇居民现金消费支出

单位：元/人

地 区	现金消费支出	食 品	粮 食	淀粉及薯类	干豆类及豆制品	油脂类	肉禽及制品	蛋 类
全 国	**9997.5**	**3628.0**	**278.3**	**26.2**	**43.4**	**117.3**	**703.3**	**83.8**
北 京	15330.4	4934.1	314.8	43.1	52.0	133.0	819.1	99.5
天 津	12028.9	4249.3	244.2	33.4	37.0	127.6	622.9	122.7
河 北	8235.0	2789.9	232.6	24.4	32.7	126.7	465.2	104.7
山 西	8101.8	2600.4	320.4	46.5	36.4	79.4	355.9	94.5
内蒙古	9281.5	2824.9	279.8	22.3	25.0	72.6	501.3	55.9
辽 宁	9429.7	3560.2	299.3	19.6	42.6	111.7	580.1	110.6
吉 林	8560.3	2842.7	281.8	35.3	50.5	92.3	510.2	75.7
黑龙江	7519.3	2633.2	278.5	37.2	40.5	107.2	479.8	74.2
上 海	17255.4	6125.5	329.2	38.9	75.0	117.6	907.7	89.1
江 苏	10715.2	3928.7	241.7	30.2	55.2	100.5	758.4	85.5
浙 江	14091.2	4892.6	256.3	24.6	55.7	101.4	672.5	66.0
安 徽	8531.9	3384.4	257.1	14.4	50.7	127.8	617.7	105.5
福 建	11055.1	4296.2	349.4	24.6	46.9	119.3	960.0	92.1
江 西	7810.7	3192.6	252.0	12.0	51.5	155.9	733.3	72.5
山 东	9666.6	3180.6	259.6	28.2	37.2	98.0	541.2	119.5
河 南	7826.7	2707.4	276.8	34.1	40.6	93.9	485.3	98.6
湖 北	8701.2	3456.0	304.4	18.0	53.1	141.5	654.3	78.7
湖 南	8990.7	3243.9	294.2	16.6	49.0	148.8	719.8	59.4
广 东	14336.9	5056.7	326.4	20.1	36.7	134.7	1264.7	65.4
广 西	8151.3	3398.1	255.7	17.4	41.0	109.5	1040.3	60.9
海 南	8292.9	3546.7	212.8	12.4	17.4	105.1	1015.7	38.1
重 庆	9890.3	3674.3	239.7	33.4	43.0	158.8	848.8	85.8
四 川	8692.0	3580.1	265.8	30.0	36.8	150.6	897.3	78.9
贵 州	7758.7	3122.5	248.8	13.3	32.8	127.9	734.1	61.5
云 南	7921.8	3562.3	260.1	16.5	34.1	55.3	671.6	67.1
西 藏	7532.1	3836.5	424.6	32.8	9.9	129.5	955.7	48.9
陕 西	8427.1	3063.7	283.2	33.7	45.6	112.1	429.0	68.6
甘 肃	7875.8	2824.4	270.6	21.5	24.5	125.0	403.6	60.5
青 海	7512.4	2803.5	271.9	20.3	19.4	94.7	523.1	56.6
宁 夏	7817.3	2760.7	269.5	33.3	30.8	109.4	454.3	52.9
新 疆	7874.3	2760.7	269.6	26.1	24.2	108.8	569.4	51.7

4-1-6 续表 1

单位：元/人

地 区	水产品类	菜 类	调味品	糖 类	烟草类	酒和饮料	干鲜瓜果类
全 国	**243.8**	**348.6**	**45.5**	**34.5**	**191.9**	**171.6**	**272.2**
北 京	208.8	365.7	85.0	59.6	200.1	362.8	489.6
天 津	323.4	351.3	67.7	37.0	157.6	239.0	361.9
河 北	132.8	318.0	38.8	30.6	140.9	219.2	228.5
山 西	46.9	288.2	32.4	20.0	205.9	121.9	196.2
内蒙古	55.1	226.0	33.3	21.8	172.8	173.8	218.9
辽 宁	271.7	357.2	60.3	22.7	208.1	205.5	305.8
吉 林	135.2	339.0	46.1	26.3	112.7	141.1	315.8
黑龙江	121.7	238.8	41.8	26.1	95.9	118.5	255.5
上 海	669.2	443.0	63.6	73.9	301.9	277.9	450.4
江 苏	325.7	381.1	46.8	32.4	254.7	171.8	248.4
浙 江	597.9	385.0	39.6	36.4	405.1	207.7	362.0
安 徽	157.1	325.9	20.0	19.7	303.3	251.5	207.2
福 建	747.3	390.1	52.1	29.3	161.4	172.2	277.3
江 西	176.9	388.1	35.7	34.0	187.6	109.9	254.6
山 东	242.8	290.0	42.1	25.9	91.3	186.9	297.4
河 南	58.1	299.8	38.9	22.4	127.3	154.5	213.2
湖 北	185.0	415.4	50.1	31.1	241.1	156.4	218.8
湖 南	161.5	350.5	37.0	33.5	168.0	114.7	245.0
广 东	489.1	411.8	40.8	50.9	137.2	161.4	306.0
广 西	225.1	300.0	30.2	35.7	86.1	98.5	234.4
海 南	477.2	342.2	37.3	23.9	106.3	72.3	203.5
重 庆	135.1	360.8	57.8	43.5	212.5	111.6	228.9
四 川	99.6	393.3	66.5	50.0	196.5	165.1	246.7
贵 州	59.2	318.6	40.3	39.7	226.8	121.8	236.5
云 南	94.6	380.8	39.2	32.4	367.3	107.8	224.5
西 藏	46.6	465.9	36.8	78.9	420.7	242.6	187.7
陕 西	68.8	300.2	46.4	28.9	160.7	125.5	234.8
甘 肃	62.2	304.1	42.6	26.4	158.8	162.3	247.0
青 海	68.6	260.1	34.8	29.7	131.9	162.1	204.9
宁 夏	58.2	257.6	35.6	31.7	165.3	125.2	256.7
新 疆	63.7	243.8	29.5	40.1	91.9	108.6	267.0

4-1-6 续表 2

单位：元/人

地区	糕点类	奶及奶制品	其他食品	在外用餐	食品加工服务费	衣着	服装	衣着材料
全国	**74.0**	**160.7**	**70.0**	**761.0**	**1.9**	**1042.0**	**747.9**	**10.1**
北京	173.9	279.5	71.7	1174.7	1.4	1512.9	1043.0	15.6
天津	119.1	182.2	90.3	1131.6	0.5	1024.2	717.6	13.8
河北	67.9	150.2	34.3	440.7	1.9	975.9	664.2	12.9
山西	53.9	184.0	38.6	478.9	0.6	1064.6	765.5	10.3
内蒙古	41.8	133.3	168.6	621.6	1.1	1396.9	996.3	6.3
辽宁	76.5	153.1	51.4	680.9	3.2	1017.7	652.7	17.6
吉林	57.3	120.1	53.3	445.7	4.2	1127.1	774.9	13.2
黑龙江	46.5	112.5	47.8	510.0	0.7	1021.5	684.7	6.5
上海	170.7	313.0	81.7	1722.5	0.3	1330.1	984.1	14.7
江苏	67.1	182.3	97.8	846.1	3.2	990.0	721.1	9.7
浙江	83.4	169.3	71.6	1355.9	2.2	1406.2	1069.6	11.0
安徽	79.1	192.8	61.5	589.2	4.0	906.5	619.8	17.4
福建	63.6	164.8	39.8	604.1	1.9	940.7	721.2	4.1
江西	58.1	157.5	103.5	408.2	1.3	915.1	686.6	9.9
山东	85.1	197.6	84.9	551.4	1.7	1238.3	884.4	10.0
河南	63.4	145.1	63.2	491.3	0.8	1053.1	771.4	9.6
湖北	72.7	143.6	48.0	641.8	2.2	1046.6	761.6	10.5
湖南	49.4	107.0	98.1	590.3	1.1	1017.6	741.1	9.1
广东	90.3	147.1	57.5	1315.9	0.7	814.6	605.0	2.0
广西	56.3	118.3	67.2	619.6	2.0	656.7	489.8	7.7
海南	50.2	104.1	26.9	700.9	0.6	452.9	345.2	0.8
重庆	57.6	181.9	46.5	823.6	5.0	1171.2	853.6	6.4
四川	55.5	161.7	66.7	615.8	3.5	949.7	681.1	8.6
贵州	52.7	118.3	95.3	593.3	1.8	910.3	643.6	11.7
云南	64.9	56.6	63.1	1026.2	0.5	859.7	624.7	7.9
西藏	35.3	284.9	78.4	355.8	1.7	880.1	615.9	9.2
陕西	83.3	151.8	89.4	800.9	0.9	910.3	660.0	10.8
甘肃	43.2	140.9	126.1	604.2	1.0	939.9	669.7	14.0
青海	51.6	138.7	137.5	597.4	0.3	898.5	654.8	5.9
宁夏	44.5	154.8	97.3	582.7	1.0	994.5	731.5	14.5
新疆	60.0	132.8	51.2	621.4	1.0	1183.7	833.3	17.6

4-1-6 续表 3　　　　　　　　　　　　单位：元/人

地　区			居　住			家庭设备及用品		
	鞋　类	衣着加工服务费		住　房	水电燃料及其他		耐用消费品	室内装饰品
全　国	**242.6**	**7.4**	**982.3**	**302.2**	**620.8**	**601.8**	**285.5**	**17.8**
北　京	387.8	14.1	1246.2	605.9	573.8	981.1	478.4	28.3
天　津	243.2	9.5	1417.5	499.9	858.3	760.6	423.2	40.8
河　北	256.4	7.7	917.2	176.1	708.6	546.8	320.0	19.2
山　西	243.0	4.3	991.8	346.9	586.4	477.7	270.5	15.7
内蒙古	312.0	15.5	941.8	320.8	541.0	561.7	247.8	26.7
辽　宁	286.9	9.5	1047.0	250.8	760.4	439.3	204.7	22.8
吉　林	282.5	12.0	1062.5	202.5	801.5	407.4	151.1	20.8
黑龙江	281.4	8.7	784.5	169.9	580.6	355.7	139.4	7.7
上　海	286.3	12.4	1412.1	586.5	656.2	959.5	437.6	33.3
江　苏	217.1	7.5	1020.1	488.8	493.8	707.3	337.0	12.2
浙　江	285.1	7.8	1168.1	400.9	713.2	666.0	315.7	21.9
安　徽	232.7	8.4	850.2	287.4	507.2	465.7	204.5	16.9
福　建	192.4	3.4	1261.2	454.6	750.9	645.4	309.0	11.2
江　西	193.2	4.6	728.8	164.9	535.9	587.4	291.2	9.6
山　东	283.6	7.7	1027.6	322.7	652.4	661.0	358.8	29.1
河　南	236.4	5.9	795.4	215.0	523.8	549.1	288.0	14.7
湖　北	239.5	8.2	857.0	244.4	573.9	550.2	234.3	12.2
湖　南	234.6	6.6	869.6	259.7	573.2	603.2	248.5	17.1
广　东	179.3	4.2	1444.9	360.8	923.2	853.2	355.1	16.0
广　西	139.9	4.3	803.0	217.3	547.6	491.0	229.5	6.8
海　南	93.3	1.6	819.0	259.6	500.5	520.0	241.4	10.9
重　庆	270.1	6.7	968.5	347.1	548.5	706.8	385.6	15.4
四　川	224.8	6.5	690.3	130.5	498.5	562.0	259.3	10.1
贵　州	222.6	4.1	718.7	171.3	521.4	463.6	162.6	9.6
云　南	207.1	1.4	673.1	240.0	411.4	280.6	146.5	4.6
西　藏	239.9	1.9	628.4	76.8	536.7	271.3	41.9	18.0
陕　西	204.8	7.4	831.3	292.0	501.1	513.1	259.1	13.9
甘　肃	211.9	8.0	768.3	233.3	491.1	505.2	250.7	23.0
青　海	192.1	6.8	641.9	154.4	434.5	484.7	230.3	28.6
宁　夏	211.7	7.5	910.7	288.1	561.4	480.8	229.3	29.4
新　疆	272.9	14.4	737.0	224.1	476.9	475.2	201.1	42.5

4-1-6 续表 4

单位：元/人

地区	床上用品	家庭日用杂品	家具材料	家务服务	交通通信	交通	通信
全国	**52.0**	**196.0**	**10.5**	**39.9**	**1357.4**	**759.1**	**598.3**
北京	69.1	336.4	8.1	60.7	2328.5	1401.1	927.4
天津	54.2	192.0	5.1	45.3	1309.9	689.1	620.9
河北	57.6	113.7	14.7	21.6	1010.5	522.2	488.3
山西	28.7	130.2	13.1	19.6	1028.0	544.4	483.6
内蒙古	53.2	197.8	14.5	21.9	1123.8	613.1	510.7
辽宁	61.5	117.6	12.2	20.6	1033.4	486.7	546.7
吉林	50.8	156.4	6.8	21.6	873.9	414.3	459.6
黑龙江	37.3	143.0	6.8	21.4	746.0	321.5	424.5
上海	85.5	282.1	2.6	118.3	3153.7	2079.1	1074.7
江苏	60.6	226.9	6.2	64.5	1303.0	811.9	491.2
浙江	76.5	174.7	11.8	65.4	2473.4	1531.1	942.3
安徽	50.7	160.1	16.1	17.5	891.4	396.6	494.8
福建	47.5	224.1	6.0	47.7	1606.9	837.9	769.0
江西	44.2	206.8	10.9	24.8	733.0	242.4	490.6
山东	46.3	195.2	11.1	20.6	1333.6	827.4	506.2
河南	49.8	164.1	13.1	19.4	858.3	320.6	537.7
湖北	32.1	224.4	22.1	25.2	903.0	413.7	489.4
湖南	57.2	226.5	10.0	43.8	986.9	451.2	535.7
广东	62.9	302.3	10.1	106.7	2966.1	2012.6	953.5
广西	38.0	177.0	13.7	26.1	932.9	512.3	420.6
海南	28.1	207.5	7.0	25.1	1401.9	937.6	464.3
重庆	70.1	189.0	5.3	41.3	1118.8	520.4	598.4
四川	44.3	209.2	10.5	28.7	1074.9	532.7	542.2
贵州	39.7	222.5	9.3	19.8	895.0	386.3	508.7
云南	26.5	87.9	1.6	13.5	1034.7	478.3	556.4
西藏	73.9	124.5	4.7	8.4	866.3	285.7	580.7
陕西	38.8	172.9	3.9	24.5	866.8	410.8	456.0
甘肃	41.4	151.6	19.9	18.7	861.5	399.1	462.4
青海	32.4	160.5	15.1	17.9	785.3	350.1	435.2
宁夏	31.8	160.1	10.1	20.2	859.0	419.0	440.1
新疆	27.3	173.5	6.5	24.5	890.3	449.7	440.6

4-1-6 续表 5

单位：元/人

地 区	文教娱乐	文化娱乐用品	教育	文化娱乐服务	医疗保健	其他	其他商品	服务
全 国	**1329.2**	**343.2**	**638.4**	**347.6**	**699.1**	**357.7**	**227.4**	**130.3**
北 京	2384.0	788.8	876.9	718.2	1294.1	649.7	438.1	211.5
天 津	1639.8	498.7	773.6	367.5	1164.0	463.6	304.2	159.5
河 北	895.1	312.9	395.7	186.5	833.5	266.2	156.9	109.2
山 西	1054.1	247.9	582.3	223.9	640.2	245.1	137.1	108.0
内蒙古	1245.1	351.8	553.3	339.9	719.1	468.2	312.2	156.0
辽 宁	1052.9	290.5	609.5	153.0	879.1	400.2	218.3	181.9
吉 林	997.8	243.0	580.6	174.2	854.8	394.3	223.2	171.1
黑龙江	938.2	222.9	557.2	158.2	729.6	310.7	206.0	104.7
上 海	2653.7	741.0	1203.6	709.1	857.1	763.8	551.7	212.1
江 苏	1699.3	474.3	726.5	498.5	689.4	377.4	231.7	145.7
浙 江	2158.3	465.1	1197.9	495.3	859.1	467.5	305.4	162.1
安 徽	1170.0	259.9	667.9	242.2	554.4	309.3	177.9	131.4
福 建	1426.3	370.4	628.8	427.2	502.4	376.0	211.9	164.1
江 西	973.4	215.7	473.6	284.1	385.9	294.6	184.9	109.8
山 东	1191.2	383.5	576.4	231.4	708.6	325.6	226.6	99.1
河 南	936.6	235.8	455.3	245.5	626.6	300.2	187.0	113.2
湖 北	1120.3	243.9	591.5	284.9	525.3	242.8	164.1	78.7
湖 南	1285.2	288.0	622.5	374.8	668.5	315.8	200.9	114.9
广 东	1994.9	468.8	812.0	714.1	752.5	454.1	291.3	162.8
广 西	1050.0	301.4	449.4	299.2	542.1	277.4	171.2	106.3
海 南	837.8	216.6	432.9	188.4	503.8	210.9	154.8	56.1
重 庆	1237.4	321.0	596.1	320.2	749.5	264.0	192.7	71.3
四 川	1031.8	221.3	513.9	296.7	511.8	291.3	175.8	115.5
贵 州	1036.0	235.9	490.0	310.0	354.5	258.2	172.5	85.8
云 南	705.5	163.4	301.7	240.4	631.7	174.2	108.0	66.3
西 藏	441.0	88.7	263.6	88.7	272.8	335.7	135.6	200.1
陕 西	1230.7	284.7	686.0	260.1	678.4	332.8	197.0	135.9
甘 肃	1058.7	238.5	523.1	297.1	564.3	353.7	228.2	125.4
青 海	953.9	273.7	419.2	261.0	613.2	331.4	227.7	103.6
宁 夏	863.4	263.9	375.9	223.5	646.0	302.2	205.3	96.9
新 疆	896.8	241.2	489.0	166.6	598.8	331.8	250.8	81.0

4-1-7　2008年城镇居民收入来源

单位：元/人

地　区	可支配收　入	总收入				
			工薪收入	经营净收入	财产性收入	转移性收入
全　国	**15780.8**	**17067.8**	**11299.0**	**1453.6**	**387.0**	**3928.2**
北　京	24724.9	27677.9	18739.0	778.4	452.8	7707.9
天　津	19422.5	21174.0	12849.7	863.5	256.9	7203.9
河　北	13441.1	14141.4	8891.5	1078.7	224.9	3946.4
山　西	13119.1	13859.0	9019.4	983.2	202.3	3654.1
内蒙古	14432.6	15195.4	10284.4	1555.3	324.6	3031.1
辽　宁	14392.7	15836.3	9494.6	1483.3	248.0	4610.3
吉　林	12829.5	13606.0	8677.3	1154.1	97.7	3676.9
黑龙江	11581.3	12264.1	7393.4	1241.4	122.8	3506.5
上　海	26674.9	29759.1	21791.1	1399.1	369.1	6199.8
江　苏	18679.5	20175.6	12319.9	1999.6	307.3	5548.8
浙　江	22726.7	24980.8	15538.8	3161.9	1324.9	4955.1
安　徽	12990.4	14159.5	9302.4	959.4	293.9	3603.7
福　建	17961.5	19686.2	12668.8	2185.1	952.9	3879.3
江　西	12866.4	13463.6	9106.0	1106.3	265.4	2986.0
山　东	16305.4	17549.0	12940.6	1194.4	346.9	3067.1
河　南	13231.1	13907.8	9043.5	1162.0	156.5	3545.9
湖　北	13152.9	14174.3	9474.8	1114.7	244.1	3340.7
湖　南	13821.2	14577.3	9071.0	1575.1	316.5	3614.7
广　东	19732.9	21678.5	15188.4	2405.9	701.3	3383.0
广　西	14146.0	15393.2	10321.2	1314.4	441.2	3316.4
海　南	12607.8	13598.6	8999.8	1311.4	396.9	2890.6
重　庆	14367.6	15217.7	10957.6	788.3	205.9	3265.9
四　川	12633.4	13685.1	9117.0	1040.1	262.9	3265.1
贵　州	11758.8	12185.6	7811.2	770.9	110.9	3492.7
云　南	13250.2	14118.0	8596.9	1166.0	849.5	3505.7
西　藏	12481.5	13647.5	12314.7	303.3	138.1	891.4
陕　西	12857.9	13847.1	9794.8	544.0	151.5	3356.9
甘　肃	10969.4	11669.3	8354.6	638.8	65.3	2610.6
青　海	11640.4	12867.3	8595.5	763.1	50.2	3458.6
宁　夏	12931.5	14118.6	8793.5	1856.9	182.7	3285.5
新　疆	11432.1	12478.6	9422.2	938.2	141.8	1976.5

4-1-8　2008年城镇居民现金消费支出

单位：元/人

地　区	现金消费支　出	食　品	粮　食	淀粉及薯类	干豆类及豆制品	油脂类	肉禽及制品	蛋　类
全　国	**11242.9**	**4259.8**	**328.3**	**28.4**	**54.6**	**164.7**	**896.9**	**91.7**
北　京	16460.3	5561.5	369.8	41.3	62.5	174.3	970.5	104.1
天　津	13422.5	5005.1	259.7	37.5	46.8	154.2	817.4	133.2
河　北	9086.7	3155.4	279.1	22.4	38.8	181.6	583.8	110.8
山　西	8806.6	2974.8	387.2	57.2	46.3	120.0	455.2	97.4
内蒙古	10828.6	3553.5	352.5	27.1	29.9	118.8	712.6	62.4
辽　宁	11231.5	4378.1	318.5	19.6	49.8	167.5	774.3	120.5
吉　林	9729.1	3307.1	314.4	34.2	64.3	132.6	633.8	83.6
黑龙江	8623.0	3128.1	339.2	43.3	49.8	168.7	623.8	86.5
上　海	19397.9	7108.6	376.7	47.1	93.2	155.5	1127.7	99.2
江　苏	11977.6	4544.6	278.6	31.4	71.0	137.7	968.8	94.0
浙　江	15158.3	5522.6	298.3	27.8	69.9	140.9	813.3	73.9
安　徽	9524.0	3905.1	298.6	18.3	60.9	162.8	782.1	125.3
福　建	12501.1	5078.9	387.3	29.2	57.6	151.9	1116.3	99.3
江　西	8717.4	3633.1	307.9	13.0	62.9	216.8	898.5	77.5
山　东	11006.6	3699.4	311.6	26.3	43.7	135.9	658.0	123.4
河　南	8837.5	3079.8	306.2	35.7	50.9	127.4	569.4	96.1
湖　北	9477.5	3996.3	400.4	21.1	77.7	204.3	886.0	91.4
湖　南	9945.5	3970.4	349.8	17.0	68.3	205.5	959.4	68.8
广　东	15528.0	5866.9	400.9	24.8	48.7	183.2	1548.6	76.1
广　西	9627.4	4083.0	300.2	19.9	53.0	152.9	1312.2	65.2
海　南	9408.5	4226.9	229.6	17.4	21.2	136.2	1230.0	45.3
重　庆	11146.8	4418.3	273.2	35.0	52.6	229.2	1205.3	94.4
四　川	9679.1	4255.5	308.3	31.6	40.8	232.2	1181.7	90.5
贵　州	8349.2	3597.9	303.1	12.5	42.9	192.3	927.8	63.8
云　南	9076.6	4272.3	296.7	17.2	45.7	84.3	892.7	78.3
西　藏	8323.5	4262.8	425.6	34.3	10.2	164.6	1052.2	45.6
陕　西	9772.1	3586.1	320.5	37.0	55.5	152.4	504.3	70.7
甘　肃	8308.6	3183.8	306.9	26.5	30.8	180.0	492.5	62.2
青　海	8192.6	3315.9	339.0	25.1	26.9	145.9	707.1	65.6
宁　夏	9558.3	3352.8	306.2	34.1	36.1	142.5	590.5	54.3
新　疆	8669.4	3235.8	347.7	27.5	29.3	162.1	703.7	59.6

4-1-8 续表 1 单位：元/人

地 区	水产品类	菜 类	调味品	糖 类	烟草类	酒和饮料	干鲜瓜果类
全 国	**280.3**	**409.3**	**52.3**	**35.7**	**205.0**	**192.7**	**293.5**
北 京	220.8	428.9	97.6	54.9	181.2	359.3	495.5
天 津	351.2	406.3	80.2	39.2	185.3	271.2	420.6
河 北	144.8	362.9	43.7	31.0	146.8	247.0	232.2
山 西	57.3	312.3	35.4	20.4	197.2	118.1	213.8
内蒙古	97.9	290.4	39.7	24.9	223.8	243.5	248.9
辽 宁	318.4	462.2	65.7	28.8	242.3	265.7	385.5
吉 林	155.7	406.7	46.7	26.0	123.2	138.1	353.7
黑龙江	148.2	295.6	47.6	25.8	104.2	119.9	265.8
上 海	708.1	508.4	73.2	92.9	361.5	299.0	486.9
江 苏	356.1	424.6	51.6	34.0	280.4	198.1	285.4
浙 江	595.8	413.5	45.3	40.2	398.1	232.4	382.1
安 徽	184.1	402.4	28.3	30.3	293.2	279.7	237.0
福 建	859.1	423.3	57.8	32.0	161.2	193.8	308.3
江 西	212.7	489.7	40.9	29.2	157.5	98.5	248.8
山 东	263.1	318.7	47.9	27.7	110.8	245.6	319.6
河 南	65.3	323.7	42.7	19.5	158.6	180.1	198.8
湖 北	227.0	488.6	57.7	30.5	226.2	136.3	215.1
湖 南	202.7	413.0	46.7	33.7	199.8	134.8	277.3
广 东	549.8	517.6	52.0	50.3	127.9	183.7	345.3
广 西	263.8	359.0	36.3	36.0	106.1	111.7	260.6
海 南	567.3	394.5	40.9	23.7	121.6	77.6	233.2
重 庆	171.1	425.5	73.3	43.1	236.5	131.5	238.3
四 川	126.2	477.9	80.2	49.2	236.7	168.6	222.9
贵 州	66.5	378.5	46.3	39.7	258.4	134.7	226.2
云 南	114.9	471.4	46.8	33.5	409.0	122.4	258.1
西 藏	54.3	491.6	37.0	59.9	445.6	252.6	203.7
陕 西	74.9	337.8	52.4	28.0	191.9	150.4	272.5
甘 肃	58.6	333.6	48.4	24.6	174.4	158.2	244.6
青 海	71.9	334.0	41.0	31.6	161.8	166.5	233.2
宁 夏	62.1	294.2	40.5	33.5	203.8	139.4	286.0
新 疆	72.8	305.6	34.9	42.1	98.9	118.3	291.0

4-1-8 续表 2

单位：元/人

地 区	糕点类	奶及奶制品	其他食品	在外用餐	食品加工服务费	衣 着	服 装	衣着材料
全 国	**83.4**	**189.8**	**73.9**	**877.9**	**1.6**	**1165.9**	**839.1**	**11.0**
北 京	184.8	332.1	75.9	1406.7	1.3	1571.7	1101.5	16.5
天 津	145.9	211.1	98.0	1346.9	0.3	1153.7	812.5	12.8
河 北	69.5	169.1	45.5	444.8	1.6	1137.2	754.8	17.1
山 西	58.3	205.5	37.6	555.0	0.5	1137.7	820.8	9.6
内蒙古	43.7	159.8	156.9	720.0	0.8	1616.6	1178.4	4.9
辽 宁	95.0	213.2	74.2	774.7	2.4	1187.4	722.0	28.4
吉 林	58.0	126.6	83.0	524.7	1.9	1259.6	871.4	13.0
黑龙江	50.9	129.6	66.5	561.9	0.8	1217.0	830.5	7.1
上 海	183.7	341.7	86.1	2068.0	0.1	1520.6	1135.2	16.5
江 苏	80.5	216.4	108.1	925.7	2.1	1166.9	856.6	12.4
浙 江	100.2	210.2	81.1	1599.0	0.8	1546.5	1184.1	12.8
安 徽	87.1	238.8	57.5	615.6	3.3	1010.6	679.3	19.4
福 建	66.9	201.4	46.3	886.7	0.5	1105.3	862.2	2.9
江 西	64.9	169.3	107.1	436.5	1.5	969.6	739.2	11.5
山 东	97.3	216.0	77.5	675.2	1.6	1394.1	996.9	12.1
河 南	61.1	140.8	65.0	637.8	0.7	1141.8	842.0	7.3
湖 北	82.6	148.9	41.2	659.6	1.7	1099.2	816.2	7.9
湖 南	63.0	135.0	96.1	698.9	1.0	1090.7	787.9	9.3
广 东	102.7	207.5	64.3	1382.8	0.6	975.1	727.0	2.2
广 西	62.2	139.6	60.6	742.6	1.0	772.3	557.2	8.2
海 南	62.5	113.2	34.3	877.6	1.1	491.8	379.9	0.7
重 庆	65.4	204.2	52.4	883.8	4.0	1294.3	947.7	5.7
四 川	63.6	190.2	63.0	685.7	6.3	1042.5	770.8	7.3
贵 州	56.2	118.4	87.2	642.1	1.3	851.5	590.2	11.3
云 南	68.9	65.5	54.2	1212.1	0.7	1026.5	728.6	10.7
西 藏	28.2	311.7	66.3	577.8	1.6	1011.8	759.4	8.9
陕 西	98.5	197.9	91.4	949.5	0.8	1047.6	753.9	12.2
甘 肃	46.4	140.4	133.1	722.3	0.6	1022.6	715.4	13.3
青 海	49.6	140.9	147.2	627.8	1.1	945.1	680.9	5.2
宁 夏	54.8	199.4	117.1	758.1	0.3	1178.9	868.5	11.9
新 疆	67.6	148.5	62.3	662.1	1.8	1245.0	877.7	16.0

4-1-8 续表 3

单位：元/人

地　区			居　住			家庭设备及用品		
	鞋　类	衣着加工服务费		住　房	水电燃料及其他		耐用消费品	室内装饰品
全　国	**270.4**	**7.5**	**1145.4**	**345.1**	**724.3**	**691.8**	**309.3**	**20.3**
北　京	390.7	13.2	1286.3	552.3	639.1	1096.6	548.6	25.8
天　津	278.1	9.5	1528.3	513.0	953.0	817.2	467.8	32.1
河　北	311.3	8.9	1097.4	209.2	845.2	574.8	305.7	23.1
山　西	263.4	4.5	1250.9	394.1	796.3	471.7	259.1	10.7
内蒙古	351.6	11.8	1028.2	288.2	656.0	672.6	307.9	24.9
辽　宁	360.9	10.2	1271.0	262.3	936.5	507.4	235.5	28.2
吉　林	316.0	9.6	1285.3	267.3	952.3	510.5	214.3	22.1
黑龙江	327.1	9.3	941.3	173.1	728.6	494.5	192.9	15.5
上　海	317.8	15.0	1646.2	809.0	673.0	1182.2	545.3	42.0
江　苏	251.0	9.2	1042.1	448.5	544.1	813.5	365.6	11.9
浙　江	306.4	8.1	1333.7	480.0	783.7	713.3	306.9	20.0
安　徽	266.8	9.6	988.1	350.9	571.1	579.6	249.3	24.1
福　建	209.6	3.2	1300.1	392.7	827.1	722.2	320.4	12.1
江　西	193.2	4.4	851.2	166.7	648.1	623.2	229.8	13.5
山　东	321.7	8.2	1247.0	411.4	779.7	806.4	426.8	37.3
河　南	255.8	6.3	963.6	271.0	629.3	633.3	332.9	19.2
湖　北	241.2	5.6	914.3	225.3	646.9	604.4	265.0	10.6
湖　南	255.2	5.5	960.8	241.0	660.7	674.8	254.2	15.6
广　东	211.1	5.0	1748.2	500.8	1038.6	947.5	348.7	17.8
广　西	179.3	4.8	891.3	204.5	649.6	603.8	294.8	9.0
海　南	99.6	1.6	1106.4	476.5	567.7	565.5	255.8	9.3
重　庆	298.6	6.7	1096.8	418.8	586.7	842.1	405.5	25.0
四　川	226.5	5.5	819.3	203.1	543.2	590.5	211.9	21.3
贵　州	218.7	3.1	836.5	175.6	625.1	525.7	186.1	5.8
云　南	258.7	1.4	739.2	274.3	436.9	331.9	159.0	10.6
西　藏	229.7	1.6	634.9	72.4	546.2	310.2	39.8	17.1
陕　西	242.0	8.6	1007.7	279.0	665.3	618.2	287.2	18.5
甘　肃	246.8	7.6	846.3	213.3	585.7	546.2	238.0	22.8
青　海	202.8	5.9	802.7	197.0	542.6	538.5	242.2	23.3
宁　夏	258.1	7.4	1069.2	363.2	637.4	596.8	303.8	30.5
新　疆	293.3	14.3	781.9	196.1	545.6	535.3	223.2	30.0

4-1-8 续表 4　　　　单位：元/人

地　区					交通通信		
	床上用品	家庭日用杂　品	家具材料	家务服务		交　通	通　信
全　国	**62.2**	**238.9**	**11.6**	**49.5**	**1417.1**	**804.4**	**612.7**
北　京	82.7	346.7	8.1	84.7	2293.2	1466.3	826.9
天　津	56.0	211.9	4.0	45.5	1567.9	890.0	677.9
河　北	64.4	144.5	8.2	28.8	1062.3	556.3	506.1
山　西	26.7	132.2	7.7	35.4	931.3	452.5	478.9
内蒙古	60.1	233.4	15.8	30.5	1191.7	719.8	471.9
辽　宁	69.4	133.0	11.0	30.4	1295.7	680.0	615.7
吉　林	54.2	186.0	12.7	21.3	955.0	516.2	438.8
黑龙江	48.6	201.3	20.2	16.1	749.1	349.3	399.8
上　海	114.4	335.6	5.1	139.9	3373.2	2321.8	1051.4
江　苏	73.0	281.7	9.3	72.1	1358.0	854.4	503.6
浙　江	85.2	213.8	8.8	78.7	2392.6	1454.6	938.0
安　徽	61.7	185.4	27.5	31.6	920.8	437.9	482.9
福　建	55.8	249.7	5.9	78.3	1777.1	929.1	848.0
江　西	54.1	280.4	17.4	28.0	872.6	401.5	471.1
山　东	60.6	236.8	11.4	33.5	1410.5	898.2	512.3
河　南	59.9	191.1	6.9	23.4	915.1	390.4	524.8
湖　北	38.7	250.3	11.6	28.2	890.1	436.6	453.6
湖　南	67.8	280.1	18.7	38.5	971.1	454.1	516.9
广　东	71.3	377.1	12.7	120.0	2623.1	1618.4	1004.7
广　西	52.9	208.2	8.7	30.2	1376.0	781.4	594.6
海　南	32.3	236.9	6.6	24.7	1303.5	836.1	467.4
重　庆	100.3	245.0	18.2	48.2	1044.4	470.3	574.0
四　川	55.5	258.7	13.2	30.0	1121.5	548.5	573.0
贵　州	42.0	263.8	2.8	25.4	871.2	400.2	471.0
云　南	35.8	112.6	2.1	11.9	1216.5	685.7	530.8
西　藏	68.1	175.5	6.1	3.6	966.7	357.2	609.5
陕　西	44.7	216.7	11.2	39.9	967.5	461.7	505.9
甘　肃	43.8	196.7	25.7	19.3	817.2	380.3	436.9
青　海	46.9	212.9	3.5	9.7	787.6	389.4	398.2
宁　夏	40.2	189.6	4.8	27.9	1096.3	592.2	504.2
新　疆	42.3	203.2	12.7	23.9	1003.9	552.9	451.0

4-1-8 续表 5 单位：元/人

地 区	文教娱乐	文化娱乐用 品	教 育	文化娱乐服 务	医疗保健	其他	其他商品	服 务
全 国	**1358.3**	**354.8**	**622.2**	**381.3**	**786.2**	**418.3**	**269.2**	**149.1**
北 京	2383.5	800.1	809.3	774.2	1563.1	704.2	491.7	212.6
天 津	1609.0	497.8	715.2	396.0	1220.9	520.5	353.0	167.5
河 北	946.4	373.9	386.6	185.9	808.9	304.3	187.3	117.0
山 西	1041.9	214.4	570.8	256.7	769.8	228.5	126.9	101.7
内蒙古	1383.5	433.5	568.4	381.7	869.7	512.8	364.9	147.9
辽 宁	1145.5	287.0	670.1	188.3	913.1	533.3	282.6	250.7
吉 林	1071.8	284.3	576.2	211.3	914.5	425.3	240.3	185.0
黑龙江	906.2	186.6	551.7	167.9	864.9	322.0	195.3	126.7
上 海	2874.5	834.7	1166.0	873.9	755.3	937.2	642.9	294.3
江 苏	1799.8	500.1	751.0	548.7	794.6	458.1	299.2	158.9
浙 江	2195.6	438.4	1178.5	578.6	933.1	521.0	363.0	158.0
安 徽	1160.1	250.3	633.5	276.4	633.9	325.8	181.7	144.1
福 建	1453.2	335.9	686.4	431.0	540.6	523.8	306.1	217.8
江 西	946.0	234.8	388.5	322.8	484.0	337.9	217.5	120.4
山 东	1277.4	435.0	580.1	262.3	799.8	372.0	264.7	107.3
河 南	989.0	278.3	464.4	246.3	790.9	324.0	217.4	106.6
湖 北	1037.2	215.7	571.0	250.5	675.3	260.7	167.1	93.6
湖 南	1110.1	244.2	543.5	322.4	791.0	376.6	217.1	159.5
广 东	1936.4	456.5	720.6	759.3	836.4	594.5	393.8	200.7
广 西	1081.5	278.5	483.6	319.5	529.4	290.0	202.5	87.6
海 南	930.9	241.8	459.7	229.4	536.4	247.1	177.8	69.3
重 庆	1267.0	370.6	536.4	360.0	878.3	305.6	216.6	89.0
四 川	947.0	216.7	422.1	308.3	564.9	338.0	180.0	158.0
贵 州	934.7	221.7	436.2	276.8	471.4	260.3	168.6	91.7
云 南	733.0	183.9	294.3	254.8	606.9	150.4	103.1	47.3
西 藏	419.6	109.5	205.5	104.6	317.1	400.4	192.8	207.6
陕 西	1281.6	286.8	697.3	297.5	862.7	400.7	274.9	125.8
甘 肃	936.3	254.7	428.4	253.3	654.8	301.4	203.2	98.2
青 海	880.9	246.0	389.0	245.9	610.0	311.7	223.8	87.9
宁 夏	1043.7	301.0	465.1	277.6	816.9	403.7	296.5	107.2
新 疆	812.4	251.8	417.1	143.5	643.5	411.6	309.8	101.8

4-1-9　2009年城镇居民收入来源

单位：元/人

地　区	可支配收入	总收入	工薪收入	经营净收入	财产性收入	转移性收入
全　国	**17174.7**	**18858.1**	**12382.1**	**1528.7**	**431.8**	**4515.5**
北　京	26738.5	30673.7	21105.6	1095.5	586.7	7885.9
天　津	21402.0	23565.7	14389.1	847.2	305.3	8024.0
河　北	14718.3	15675.8	9830.6	977.2	193.7	4674.2
山　西	13996.6	14983.2	9741.4	944.4	252.4	4045.0
内蒙古	15849.2	16951.4	11267.4	1737.0	363.8	3583.1
辽　宁	15761.4	17757.7	10420.6	1553.2	239.8	5544.1
吉　林	14006.3	15155.2	9482.1	1307.3	145.7	4220.0
黑龙江	12566.0	13689.9	8356.7	1224.3	88.9	4020.0
上　海	28837.8	32403.0	23172.4	1434.9	473.4	7322.3
江　苏	20551.7	22494.9	13480.7	2139.8	381.7	6492.7
浙　江	24610.8	27119.3	16701.0	3294.5	1414.5	5709.3
安　徽	14085.7	15691.9	10362.4	1023.5	272.9	4033.2
福　建	19576.8	21692.4	14211.5	2055.0	1172.8	4253.2
江　西	14021.5	15047.2	9789.8	1153.5	239.8	3864.1
山　东	17811.0	19336.9	13985.8	1379.0	412.8	3559.3
河　南	14371.6	15408.0	9910.5	1202.7	164.9	4130.1
湖　北	14367.5	15698.1	10331.5	1232.3	296.6	3837.7
湖　南	15084.3	16078.1	9854.1	1744.4	419.2	4060.5
广　东	21574.7	24116.5	16898.9	2459.8	736.6	4021.2
广　西	15451.5	17032.9	11193.6	1385.9	493.4	3960.1
海　南	13750.9	14909.3	9678.7	1531.7	424.5	3274.5
重　庆	15748.7	16990.3	11824.0	1018.8	254.0	3893.6
四　川	13839.4	15323.8	10132.4	1132.1	305.4	3753.8
贵　州	12862.5	13793.4	9005.6	1135.1	134.3	3518.4
云　南	14423.9	15680.3	9641.7	1092.3	1043.9	3902.4
西　藏	13544.4	14979.0	13326.4	378.1	218.3	1056.2
陕　西	14128.8	15311.3	10775.4	544.3	152.3	3839.3
甘　肃	11929.8	12918.0	9182.2	690.4	59.5	2985.9
青　海	12691.9	14150.3	9341.3	835.5	45.7	3927.8
宁　夏	14024.7	15550.8	9597.1	2036.1	281.2	3636.4
新　疆	12257.5	13602.2	10232.9	974.6	115.8	2278.9

4-1-10 2009年城镇居民现金消费支出

单位：元/人

地区	现金消费支出	食品	粮食	淀粉及薯类	干豆类及豆制品	油脂类	肉禽及制品	蛋类
全国	**12264.6**	**4478.5**	**334.3**	**30.5**	**58.4**	**129.4**	**867.5**	**92.8**
北京	17893.3	5936.1	361.2	44.4	67.5	139.9	902.0	106.5
天津	14801.4	5404.5	295.9	39.8	52.0	139.6	840.7	139.0
河北	9678.8	3250.8	280.3	23.6	41.0	136.0	554.4	109.1
山西	9355.1	3071.9	393.1	51.6	51.4	86.7	419.0	94.3
内蒙古	12369.9	3772.6	348.0	25.4	34.1	90.9	650.8	60.6
辽宁	12324.6	4680.9	329.1	17.8	56.4	132.6	765.0	121.7
吉林	10914.4	3637.3	340.7	22.7	60.0	110.7	664.0	103.2
黑龙江	9629.6	3397.4	359.2	45.3	52.8	110.0	642.2	85.4
上海	20992.4	7344.8	387.0	49.6	92.4	123.5	1071.6	106.0
江苏	13153.0	4773.7	277.2	35.2	72.3	109.3	930.9	94.8
浙江	16683.5	5604.7	306.2	31.7	72.9	114.7	773.5	74.6
安徽	10234.0	4051.4	316.2	19.2	62.0	131.1	725.5	121.2
福建	13450.6	5336.4	408.3	34.9	63.0	124.4	1115.3	105.6
江西	9740.0	3881.6	324.9	17.1	72.9	170.6	872.3	79.3
山东	12012.7	3954.3	312.6	29.1	49.2	109.4	647.6	123.1
河南	9567.0	3272.8	322.3	37.6	54.5	103.2	575.6	96.5
湖北	10294.1	4160.5	352.6	23.7	81.8	149.5	822.6	87.9
湖南	10828.2	4174.6	348.3	19.4	76.1	167.6	898.8	71.9
广东	16857.5	6225.2	417.2	30.3	53.6	143.2	1532.7	77.1
广西	10352.4	4129.6	300.5	22.1	55.9	103.0	1242.0	62.1
海南	10086.7	4507.8	241.5	20.1	21.7	119.7	1202.2	42.5
重庆	12144.1	4576.2	293.8	32.6	56.5	195.1	1095.0	97.3
四川	10860.2	4391.7	317.4	36.3	44.8	181.3	1100.3	93.8
贵州	9048.3	3755.6	295.3	16.4	46.7	138.9	874.5	64.8
云南	10201.8	4460.6	306.4	16.4	45.2	57.9	822.1	76.7
西藏	9034.3	4581.6	451.9	37.8	5.6	176.6	1082.3	47.9
陕西	10705.7	3988.6	325.5	39.6	61.2	109.6	503.1	72.6
甘肃	8890.8	3359.3	315.8	27.0	39.8	142.8	489.7	62.1
青海	8786.5	3548.9	408.9	29.1	34.5	103.3	726.1	64.3
宁夏	10280.0	3432.2	305.5	34.8	39.9	122.6	573.9	53.0
新疆	9327.6	3386.3	339.6	29.7	31.5	127.5	748.1	58.9

4-1-10 续表 1

单位：元/人

地区	水产品类	菜　类	调味品	糖　类	烟草类	酒和饮料	干鲜瓜果类
全　国	**301.4**	**446.6**	**58.3**	**38.3**	**228.5**	**221.9**	**332.7**
北　京	246.0	441.5	103.6	64.1	193.3	448.2	562.6
天　津	394.7	459.0	96.8	40.9	217.6	292.5	444.7
河　北	156.9	383.7	46.9	28.4	169.3	268.1	249.0
山　西	57.7	333.0	39.4	21.3	222.6	135.8	229.8
内蒙古	87.5	306.3	46.0	28.9	252.0	280.8	289.1
辽　宁	350.2	479.0	75.2	31.0	272.2	295.5	446.3
吉　林	180.5	446.1	51.3	25.3	170.3	190.1	355.7
黑龙江	159.8	343.3	57.7	31.3	117.7	140.1	329.1
上　海	727.6	549.8	77.9	92.3	406.3	297.9	521.8
江　苏	381.7	472.4	54.2	35.3	283.5	220.0	320.2
浙　江	623.0	448.0	49.0	40.3	416.5	238.1	421.3
安　徽	184.2	442.5	39.5	32.2	327.9	318.0	265.7
福　建	954.0	459.3	63.6	32.7	181.5	232.9	356.6
江　西	237.0	486.5	49.0	36.8	189.8	132.0	297.3
山　东	312.3	345.0	53.0	31.3	117.2	282.8	370.0
河　南	75.8	371.3	49.0	24.0	172.5	219.6	241.1
湖　北	238.7	542.8	61.9	35.0	251.3	186.1	245.6
湖　南	213.3	464.1	56.4	34.5	240.0	161.7	320.3
广　东	593.8	525.1	56.5	55.3	154.2	223.7	380.0
广　西	275.8	365.0	37.5	38.5	124.7	123.2	291.4
海　南	619.2	449.4	42.5	29.0	132.8	113.8	272.9
重　庆	181.5	509.1	84.5	51.1	266.4	159.5	269.5
四　川	144.6	571.1	84.9	46.5	267.6	177.6	277.4
贵　州	74.6	420.9	49.6	42.6	266.3	161.6	279.9
云　南	120.8	522.2	45.9	32.0	454.4	126.7	283.8
西　藏	54.9	535.0	46.6	54.8	471.7	308.4	226.3
陕　西	84.6	391.8	58.9	32.9	238.3	188.6	331.4
甘　肃	65.3	363.8	53.2	27.9	201.3	190.1	276.0
青　海	81.1	367.5	46.4	31.3	158.2	196.3	280.7
宁　夏	59.2	333.0	41.3	30.6	195.8	141.4	317.6
新　疆	80.5	313.4	38.4	44.1	99.3	130.3	326.4

4-1-10 续表 2

单位：元/人

地区	糕点类	奶及奶制品	其他食品	在外用餐	食品加工服务费	衣着	服装	衣着材料
全国	**91.4**	**196.1**	**72.8**	**976.1**	**1.7**	**1284.2**	**924.0**	**10.6**
北京	207.3	341.9	60.0	1645.8	0.5	1795.7	1254.6	12.0
天津	159.7	205.9	96.0	1489.7	0.2	1362.6	971.0	16.1
河北	75.3	166.4	54.0	505.9	2.6	1190.2	797.6	13.0
山西	62.2	210.6	42.1	620.6	0.9	1162.0	834.7	9.7
内蒙古	51.5	175.5	165.0	879.7	0.7	1857.2	1327.1	6.5
辽宁	105.8	218.6	64.4	917.4	2.6	1338.8	879.5	15.3
吉林	63.2	146.3	81.5	621.6	4.2	1419.1	972.4	17.0
黑龙江	63.6	135.2	70.1	653.9	0.8	1403.7	949.0	5.9
上海	201.4	361.7	86.9	2191.0	0.2	1593.1	1190.3	21.5
江苏	89.4	216.8	112.0	1066.4	2.3	1298.0	951.1	13.0
浙江	105.5	206.8	72.5	1609.5	0.9	1614.7	1231.9	16.2
安徽	91.9	229.0	73.0	669.9	2.5	1080.1	734.1	22.3
福建	77.9	192.7	46.7	886.3	0.7	1171.9	898.4	2.5
江西	77.3	180.8	91.8	565.3	1.2	1053.0	793.1	9.2
山东	102.3	217.9	86.2	763.8	1.6	1548.8	1103.0	12.6
河南	72.6	148.3	60.4	647.4	0.9	1270.7	925.1	7.2
湖北	86.6	149.5	44.2	799.2	1.4	1210.3	885.6	9.0
湖南	66.3	131.4	86.4	816.9	1.0	1146.3	834.4	8.0
广东	115.8	220.5	61.2	1584.4	0.7	1064.3	791.0	1.4
广西	70.6	145.3	61.9	809.2	1.0	855.6	637.0	6.5
海南	61.5	144.4	34.9	958.6	1.2	581.7	451.6	0.8
重庆	67.4	214.0	73.0	925.6	4.5	1503.5	1103.8	6.9
四川	66.9	211.8	38.1	726.7	4.7	1178.4	858.5	8.2
贵州	64.0	133.2	82.6	741.8	2.0	1012.1	711.2	16.5
云南	73.1	83.9	56.0	1336.6	0.6	1102.1	782.1	9.4
西藏	32.0	283.2	83.3	681.5	2.0	1086.4	812.0	4.3
陕西	102.7	222.4	103.1	1121.8	0.7	1210.0	872.3	12.4
甘肃	54.5	149.6	148.2	752.2	0.4	1169.7	821.0	16.9
青海	64.0	175.2	116.2	665.5	0.5	1043.4	755.0	7.9
宁夏	53.3	179.2	115.9	834.6	0.6	1260.6	929.6	12.0
新疆	76.7	151.6	66.5	722.6	1.1	1357.1	963.3	17.9

4-1-10 续表 3　　单位：元/人

地区	鞋类	衣着加工服务费	居住	住房	水电燃料及其他	家庭设备及用品	耐用消费品	室内装饰品
全国	**300.1**	**7.8**	**1228.9**	**397.0**	**746.6**	**786.9**	**359.0**	**24.0**
北京	458.0	13.6	1290.2	552.0	635.1	1225.7	632.4	29.4
天津	317.9	10.7	1505.7	450.5	994.8	911.9	507.6	32.4
河北	328.2	9.1	1142.8	187.2	905.6	628.5	325.7	28.3
山西	276.5	4.9	1319.5	420.8	814.6	563.8	302.2	22.8
内蒙古	422.2	15.2	1246.2	422.5	745.1	797.8	364.6	40.4
辽宁	384.3	8.2	1293.0	276.2	927.3	607.5	224.2	30.9
吉林	371.0	10.5	1394.9	209.3	1105.3	543.7	214.3	32.2
黑龙江	385.5	9.4	1026.8	210.1	770.9	547.9	228.7	15.0
上海	327.0	15.4	1913.2	991.1	702.5	1365.4	683.9	56.6
江苏	280.4	9.6	1148.9	512.1	577.9	923.3	436.8	15.4
浙江	320.2	8.3	1485.9	652.2	762.9	829.0	390.8	23.0
安徽	278.9	8.7	1219.8	576.4	574.7	589.7	241.3	30.0
福建	235.6	4.0	1394.9	469.2	838.6	859.1	416.2	16.7
江西	219.0	5.0	935.4	272.0	625.1	761.9	324.9	14.2
山东	360.1	8.6	1280.0	373.8	839.4	885.0	469.1	38.2
河南	296.8	6.6	1004.4	279.9	666.1	684.8	340.2	22.5
湖北	271.5	7.0	999.5	289.0	665.8	759.2	354.8	17.0
湖南	266.7	6.4	1074.7	315.1	700.3	798.4	342.4	15.6
广东	235.0	4.6	1814.0	562.0	1029.5	1052.6	385.2	22.6
广西	184.7	4.4	1021.1	314.0	663.0	754.8	406.9	11.2
海南	116.2	1.7	1000.3	341.6	584.5	585.7	235.4	13.7
重庆	342.6	6.5	1120.6	385.7	623.8	1043.1	483.9	25.8
四川	263.0	6.8	973.0	314.5	568.7	679.2	279.1	21.2
贵州	249.3	3.4	747.6	113.6	590.7	589.4	212.2	10.5
云南	281.6	1.2	943.7	432.7	465.0	393.2	194.4	9.2
西藏	254.8	3.8	689.8	105.3	552.8	356.9	92.8	18.8
陕西	278.7	9.8	1018.2	243.3	703.1	683.5	319.1	15.5
甘肃	272.5	7.6	801.2	176.6	573.5	559.1	248.9	21.4
青海	219.5	7.6	790.5	166.9	550.7	505.3	221.7	21.5
宁夏	276.3	7.9	1128.1	369.0	692.4	636.9	328.6	38.8
新疆	307.6	16.0	856.8	259.9	550.7	552.5	202.9	30.9

4-1-10 续表 4

单位：元/人

地 区	床上用品	家庭日用杂品	家具材料	家庭服务	交通通信	交 通	通 信
全 国	**73.0**	**264.6**	**11.4**	**55.0**	**1682.6**	**1040.9**	**641.7**
北 京	93.6	379.0	5.5	85.8	2767.9	1885.0	882.8
天 津	65.9	251.9	2.9	51.3	1968.4	1214.7	753.6
河 北	76.8	157.5	11.9	28.4	1151.2	636.6	514.6
山 西	33.4	148.6	15.6	41.3	1095.8	526.3	569.5
内蒙古	64.9	255.7	34.7	37.5	1557.0	1021.5	535.5
辽 宁	84.0	208.0	10.4	50.0	1493.2	911.8	581.4
吉 林	78.2	169.5	19.0	30.6	1305.5	827.9	477.5
黑龙江	51.2	225.9	7.8	19.3	922.8	476.5	446.3
上 海	120.8	362.2	7.7	134.1	3498.7	2425.8	1072.9
江 苏	79.2	305.8	6.5	79.7	1721.9	1172.7	549.2
浙 江	86.3	230.5	12.3	86.0	3290.6	2359.8	930.8
安 徽	67.1	203.4	12.4	35.6	1013.4	492.1	521.3
福 建	60.7	275.1	5.2	85.3	1993.8	1103.2	890.6
江 西	60.7	310.0	20.2	32.0	1145.2	676.6	468.6
山 东	67.3	260.6	16.0	33.9	1719.7	1192.1	527.6
河 南	77.0	212.0	6.9	26.2	1034.0	500.0	534.0
湖 北	57.5	289.7	14.0	26.3	953.7	469.2	484.5
湖 南	75.7	293.7	16.1	54.9	1233.8	701.2	532.6
广 东	85.7	410.2	13.5	135.4	2979.9	1941.4	1038.5
广 西	58.0	228.2	11.2	39.3	1598.7	994.4	604.3
海 南	30.9	268.5	8.1	29.1	1548.8	1038.0	510.8
重 庆	167.8	297.6	21.1	46.9	1189.0	592.5	596.5
四 川	58.2	274.7	9.2	36.6	1416.5	752.2	664.3
贵 州	53.3	275.3	3.0	35.1	983.1	436.2	546.9
云 南	37.2	138.1	0.2	14.1	1587.2	1028.8	558.4
西 藏	74.8	150.3	7.8	12.4	1062.8	438.9	623.9
陕 西	60.1	250.7	7.0	31.2	1071.5	517.6	553.9
甘 肃	50.1	216.7	5.9	16.1	894.4	440.3	454.1
青 海	49.3	190.6	8.6	13.7	975.9	555.8	420.1
宁 夏	44.8	193.7	1.6	29.4	1363.6	885.2	478.5
新 疆	44.7	236.8	8.6	28.7	1198.7	743.6	455.1

4-1-10 续表 5　　单位：元/人

地区	文教娱乐	文化娱乐用品	教育	文化娱乐服务	医疗保健	其他	其他商品	服务
全国	**1472.8**	**381.3**	**645.9**	**445.6**	**856.4**	**474.2**	**308.6**	**165.7**
北京	2655.0	820.7	924.7	909.6	1389.5	833.3	569.0	264.3
天津	1740.9	555.9	717.2	467.8	1273.4	634.1	455.9	178.1
河北	982.2	369.6	361.0	251.6	971.3	361.8	227.0	134.8
山西	1070.6	253.5	548.1	269.0	789.9	281.6	142.2	139.4
内蒙古	1504.4	412.4	629.5	462.5	992.7	642.0	441.2	200.8
辽宁	1283.7	313.6	734.1	236.0	1018.4	609.1	299.9	309.2
吉林	1028.1	198.7	661.4	168.0	1120.4	465.4	206.3	259.1
黑龙江	956.9	229.6	523.9	203.3	978.8	395.4	241.2	154.3
上海	3139.0	957.5	1191.2	990.3	1002.1	1136.1	830.0	306.0
江苏	1968.0	516.4	844.3	607.4	808.4	510.9	332.9	178.0
浙江	2295.3	470.5	1181.5	643.3	984.6	578.7	392.3	186.4
安徽	1225.4	283.5	637.9	304.0	716.9	337.4	203.3	134.1
福建	1505.0	410.4	597.5	497.1	591.5	598.1	349.7	248.5
江西	1066.9	247.3	424.0	395.6	550.3	345.8	238.6	107.2
山东	1333.0	453.1	572.7	307.3	885.2	406.8	299.7	107.1
河南	1048.1	284.7	477.6	285.8	875.5	376.7	236.1	140.6
湖北	1208.5	269.4	628.4	310.6	694.6	307.8	218.7	89.1
湖南	1207.7	255.5	576.9	375.3	784.7	408.1	266.0	142.1
广东	2168.9	472.1	778.6	918.2	925.6	627.0	445.7	181.3
广西	1111.1	341.3	403.6	366.2	538.2	343.3	249.6	93.7
海南	962.0	257.8	458.5	245.7	604.2	296.3	186.7	109.6
重庆	1351.9	371.3	538.9	441.7	982.7	377.0	280.0	97.0
四川	1150.7	266.3	525.1	359.4	648.3	422.4	210.9	211.5
贵州	1146.4	309.3	435.6	401.4	535.4	278.7	192.7	86.0
云南	798.7	213.5	278.9	306.3	708.8	207.5	141.1	66.4
西藏	465.8	151.6	200.7	113.5	352.3	438.7	218.3	220.4
陕西	1430.2	345.9	679.9	404.5	863.4	440.4	298.2	142.2
甘肃	1025.5	306.5	426.7	292.2	746.8	335.0	243.2	91.8
青海	889.3	277.5	367.3	244.5	701.4	331.9	235.6	96.3
宁夏	1075.9	352.0	438.3	285.6	921.9	460.8	341.9	118.9
新疆	855.5	255.8	404.0	195.8	684.0	436.7	337.5	99.2

4-1-11　2010年城镇居民收入来源

单位：元/人

地　区	可支配收入	总收入				
			工薪收入	经营净收入	财产性收入	转移性收入
全　国	**19109.4**	**21033.4**	**13707.7**	**1713.5**	**520.3**	**5091.9**
北　京	29072.9	33360.4	23099.1	1170.7	655.9	8434.8
天　津	24292.6	26942.0	16780.4	931.8	333.2	8896.6
河　北	16263.4	17334.4	10566.3	1043.7	324.0	5400.4
山　西	15647.7	16893.0	10784.7	1044.9	198.6	4864.8
内蒙古	17698.2	19014.2	12614.5	2013.8	432.8	3953.2
辽　宁	17712.6	20014.6	11712.7	1797.8	249.6	6254.5
吉　林	15411.5	16794.5	10621.4	1363.7	163.8	4645.5
黑龙江	13856.5	15095.6	9087.6	1266.7	102.1	4639.2
上　海	31838.1	35738.5	25440.0	1628.2	512.1	8158.2
江　苏	22944.3	25115.4	14816.9	2519.1	471.0	7308.6
浙　江	27359.0	30134.8	18313.6	3640.9	1470.1	6710.2
安　徽	15788.2	17626.7	11442.4	1172.4	427.0	4584.9
福　建	21781.3	24149.6	15682.5	2135.9	1420.8	4910.4
江　西	15481.1	16558.0	10613.8	1266.2	344.8	4333.2
山　东	19945.8	21736.9	15731.2	1703.7	490.2	3811.8
河　南	15930.3	17141.8	10804.9	1478.1	222.1	4636.8
湖　北	16058.4	17572.8	11460.5	1391.8	378.3	4342.2
湖　南	16565.7	17657.1	10782.0	1880.9	541.1	4453.0
广　东	23897.8	26896.9	18902.4	2666.5	956.6	4371.3
广　西	17063.9	18742.2	12061.8	1474.9	576.9	4628.6
海　南	15581.1	16929.6	10957.9	1716.7	559.8	3695.2
重　庆	17532.4	18990.5	12738.2	1263.2	312.6	4676.5
四　川	15461.2	17128.9	11310.7	1198.7	378.1	4241.4
贵　州	14142.7	15138.8	9628.0	1174.0	213.8	4123.0
云　南	16064.5	17478.9	10845.2	1122.9	1162.1	4348.7
西　藏	14980.5	16539.0	14707.1	395.7	233.0	1203.1
陕　西	15695.2	17064.7	12078.4	573.2	187.4	4225.8
甘　肃	13188.6	14307.3	9882.5	688.0	72.2	3664.6
青　海	13855.0	15480.8	10061.6	944.0	73.9	4401.4
宁　夏	15344.5	17536.8	10821.2	2238.1	189.5	4287.9
新　疆	13643.8	15421.6	11327.9	1131.8	151.9	2810.0

4-1-12　2010年城镇居民现金消费支出

单位：元/人

地区	现金消费支出	食品	粮食	淀粉及薯类	干豆类及豆制品	油脂类	肉禽及制品	蛋类
全国	**13471.5**	**4804.7**	**385.5**	**41.7**	**66.5**	**125.4**	**914.2**	**98.0**
北京	19934.5	6392.9	409.0	54.3	77.4	136.9	909.5	120.2
天津	16561.8	5940.4	385.7	51.3	59.6	130.9	865.7	158.8
河北	10318.3	3335.2	326.2	37.8	50.8	119.1	578.3	103.5
山西	9792.7	3052.6	369.5	64.5	64.9	88.1	432.2	89.9
内蒙古	13994.6	4211.5	401.6	37.5	39.2	94.1	761.0	66.4
辽宁	13280.0	4658.0	387.4	52.3	65.3	113.3	739.0	104.7
吉林	11679.0	3767.9	391.0	47.4	68.7	106.0	657.1	89.8
黑龙江	10683.9	3784.7	429.7	65.0	66.1	109.6	693.0	94.9
上海	23200.4	7777.0	614.7	58.2	98.5	113.7	1136.2	117.3
江苏	14357.5	5243.1	373.4	48.0	82.8	108.1	1027.6	106.9
浙江	17858.2	6118.5	364.2	40.8	82.7	117.8	845.3	85.9
安徽	11512.6	4369.6	337.7	22.5	68.6	113.9	742.1	125.4
福建	14750.0	5790.7	469.7	44.0	73.0	120.1	1152.9	112.4
江西	10618.7	4195.4	353.1	23.8	86.2	164.5	916.4	89.1
山东	13118.2	4205.9	343.9	37.0	53.8	107.3	682.7	132.2
河南	10838.5	3575.8	349.4	48.1	61.0	105.4	611.0	110.6
湖北	11451.0	4429.3	516.4	29.7	83.5	152.3	853.3	96.4
湖南	11825.3	4322.1	329.9	24.1	80.3	165.0	918.3	75.5
广东	18489.5	6746.6	460.1	35.6	59.8	142.3	1640.6	83.8
广西	11490.1	4372.8	321.4	27.8	62.3	93.8	1280.9	69.2
海南	10926.7	4896.0	307.6	22.1	28.6	117.7	1285.5	51.2
重庆	13335.0	5012.6	311.8	39.2	62.5	199.5	1143.0	101.7
四川	12105.1	4779.6	336.4	53.8	62.0	166.6	1178.0	93.5
贵州	10058.3	4013.7	320.0	19.5	49.8	137.1	880.8	65.8
云南	11074.1	4593.5	335.3	32.0	49.7	81.4	882.9	72.5
西藏	9685.5	4847.6	432.4	33.5	5.2	163.4	1085.0	53.9
陕西	11821.9	4381.4	390.2	54.0	69.6	110.9	533.0	79.6
甘肃	9895.4	3702.2	352.8	40.7	46.3	134.3	529.2	70.2
青海	9613.8	3784.8	452.3	37.6	34.4	107.8	708.9	66.9
宁夏	11334.4	3768.1	343.1	49.4	48.2	111.6	626.0	56.9
新疆	10197.1	3694.8	362.7	41.1	36.9	131.1	815.8	68.4

4-1-12 续表 1

单位：元/人

地区	水产品类	菜类	调味品	糖类	烟草类	酒和饮料	干鲜瓜果类
全国	**326.9**	**501.7**	**63.3**	**41.7**	**232.6**	**230.4**	**378.8**
北京	251.0	530.9	109.0	71.1	249.1	480.2	646.3
天津	443.8	521.5	98.1	44.1	235.4	355.5	539.1
河北	141.8	403.1	55.4	30.1	130.7	209.7	287.3
山西	57.5	347.9	47.8	24.1	206.5	138.1	289.2
内蒙古	102.1	353.1	54.5	30.3	272.3	333.6	339.6
辽宁	364.2	499.4	75.9	30.5	231.7	234.8	455.5
吉林	173.7	462.6	66.9	26.8	144.5	165.2	381.7
黑龙江	185.6	420.3	65.2	36.3	128.3	155.3	395.0
上海	817.6	622.0	79.8	103.9	444.7	336.5	593.7
江苏	421.9	568.5	61.2	40.3	309.2	248.7	382.3
浙江	713.8	543.2	54.3	46.7	413.1	257.0	491.6
安徽	211.4	472.4	42.2	19.9	345.5	359.1	286.1
福建	999.6	543.7	67.3	39.4	176.1	261.1	411.7
江西	254.7	581.9	51.4	39.3	207.4	136.8	345.9
山东	321.6	401.5	55.6	32.2	128.3	294.7	403.3
河南	78.5	373.0	55.3	27.6	158.4	224.7	288.1
湖北	267.5	615.3	68.1	34.3	280.3	177.1	265.5
湖南	219.4	512.8	50.6	38.9	250.4	162.1	348.3
广东	657.7	615.8	58.8	63.9	146.0	216.2	432.6
广西	293.4	428.9	38.6	42.3	123.3	131.7	329.2
海南	669.8	528.0	45.6	26.8	155.4	111.5	297.0
重庆	190.5	559.9	97.5	57.0	260.7	171.4	309.5
四川	144.6	580.0	98.9	51.5	276.9	214.1	323.7
贵州	81.0	457.1	58.7	43.5	278.7	172.8	316.6
云南	122.4	562.9	46.8	35.0	434.5	140.8	315.5
西藏	51.1	566.6	45.9	59.2	408.2	298.4	248.6
陕西	86.7	443.8	64.9	37.4	284.0	227.2	393.9
甘肃	72.3	437.1	62.2	30.6	220.2	204.8	327.1
青海	83.4	405.4	50.0	38.7	185.0	224.6	308.8
宁夏	70.2	370.7	47.7	36.0	239.6	165.7	360.4
新疆	87.8	363.3	41.8	47.1	101.5	142.5	363.8

4-1-12 续表 2

单位：元/人

地区	糕点类	奶及奶制品	其他食品	在外用餐	食品加工服务费	衣着	服装	衣着材料
全国	**98.3**	**198.5**	**80.5**	**1019.3**	**1.6**	**1444.3**	**1057.1**	**9.7**
北京	220.0	371.0	68.8	1687.3	0.9	2087.9	1458.2	12.8
天津	185.6	236.1	128.8	1500.3	0.2	1567.6	1122.0	15.3
河北	80.8	148.2	81.7	549.5	1.2	1225.9	872.6	10.6
山西	78.0	161.2	62.7	529.2	1.2	1205.9	890.2	7.0
内蒙古	58.4	173.5	175.7	917.5	1.1	2203.6	1615.6	6.8
辽宁	88.8	188.0	64.7	961.9	0.8	1586.8	1104.7	11.7
吉林	54.4	109.9	137.3	684.1	0.9	1570.7	1115.7	8.4
黑龙江	68.2	137.0	64.4	670.1	0.6	1608.4	1106.5	5.2
上海	205.1	410.3	99.4	1925.1	0.2	1794.1	1351.8	19.4
江苏	102.7	234.1	107.1	1017.5	2.9	1465.5	1092.1	15.0
浙江	109.3	219.8	77.9	1653.3	2.0	1802.3	1397.2	16.7
安徽	91.6	241.8	104.2	782.3	3.0	1225.6	858.4	10.7
福建	87.8	203.2	44.4	983.7	0.8	1281.3	990.6	5.4
江西	86.1	171.0	96.9	589.1	1.6	1138.8	860.9	8.8
山东	107.8	225.4	89.0	788.2	1.5	1745.2	1271.5	11.9
河南	79.7	170.3	72.4	761.0	1.3	1444.6	1061.4	7.4
湖北	95.3	146.6	49.0	697.2	1.7	1415.7	1067.2	7.4
湖南	72.2	128.3	92.8	850.9	2.0	1277.5	946.4	8.3
广东	133.6	211.4	52.9	1734.5	0.9	1230.7	914.5	1.3
广西	76.1	152.5	63.4	836.7	1.4	926.4	699.1	6.4
海南	70.1	160.8	44.8	973.5	0.1	636.1	504.8	0.6
重庆	73.3	234.7	70.4	1126.4	3.7	1697.6	1249.0	8.1
四川	70.5	203.0	60.6	861.2	4.5	1259.5	911.7	8.4
贵州	68.7	154.8	88.3	818.6	2.2	1102.4	788.1	18.6
云南	83.1	89.8	64.5	1242.8	1.6	1158.8	840.8	8.1
西藏	38.0	310.6	82.0	964.2	1.4	1158.6	842.0	5.5
陕西	116.7	224.0	100.2	1164.9	0.7	1428.2	1035.0	12.4
甘肃	61.6	168.1	159.2	785.0	0.5	1255.7	889.8	17.0
青海	62.1	187.5	101.0	729.7	0.5	1185.6	854.4	6.4
宁夏	54.7	176.9	107.8	903.0	0.3	1417.5	1052.3	11.9
新疆	77.1	164.5	59.0	788.9	1.4	1513.4	1073.1	16.8

4-1-12 续表 3

单位：元/人

地区	鞋类	衣着加工服务费	居住	住房	水电燃料及其他	家庭设备及用品	耐用消费品	室内装饰品
全国	**323.4**	**8.4**	**1332.1**	**421.2**	**807.9**	**908.0**	**394.6**	**27.1**
北京	532.5	15.3	1577.4	642.6	794.5	1377.8	618.5	43.2
天津	356.0	11.0	1615.6	562.8	991.6	1119.9	628.1	37.2
河北	296.3	5.1	1344.5	313.3	954.1	693.6	353.3	22.8
山西	264.7	6.3	1245.0	334.4	813.1	612.6	290.3	17.1
内蒙古	468.9	19.7	1384.5	478.6	814.2	948.9	456.2	33.5
辽宁	399.7	10.2	1314.8	310.6	909.0	785.7	291.1	23.0
吉林	375.9	9.7	1344.4	184.8	1084.2	710.3	306.0	20.2
黑龙江	422.8	10.8	1128.1	264.4	816.7	618.8	228.4	14.4
上海	355.1	15.1	2166.2	1214.2	773.9	1800.2	815.8	72.0
江苏	303.4	10.5	1234.1	423.4	722.1	1026.3	431.3	21.8
浙江	339.4	9.6	1418.0	493.5	846.7	916.2	380.5	29.7
安徽	303.4	10.7	1229.6	472.5	636.0	678.8	301.9	25.6
福建	248.1	4.6	1606.3	612.4	871.6	972.2	426.9	13.9
江西	235.3	6.0	1109.8	349.0	715.3	854.6	410.1	13.2
山东	391.3	8.7	1408.6	399.7	919.7	915.0	455.9	39.1
河南	329.6	8.3	1080.1	345.9	673.5	866.7	444.7	20.3
湖北	299.3	6.1	1187.5	397.6	706.7	867.3	398.3	22.5
湖南	280.7	6.5	1182.3	319.5	790.2	903.8	379.8	24.3
广东	271.8	5.4	1925.2	562.4	1103.5	1208.0	412.5	29.3
广西	194.0	3.8	1166.9	361.5	749.4	853.6	427.2	10.4
海南	117.0	1.9	1103.8	298.2	714.1	616.3	211.9	10.9
重庆	378.4	6.5	1276.0	460.7	669.6	1072.4	490.6	47.2
四川	279.9	9.3	1126.7	423.4	612.3	876.3	380.9	36.9
贵州	258.6	3.7	890.8	189.6	637.5	673.3	199.6	18.9
云南	283.4	2.6	835.5	302.1	473.3	509.4	220.3	17.1
西藏	287.7	3.9	726.6	137.0	560.4	376.4	75.6	19.6
陕西	335.0	9.7	1126.9	271.6	782.5	723.7	288.9	19.7
甘肃	288.5	6.8	910.3	160.4	689.4	597.7	268.7	22.0
青海	257.0	8.2	923.5	164.0	685.4	644.0	266.2	37.9
宁夏	306.3	8.8	1181.7	319.6	782.0	716.2	318.5	21.6
新疆	350.5	15.1	898.4	256.2	579.8	669.9	259.3	33.8

4-1-12 续表 4 单位：元/人

地　区	床上用品	家庭日用杂　品	家具材料	家庭服务	交通通信	交　通	通　信
全　国	**75.4**	**339.7**	**11.0**	**60.3**	**1983.7**	**1254.8**	**728.9**
北　京	103.1	506.9	8.4	97.7	3420.9	2373.1	1047.8
天　津	75.9	318.2	4.6	55.9	2454.4	1607.2	847.2
河　北	54.9	214.0	18.6	30.0	1398.4	875.9	522.4
山　西	49.1	213.5	5.1	37.6	1340.9	739.1	601.8
内蒙古	81.5	301.4	30.4	45.9	1768.7	1195.6	573.1
辽　宁	77.2	328.8	7.0	58.6	1773.3	1079.9	693.4
吉　林	57.9	280.0	24.6	21.6	1363.9	826.2	537.7
黑龙江	52.2	284.2	11.3	28.2	1191.3	619.7	571.6
上　海	132.8	624.9	2.5	152.2	4076.5	2890.9	1185.6
江　苏	90.1	384.8	6.9	91.5	1935.1	1199.3	735.8
浙　江	90.9	323.2	6.5	85.5	3437.2	2488.8	948.3
安　徽	73.9	220.4	22.3	34.8	1356.6	732.5	624.1
福　建	71.2	360.5	7.5	92.3	2196.9	1291.8	905.1
江　西	62.6	307.4	18.6	42.8	1270.3	733.0	537.3
山　东	68.7	309.7	12.1	29.5	2140.4	1524.6	615.9
河　南	78.9	281.0	10.4	31.6	1374.8	813.6	561.2
湖　北	60.0	336.7	24.4	25.5	1205.5	706.0	499.4
湖　南	70.9	363.7	11.2	54.0	1541.4	896.9	644.5
广　东	99.8	508.9	5.2	152.4	3419.7	2248.7	1171.1
广　西	63.0	308.3	5.5	39.2	1973.0	1330.2	642.8
海　南	37.4	326.6	4.3	25.2	1805.1	1177.7	627.4
重　庆	131.8	337.3	24.2	41.5	1384.3	623.0	761.3
四　川	64.6	339.2	5.1	49.6	1674.1	933.2	741.0
贵　州	47.6	328.4	24.5	54.4	1270.5	606.3	664.2
云　南	43.8	208.1	0.9	19.2	2039.7	1360.3	679.4
西　藏	87.4	178.8	4.6	10.5	1230.9	569.1	661.8
陕　西	56.7	329.2	3.4	25.9	1194.8	571.8	623.0
甘　肃	49.6	233.3	6.5	17.8	1076.6	477.3	599.3
青　海	49.0	255.7	19.2	16.0	1116.6	614.2	502.4
宁　夏	50.9	288.5	9.7	26.9	1574.6	1030.0	544.6
新　疆	46.5	296.8	4.3	29.2	1255.9	742.6	513.3

4-1-12 续表 5　　　　单位：元/人

地　区	文教娱乐	文化娱乐用　　品	教　育	文化娱乐服　　务	医疗保健	其他	其他商品	服　务
全　国	**1627.6**	**407.0**	**661.3**	**559.3**	**871.8**	**499.2**	**316.2**	**182.9**
北　京	2901.9	833.1	1028.9	1039.9	1327.2	848.5	551.0	297.5
天　津	1899.5	567.6	752.5	579.4	1275.6	688.7	485.5	203.2
河　北	1001.0	268.1	420.5	312.4	923.8	395.9	246.2	149.8
山　西	1229.7	287.6	607.8	334.2	774.9	331.1	185.5	145.7
内蒙古	1641.2	456.0	645.0	540.2	1126.0	710.4	493.5	216.9
辽　宁	1495.9	350.1	732.4	413.4	1079.8	585.8	344.1	241.7
吉　林	1244.6	263.5	664.2	316.9	1171.3	506.1	288.4	217.7
黑龙江	1001.5	229.5	528.5	243.5	948.4	402.7	242.3	160.4
上　海	3363.3	1055.9	1167.9	1139.5	1005.5	1217.7	890.9	326.8
江　苏	2133.3	557.9	831.7	743.7	805.7	514.4	318.8	195.6
浙　江	2586.1	530.3	1234.1	821.7	1033.7	546.4	339.0	207.4
安　徽	1479.8	320.8	696.9	462.1	737.1	435.6	247.2	188.4
福　建	1786.0	451.0	605.3	729.8	617.4	499.3	308.7	190.7
江　西	1179.9	278.7	473.8	427.4	524.2	345.7	218.9	126.8
山　东	1401.8	422.6	606.6	372.6	885.8	415.6	299.8	115.8
河　南	1137.2	344.5	396.3	396.3	941.3	418.0	256.9	161.1
湖　北	1263.2	229.0	607.3	426.9	709.6	372.9	228.7	144.3
湖　南	1418.9	301.2	605.5	512.2	776.9	402.5	251.0	151.5
广　东	2376.0	532.8	825.4	1017.8	929.5	653.8	428.1	225.6
广　西	1243.7	389.3	454.5	399.9	625.5	328.3	209.2	119.1
海　南	1004.6	226.2	481.7	296.8	579.9	284.9	186.1	98.8
重　庆	1408.0	344.0	472.4	591.6	1021.5	462.8	320.3	142.5
四　川	1224.7	318.0	435.1	471.6	661.0	503.1	248.1	255.0
贵　州	1254.6	269.4	494.0	491.2	546.8	306.2	181.3	125.0
云　南	1014.4	246.8	323.0	444.6	637.9	285.0	182.9	102.1
西　藏	478.0	144.6	198.2	135.1	385.6	481.8	232.6	249.2
陕　西	1595.8	378.4	752.1	465.4	935.4	435.7	280.0	155.7
甘　肃	1136.7	313.4	477.4	345.9	828.6	387.5	268.1	119.4
青　海	908.1	274.9	349.7	283.4	718.8	332.5	219.8	112.7
宁　夏	1286.2	371.2	484.4	430.6	890.1	500.1	350.5	149.6
新　疆	1012.4	305.4	433.3	273.6	708.2	444.2	336.6	107.6

二、主要年份分地区农村居民收支数据

4-2-1 1980年农村居民总收入

单位：元/人

地 区	总收入	一、工资性收入	二、家庭经营收入	三、财产性和转移性收入
全 国	**216.9**	**106.4**	**87.4**	**23.1**
北 京	316.0	184.5	72.6	59.0
天 津	293.2	183.1	57.9	52.2
河 北	193.4	96.9	62.8	33.7
山 西	164.2	91.0	47.7	25.5
内蒙古	202.1	75.0	110.6	16.6
辽 宁	299.4	122.2	110.4	66.8
吉 林	263.3	113.2	122.2	27.9
黑龙江	225.9	134.7	73.2	18.0
上 海	430.5	196.1	84.2	150.2
江 苏	252.5	117.9	92.8	41.8
浙 江	249.7	125.1	93.2	31.4
安 徽	220.8	96.4	87.9	36.5
福 建	195.0	81.8	89.1	24.1
江 西	202.4	99.6	83.7	19.1
山 东	225.1	119.0	73.8	32.3
河 南	184.4	87.5	67.2	29.7
湖 北	182.8	94.5	66.3	22.0
湖 南	253.3	104.2	122.0	27.1
广 东	306.6	118.1	151.4	37.1
广 西	209.9	74.4	117.3	18.3
四 川	224.3	100.4	103.6	20.3
贵 州	189.5	66.6	101.9	21.0
云 南	170.7	77.1	76.1	17.5
西 藏				
陕 西	157.9	69.2	62.0	26.7
甘 肃	169.2	91.2	56.1	21.9
青 海				
宁 夏	186.8	81.8	76.3	28.7
新 疆	219.2	127.9	65.4	26.0

4-2-2　1980年农村居民家庭经营总收入

单位：元/人

地　区	家庭经营总收入	一、农、林业收入	二、牧业收入	三、其他家庭经营收入
全　国	**87.4**	**30.5**	**48.4**	**8.6**
北　京	72.6	15.9	53.9	2.7
天　津	57.9	21.7	32.4	3.8
河　北	62.8	24.1	31.5	7.1
山　西	47.7	17.6	22.9	7.1
内蒙古	110.6	51.6	52.3	6.7
辽　宁	110.4	44.9	54.4	11.0
吉　林	122.2	58.9	57.6	5.6
黑龙江	73.2	28.6	42.0	2.5
上　海	84.2	23.4	58.4	2.5
江　苏	92.8	29.3	58.2	5.4
浙　江	93.2	31.0	47.3	14.9
安　徽	87.9	33.3	46.1	8.5
福　建	89.1	27.1	49.6	12.3
江　西	83.7	25.8	49.3	8.6
山　东	73.8	21.4	45.4	7.0
河　南	67.2	23.0	34.5	9.7
湖　北	66.3	18.8	41.7	5.8
湖　南	122.0	38.2	74.8	9.0
广　东	151.4	50.2	80.3	20.9
广　西	117.3	42.3	66.0	8.9
四　川	103.6	30.9	64.6	8.1
贵　州	101.9	38.1	47.7	16.1
云　南	76.1	23.7	46.2	6.3
西　藏				
陕　西	62.0	23.7	33.5	4.8
甘　肃	56.1	26.5	22.4	7.2
青　海				
宁　夏	76.3	41.8	21.5	13.0
新　疆	65.4	33.8	25.0	6.6

4-2-3 1980年农村居民现金收入

单位：元/人

地区	现金收入	一、工资性收入	二、家庭经营收入	三、财产性和转移性收入
全国	**113.1**	**40.2**	**57.4**	**15.5**
北京	202.6	116.6	56.2	29.8
天津	158.4	78.4	50.7	29.4
河北	110.1	38.7	44.9	26.4
山西	86.1	32.8	33.5	19.8
内蒙古	100.0	32.8	53.9	13.3
辽宁	163.9	69.2	54.1	40.6
吉林	112.0	32.9	59.4	19.7
黑龙江	115.3	52.4	50.3	12.7
上海	274.7	169.1	63.8	41.8
江苏	153.6	60.9	72.5	20.1
浙江				
安徽	113.5	32.8	63.1	17.6
福建	111.9	38.9	59.3	13.8
江西	92.0	32.1	47.5	12.4
山东	141.2	60.6	61.0	19.6
河南	110.6	31.7	54.9	24.0
湖北	86.2	29.8	40.7	15.7
湖南	115.6	27.0	68.3	20.3
广东	186.0	66.7	95.5	23.8
广西	101.2	18.2	70.9	12.2
四川	103.1	28.5	58.4	16.2
贵州	81.8	18.0	47.4	16.4
云南	79.4	23.5	41.5	14.4
西藏				
陕西	67.1	16.7	29.2	21.2
甘肃	85.8	34.1	29.5	22.2
青海				
宁夏	89.3	24.2	40.9	24.2
新疆	112.8	66.6	32.5	13.8

4-2-4 1980年农村居民家庭经营现金收入

单位:元/人

地　区	家庭经营现金收入	一、出售农产品收入	二、其他家庭经营收入
全　国	**57.4**	**48.6**	**8.8**
北　京	56.2	54.5	1.6
天　津	50.7	44.9	5.8
河　北	44.9	38.7	6.3
山　西	33.5	28.1	5.5
内蒙古	53.9	49.7	4.3
辽　宁	54.1	46.0	8.1
吉　林	59.4	57.1	2.3
黑龙江	50.3	49.1	1.1
上　海	63.8	61.3	2.5
江　苏	72.5	66.5	6.0
浙　江			
安　徽	63.1	57.9	5.2
福　建	59.3	51.5	7.8
江　西	47.5	41.7	5.8
山　东	61.0	56.2	4.8
河　南	54.9	48.8	6.1
湖　北	40.7	36.3	4.5
湖　南	68.3	61.4	7.0
广　东	95.5	78.5	17.0
广　西	70.9	64.2	6.7
四　川	58.4	53.5	4.9
贵　州	47.4	39.7	7.7
云　南	41.5	37.6	3.9
西　藏			
陕　西	29.2	25.9	3.3
甘　肃	29.5	23.3	6.1
青　海			
宁　夏	40.9	31.2	9.7
新　疆	32.5	26.6	6.0

4-2-5　1980年农村居民纯收入

单位：元/人

地　区	纯收入	一、工资性收入	二、家庭经营纯收入	三、财产性和转移性收入
全　国	**191.3**	**106.4**	**62.6**	**22.4**
北　京	290.5	184.5	47.0	59.0
天　津	277.9	183.1	42.6	52.2
河　北	175.8	96.9	45.2	33.7
山　西	155.8	91.0	39.3	25.5
内蒙古	181.3	75.0	90.3	16.0
辽　宁	273.0	122.2	84.0	66.8
吉　林	236.3	113.2	95.2	27.9
黑龙江	205.4	134.7	52.8	17.9
上　海	397.4	196.1	51.1	150.2
江　苏	217.9	117.9	58.3	41.7
浙　江	219.2	125.1	62.8	31.3
安　徽	184.8	96.4	59.6	28.8
福　建	171.7	81.8	66.8	23.1
江　西	180.9	99.6	62.4	18.9
山　东	194.3	119.0	43.9	31.4
河　南	160.8	87.5	45.4	27.9
湖　北	169.9	94.4	53.5	22.0
湖　南	219.7	104.2	88.5	27.0
广　东	274.4	118.1	120.2	36.1
广　西	173.7	74.4	81.6	17.7
四　川	187.9	100.4	67.6	19.9
贵　州	161.5	66.9	75.1	19.5
云　南	150.1	77.1	55.6	17.5
西　藏				
陕　西	142.5	69.2	46.7	26.6
甘　肃	153.3	91.2	40.3	21.8
青　海				
宁　夏	178.1	81.8	67.6	28.6
新　疆	198.0	127.9	46.8	23.3

4-2-6 1980年农村居民总支出

单位：元/人

地区	总支出	一、家庭经营费用支出	二、交纳税金	三、消费支出	四、财产性和转移性支出
全 国	**196.2**	**25.3**	**0.3**	**162.2**	**8.4**
北 京	287.7	25.6		252.7	9.5
天 津	250.7	15.2		208.4	27.1
河 北	166.0	17.6		142.0	6.4
山 西	149.0	8.4		134.4	6.2
内 蒙 古	183.4	20.2	0.7	156.6	6.0
辽 宁	276.3	26.3		228.1	21.8
吉 林	253.2	26.2		216.3	10.8
黑 龙 江	193.7	20.4	0.1	164.1	9.1
上 海	375.2	33.0	0.1	321.8	20.2
江 苏	241.5	34.5		194.7	12.3
浙 江	233.6	30.5		191.9	11.3
安 徽	206.2	35.5	0.5	162.9	7.3
福 建	186.1	22.9	0.4	157.7	5.2
江 西	184.0	20.7	0.7	156.0	6.6
山 东	185.1	30.7	0.1	145.9	8.4
河 南	164.5	23.5	0.1	135.5	5.4
湖 北	172.8	12.5	0.4	152.7	7.2
湖 南	236.1	32.9	0.7	192.9	9.7
广 东	266.9	31.7	0.5	222.2	12.4
广 西	192.8	35.9	0.4	151.1	5.5
四 川	202.4	36.0	0.4	159.4	6.5
贵 州	175.0	27.2	0.8	139.3	7.7
云 南	152.6	20.3	0.3	124.6	7.4
西 藏					
陕 西	161.6	15.1	0.2	139.8	6.4
甘 肃	146.7	15.8		126.6	4.3
青 海					
宁 夏	152.0	8.7		135.5	7.8
新 疆	181.4	20.4	0.8	150.6	9.5

4-2-7 1980年农村居民家庭经营费用支出

单位：元/人

地区	家庭经营费用支出	一、农业支出	二、牧业支出	三、其他经营费用支出
全国	**25.3**	**5.9**	**17.6**	**1.8**
北京	25.6	1.2	20.3	4.1
天津	15.2	2.8	12.1	0.3
河北	17.6	3.8	12.9	0.9
山西	8.4	2.5	5.0	0.9
内蒙古	20.2	7.2	11.0	2.0
辽宁	26.3	4.1	21.2	1.0
吉林	26.2	4.4	20.3	1.5
黑龙江	20.4	5.1	14.0	1.2
上海	33.0	3.1	28.7	1.3
江苏	34.5	3.6	29.9	1.1
浙江	30.5	7.3	20.6	2.6
安徽	35.5	18.6	13.2	3.7
福建	22.9	7.6	13.4	1.8
江西	20.7	4.9	14.1	1.8
山东	30.7	7.4	22.4	0.9
河南	23.5	7.5	14.1	1.9
湖北	12.5	3.6	8.2	0.7
湖南	32.9	3.9	27.6	1.5
广东	31.7	9.4	20.0	2.4
广西	35.9	4.3	30.6	1.0
四川	36.0	5.5	26.4	4.1
贵州	27.2	9.0	17.0	1.2
云南	20.3	2.6	16.7	0.9
西藏				
陕西	15.1	5.0	9.0	1.1
甘肃	15.8	7.3	8.2	0.3
青海				
宁夏	8.7	4.7	3.5	0.4
新疆	20.4	9.3	8.9	2.3

4-2-8 1980年农村居民消费支出

单位：元/人

地 区	消费支出	一、食品支出	二、衣着支出	三、居住支出	四、家庭设备及用品支出	五、交通通信支出	六、文教娱乐支出	七、医疗保健支出	八、其他支出
全 国	**162.2**	**100.2**	**20.0**	**22.5**	**4.1**	**0.6**	**8.3**	**3.4**	**3.2**
北 京	252.7	135.8	32.7	38.7	8.3	1.1	19.6	8.5	8.0
天 津	208.4	118.9	31.7	31.0	4.8	0.7	11.6	5.0	4.7
河 北	142.0	79.8	19.9	23.0	3.5	0.4	8.3	3.6	3.5
山 西	134.4	80.6	21.0	15.6	3.2	0.4	7.3	3.2	3.1
内蒙古	156.6	102.6	21.7	11.6	3.7	0.6	9.0	3.8	3.6
辽 宁	228.1	128.9	30.9	33.0	6.3	1.0	15.4	6.5	6.1
吉 林	216.3	140.2	27.7	24.9	4.5	0.3	9.7	4.6	4.5
黑龙江	164.1	95.8	27.6	18.3	4.1	0.6	9.7	4.2	3.9
上 海	321.8	170.2	36.7	72.1	8.0	0.8	18.1	8.1	7.8
江 苏	194.7	113.2	24.7	33.4	4.1	0.8	10.4	4.3	3.9
浙 江	191.9	109.3	22.9	38.3	3.8	0.7	9.5	3.9	3.6
安 徽	162.9	87.8	19.1	36.9	3.2	0.8	8.7	3.4	3.0
福 建	157.7	99.7	16.3	25.2	2.7	0.7	7.5	2.9	2.6
江 西	156.0	97.5	15.8	25.8	2.9	0.6	7.5	3.1	2.8
山 东	145.9	80.1	24.0	21.5	3.7	0.4	8.7	3.8	3.6
河 南	135.5	78.7	18.7	21.7	3.0	0.5	7.2	3.0	2.9
湖 北	152.7	98.6	17.9	20.5	2.7	0.6	7.1	2.8	2.6
湖 南	192.9	127.9	20.5	27.3	3.1	0.5	7.5	3.2	2.9
广 东	222.2	134.5	19.9	40.2	4.8	0.9	12.2	5.0	4.6
广 西	151.1	96.6	14.2	22.6	3.2	0.4	7.7	3.3	3.1
四 川	159.4	111.9	17.7	15.1	2.5	0.6	6.7	2.6	2.3
贵 州	139.3	96.7	14.7	16.5	1.7	0.7	5.5	1.9	1.6
云 南	124.6	87.1	12.5	16.1	1.5	0.4	4.0	1.6	1.5
西 藏									
陕 西	139.8	83.8	18.2	22.2	2.8	0.4	6.9	2.9	2.7
甘 肃	126.6	81.6	17.1	13.8	2.5	0.5	6.3	2.6	2.4
青 海									
宁 夏	135.5	86.1	19.5	14.7	2.7	0.5	6.7	2.8	2.6
新 疆	150.6	90.8	31.4	13.2	2.7	0.5	6.7	2.8	2.6

4-2-9 1980年农村居民现金支出

单位：元/人

地区	现金支出	一、生产费用支出	二、交纳税金	三、现金消费支出	四、财产性和转移性支出
全国	**107.0**	**13.8**	**0.2**	**83.8**	**9.1**
北京	203.5	14.2		179.7	9.6
天津	155.2	6.3		122.3	26.6
河北	99.4	6.0		80.8	12.6
山西	81.2	4.5		71.3	5.4
内蒙古	87.9	11.8	0.1	69.6	6.4
辽宁	164.2	10.9		132.0	21.2
吉林	114.4	12.9		88.5	13.0
黑龙江	105.7	10.5	0.1	85.0	10.2
上海	273.7	19.9	0.1	233.5	20.2
江苏	152.2	19.8		119.9	12.4
浙江					
安徽	114.4	20.4	0.2	84.4	9.5
福建	105.8	16.6	0.4	83.5	5.3
江西	84.2	9.0	0.7	68.0	6.6
山东	117.8	12.4		92.4	12.9
河南	100.0	16.1	0.1	77.6	6.2
湖北	87.5	7.3	0.4	71.3	8.4
湖南	113.0	15.4	0.7	85.8	11.2
广东	165.8	28.0	0.5	124.3	12.9
广西	97.4	16.9	0.4	74.6	5.6
四川	100.6	20.0	0.4	73.8	6.3
贵州	79.8	14.8	0.5	57.8	6.7
云南	73.2	10.6	0.3	55.2	7.1
西藏					
陕西	78.6	6.6	0.2	65.6	6.2
甘肃	79.8	9.7		62.8	7.2
青海					
宁夏	78.4	3.9		66.7	7.8
新疆	97.3	5.3	0.8	79.5	11.7

4-2-10　1980年农村居民现金消费支出

单位：元/人

地　　区	现金消费支　　出	一、食品支出	二、衣着支出	三、居住支出	四、家庭设备及用品支出	五、交通通信支出	六、文教娱乐支出	七、医疗保健支出	八、其他支出
全　　国	**83.8**	**31.4**	**19.8**	**14.5**	**3.2**	**0.6**	**8.0**	**3.3**	**3.1**
北　　京	179.7	69.6	32.3	35.9	7.6	1.1	18.2	7.8	7.3
天　　津	122.3	49.8	30.8	17.4	4.4	0.7	10.7	4.5	4.2
河　　北	80.8	26.6	19.2	17.0	3.3	0.4	7.8	3.4	3.2
山　　西	71.3	22.4	20.1	11.9	3.1	0.4	7.2	3.2	3.0
内 蒙 古	69.6	20.3	21.7	6.4	3.8	0.6	9.2	3.9	3.7
辽　　宁	132.0	46.3	30.8	20.3	6.2	1.0	15.1	6.4	5.9
吉　　林	88.5	26.9	27.6	11.5	4.4	0.2	9.3	4.4	4.4
黑 龙 江	85.0	23.9	27.5	11.6	4.0	0.6	9.5	4.1	3.8
上　　海	233.5	97.1	35.2	62.2	7.2	0.8	16.6	7.4	7.1
江　　苏	119.9	47.7	24.4	25.2	4.0	0.7	10.0	4.1	3.8
浙　　江									
安　　徽	84.4	29.6	18.6	18.0	3.0	0.8	8.3	3.2	2.8
福　　建	83.5	37.6	16.3	13.1	2.7	0.7	7.5	2.9	2.6
江　　西	68.0	22.7	15.5	13.8	2.8	0.6	7.1	2.9	2.7
山　　东	92.4	32.4	23.5	16.4	3.7	0.4	8.7	3.8	3.6
河　　南	77.6	25.0	18.4	17.8	2.9	0.5	7.1	3.0	2.8
湖　　北	71.3	25.7	17.5	12.9	2.6	0.6	6.9	2.7	2.5
湖　　南	85.8	36.4	20.4	12.3	3.0	0.5	7.4	3.1	2.8
广　　东	124.3	53.5	19.9	23.8	4.8	0.9	12.1	4.9	4.6
广　　西	74.6	32.3	14.2	10.4	3.2	0.4	7.6	3.3	3.1
四　　川	73.8	32.7	17.5	9.1	2.4	0.6	6.6	2.6	2.3
贵　　州	57.8	24.9	14.4	8.0	1.6	0.7	5.1	1.7	1.4
云　　南	55.2	26.6	12.4	7.5	1.5	0.4	4.0	1.6	1.4
西　　藏									
陕　　西	65.6	19.9	17.8	12.2	2.8	0.4	6.8	2.9	2.7
甘　　肃	62.8	21.2	16.4	11.7	2.3	0.5	6.1	2.4	2.2
青　　海									
宁　　夏	66.7	20.7	19.4	11.8	2.6	0.5	6.5	2.7	2.5
新　　疆	79.5	24.6	30.2	9.9	2.6	0.5	6.6	2.7	2.5

4-2-11 1985年农村居民总收入

单位：元/人

地　区	总收入	一、工资性收入	二、家庭经营收入	三、财产性和转移性收入
全　国	**547.3**	**72.2**	**445.3**	**29.9**
北　京	939.7	438.8	459.3	41.6
天　津	722.0	210.2	466.0	45.8
河　北	529.2	88.7	412.5	28.0
山　西	463.7	110.2	330.1	23.4
内蒙古	518.3	36.7	472.3	9.3
辽　宁	685.4	143.2	522.4	19.8
吉　林	645.6	53.2	572.2	20.2
黑龙江	623.9	52.8	559.6	11.6
上　海	1036.2	430.4	553.2	52.7
江　苏	676.6	135.1	502.9	38.6
浙　江	711.1	162.6	523.1	25.5
安　徽	526.6	35.8	460.9	29.9
福　建	542.4	73.7	442.5	26.2
江　西	494.2	52.8	418.7	22.8
山　东	587.9	80.9	489.0	18.0
河　南	455.8	44.6	390.0	21.2
湖　北	565.5	50.4	479.2	35.9
湖　南	553.7	53.9	484.7	15.1
广　东	671.4	77.4	549.4	44.7
广　西	420.3	27.5	379.2	13.6
四　川	455.8	47.2	389.6	19.0
贵　州	394.1	27.3	351.4	15.5
云　南	446.5	36.2	378.4	32.0
西　藏	463.8	20.6	414.4	28.8
陕　西	399.9	38.7	339.4	21.9
甘　肃	358.3	40.1	290.9	27.3
青　海	464.0	58.6	381.4	24.0
宁　夏	438.4	65.0	348.1	25.3
新　疆	594.2	38.3	530.1	25.8

4-2-12 1985年农村居民家庭经营总收入

单位：元/人

地　区	家庭经营总收入	一、第一产业收入	1.农业收入	2.林业收入	3.牧业收入	4.渔业收入	二、第二产业收入
全　国	**445.3**	**400.6**	**283.4**	**7.4**	**104.0**	**5.7**	**12.3**
北　京	459.3	365.4	231.4	6.8	126.3	0.9	18.6
天　津	466.0	405.4	287.2	1.0	114.9	2.4	14.8
河　北	412.5	369.1	298.6	2.4	67.2	1.0	13.4
山　西	330.1	258.8	209.1	4.3	45.3		7.6
内蒙古	472.3	456.5	338.9	1.7	115.4	0.4	3.6
辽　宁	522.4	458.5	333.4	2.6	115.0	7.5	20.0
吉　林	572.2	528.1	419.7	1.9	105.5	1.1	6.3
黑龙江	559.6	518.9	420.5	0.7	88.2	9.5	3.5
上　海	553.2	523.7	308.9	0.5	210.9	3.5	5.5
江　苏	502.9	450.3	314.7	5.0	119.8	10.7	20.2
浙　江	523.1	465.6	307.4	21.7	124.2	12.3	17.0
安　徽	460.9	418.6	324.6	6.2	83.6	4.2	7.4
福　建	442.5	386.8	244.6	12.3	122.4	7.6	13.3
江　西	418.7	388.9	253.9	18.3	111.3	5.5	9.6
山　东	489.0	436.0	336.5	5.5	91.6	2.5	12.4
河　南	390.0	357.0	300.2	4.3	51.3	1.1	9.5
湖　北	479.2	430.0	313.0	7.6	98.2	11.3	14.4
湖　南	484.7	441.0	270.8	15.3	146.0	8.9	15.6
广　东	549.4	483.8	272.2	10.8	165.6	35.2	23.1
广　西	379.2	335.0	188.9	8.6	133.3	4.2	14.5
四　川	389.6	358.9	228.7	6.6	122.3	1.2	10.3
贵　州	351.4	314.8	204.4	7.2	102.3	1.0	8.0
云　南	378.4	340.0	212.6	8.3	117.1	2.0	13.1
西　藏	414.4	357.4	246.1	11.6	99.8		18.9
陕　西	339.4	305.4	234.6	5.0	65.7	0.1	9.2
甘　肃	290.9	257.7	199.1	4.5	54.1		10.0
青　海	381.4	330.4	202.7	2.1	125.6	0.1	8.3
宁　夏	348.1	318.2	252.0	6.5	58.7	1.0	7.9
新　疆	530.1	488.5	387.6	7.9	92.8	0.2	6.7

4-2-12 续表 单位：元/人

地　区	1.工业收入	2.建筑业收入	三、第三产业收入	1.交通运输业、邮电业收入	2.批发和零售贸易、餐饮业收入	3.社会服务业收入	4.其他家庭经营收入
全　国	**4.3**	**8.0**	**32.4**	**12.6**	**8.7**	**4.0**	**7.2**
北　京	5.6	13.0	75.3	56.4	5.1	4.5	9.2
天　津	0.9	13.9	45.7	20.4	12.2	4.8	8.5
河　北	4.5	9.0	29.9	10.2	9.5	4.0	6.3
山　西	2.9	4.7	63.7	42.4	7.4	4.5	9.4
内蒙古	1.2	2.4	12.2	5.2	3.1	2.1	1.7
辽　宁	7.6	12.3	44.0	22.8	9.2	3.6	8.4
吉　林	1.2	5.1	37.8	14.3	6.8	2.6	14.2
黑龙江	1.6	1.9	37.2	16.8	6.6	2.4	11.4
上　海		5.5	23.9	8.1	4.1	2.7	9.0
江　苏	6.8	13.4	32.5	12.3	6.7	5.5	8.1
浙　江	6.4	10.6	40.5	14.6	10.3	6.1	9.6
安　徽	1.9	5.5	34.9	11.4	13.4	4.1	6.1
福　建	6.3	7.1	42.3	15.8	10.8	6.8	8.9
江　西	4.4	5.2	20.2	7.0	5.2	3.1	4.8
山　东	3.2	9.3	40.6	12.0	13.2	4.9	10.5
河　南	1.6	7.9	23.6	9.4	5.6	2.9	5.7
湖　北	7.3	7.1	34.8	11.9	15.0	4.1	3.8
湖　南	8.4	7.2	28.2	9.4	11.7	3.2	3.9
广　东	4.7	18.5	42.4	12.3	12.2	6.1	11.8
广　西	9.4	5.1	29.7	7.1	9.4	2.7	10.4
四　川	3.5	6.8	20.5	7.7	5.1	3.7	4.1
贵　州	3.1	4.9	28.6	10.0	8.7	3.5	6.4
云　南	5.1	8.0	25.2	6.9	8.0	5.0	5.4
西　藏	0.1	18.8	38.1	24.0	2.3	1.6	10.1
陕　西	1.2	8.0	24.7	12.1	5.7	2.2	4.7
甘　肃	2.0	8.0	23.1	8.1	4.7	2.3	8.1
青　海	4.5	3.9	42.7	19.9	9.6	5.3	8.0
宁　夏	2.4	5.5	22.0	15.2	2.6	2.6	1.6
新　疆	2.1	4.6	34.9	15.9	10.2	4.0	4.8

4-2-13　1985年农村居民现金收入

单位：元/人

地　区	现金收入	一、工资性收入	二、家庭经营收入	三、财产性和转移性收入
全　国	**357.4**	**68.9**	**251.7**	**36.8**
北　京	736.0	399.5	281.3	55.3
天　津	562.1	205.3	295.7	61.1
河　北	351.5	85.9	236.5	29.1
山　西	336.4	104.8	187.7	44.0
内蒙古	289.9	35.6	230.8	23.6
辽　宁	486.2	128.5	321.2	36.6
吉　林	454.8	52.7	360.4	41.7
黑龙江	414.8	49.8	321.9	43.1
上　海	859.7	420.9	361.9	76.9
江　苏	483.1	133.0	312.6	37.5
浙　江	555.5	161.7	345.9	47.9
安　徽	339.4	35.6	272.5	31.4
福　建	394.8	73.1	278.6	43.0
江　西	307.0	51.6	231.1	24.3
山　东	405.5	77.8	296.3	31.4
河　南	292.9	43.4	214.0	35.5
湖　北	347.4	46.3	267.2	34.0
湖　南	351.5	53.1	250.2	48.2
广　东	500.4	77.0	366.4	57.0
广　西	282.2	27.5	225.7	29.0
四　川	274.9	46.9	194.7	33.3
贵　州	218.2	26.9	161.4	29.9
云　南	254.1	37.1	182.7	34.3
西　藏	199.0	20.1	147.2	31.7
陕　西	234.9	38.8	159.0	37.0
甘　肃	198.4	39.2	129.8	29.4
青　海	278.9	58.0	182.3	38.6
宁　夏	294.6	64.4	190.1	40.1
新　疆	414.0	40.6	342.8	30.6

4-2-14 1985年农村居民家庭经营现金收入

单位：元/人

地区	家庭经营现金收入	一、第一产业收入	农业收入	牧业收入	二、第二产业收入	建筑业收入
全国	**251.7**	**208.3**	**122.8**	**75.2**	**11.6**	**7.7**
北京	281.3	198.6	90.1	102.6	16.9	11.3
天津	295.7	235.8	125.3	107.6	14.6	13.7
河北	236.5	195.0	135.1	57.0	13.1	8.8
山西	187.7	122.3	84.9	34.2	7.0	4.5
内蒙古	230.8	215.3	150.6	62.9	3.5	2.3
辽宁	321.2	264.2	178.7	77.3	16.7	10.0
吉林	360.4	317.1	246.4	67.9	6.3	5.1
黑龙江	321.9	282.6	210.0	63.4	2.5	1.6
上海	361.9	336.6	140.8	193.4	5.3	5.3
江苏	312.6	262.1	146.0	2.3	19.4	12.9
浙江	345.9	271.4	142.8	98.3	16.1	10.6
安徽	272.5	231.4	155.0	68.0	7.3	5.4
福建	278.6	224.0	106.8	99.5	12.9	7.0
江西	231.1	202.4	104.9	79.2	9.1	5.0
山东	296.3	245.7	160.2	79.1	12.0	8.8
河南	214.0	182.6	133.5	45.0	8.9	7.4
湖北	267.2	221.4	149.6	59.4	12.5	6.2
湖南	250.2	207.6	90.1	102.4	14.6	7.0
广东	366.4	302.0	127.9	135.3	23.0	18.3
广西	225.7	182.8	74.5	98.4	13.2	5.1
四川	194.7	164.4	76.1	82.5	10.0	6.7
贵州	161.4	126.0	64.3	55.2	8.0	5.0
云南	182.7	144.5	78.5	58.0	13.1	7.9
西藏	147.2	92.9	50.8	34.3	18.7	18.7
陕西	159.0	125.1	76.3	44.8	9.0	8.1
甘肃	129.8	98.6	57.1	37.8	9.3	7.7
青海	182.3	133.3	49.5	82.3	8.2	3.9
宁夏	190.1	160.5	110.6	42.6	7.9	5.5
新疆	342.8	301.3	226.9	68.3	6.5	4.6

4-2-14 续表 单位：元/人

地区	三、第三产业收入	1.交通运输业、邮电业收入	2.批发和零售贸易、餐饮业收入	3.社会服务业收入	4.其他家庭经营收入
全国	**31.8**	**12.1**	**8.5**	**3.9**	**7.3**
北京	65.8	49.6	3.8	4.3	8.0
天津	45.3	20.4	12.1	4.8	8.2
河北	28.4	9.3	9.4	4.0	5.8
山西	58.4	38.7	7.2	4.5	8.1
内蒙古	12.0	5.2	3.1	2.1	1.6
辽宁	40.3	20.8	8.8	3.3	7.4
吉林	37.0	14.3	6.8	2.6	13.4
黑龙江	36.8	16.7	6.6	2.3	11.2
上海	20.0	7.8	2.7	2.7	6.8
江苏	31.1	12.2	6.6	5.4	7.6
浙江	58.3	14.6	10.3	6.0	27.5
安徽	33.8	11.3	13.3	4.0	5.3
福建	41.7	15.6	10.7	6.8	8.7
江西	19.7	6.9	5.2	3.0	4.5
山东	38.6	11.5	13.0	4.7	9.5
河南	22.5	9.3	5.2	2.8	5.1
湖北	33.3	11.0	14.7	3.8	3.9
湖南	28.0	9.4	11.6	3.2	3.8
广东	41.4	12.2	12.2	6.1	10.9
广西	29.7	7.1	9.4	2.7	10.4
四川	20.3	7.6	5.0	3.7	4.0
贵州	27.4	10.0	8.0	3.5	5.9
云南	25.1	6.8	8.0	5.0	5.4
西藏	35.7	23.9	1.7	1.2	8.9
陕西	24.9	12.0	5.8	2.2	4.9
甘肃	21.9	7.9	4.7	2.3	7.0
青海	40.8	18.9	9.6	5.2	6.9
宁夏	21.7	15.2	2.6	2.6	1.4
新疆	35.0	15.9	10.1	4.0	5.1

4-2-15 1985年农村居民纯收入

单位:元/人

地区	纯收入	一、工资性收入	二、家庭经营纯收入	三、财产性和转移性收入
全国	**397.6**	**72.2**	**296.0**	**29.5**
北京	775.1	438.8	294.7	41.6
天津	564.6	210.2	308.6	45.8
河北	385.2	88.7	268.5	28.0
山西	358.3	110.2	224.7	23.4
内蒙古	360.4	36.7	314.4	9.3
辽宁	467.8	143.2	304.8	19.8
吉林	413.7	53.2	340.4	20.2
黑龙江	397.8	52.8	333.5	11.6
上海	805.9	430.4	322.9	52.7
江苏	492.6	135.1	318.9	38.6
浙江	548.6	162.6	360.5	25.5
安徽	369.4	35.8	303.7	29.9
福建	396.5	73.7	296.5	26.2
江西	377.3	52.8	301.8	22.8
山东	408.1	80.9	309.2	18.0
河南	329.4	44.6	263.6	21.2
湖北	421.2	50.4	335.0	35.9
湖南	395.3	53.9	326.2	15.1
广东	495.3	77.4	373.2	44.7
广西	303.0	27.5	261.9	13.6
四川	315.1	47.2	248.9	19.0
贵州	287.8	27.3	245.1	15.5
云南	338.3	36.2	270.2	32.0
西藏	353.0	20.6	303.6	28.8
陕西	295.3	38.7	234.7	21.9
甘肃	255.2	40.1	187.8	27.3
青海	343.0	58.6	260.4	24.0
宁夏	321.2	65.0	230.8	25.3
新疆	394.3	38.3	330.2	25.8

4-2-16 1985年农村居民总支出

单位：元/人

地　区	总支出	一、家庭经营费用支出	二、购置生产性固定资产支出	三、税费支出	四、消费支出	五、财产性和转移性支出
全　国	**485.5**	**121.4**	**18.7**	**18.4**	**317.4**	**9.6**
北　京	726.3	143.9	38.0	15.0	510.0	19.4
天　津	611.8	138.2	16.7	11.4	426.1	19.4
河　北	461.2	117.9	19.9	16.6	297.7	9.1
山　西	407.9	77.1	30.8	16.4	272.7	10.8
内蒙古	465.5	121.0	26.1	20.8	291.3	6.4
辽　宁	643.6	174.8	24.8	30.7	401.6	11.7
吉　林	649.3	174.7	47.7	39.8	364.5	22.7
黑龙江	576.5	157.2	47.3	52.1	306.6	13.4
上　海	1025.6	185.5	4.5	37.2	778.4	20.0
江　苏	610.5	152.2	10.6	25.4	415.6	6.7
浙　江	662.2	141.7	17.5	12.2	473.8	16.9
安　徽	476.0	128.0	20.0	19.8	299.0	9.2
福　建	514.6	129.1	9.8	10.1	350.6	15.0
江　西	433.1	93.4	10.2	16.3	303.1	10.0
山　东	523.2	144.8	18.7	26.7	322.0	11.0
河　南	403.5	97.1	18.8	19.5	259.6	8.5
湖　北	493.2	108.5	15.6	28.4	334.6	6.1
湖　南	519.9	134.5	14.3	16.2	348.5	6.4
广　东	585.5	151.7	16.3	15.8	388.0	13.6
广　西	395.3	103.9	13.2	4.8	268.3	5.1
四　川	421.5	117.6	7.5	15.2	276.3	5.1
贵　州	366.8	91.3	7.4	6.6	254.6	7.0
云　南	387.6	89.5	16.9	7.4	267.0	6.8
西　藏	387.8	73.3	36.7		269.6	8.2
陕　西	353.8	86.6	17.7	10.0	233.4	6.0
甘　肃	325.5	85.8	18.2	7.0	204.6	9.9
青　海	409.6	85.5	28.7	12.5	274.7	8.2
宁　夏	401.5	95.7	25.5	9.7	265.2	5.5
新　疆	513.6	155.4	28.2	27.0	290.4	12.6

4-2-17 1985年农村居民家庭经营费用支出

单位：元/人

地区	家庭经营费用支出	一、第一产业支出	1.农业支出	2.林业支出	3.牧业支出	4.渔业支出	二、第二产业支出
全　国	**121.4**	**110.7**	**59.5**	**1.0**	**48.4**	**1.9**	**2.0**
北　京	143.9	119.4	43.4	0.2	75.6	0.2	2.9
天　津	138.2	130.8	61.7	0.5	67.9	0.8	
河　北	117.9	107.0	69.4	0.7	36.6	0.2	2.3
山　西	77.1	57.5	42.4	0.5	14.6		0.7
内蒙古	121.0	115.6	76.7	0.6	38.2	0.1	1.0
辽　宁	174.8	157.5	84.9	1.2	69.8	1.5	4.8
吉　林	174.7	161.1	103.5	0.7	56.3	0.6	1.6
黑龙江	157.2	145.4	97.6	0.4	44.3	3.1	0.9
上　海	185.5	179.2	66.1	0.6	111.1	1.4	
江　苏	152.2	140.6	70.4	1.1	66.0	3.2	5.2
浙　江	141.7	131.5	62.9	4.3	59.7	4.6	3.6
安　徽	128.0	117.2	77.8	0.5	37.7	1.2	1.4
福　建	129.1	113.9	53.3	1.2	56.3	3.1	2.8
江　西	93.4	86.5	46.0	1.4	37.6	1.6	1.6
山　东	144.8	129.6	71.6	2.0	55.1	1.0	2.0
河　南	97.1	91.7	63.6	1.0	26.7	0.4	0.8
湖　北	108.5	96.0	53.0	0.7	37.7	4.6	2.5
湖　南	134.5	123.5	52.4	0.5	68.5	2.1	2.5
广　东	151.7	141.1	61.9	0.6	66.1	12.5	2.0
广　西	103.9	94.1	37.4	0.7	55.0	1.0	1.6
四　川	117.6	110.4	37.9	0.4	71.5	0.5	1.8
贵　州	91.3	82.1	36.1	0.4	45.4	0.2	1.6
云　南	89.5	79.3	31.1	0.6	47.0	0.7	3.5
西　藏	73.3	56.9	32.5	0.3	24.2		0.6
陕　西	86.6	78.9	53.3	1.0	24.5	0.1	0.4
甘　肃	85.8	78.3	52.0	0.6	25.6		1.0
青　海	85.5	76.9	47.2	0.3	29.4		1.3
宁　夏	95.7	88.4	67.6	1.0	19.0	0.8	1.0
新　疆	155.4	141.0	93.2	2.5	44.9	0.3	1.1

4-2-17 续表 单位：元/人

地　　区	1.工业支出	2.建筑业支出	三、第三产业支出	1.交通运输业、邮电业支出	2.批发和零贸易、餐饮业支出	3.社会服务业支出	4.其他家庭经营支出
全　　国	**1.7**	**0.3**	**8.7**	**3.6**	**2.3**	**0.6**	**2.2**
北　　京	2.7	0.2	21.6	17.4	1.3	0.6	2.4
天　　津		0.0	7.4	2.2	2.7	0.3	2.2
河　　北	1.9	0.5	8.6	2.8	2.9	0.8	2.1
山　　西	0.7	0.0	18.9	15.0	2.0	0.5	1.4
内 蒙 古	0.7	0.2	4.5	1.9	0.5	0.4	1.7
辽　　宁	4.2	0.6	12.6	7.1	1.9	0.6	3.1
吉　　林	1.3	0.4	12.0	4.7	3.9	0.6	2.9
黑 龙 江	0.9	0.0	10.9	3.3	2.2	0.2	5.1
上　　海			6.3	1.1	2.3	0.0	2.9
江　　苏	4.9	0.4	6.4	3.2	0.8	0.6	1.8
浙　　江	3.4	0.2	6.7	2.0	0.6	0.5	3.6
安　　徽	0.9	0.6	9.4	3.2	3.8	0.7	1.7
福　　建	2.3	0.5	12.3	5.0	3.3	1.1	2.9
江　　西	1.5	0.1	5.3	2.2	0.6	0.1	2.3
山　　东	1.2	0.8	13.2	3.5	5.8	0.7	3.3
河　　南	0.4	0.4	4.6	2.4	0.5	0.3	1.5
湖　　北	2.3	0.2	10.0	3.4	4.6	0.5	1.5
湖　　南	2.4	0.1	8.6	3.3	4.2	0.3	0.8
广　　东	1.7	0.2	8.6	2.7	3.0	0.9	2.0
广　　西	1.5	0.1	8.2	2.3	2.5	0.6	2.8
四　　川	1.6	0.2	5.4	2.7	1.1	0.7	0.9
贵　　州	1.0	0.6	7.5	3.3	1.8	0.4	2.1
云　　南	3.1	0.4	6.8	1.5	2.0	1.2	2.0
西　　藏		0.6	15.8	9.0		0.2	6.6
陕　　西	0.3	0.1	7.3	4.9	0.4	0.4	1.6
甘　　肃	0.7	0.3	6.6	2.5	0.6	0.1	3.4
青　　海	1.2	0.1	7.3	5.5	0.2	0.4	1.2
宁　　夏	1.0		6.3	5.4	0.1	0.1	0.7
新　　疆	0.7	0.3	13.4	6.3	3.2	1.2	2.7

4-2-18　1985年农村居民消费支出

单位：元/人

地　区	消费支出	一、食品支出	二、衣着支出	三、居住支出
全　国	**317.4**	**183.4**	**30.8**	**57.9**
北　京	510.0	240.1	52.5	106.8
天　津	426.1	202.2	48.6	89.9
河　北	297.7	149.0	31.9	66.4
山　西	272.7	148.2	39.5	37.8
内蒙古	291.3	183.6	29.6	36.0
辽　宁	401.6	207.2	43.7	81.2
吉　林	364.5	199.5	37.0	66.8
黑龙江	306.6	176.8	31.9	52.4
上　海	778.4	341.5	64.8	254.5
江　苏	415.6	217.0	36.8	101.7
浙　江	473.8	247.3	41.9	110.5
安　徽	299.0	174.9	28.5	58.0
福　建	350.6	218.8	24.4	59.0
江　西	303.1	185.4	26.4	52.9
山　东	322.0	168.2	35.7	66.1
河　南	259.6	145.5	28.6	51.9
湖　北	334.6	198.0	33.4	55.3
湖　南	348.5	219.6	32.8	51.0
广　东	388.0	234.4	19.2	77.2
广　西	268.3	166.9	19.1	45.8
四　川	276.3	173.9	27.3	41.4
贵　州	254.6	177.9	23.7	29.4
云　南	267.0	178.0	22.9	38.9
西　藏	269.6	184.3	33.3	34.6
陕　西	233.4	134.1	25.2	41.8
甘　肃	204.6	123.6	25.0	25.1
青　海	274.7	176.2	36.9	31.0
宁　夏	265.2	156.3	30.4	32.9
新　疆	290.4	168.1	46.6	33.2

4-2-18 续表

单位：元/人

地　　区	四、家庭设备及用品支出	五、交通通信支出	六、文教娱乐支出	七、医疗保健支出	八、其他支出
全　　国	**16.2**	**5.6**	**12.4**	**7.7**	**3.6**
北　　京	44.9	10.0	40.2	10.5	5.0
天　　津	31.6	9.2	30.5	8.8	5.3
河　　北	17.9	6.7	14.2	8.3	3.4
山　　西	16.1	5.7	14.4	7.4	3.7
内 蒙 古	13.6	5.3	11.8	8.6	2.9
辽　　宁	21.3	9.4	25.7	8.3	4.9
吉　　林	18.8	6.3	21.2	11.1	3.8
黑 龙 江	15.5	5.2	12.2	10.0	2.5
上　　海	52.1	14.9	35.8	8.1	6.8
江　　苏	24.2	8.6	15.1	7.8	4.5
浙　　江	32.7	11.7	14.8	9.3	5.7
安　　徽	13.8	5.1	9.0	6.5	3.3
福　　建	15.2	5.4	13.4	9.0	5.5
江　　西	11.9	5.1	11.6	7.0	2.9
山　　东	21.9	5.4	14.2	6.7	3.8
河　　南	12.2	4.0	7.1	8.1	2.4
湖　　北	17.1	5.1	14.3	8.0	3.6
湖　　南	15.7	6.6	11.9	7.5	3.4
广　　东	17.4	6.8	16.0	11.9	5.2
广　　西	12.8	4.8	8.7	6.6	3.7
四　　川	11.1	3.5	9.7	6.3	3.0
贵　　州	7.9	1.7	6.2	4.1	3.7
云　　南	9.8	3.1	6.2	5.6	2.6
西　　藏	12.9	1.0	1.0	0.1	2.5
陕　　西	11.6	4.0	6.7	7.5	2.5
甘　　肃	10.7	4.0	7.5	6.4	2.4
青　　海	8.6	5.0	7.5	6.3	3.3
宁　　夏	15.1	6.0	14.7	8.1	1.6
新　　疆	14.6	5.6	11.2	7.8	3.2

4-2-19　1985年农村居民现金支出

单位：元/人

地　区	现金支出	一、家庭经营费用支出	二、购买生产性固定资产支出	三、税费支出	四、消费支出	五、财产性和转移性支出
全　国	**331.2**	**80.0**	**18.9**	**16.4**	**194.7**	**21.3**
北　京	619.9	104.0	37.9	10.7	438.8	28.5
天　津	497.8	104.8	16.7	5.6	338.4	32.3
河　北	327.5	78.5	19.9	14.3	198.5	16.4
山　西	307.2	58.0	31.1	15.6	183.7	18.9
内蒙古	259.1	53.9	26.6	20.1	141.4	17.2
辽　宁	471.7	120.6	25.3	24.0	270.4	31.5
吉　林	452.6	108.5	50.8	39.1	219.9	34.2
黑龙江	390.0	96.7	47.6	45.5	178.3	22.0
上　海	840.0	135.5	3.5	6.5	651.7	42.7
江　苏	458.4	108.9	10.7	24.6	286.8	27.5
浙　江	511.9	107.3	18.1	12.1	342.8	31.6
安　徽	317.5	82.8	20.3	19.6	173.1	21.7
福　建	374.1	99.3	10.8	7.9	226.1	30.1
江　西	279.0	64.7	10.5	14.0	166.5	23.2
山　东	379.5	98.7	18.5	23.8	218.8	19.7
河　南	268.1	64.1	18.9	17.7	152.5	15.0
湖　北	332.4	75.0	15.6	26.4	189.2	26.4
湖　南	336.2	81.4	14.3	15.4	192.0	33.0
广　东	437.7	123.1	16.6	10.5	266.4	21.2
广　西	265.1	70.7	13.7	4.6	159.3	16.9
四　川	258.0	65.4	7.5	14.9	154.3	15.9
贵　州	198.1	48.6	7.6	5.8	117.8	18.4
云　南	225.0	55.0	17.3	4.1	135.5	13.0
西　藏	168.8	35.8	31.2		97.1	4.6
陕　西	223.4	51.9	18.6	9.7	129.8	13.4
甘　肃	185.0	44.4	17.8	6.0	101.9	14.9
青　海	237.9	42.1	28.6	11.8	141.0	14.4
宁　夏	260.4	60.3	26.2	7.4	149.3	17.2
新　疆	358.7	108.3	28.5	24.8	179.6	17.6

4-2-20 1985年农村居民家庭经营费用现金支出

单位：元/人

地 区	家庭经营费用现金支出	一、第一产业支出	1.农业支出	2.林业支出	3.牧业支出	4.渔业支出	二、第二产业支出
全 国	**80.0**	**69.9**	**43.1**	**0.9**	**24.2**	**1.7**	**2.0**
北 京	104.0	84.4	34.1	0.2	49.9	0.2	2.8
天 津	104.8	97.6	48.2	0.5	48.1	0.8	
河 北	78.5	68.4	50.8	0.7	16.7	0.2	2.2
山 西	58.0	38.8	29.6	0.5	8.7		0.8
内蒙古	53.9	48.5	33.6	0.6	14.2	0.1	1.0
辽 宁	120.6	104.8	64.8	0.9	37.7	1.4	4.7
吉 林	108.5	95.5	65.6	0.7	28.6	0.6	1.6
黑龙江	96.7	86.4	56.4	0.3	26.7	3.1	0.8
上 海	135.5	130.1	38.7	0.6	89.5	1.2	
江 苏	108.9	97.5	57.7	1.1	35.9	2.8	5.3
浙 江	107.3	94.3	54.6	4.3	31.1	4.4	6.2
安 徽	82.8	72.8	52.8	0.5	18.6	1.0	1.3
福 建	99.3	84.5	46.8	1.1	33.7	3.0	2.8
江 西	64.7	58.6	37.6	1.2	18.4	1.4	1.5
山 东	98.7	84.5	55.3	1.8	26.7	0.7	1.9
河 南	62.1	57.0	42.0	0.9	13.8	0.3	0.7
湖 北	74.8	63.2	40.5	0.7	19.2	2.9	2.2
湖 南	81.4	70.6	41.5	0.4	26.6	2.0	2.4
广 东	123.1	112.7	55.6	0.6	44.4	12.2	1.9
广 西	70.7	61.1	32.8	0.6	26.8	1.0	1.5
四 川	65.4	58.4	29.5	0.3	28.1	0.5	1.7
贵 州	48.6	41.0	22.7	0.3	17.9	0.2	1.4
云 南	55.0	45.3	23.3	0.4	21.0	0.6	3.3
西 藏	35.9	21.4	12.5	0.2	8.7		0.4
陕 西	51.9	44.3	32.6	0.9	10.7	0.1	0.4
甘 肃	44.4	38.2	28.8	0.6	8.7		0.9
青 海	42.1	33.7	19.3	0.3	14.1		1.3
宁 夏	60.3	53.1	40.7	1.0	10.6	0.8	1.0
新 疆	108.3	94.3	64.3	2.4	27.3	0.3	0.8

4-2-20 续表　　　　单位：元/人

地　　区	1.工业支出	2.建筑业支出	三、第三产业支出	1.交通运输业、邮电业支出	2.批发和零贸易、餐饮业支出	3.社会服务业支出	4.其他家庭经营支出
全　　国	**1.7**	**0.3**	**8.1**	**3.4**	**2.2**	**0.5**	**2.0**
北　　京	2.7	0.2	16.7	14.0	0.2	0.5	2.0
天　　津			7.2	2.0	2.7		2.5
河　　北	1.8	0.4	7.8	2.2	2.8	0.8	2.0
山　　西	0.7		18.5	14.8	2.0	0.4	1.2
内 蒙 古	0.7	0.2	4.4	1.9	0.5	0.4	1.7
辽　　宁	4.2	0.6	11.0	6.2	1.8	0.6	2.5
吉　　林	1.3	0.4	11.4	4.7	3.9	0.6	2.3
黑 龙 江	0.8		9.5	2.7	2.2	0.2	4.4
上　　海			5.5	1.0	2.3		2.2
江　　苏	4.9	0.4	6.1	3.2	0.8	0.5	1.7
浙　　江	6.0	0.2	6.8	2.0	0.6	0.4	3.8
安　　徽	0.9	0.5	8.6	2.8	3.7	0.4	1.6
福　　建	2.3	0.5	12.0	5.0	3.2	1.1	2.6
江　　西	1.4	0.1	4.7	1.9	0.6	0.1	2.0
山　　东	1.2	0.7	12.3	3.2	5.7	0.6	2.8
河　　南	0.4	0.3	4.5	2.4	0.5	0.3	1.3
湖　　北	2.0	0.2	9.4	3.3	4.3	0.4	1.4
湖　　南	2.3	0.1	8.4	3.2	4.1	0.3	0.8
广　　东	1.6	0.2	8.5	2.7	3.0	0.9	1.9
广　　西	1.4	0.1	8.2	2.3	2.5	0.6	2.8
四　　川	1.6	0.2	5.4	2.7	1.1	0.7	0.9
贵　　州	1.0	0.5	6.1	3.0	0.9	0.4	1.9
云　　南	2.9	0.4	6.5	1.5	2.0	1.2	1.8
西　　藏		0.4	14.0	8.2		0.2	5.7
陕　　西	0.4		7.2	4.9	0.4	0.4	1.5
甘　　肃	0.6	0.3	5.4	2.0	0.6	0.1	2.6
青　　海	1.2	0.1	7.0	5.2	0.2	0.4	1.2
宁　　夏	1.0		6.2	5.2	0.1	0.1	0.7
新　　疆	0.5	0.3	13.2	6.3	3.3	1.0	2.7

4-2-21 1985年农村居民现金消费支出

单位：元/人

地　区	现金消费支出	一、食品支出	二、衣着支出	三、居住支出
全　国	**194.7**	**76.6**	**30.1**	**42.8**
北　京	438.8	176.6	52.4	99.2
天　津	338.4	128.3	48.4	76.3
河　北	198.5	62.1	30.0	56.0
山　西	183.7	63.8	38.9	34.2
内蒙古	141.4	48.5	29.6	21.3
辽　宁	270.4	99.6	43.4	58.0
吉　林	219.9	77.3	37.0	44.5
黑龙江	178.3	69.0	31.9	32.0
上　海	651.7	233.2	63.4	238.5
江　苏	286.8	108.0	35.9	83.1
浙　江	342.8	137.0	41.2	91.1
安　徽	173.1	69.3	28.0	38.4
福　建	266.1	150.1	24.4	43.4
江　西	166.5	69.5	26.0	32.8
山　东	218.8	81.2	34.5	51.3
河　南	152.5	51.7	27.5	39.8
湖　北	189.2	70.3	32.2	38.9
湖　南	192.0	78.0	32.5	36.4
广　东	266.4	133.7	19.1	56.3
广　西	159.3	76.1	19.1	27.5
四　川	154.3	66.0	26.7	28.1
贵　州	117.8	50.7	23.7	20.0
云　南	135.5	60.0	22.8	25.5
西　藏	97.1	48.3	26.5	6.5
陕　西	129.8	42.1	24.7	30.8
甘　肃	101.9	30.8	24.8	15.6
青　海	141.0	55.3	36.2	18.8
宁　夏	149.3	46.0	30.4	27.4
新　疆	179.7	65.4	45.6	26.5

4-2-21 续表　　单位：元/人

地　区	四、家庭设备及用品支出	五、交通通信支出	六、文教娱乐支出	七、医疗保健支出	八、其他支出
全　国	**16.1**	**5.6**	**12.3**	**7.7**	**3.5**
北　京	44.8	10.0	40.2	10.5	5.0
天　津	31.6	9.2	30.5	8.8	5.3
河　北	17.9	6.7	14.1	8.3	3.3
山　西	15.8	5.7	14.3	7.4	3.6
内蒙古	13.5	5.3	11.8	8.6	2.9
辽　宁	21.2	9.6	25.6	8.1	4.8
吉　林	18.8	6.3	21.2	11.1	3.8
黑龙江	15.5	5.2	12.2	10.0	2.4
上　海	51.8	14.9	35.8	7.6	6.8
江　苏	23.8	8.6	15.1	7.8	4.5
浙　江	32.2	11.8	14.7	9.2	5.6
安　徽	13.6	5.1	9.0	6.5	3.3
福　建	15.1	5.4	13.4	9.0	5.4
江　西	11.8	5.1	11.6	7.0	2.8
山　东	21.8	5.4	14.2	6.7	3.8
河　南	12.1	4.0	7.1	8.1	2.4
湖　北	17.0	5.1	14.3	8.0	3.5
湖　南	15.6	6.6	11.9	7.5	3.4
广　东	17.4	6.8	16.0	11.9	5.2
广　西	12.8	4.8	8.7	6.6	3.7
四　川	11.0	3.5	9.7	6.3	3.0
贵　州	7.8	1.7	6.2	4.1	3.7
云　南	9.8	3.1	6.2	5.6	2.6
西　藏	12.2	1.1	0.4	0.2	2.0
陕　西	11.6	4.0	6.7	7.5	2.5
甘　肃	10.6	4.0	7.4	6.4	2.3
青　海	8.6	5.0	7.5	6.3	3.3
宁　夏	15.1	6.0	14.7	8.1	1.6
新　疆	14.6	5.2	11.2	8.0	3.3

4-2-22 1990年农村居民总收入

单位：元/人

地　　区	总收入	一、工资性收入	二、家庭经营收入	三、财产性和转移性收入
全　　国	**990.4**	**138.8**	**815.8**	**35.8**
北　　京	1649.2	704.7	857.9	86.5
天　　津	1371.5	464.1	837.4	70.0
河　　北	894.8	171.4	691.3	32.1
山　　西	825.0	165.3	623.6	36.1
内 蒙 古	947.2	52.3	871.1	23.8
辽　　宁	1235.9	260.6	951.1	24.3
吉　　林	1312.8	75.7	1207.3	29.8
黑 龙 江	1329.6	77.1	1233.7	18.8
上　　海	2232.1	1065.6	1092.6	73.8
江　　苏	1273.3	300.6	938.4	34.4
浙　　江	1445.7	354.1	1029.1	62.5
安　　徽	837.3	77.1	734.9	25.2
福　　建	1112.1	156.6	888.2	67.3
江　　西	940.9	87.2	822.5	31.2
山　　东	994.4	167.8	795.0	31.6
河　　南	764.4	79.2	655.2	30.0
湖　　北	957.0	82.4	849.9	24.7
湖　　南	975.6	85.1	859.8	30.7
广　　东	1488.9	235.5	1181.5	71.9
广　　西	898.5	59.8	803.5	35.2
海　　南	949.3	60.8	827.2	61.3
四　　川	846.7	83.6	727.6	35.5
贵　　州	629.0	47.0	554.6	27.4
云　　南	775.0	77.0	662.6	35.4
西　　藏	869.8	45.6	790.6	33.6
陕　　西	735.0	87.9	613.6	33.4
甘　　肃	614.7	80.9	508.6	25.2
青　　海	782.7	81.7	664.2	36.8
宁　　夏	835.1	80.4	725.4	29.2
新　　疆	1112.0	54.0	1034.7	23.3

4-2-23　1990年农村居民家庭经营总收入

单位：元/人

地　区	家庭经营总收入	一、第一产业收入	1.农业收入	2.林业收入	3.牧业收入	4.渔业收入	二、第二产业收入
全　国	**815.8**	**735.6**	**531.1**	**8.5**	**185.7**	**10.2**	**25.9**
北　京	857.9	693.9	486.5	18.3	185.4	3.7	35.4
天　津	837.4	706.9	538.7	1.8	159.6	6.7	19.9
河　北	691.3	627.6	513.6	2.9	108.8	2.3	25.4
山　西	623.6	517.7	430.5	7.0	80.2		15.8
内蒙古	871.1	845.1	677.8	2.0	164.5	0.8	7.7
辽　宁	951.1	870.4	660.0	1.2	199.6	9.6	21.5
吉　林	1207.3	1166.4	1011.0	1.9	153.0	0.5	9.0
黑龙江	1233.7	1151.3	998.9	0.7	147.0	4.8	11.7
上　海	1092.6	1051.8	762.3	11.4	272.8	5.4	8.0
江　苏	938.4	830.6	567.7	8.7	235.5	18.7	41.1
浙　江	1029.1	839.7	528.3	8.6	277.9	24.9	56.0
安　徽	734.9	672.6	522.9	7.1	134.5	8.2	19.0
福　建	888.2	770.3	456.0	24.0	273.9	16.4	34.4
江　西	822.5	760.9	511.6	16.3	219.3	13.7	21.2
山　东	795.0	717.1	571.0	7.2	138.1	0.9	27.7
河　南	655.2	587.6	486.6	8.7	91.2	1.2	24.2
湖　北	849.9	787.2	593.1	7.3	175.8	10.9	16.1
湖　南	859.8	775.4	476.5	13.5	271.7	13.6	40.1
广　东	1181.5	995.9	598.8	6.6	322.2	68.4	67.9
广　西	803.5	723.5	443.7	12.2	257.0	10.6	36.5
海　南	827.2	703.7	372.6	35.2	190.8	105.2	34.2
四　川	727.6	668.5	397.6	7.9	258.7	4.2	27.0
贵　州	554.6	506.2	320.6	7.3	176.8	1.5	14.2
云　南	662.6	607.3	393.0	7.4	203.9	3.1	15.0
西　藏	790.6	736.1	508.5	16.1	211.5		11.4
陕　西	613.6	559.2	450.8	8.0	99.9	0.6	16.9
甘　肃	508.6	465.2	379.8	6.2	79.2	0.1	13.6
青　海	664.2	596.7	387.8	2.7	205.8	0.5	11.9
宁　夏	725.4	673.2	540.7	5.4	126.2	0.9	14.5
新　疆	1034.7	966.5	823.1	14.1	129.3		5.6

4-2-23 续表

单位：元/人

地　　区	1.工业收入	2.建筑业收入	三、第三产业收入	1.交通运输业、邮电业收入	2.批发和零贸易、餐饮业收入	3.社会服务业收入	4.其他家庭经营收入
全　　国	**13.2**	**12.7**	**54.3**	**21.2**	**14.8**	**7.7**	**10.6**
北　　京	16.0	19.4	128.6	76.2	16.0	17.2	19.2
天　　津	5.3	14.5	110.6	34.1	45.2	13.4	17.9
河　　北	14.7	10.7	38.4	12.6	12.6	6.5	6.7
山　　西	10.2	5.6	90.1	64.7	10.1	6.7	8.6
内 蒙 古	6.3	1.5	18.3	8.9	4.3	2.7	2.3
辽　　宁	8.1	13.4	59.2	33.3	14.1	4.8	7.0
吉　　林	6.0	3.1	31.9	16.1	5.0	2.2	8.5
黑 龙 江	9.3	2.3	70.8	18.7	6.8	4.6	40.7
上　　海	0.3	7.7	32.8	10.4	3.8	9.0	9.6
江　　苏	14.3	26.8	66.7	21.5	17.5	12.4	15.2
浙　　江	33.8	22.3	133.4	55.4	30.6	23.6	23.8
安　　徽	9.6	9.4	43.3	13.3	17.4	5.9	6.8
福　　建	18.9	15.5	83.4	26.1	16.3	14.4	26.6
江　　西	13.4	7.8	40.3	15.1	13.4	6.7	5.1
山　　东	10.5	17.2	50.2	17.6	13.7	6.1	12.7
河　　南	12.0	12.2	43.4	18.8	8.9	5.7	10.0
湖　　北	9.7	6.4	46.7	16.1	20.4	7.4	2.9
湖　　南	19.7	20.4	44.4	11.8	20.3	7.9	4.4
广　　东	28.8	39.1	117.8	37.1	38.1	18.2	24.3
广　　西	27.1	9.4	43.5	15.6	17.8	4.0	6.2
海　　南	13.9	20.3	89.3	35.2	14.1	5.6	34.4
四　　川	10.8	16.1	32.2	11.5	8.7	7.9	4.0
贵　　州	8.5	5.7	34.2	10.3	11.7	5.0	7.3
云　　南	9.1	5.9	40.4	16.7	10.1	5.6	8.0
西　　藏	1.2	10.1	43.1	23.8	11.4	1.3	6.5
陕　　西	9.8	7.1	37.5	16.4	11.1	4.2	5.8
甘　　肃	7.1	6.5	29.8	11.8	7.7	4.2	6.0
青　　海	7.3	4.6	55.5	30.0	11.5	7.9	6.1
宁　　夏	9.3	5.2	37.7	27.1	7.7	1.5	1.5
新　　疆	2.7	2.9	62.6	30.7	18.1	6.8	7.0

4-2-24　1990年农村居民现金收入

单位：元/人

地　　区	现金收入	一、工资性收入	二、家庭经营收入	三、财产性和转移性收入
全　　国	**676.7**	**136.4**	**481.2**	**59.1**
北　　京	1330.6	686.5	547.3	96.8
天　　津	1024.3	460.5	487.0	76.7
河　　北	610.8	166.7	397.7	46.4
山　　西	586.8	163.5	366.1	57.2
内 蒙 古	527.0	51.2	431.8	44.1
辽　　宁	874.8	249.8	579.8	45.2
吉　　林	926.7	75.6	787.5	63.6
黑 龙 江	871.7	69.8	757.3	44.6
上　　海	1740.0	1056.6	555.5	128.0
江　　苏	914.1	298.6	551.7	63.8
浙　　江	1203.6	352.8	754.5	96.3
安　　徽	583.0	76.5	462.6	44.0
福　　建	849.4	156.0	605.9	87.5
江　　西	577.4	85.5	446.8	45.1
山　　东	686.9	158.5	482.6	45.7
河　　南	512.9	78.3	386.2	48.5
湖　　北	618.1	77.6	476.3	64.1
湖　　南	638.5	84.1	475.9	78.5
广　　东	1177.7	235.2	832.2	110.3
广　　西	569.5	59.8	459.6	50.2
海　　南	715.2	59.1	598.4	57.7
四　　川	520.5	83.6	380.4	56.6
贵　　州	356.5	46.4	265.2	44.9
云　　南	479.7	76.9	346.3	56.5
西　　藏	292.9	45.6	213.5	33.9
陕　　西	454.4	87.9	307.7	58.8
甘　　肃	326.9	80.8	212.9	33.2
青　　海	471.1	80.2	333.2	57.7
宁　　夏	560.3	79.6	423.5	57.1
新　　疆	862.1	53.0	750.3	58.8

4-2-25　1990年农村居民家庭经营现金收入

单位:元/人

地　区	家庭经营现金收入	一、第一产业收入	农业收入	牧业收入	二、第二产业收入
全　国	**481.2**	**401.3**	**248.6**	**137.3**	**25.4**
北　京	547.3	393.5	220.9	152.5	34.7
天　津	487.0	362.0	206.1	147.5	19.6
河　北	397.7	338.0	245.3	88.3	23.0
山　西	366.1	260.8	190.4	63.8	15.8
内蒙古	431.8	407.0	317.8	86.5	7.0
辽　宁	579.8	504.9	356.3	138.9	19.1
吉　林	787.5	746.6	641.6	102.7	9.0
黑龙江	757.3	689.7	578.7	106.0	11.4
上　海	555.5	512.9	297.8	204.6	8.0
江　苏	551.7	444.0	242.2	181.7	41.1
浙　江	754.5	517.8	244.0	243.8	56.0
安　徽	462.6	401.8	281.8	107.3	18.3
福　建	605.9	490.9	228.9	225.1	34.2
江　西	446.8	386.3	197.0	168.4	20.9
山　东	482.6	408.5	285.2	116.6	26.8
河　南	386.2	319.6	234.1	78.0	24.0
湖　北	476.3	417.0	303.1	100.6	14.8
湖　南	475.9	391.6	165.0	209.8	40.0
广　东	832.2	647.8	308.2	271.7	67.7
广　西	459.6	380.6	167.5	193.8	35.4
海　南	598.4	475.8	193.9	149.0	34.1
四　川	380.4	321.4	135.2	176.8	26.9
贵　州	265.2	217.6	111.2	99.2	13.9
云　南	346.3	292.3	160.7	123.5	14.5
西　藏	213.5	159.8	88.9	57.8	11.2
陕　西	307.7	253.6	180.0	67.2	16.9
甘　肃	212.9	170.2	117.9	47.3	13.3
青　海	333.2	266.4	137.0	127.2	11.9
宁　夏	423.5	371.4	273.9	91.3	14.5
新　疆	750.3	683.8	571.6	103.2	5.5

4-2-25 续表

单位：元/人

地　　区	1.工业收入	2.建筑业收入	三、第三产业收入	1.交通运输业、邮电业收入	2.批发和零贸易、餐饮业收入	3.社会服务业收入	4.其他家庭经营收入
全　　国	**12.9**	**12.5**	**54.6**	**20.9**	**14.7**	**7.6**	**11.4**
北　　京	16.0	18.8	119.0	69.4	15.9	16.9	16.8
天　　津	5.3	14.3	105.4	33.7	45.2	13.4	13.1
河　　北	12.4	10.6	36.7	11.4	12.3	6.5	6.4
山　　西	10.2	5.6	89.5	64.6	10.1	6.7	8.2
内 蒙 古	5.6	1.5	17.8	8.7	4.1	2.7	2.3
辽　　宁	7.8	11.3	55.7	30.2	14.2	4.5	6.8
吉　　林	5.9	3.1	31.9	16.1	5.0	2.2	8.5
黑 龙 江	9.1	2.3	56.2	18.6	6.7	4.5	26.5
上　　海	0.3	7.7	34.6	10.4	3.8	9.0	11.4
江　　苏	14.3	26.8	66.7	21.5	17.5	12.4	15.2
浙　　江	33.8	22.3	180.7	55.4	30.6	23.6	71.0
安　　徽	9.1	9.2	42.4	13.3	17.3	5.8	6.1
福　　建	18.9	15.3	80.9	26.1	16.3	14.3	24.2
江　　西	13.3	7.6	39.6	15.1	13.2	6.7	4.7
山　　东	10.3	16.6	47.3	16.8	13.2	6.0	11.3
河　　南	12.0	12.0	42.6	18.8	8.9	5.7	9.3
湖　　北	9.4	5.4	44.6	15.4	19.4	7.0	2.9
湖　　南	19.5	20.4	44.3	11.8	20.3	8.0	4.3
广　　东	28.6	39.1	116.7	37.1	37.5	18.1	24.0
广　　西	26.0	9.4	43.5	15.6	17.8	4.0	6.1
海　　南	13.9	20.2	88.6	35.2	13.8	5.6	33.9
四　　川	10.7	16.1	32.0	11.5	8.7	7.9	4.0
贵　　州	8.3	5.6	33.7	10.3	11.6	5.0	6.8
云　　南	8.9	5.7	39.5	16.6	10.0	5.6	7.4
西　　藏	1.2	10.0	42.5	23.8	11.4	1.3	6.0
陕　　西	9.7	7.1	37.3	16.4	11.1	4.2	5.6
甘　　肃	6.8	6.5	29.3	11.8	7.7	4.0	5.8
青　　海	7.2	4.6	54.9	30.0	11.5	7.9	5.5
宁　　夏	9.3	5.2	37.6	27.1	7.6	1.5	1.5
新　　疆	2.6	2.9	61.0	30.1	18.0	6.8	6.1

4-2-26 1990年农村居民纯收入

单位：元/人

地　区	纯收入	一、工资性收入	二、家庭经营纯收入	三、财产性和转移性收入
全　国	**686.3**	**138.8**	**518.6**	**29.0**
北　京	1297.1	704.7	520.9	71.5
天　津	1069.0	464.1	545.9	59.0
河　北	621.7	171.4	422.9	27.4
山　西	603.5	165.3	407.9	30.3
内蒙古	607.2	52.3	542.5	12.4
辽　宁	836.2	260.6	557.2	18.3
吉　林	803.5	75.7	702.1	25.7
黑龙江	759.9	77.1	670.8	12.0
上　海	1907.3	1065.6	781.8	59.9
江　苏	959.1	300.6	631.5	27.0
浙　江	1099.0	354.1	690.2	54.8
安　徽	539.2	77.1	442.0	20.0
福　建	764.4	156.6	554.2	53.6
江　西	669.9	87.2	557.9	24.8
山　东	680.2	167.8	486.0	26.4
河　南	527.0	79.2	423.2	24.5
湖　北	670.8	82.4	568.8	19.6
湖　南	664.2	85.1	557.1	22.0
广　东	1043.0	235.5	745.4	62.2
广　西	639.5	59.8	553.0	26.7
海　南	696.2	60.8	579.8	55.6
四　川	557.8	83.6	445.6	28.6
贵　州	435.1	47.0	365.3	22.9
云　南	540.9	77.0	434.0	29.9
西　藏	649.7	45.6	580.7	23.4
陕　西	530.8	87.9	414.8	28.1
甘　肃	431.0	80.9	329.8	20.3
青　海	559.8	81.7	448.8	29.4
宁　夏	578.1	80.4	474.3	23.4
新　疆	683.5	54.0	612.7	16.8

4-2-27 1990年农村居民总支出

单位：元/人

地区	总支出	一、家庭经营费用支出	二、购置生产性固定资产支出	三、税费支出	四、消费支出	五、财产性和转移性支出
全国	**903.5**	**241.1**	**20.3**	**38.7**	**584.6**	**18.8**
北京	1371.6	276.9	17.3	50.9	980.7	45.9
天津	1062.5	248.9	17.8	28.2	732.9	34.7
河北	775.7	219.1	23.1	32.7	485.7	15.1
山西	730.1	160.5	27.8	34.9	487.7	19.2
内蒙古	827.7	261.8	21.8	40.7	491.9	11.4
辽宁	1091.0	295.9	20.9	78.2	679.1	16.8
吉林	1176.6	368.3	43.4	99.9	632.9	32.0
黑龙江	1168.3	411.0	32.8	117.2	585.8	21.5
上海	1834.3	258.0	5.0	36.2	1505.1	30.2
江苏	1166.7	250.6	13.0	42.8	842.8	17.6
浙江	1337.8	296.2	33.0	20.7	946.0	41.9
安徽	822.4	231.6	17.0	45.0	514.9	13.9
福建	1082.9	300.6	10.9	17.8	708.0	45.6
江西	858.6	224.2	9.7	28.8	577.2	18.9
山东	878.3	237.3	18.1	57.6	547.1	18.1
河南	688.2	174.8	19.4	41.3	437.7	14.9
湖北	902.3	210.5	12.9	58.4	607.6	13.0
湖南	930.2	258.5	17.3	32.2	608.7	13.6
广东	1410.2	373.6	24.9	46.2	932.6	32.9
广西	803.1	226.9	18.1	10.8	537.0	10.3
海南	834.3	208.3	14.6	13.6	565.8	32.0
四川	801.8	239.2	9.2	31.0	509.2	13.2
贵州	608.0	165.6	12.8	11.0	403.3	15.2
云南	730.3	196.6	21.4	14.1	485.5	12.8
西藏	668.0	144.6	22.1	0.5	490.8	10.0
陕西	699.2	167.5	23.9	17.7	477.1	13.0
甘肃	530.1	147.9	16.6	15.7	339.3	10.6
青海	723.5	161.0	40.4	23.6	474.8	23.7
宁夏	766.7	206.5	40.7	22.4	483.7	13.4
新疆	971.5	326.0	57.7	62.1	506.8	18.9

4-2-28　1990年农村居民家庭经营费用支出

单位：元/人

地　区	家庭经营费用支出	一、第一产业支出	1.农业支出	2.林业支出	3.牧业支出	4.渔业支出	二、第二产业支出
全　国	**241.1**	**223.4**	**130.4**	**1.0**	**88.9**	**3.1**	**4.6**
北　京	276.9	237.9	124.3	2.3	110.8	0.5	5.5
天　津	248.9	218.6	122.6	1.6	93.8	0.7	0.5
河　北	219.1	207.9	154.3	0.4	52.8	0.4	4.4
山　西	160.5	124.3	95.3	0.4	28.6		3.7
内蒙古	261.8	253.6	179.2	0.2	73.9	0.2	3.1
辽　宁	295.9	277.1	180.7	0.6	94.2	1.7	3.4
吉　林	368.3	353.2	272.2	0.5	80.3	0.2	2.4
黑龙江	411.0	389.3	310.9	0.5	76.1	1.8	3.6
上　海	258.0	249.1	96.5	3.3	146.1	3.3	1.0
江　苏	250.6	234.8	121.7	1.0	108.8	3.3	6.4
浙　江	296.2	258.3	123.8	0.7	127.1	6.6	9.4
安　徽	231.6	215.4	154.0	0.6	59.1	1.8	4.0
福　建	300.6	271.2	128.0	4.1	133.0	6.1	11.1
江　西	224.2	205.4	112.9	0.9	89.1	2.6	5.0
山　东	237.3	226.0	157.1	2.1	66.4	0.3	3.1
河　南	174.8	159.9	118.4	0.8	40.6	0.1	5.3
湖　北	210.5	195.0	125.4	0.9	67.3	1.3	2.7
湖　南	258.5	245.7	99.2	0.6	143.3	2.6	4.7
广　东	373.6	347.1	156.2	0.8	160.9	29.3	6.8
广　西	226.9	206.6	82.8	0.7	121.4	1.7	10.2
海　南	208.3	182.2	69.4	4.5	67.8	40.5	4.8
四　川	239.2	226.3	75.9	0.2	148.7	1.6	4.0
贵　州	165.6	152.7	70.9	0.7	80.8	0.4	3.4
云　南	196.6	180.1	75.3	0.7	103.2	0.8	2.5
西　藏	144.6	126.4	72.6	0.3	53.4		0.4
陕　西	167.5	156.1	111.4	1.0	43.6	0.1	3.4
甘　肃	147.9	137.0	103.6	0.5	32.9		1.8
青　海	161.0	145.2	95.2	0.7	49.2	0.1	1.2
宁　夏	206.5	193.5	139.6		52.1	1.8	2.9
新　疆	326.0	300.7	211.7	4.0	85.1		1.5

4-2-28 续表

单位：元/人

地区	1.工业支出	2.建筑业支出	三、第三产业支出	1.交通运输业、邮电业支出	2.批发和零贸易、餐饮业支出	3.社会服务业支出	4.其他家庭经营支出
全国	**4.1**	**0.5**	**13.2**	**7.8**	**2.1**	**0.9**	**2.3**
北京	5.2	0.3	33.6	26.3	1.6	3.4	2.3
天津	0.5		29.7	8.6	15.9	1.6	3.7
河北	4.1	0.3	6.9	3.7	1.2	0.7	1.3
山西	3.0	0.6	32.6	26.1	1.5	1.1	3.9
内蒙古	3.1	0.0	5.1	2.6	0.2	0.4	1.8
辽宁	2.9	0.5	15.4	11.1	1.3	0.4	2.7
吉林	2.1	0.3	12.7	7.5	1.3	0.4	3.6
黑龙江	3.3	0.3	18.1	6.5	0.6	0.7	10.3
上海		1.0	7.9	3.5	0.6	0.8	3.1
江苏	6.2	0.3	9.3	5.4	2.2	0.8	1.0
浙江	9.1	0.3	28.6	18.1	4.2	2.3	3.9
安徽	3.7	0.3	12.2	4.7	4.4	1.1	2.1
福建	5.3	5.7	18.4	10.5	1.2	2.1	4.6
江西	4.8	0.2	13.7	7.6	3.8	0.8	1.5
山东	2.9	0.2	8.3	5.3	1.2	0.5	1.2
河南	4.9	0.4	9.6	5.7	0.5	0.7	2.7
湖北	2.5	0.3	12.8	7.7	3.2	1.0	1.0
湖南	4.5	0.2	8.1	3.2	3.1	1.2	0.6
广东	6.2	0.6	19.8	12.5	2.9	1.3	3.0
广西	10.2	0.0	10.1	5.7	3.4	0.3	0.7
海南	3.8	1.0	21.3	13.3	2.0	0.1	5.9
四川	3.8	0.2	8.9	5.5	1.1	1.3	1.0
贵州	2.7	0.8	9.5	4.2	2.6	0.8	2.0
云南	2.4	0.1	14.1	8.4	3.0	0.9	1.8
西藏		0.4	17.8	12.0	1.6	0.0	4.1
陕西	2.8	0.7	8.0	5.9	1.1	0.3	0.8
甘肃	1.8	0.0	9.2	4.1	0.6	0.4	4.1
青海	1.2	0.0	14.6	8.1	1.0	2.1	3.4
宁夏	2.5	0.4	10.1	9.2	0.5	0.2	0.2
新疆	1.4	0.1	23.7	15.6	2.3	2.0	3.8

4-2-29 1990年农村居民消费支出

单位：元/人

地　区	消费支出	一、食品支出	二、衣着支出	三、居住支出
全　国	**584.6**	**343.8**	**45.4**	**101.4**
北　京	980.7	496.8	91.9	181.0
天　津	732.9	396.4	70.2	126.4
河　北	485.7	253.8	46.9	102.2
山　西	487.7	257.9	59.8	76.0
内蒙古	491.9	302.7	38.0	65.1
辽　宁	679.1	367.6	69.0	126.0
吉　林	632.9	385.4	54.0	99.9
黑龙江	585.8	331.7	58.7	102.2
上　海	1505.1	807.7	132.7	285.8
江　苏	842.8	465.6	57.9	195.0
浙　江	946.0	503.1	59.0	225.8
安　徽	514.9	300.1	38.9	99.1
福　建	708.0	429.2	38.9	121.7
江　西	577.2	372.8	36.3	85.4
山　东	547.1	297.1	52.8	105.7
河　南	437.7	240.9	43.2	80.7
湖　北	607.6	376.2	42.8	90.0
湖　南	608.7	390.7	37.3	82.8
广　东	932.6	538.2	38.4	176.1
广　西	537.0	350.0	26.2	81.6
海　南	565.8	362.5	36.5	69.3
四　川	509.2	330.0	35.6	72.7
贵　州	403.3	282.8	30.2	43.4
云　南	485.5	310.4	35.8	76.2
西　藏	490.8	362.3	42.5	63.7
陕　西	477.1	278.9	38.1	85.3
甘　肃	339.3	208.7	30.1	46.0
青　海	474.8	282.6	60.3	59.8
宁　夏	483.7	277.4	47.9	67.6
新　疆	506.8	272.1	76.9	69.4

4-2-29 续表　　单位：元/人

地　区	四、家庭设备及用品支出	五、交通通信支出	六、文教娱乐支出	七、医疗保健支出	八、其他支出
全　国	**30.9**	**8.4**	**31.4**	**19.0**	**4.3**
北　京	79.1	19.9	65.0	39.3	7.9
天　津	56.6	10.8	45.6	25.1	1.9
河　北	30.2	6.6	24.2	19.1	2.6
山　西	30.7	6.6	32.8	20.1	3.7
内蒙古	23.3	8.6	33.2	19.3	1.7
辽　宁	34.9	12.5	39.2	24.8	5.1
吉　林	26.1	10.1	26.4	27.5	3.7
黑龙江	24.7	9.2	28.3	28.7	2.4
上　海	125.6	23.9	59.3	40.3	29.8
江　苏	53.2	10.0	34.7	22.7	3.7
浙　江	61.5	16.7	42.0	28.4	9.5
安　徽	25.8	6.8	25.7	14.7	4.0
福　建	34.8	13.8	39.2	20.1	10.4
江　西	24.6	6.1	32.3	16.1	3.5
山　东	32.8	6.4	32.7	17.1	2.3
河　南	23.9	5.6	22.3	18.0	3.1
湖　北	33.8	7.7	35.9	17.6	3.6
湖　南	28.6	8.8	39.2	18.3	3.0
广　东	50.2	16.1	67.0	34.1	12.7
广　西	21.8	7.7	31.8	12.5	5.4
海　南	20.5	11.8	40.2	19.7	5.3
四　川	22.3	6.4	24.7	14.3	3.1
贵　州	13.8	3.9	16.9	7.9	4.4
云　南	21.8	5.3	19.4	13.7	2.9
西　藏	14.0	2.7	1.7	1.4	2.6
陕　西	23.4	6.0	23.9	18.2	3.3
甘　肃	14.9	4.5	18.9	13.9	2.2
青　海	29.0	6.7	16.5	18.5	1.3
宁　夏	27.6	12.5	31.8	17.2	1.8
新　疆	30.4	11.4	27.0	16.4	3.3

4-2-30 1990年农村居民现金支出

单位：元/人

地区	现金支出	一、家庭经营费用支出	二、购买生产性固定资产支出	三、税费支出	四、消费支出	五、财产性和转移性支出
全国	**639.1**	**162.9**	**20.5**	**33.4**	**374.7**	**47.6**
北京	1183.6	210.5	16.9	48.0	844.2	64.0
天津	846.0	194.0	17.5	10.1	558.7	65.7
河北	561.2	144.6	23.8	27.5	329.8	35.5
山西	563.4	119.9	27.7	26.8	346.1	42.9
内蒙古	500.6	135.9	21.8	35.9	271.2	35.9
辽宁	829.6	197.1	20.9	64.3	481.8	65.6
吉林	866.9	261.2	43.6	99.5	389.7	73.0
黑龙江	806.6	255.9	32.4	95.6	368.4	54.4
上海	1568.8	251.0	5.8	36.2	1146.1	129.8
江苏	895.9	195.7	12.9	42.8	569.7	75.0
浙江	1132.9	238.7	33.3	20.7	746.6	93.7
安徽	578.2	151.0	17.0	43.4	323.0	43.9
福建	848.6	243.4	10.5	14.2	500.8	79.8
江西	553.2	156.1	9.6	24.0	317.3	46.2
山东	646.8	158.7	18.8	51.2	379.6	38.5
河南	488.5	120.1	19.4	37.1	280.7	31.2
湖北	603.4	134.2	12.8	48.3	344.0	64.1
湖南	628.1	154.7	17.3	29.9	352.7	73.6
广东	1089.4	297.4	26.7	22.7	686.4	56.1
广西	507.1	158.5	18.2	10.4	290.3	29.6
海南	618.8	165.4	14.7	5.0	399.4	34.3
四川	502.3	142.5	9.2	30.8	285.1	34.8
贵州	350.5	92.9	13.1	9.8	199.3	35.5
云南	447.7	107.1	21.6	6.8	285.3	27.0
西藏	245.4	40.7	21.8	0.5	173.1	9.4
陕西	444.9	105.8	24.0	15.9	270.3	28.9
甘肃	308.7	85.7	16.6	12.4	174.3	19.7
青海	446.3	86.2	40.6	23.3	256.6	39.6
宁夏	534.2	136.4	40.7	22.1	297.3	37.7
新疆	716.7	236.4	57.8	58.2	333.9	30.5

4-2-31 1990年农村居民家庭经营费用现金支出

单位：元/人

地区	家庭经营费用现金支出	一、第一产业支出	1.农业支出	2.林业支出	3.牧业支出	4.渔业支出	二、第二产业支出
全国	**162.9**	**146.4**	**99.5**	**0.8**	**43.2**	**3.0**	**4.2**
北京	210.5	174.6	102.5	0.6	71.1	0.4	5.4
天津	194.0	166.1	99.0	1.6	64.9	0.7	0.5
河北	144.6	136.2	114.1	0.3	21.4	0.4	2.5
山西	119.9	88.1	72.9	0.4	14.9		3.5
内蒙古	135.9	129.0	105.1	0.2	23.5	0.2	2.5
辽宁	197.1	180.9	139.6	0.2	39.5	1.6	3.3
吉林	261.2	246.4	216.4	0.5	29.3	0.2	2.4
黑龙江	255.9	236.0	194.3	0.4	39.5	1.8	3.2
上海	251.0	242.1	95.1	3.2	140.6	3.3	1.0
江苏	195.7	179.9	111.2	1.0	64.5	3.3	6.4
浙江	238.7	201.1	115.4	0.5	78.8	6.5	9.3
安徽	151.0	135.8	106.9	0.5	26.7	1.7	3.8
福建	243.4	215.8	112.8	3.8	93.3	5.9	10.4
江西	156.1	137.8	95.3	0.6	39.5	2.4	5.0
山东	158.7	148.9	121.8	1.7	25.1	0.3	2.0
河南	120.1	105.7	88.3	0.7	16.6	0.1	5.1
湖北	134.2	120.9	90.2	0.6	29.0	1.1	2.3
湖南	154.7	142.1	81.6	0.6	57.5	2.5	4.6
广东	297.4	271.2	132.7	0.4	109.5	28.7	6.7
广西	158.5	138.2	76.3	0.7	59.5	1.7	10.2
海南	165.4	141.4	59.1	4.2	37.6	40.5	4.4
四川	142.5	129.8	63.5	0.1	64.6	1.6	4.0
贵州	92.9	81.2	47.1	0.2	33.5	0.3	3.0
云南	107.1	91.5	52.0	0.7	38.2	0.6	2.4
西藏	40.7	29.4	21.2	0.1	8.1		0.4
陕西	105.8	94.5	77.9	1.0	15.4	0.1	3.4
甘肃	85.7	78.0	67.5	0.4	10.1		1.7
青海	86.2	70.5	48.7	0.7	21.0	0.1	1.2
宁夏	136.4	123.4	93.9		27.6	1.8	2.9
新疆	236.4	213.0	168.8	1.9	42.3		1.5

4-2-31 续表

单位：元/人

地　　区	1.工业支出	2.建筑业支出	三、第三产业支出	1.交通运输业、邮电业支出	2.批发和零贸易、餐饮业支出	3.社会服务业支出	4.其他家庭经营支出
全　　国	**3.8**	**0.4**	**12.3**	**7.5**	**2.0**	**0.9**	**1.9**
北　　京	5.2	0.2	30.5	23.3	1.6	3.3	2.3
天　　津	0.5		27.5	8.2	15.9	1.6	1.8
河　　北	2.4	0.1	5.9	2.8	1.2	0.6	1.2
山　　西	2.9	0.6	28.3	24.4	1.4	1.1	1.5
内 蒙 古	2.5		4.4	2.4	0.2	0.4	1.3
辽　　宁	2.8	0.5	12.9	10.2	0.8	0.3	1.6
吉　　林	2.1	0.3	12.5	7.5	1.3	0.4	3.4
黑 龙 江	2.9	0.3	16.8	6.0	0.6	0.7	9.5
上　　海		1.0	7.9	3.5	0.6	0.8	3.1
江　　苏	6.2	0.3	9.3	5.4	2.2	0.8	1.0
浙　　江	9.0	0.3	28.4	18.1	4.2	2.3	3.8
安　　徽	3.5	0.3	11.4	4.5	4.0	1.1	1.8
福　　建	5.1	5.4	17.2	10.3	1.2	1.7	4.0
江　　西	4.8	0.2	13.4	7.6	3.8	0.7	1.2
山　　东	1.8	0.2	7.9	5.2	1.2	0.5	1.0
河　　南	4.7	0.4	9.3	5.6	0.4	0.7	2.5
湖　　北	2.2	0.1	11.0	6.7	2.6	0.9	0.8
湖　　南	4.4	0.2	8.0	3.3	3.1	1.1	0.6
广　　东	6.1	0.6	19.5	12.5	2.8	1.3	3.0
广　　西	10.2		10.1	5.7	3.4	0.3	0.7
海　　南	3.7	0.7	19.7	12.6	2.0	0.1	4.9
四　　川	3.8	0.2	8.8	5.5	1.1	1.3	0.8
贵　　州	2.7	0.4	8.7	3.9	2.6	0.7	1.5
云　　南	2.3	0.1	13.1	8.3	2.7	0.9	1.2
西　　藏		0.4	11.0	9.3	0.4		1.3
陕　　西	2.8	0.7	8.0	5.8	1.1	0.3	0.7
甘　　肃	1.7		6.0	4.0	0.4	0.2	1.5
青　　海	1.2		14.5	8.1	1.0	2.1	3.3
宁　　夏	2.5	0.4	10.1	9.2	0.5	0.2	0.2
新　　疆	1.4	0.1	21.8	15.6	2.3	2.0	2.0

4-2-32 1990年农村居民现金消费支出

单位：元/人

地 区	现金消费支出	一、食品支出	二、衣着支出	三、居住支出
全 国	**374.7**	**155.9**	**44.0**	**81.2**
北 京	844.2	367.7	91.8	182.2
天 津	558.7	241.5	69.5	107.8
河 北	329.8	116.6	43.2	87.3
山 西	346.1	122.4	58.9	71.2
内蒙古	271.2	94.7	44.0	46.6
辽 宁	481.8	200.6	68.9	96.4
吉 林	389.7	164.4	54.0	77.6
黑龙江	368.4	148.5	58.7	68.2
上 海	1146.1	497.3	106.8	274.1
江 苏	569.7	224.4	51.9	170.1
浙 江	746.6	324.6	56.6	207.4
安 徽	323.0	134.4	37.9	74.2
福 建	500.8	252.1	38.8	92.3
江 西	317.3	141.5	35.9	57.6
山 东	379.6	152.0	49.7	86.7
河 南	280.7	102.1	41.0	64.9
湖 北	344.0	138.9	41.8	64.8
湖 南	352.7	152.8	37.2	64.8
广 东	686.4	321.4	38.2	147.1
广 西	290.3	134.7	26.2	50.3
海 南	399.4	216.2	36.5	49.3
四 川	285.1	126.7	35.3	52.5
贵 州	199.3	90.1	30.1	32.5
云 南	285.3	124.6	35.7	62.4
西 藏	173.1	88.4	42.5	19.9
陕 西	270.3	87.7	37.0	70.8
甘 肃	174.3	56.1	30.1	33.9
青 海	256.6	89.6	54.6	41.4
宁 夏	297.3	95.7	47.9	62.9
新 疆	333.9	110.8	74.5	60.4

4-2-32 续表

单位：元/人

地　区	四、家庭设备及用品支出	五、交通通信支出	六、文教娱乐支出	七、医疗保健支出	八、其他支出
全　国	**30.7**	**8.4**	**31.3**	**19.0**	**4.3**
北　京	78.9	17.3	64.2	36.8	5.4
天　津	56.6	10.7	45.6	25.1	1.9
河　北	30.2	6.6	24.2	19.1	2.6
山　西	30.4	6.6	32.7	20.1	3.8
内蒙古	23.2	8.6	33.2	19.3	1.6
辽　宁	34.5	12.5	39.1	24.7	5.0
吉　林	26.1	10.1	26.4	27.5	3.7
黑龙江	24.6	9.2	28.3	28.6	2.4
上　海	125.6	23.9	59.3	40.3	18.8
江　苏	52.3	10.0	34.7	22.7	3.7
浙　江	61.4	16.7	42.0	28.4	9.5
安　徽	25.6	6.7	25.6	14.6	3.9
福　建	34.7	13.8	39.1	19.9	10.3
江　西	24.5	6.1	32.3	16.1	3.2
山　东	32.7	6.3	32.7	17.1	2.3
河　南	23.8	5.6	22.3	17.9	3.1
湖　北	33.7	7.7	35.9	17.5	3.6
湖　南	28.6	8.8	39.2	18.3	3.0
广　东	50.2	16.1	66.9	34.0	12.5
广　西	21.7	7.7	31.8	12.5	5.4
海　南	20.4	11.8	40.2	19.7	5.4
四　川	22.1	6.4	24.7	14.3	3.1
贵　州	13.7	3.8	16.9	7.8	4.4
云　南	21.3	5.3	19.4	13.7	2.9
西　藏	14.0	2.7	1.7	1.4	2.6
陕　西	23.3	6.0	23.9	18.2	3.3
甘　肃	14.9	4.4	18.8	13.8	2.3
青　海	28.1	6.7	16.5	18.5	1.3
宁　夏	27.6	12.5	31.9	17.2	1.7
新　疆	30.2	11.4	27.0	16.4	3.3

4-2-33　1995年农村居民总收入

单位：元/人

地　区	总收入	一、工资性收入	二、家庭经营收入	三、财产性收入	四、转移性收入
全　国	**2337.9**	**353.7**	**1877.4**	**41.0**	**65.8**
北　京	3923.2	1715.0	1904.1	116.6	187.5
天　津	3373.7	1012.2	2253.3	55.3	52.9
河　北	2376.5	441.2	1851.4	40.9	43.0
山　西	1565.7	367.2	1131.7	22.9	43.9
内蒙古	2053.8	98.6	1871.5	54.8	28.9
辽　宁	2953.5	486.2	2350.6	70.6	46.1
吉　林	2819.5	165.6	2481.5	145.4	27.1
黑龙江	3159.3	130.3	2921.4	80.5	27.2
上　海	4860.6	2734.0	1776.3	154.8	195.5
江　苏	3290.9	821.9	2368.0	25.6	75.5
浙　江	3974.9	1109.8	2691.8	62.5	110.8
安　徽	2016.4	234.2	1688.5	35.4	58.2
福　建	2748.9	520.5	1977.9	118.9	131.5
江　西	2325.4	319.7	1940.6	14.5	50.5
山　东	2627.0	409.0	2135.2	28.8	54.0
河　南	1862.9	163.5	1631.0	28.4	40.0
湖　北	2184.2	192.4	1907.4	33.5	51.0
湖　南	2235.4	268.0	1892.4	15.1	59.9
广　东	3536.3	712.3	2579.1	50.1	194.9
广　西	2101.4	202.1	1802.9	11.4	85.0
海　南	1935.0	53.6	1716.2	74.3	91.0
四　川	1864.9	208.6	1558.6	21.4	76.4
贵　州	1574.4	146.3	1353.2	16.3	58.6
云　南	1709.5	120.8	1483.5	57.0	48.1
西　藏	1501.5	79.2	1313.3	46.0	63.0
陕　西	1440.1	186.0	1192.7	17.3	44.1
甘　肃	1368.5	91.7	1216.3	18.3	42.2
青　海	1382.2	96.7	1253.5	3.0	29.0
宁　夏	1825.1	188.8	1588.2	22.5	25.6
新　疆	2414.6	64.5	2238.7	65.3	46.1

4-2-34 1995年农村居民家庭经营总收入

单位：元/人

地 区	家庭经营总收入	一、第一产业收入	1.农业收入	2.林业收入	3.牧业收入	4.渔业收入	二、第二产业收入
全 国	**1877.4**	**1652.3**	**1188.1**	**16.5**	**420.8**	**26.9**	**65.4**
北 京	1904.1	1506.2	1128.7	15.1	317.4	45.2	52.5
天 津	2253.3	2039.4	1558.8	2.1	470.6	7.8	62.3
河 北	1851.4	1626.5	1355.3	6.2	263.3	1.7	55.4
山 西	1131.7	932.9	768.5	8.5	155.5	0.4	47.3
内蒙古	1871.5	1791.5	1402.1	2.9	386.0	0.6	21.7
辽 宁	2350.6	2169.9	1610.6	4.6	520.6	34.1	32.6
吉 林	2481.5	2390.7	2104.7	3.1	281.3	1.7	26.4
黑龙江	2921.4	2775.5	2388.6	3.9	359.2	23.8	26.3
上 海	1776.3	1608.5	1227.9		373.7	6.8	21.4
江 苏	2368.0	2058.3	1515.9	12.7	485.1	44.6	131.5
浙 江	2691.8	1900.5	1226.1	14.6	581.5	78.2	298.8
安 徽	1688.5	1547.7	1157.3	18.9	348.1	23.4	31.3
福 建	1977.9	1593.3	1107.5	20.7	419.8	45.4	105.2
江 西	1940.6	1797.1	1100.8	25.1	620.0	51.2	29.7
山 东	2135.2	1969.5	1553.4	24.4	389.1	2.6	49.3
河 南	1631.0	1482.0	1236.8	15.6	225.4	4.2	35.7
湖 北	1907.4	1762.4	1304.1	20.6	401.9	35.9	38.3
湖 南	1892.4	1648.8	974.4	15.2	618.2	40.9	109.7
广 东	2579.1	1986.8	1154.9	21.6	640.1	170.3	182.4
广 西	1802.9	1566.5	853.2	27.5	658.7	27.2	84.9
海 南	1716.2	1442.1	969.3	72.9	346.6	53.3	44.4
四 川	1558.6	1429.0	822.1	15.2	579.1	12.6	45.9
贵 州	1353.2	1209.3	783.4	12.2	410.1	3.7	39.6
云 南	1483.5	1284.7	832.0	22.1	416.6	14.0	44.3
西 藏	1313.3	979.0	613.7	45.0	320.3		30.4
陕 西	1192.7	1060.9	833.8	8.2	218.3	0.5	41.4
甘 肃	1216.3	1058.8	841.8	11.4	205.5		36.7
青 海	1253.5	1088.8	705.5	4.5	378.8		16.6
宁 夏	1588.2	1412.9	1000.2	8.3	401.9	2.5	27.8
新 疆	2238.7	2074.0	1630.1	35.2	398.3	10.3	11.0

4-2-34 续表 单位：元/人

地　　区	1.工业收入	2.建筑业收入	三、第三产业收入	1.交通运输业、邮电业收入	2.批发和零贸易、餐饮业收入	3.社会服务业收入	4.其他家庭经营收入
全　　国	**26.9**	**38.5**	**159.7**	**47.6**	**43.7**	**20.3**	**48.0**
北　　京	45.5	6.9	345.4	243.1	24.9	14.2	63.3
天　　津	32.0	30.2	151.7	31.8	48.0	30.7	41.1
河　　北	34.2	21.2	169.5	51.2	70.8	14.2	33.3
山　　西	23.5	23.8	151.5	79.4	28.6	18.5	24.9
内 蒙 古	18.6	3.1	58.2	13.4	13.4	5.4	26.0
辽　　宁	14.0	18.6	148.0	42.8	50.9	13.5	40.8
吉　　林	12.7	13.8	64.3	20.2	17.5	3.7	23.0
黑 龙 江	12.6	13.6	119.6	46.5	11.4	12.5	49.2
上　　海	6.6	14.7	146.4	44.3	7.6	28.7	65.9
江　　苏	31.6	99.9	178.2	60.3	61.8	26.4	29.7
浙　　江	206.2	92.6	492.5	153.0	146.9	69.9	122.8
安　　徽	7.0	24.2	109.5	25.3	27.0	14.4	42.8
福　　建	19.5	85.7	279.4	80.9	65.4	46.2	87.0
江　　西	15.7	14.0	113.9	30.8	28.3	21.1	33.7
山　　东	14.1	35.2	116.4	24.5	25.0	11.5	55.5
河　　南	7.5	28.2	113.3	36.6	24.4	12.8	39.6
湖　　北	17.9	20.4	106.7	20.6	42.9	15.4	27.9
湖　　南	49.9	59.9	133.9	34.9	47.0	20.3	31.7
广　　东	29.5	152.9	409.8	110.3	138.7	52.9	107.9
广　　西	34.9	50.0	151.5	47.0	51.9	15.0	37.6
海　　南	12.8	31.5	229.8	33.0	20.7	23.6	152.5
四　　川	12.4	33.5	83.7	21.4	19.9	20.9	21.6
贵　　州	22.8	16.8	104.3	17.8	35.7	21.0	29.8
云　　南	23.4	20.9	154.5	55.1	24.8	7.6	67.1
西　　藏	10.3	20.1	303.9	85.2	57.4	13.3	148.0
陕　　西	21.9	19.6	90.4	34.3	25.8	7.8	22.6
甘　　肃	6.9	29.9	120.8	21.6	19.4	15.1	64.8
青　　海	7.8	8.8	148.1	46.2	35.5	9.7	56.7
宁　　夏	24.0	3.9	147.5	90.6	44.8	6.6	5.5
新　　疆	5.1	5.9	153.7	38.4	32.2	27.4	55.7

4-2-35　1995年农村居民现金收入

单位：元/人

地　区	现金收入	一、工资性收入	二、家庭经营收入	三、财产性收入	四、转移性收入
全　国	**1595.6**	**352.9**	**1116.7**	**38.2**	**87.8**
北　京	3300.0	1707.8	1303.9	88.4	199.9
天　津	2275.4	1007.8	1181.1	29.2	57.2
河　北	1423.6	440.8	902.1	28.3	52.4
山　西	1088.2	366.3	631.5	21.5	68.8
内蒙古	1197.0	98.5	1004.3	48.5	45.7
辽　宁	1923.2	501.2	1307.6	43.1	71.3
吉　林	1853.9	165.3	1586.1	55.4	47.0
黑龙江	2195.1	130.0	1912.9	99.5	52.7
上　海	4272.4	2719.7	1178.9	120.9	252.9
江　苏	2323.0	815.0	1367.7	33.2	107.2
浙　江	3431.4	1106.0	2095.4	66.9	163.1
安　徽	1367.7	233.9	1041.4	20.9	71.5
福　建	2226.9	526.2	1502.7	37.5	160.5
江　西	1539.9	319.5	1126.4	24.4	69.6
山　东	1608.3	404.0	1097.9	40.7	65.7
河　南	1020.7	162.7	776.8	33.8	47.5
湖　北	1380.3	192.2	1076.2	19.0	93.0
湖　南	1515.3	267.4	1097.4	38.7	111.9
广　东	2891.3	708.9	1892.3	57.5	232.6
广　西	1550.2	201.9	1213.7	33.1	101.6
海　南	1363.3	53.4	1193.2	16.1	100.5
四　川	1129.1	208.3	802.6	18.8	99.4
贵　州	913.7	146.0	663.4	22.7	81.6
云　南	1209.7	120.3	984.2	40.0	65.2
西　藏	772.4	79.0	599.7	33.5	60.1
陕　西	881.1	185.8	571.9	71.0	52.5
甘　肃	674.3	91.5	515.5	15.9	51.4
青　海	733.2	96.5	573.9	21.1	41.7
宁　夏	1279.6	188.7	1019.7	34.8	36.4
新　疆	1876.6	64.4	1700.9	59.2	52.1

4-2-36 1995年农村居民家庭经营现金收入

单位：元/人

地区	家庭经营现金收入	一、第一产业收入	农业收入	牧业收入	二、第二产业收入
全国	**1116.7**	**879.1**	**523.1**	**322.5**	**64.3**
北京	1303.9	904.4	606.0	245.0	41.2
天津	1181.1	964.8	506.9	448.9	62.3
河北	902.1	670.1	454.6	211.3	53.0
山西	631.5	411.0	289.4	116.6	46.6
内蒙古	1004.3	916.0	684.6	228.2	20.6
辽宁	1307.6	1119.3	707.0	387.8	36.6
吉林	1586.1	1483.6	1177.2	302.1	26.8
黑龙江	1912.9	1760.7	1513.7	227.5	23.9
上海	1178.9	987.3	681.3	301.9	21.4
江苏	1367.7	1026.0	578.0	401.7	129.3
浙江	2095.4	1207.0	602.3	515.2	298.8
安徽	1041.4	890.8	589.2	267.8	31.2
福建	1502.7	1063.7	583.1	413.5	105.6
江西	1126.4	972.7	414.9	499.2	28.9
山东	1097.9	926.9	620.8	293.1	48.7
河南	776.8	627.7	451.1	164.6	35.3
湖北	1076.2	924.3	640.7	251.4	34.4
湖南	1097.4	833.8	292.3	502.7	107.6
广东	1892.3	1270.0	564.0	538.2	182.2
广西	1213.7	983.3	357.5	579.7	81.1
海南	1193.2	909.9	517.6	270.4	46.0
四川	802.6	671.2	246.1	404.9	45.3
贵州	663.4	516.7	253.1	253.2	36.9
云南	984.2	784.6	457.1	299.1	43.9
西藏	599.7	264.5	139.2	118.0	29.9
陕西	571.9	441.2	286.5	149.5	38.4
甘肃	515.5	358.7	255.1	97.1	36.7
青海	573.9	409.3	188.1	218.4	16.4
宁夏	1019.7	838.7	497.4	331.5	27.8
新疆	1700.9	1538.0	1213.9	300.1	11.0

4-2-36 续表 单位：元/人

地　区	1.工业收入	2.建筑业收入	三、第三产业收入	1.交通运输业、邮电业收入	2.批发和零贸易、餐饮业收入	3.社会服务业收入	4.其他家庭经营收入
全　国	**25.7**	**38.6**	**173.3**	**47.6**	**43.7**	**20.3**	**61.7**
北　京	34.3	6.9	358.3	243.1	24.9	14.2	76.2
天　津	32.0	30.2	152.5	31.8	48.0	30.7	41.9
河　北	31.8	21.2	178.9	51.2	70.8	14.2	42.7
山　西	22.8	23.8	173.9	79.4	28.6	18.5	47.3
内蒙古	17.6	3.1	67.6	13.4	13.4	5.4	35.4
辽　宁	16.5	20.1	151.7	42.8	50.9	13.4	44.6
吉　林	13.0	13.8	75.8	20.2	17.5	3.7	34.5
黑龙江	10.2	13.6	128.3	46.5	11.4	12.5	57.8
上　海	6.6	14.7	170.2	44.3	7.6	28.7	89.6
江　苏	29.4	99.9	212.3	60.3	61.8	26.4	63.9
浙　江	206.2	92.6	589.6	153.0	146.9	69.9	219.8
安　徽	7.0	24.2	119.4	25.3	27.0	14.3	52.7
福　建	19.9	85.7	333.3	80.9	65.4	46.2	140.9
江　西	14.9	14.0	124.8	30.8	28.3	21.1	44.6
山　东	13.6	35.1	122.4	24.5	25.0	11.5	61.5
河　南	7.1	28.2	113.7	36.6	24.4	12.8	40.1
湖　北	14.0	20.4	117.5	20.6	42.9	15.4	38.6
湖　南	47.8	59.9	155.9	34.9	47.0	20.3	53.7
广　东	29.3	152.9	440.2	110.3	138.7	52.9	138.2
广　西	31.0	50.0	149.3	47.0	51.9	15.0	35.5
海　南	14.4	31.5	237.4	33.0	20.7	23.6	160.1
四　川	11.9	33.5	86.0	21.4	19.9	20.9	23.9
贵　州	20.1	16.8	109.8	17.8	35.7	21.1	35.2
云　南	23.1	20.9	155.7	55.1	24.8	7.6	68.2
西　藏	9.8	20.1	305.3	85.2	57.4	13.3	149.4
陕　西	18.8	19.6	92.3	34.3	25.8	7.8	24.5
甘　肃	6.8	29.9	120.1	21.6	19.4	15.1	64.0
青　海	7.7	8.8	148.1	46.2	35.5	9.7	56.7
宁　夏	24.0	3.9	153.2	90.6	44.8	6.6	11.2
新　疆	5.1	5.9	151.9	38.4	29.9	27.4	56.2

4-2-37 1995年农村居民纯收入

单位：元/人

地 区	纯收入	一、工资性收入	二、家庭经营纯收入	三、财产性收入	四、转移性收入
全 国	**1577.7**	**353.7**	**1125.8**	**41.0**	**57.3**
北 京	3223.7	1715.0	1220.9	116.6	171.2
天 津	2406.4	1012.2	1297.7	55.3	41.2
河 北	1668.7	441.2	1149.8	40.9	36.8
山 西	1208.3	367.2	780.8	22.9	37.4
内蒙古	1208.4	98.6	1036.0	54.8	19.0
辽 宁	1756.5	486.2	1161.6	70.6	38.2
吉 林	1609.6	165.6	1277.5	145.4	21.2
黑龙江	1766.3	130.3	1534.1	80.5	21.4
上 海	4245.6	2734.0	1183.4	154.8	173.4
江 苏	2456.9	821.9	1544.4	25.6	65.0
浙 江	2966.2	1109.8	1696.6	62.5	97.4
安 徽	1302.8	234.2	980.7	35.4	52.5
福 建	2048.6	520.5	1296.0	118.9	113.2
江 西	1537.4	319.7	1161.5	14.5	41.7
山 东	1715.1	409.0	1230.6	28.8	46.8
河 南	1232.0	163.5	1004.2	28.5	35.8
湖 北	1511.2	192.4	1237.9	33.5	47.5
湖 南	1425.2	268.0	1095.9	15.1	46.2
广 东	2699.2	712.3	1756.6	50.1	180.3
广 西	1446.1	202.1	1158.1	11.4	74.5
海 南	1519.7	53.6	1307.9	74.3	84.0
四 川	1158.3	208.6	860.4	21.4	67.9
贵 州	1086.6	146.3	871.4	16.3	52.6
云 南	1011.0	120.8	792.0	57.0	41.1
西 藏	1200.3	79.2	1022.2	46.0	53.0
陕 西	962.9	186.0	723.2	17.3	36.4
甘 肃	880.3	91.7	734.0	18.3	36.4
青 海	1029.8	96.7	908.2	3.0	21.9
宁 夏	998.8	188.8	767.2	22.5	20.2
新 疆	1136.5	64.5	967.6	65.3	39.1

4-2-38 1995年农村居民总支出

单位：元/人

地区	总支出	一、家庭经营费用支出	二、购置生产性固定资产支出	三、税费支出	四、消费支出	五、财产性和转移性支出
全国	**2138.3**	**621.7**	**62.3**	**88.7**	**1310.4**	**55.3**
北京	3103.2	547.1	48.7	64.5	2335.6	107.3
天津	2597.3	825.9	48.8	84.8	1548.4	89.4
河北	1882.7	574.8	68.9	84.2	1104.3	50.4
山西	1298.1	278.9	30.6	45.1	928.0	15.6
内蒙古	2098.1	664.0	101.2	105.3	1180.5	47.2
辽宁	2804.6	982.8	46.8	162.7	1471.9	140.3
吉林	2864.2	975.8	156.5	153.1	1494.6	84.3
黑龙江	3073.7	1002.0	180.9	294.6	1479.8	116.5
上海	4060.5	497.9	41.3	65.7	3387.0	68.5
江苏	2861.6	675.2	51.5	117.7	1938.0	79.1
浙江	3535.8	855.4	169.7	53.9	2378.4	78.3
安徽	1855.8	569.0	66.1	97.1	1070.6	53.1
福建	2660.0	599.2	41.9	51.6	1793.7	173.5
江西	2083.9	678.7	36.2	73.8	1256.1	39.2
山东	2301.3	722.8	56.7	146.0	1338.5	37.4
河南	1604.8	505.6	55.7	80.1	929.4	33.9
湖北	1971.6	510.2	26.4	132.2	1245.1	57.6
湖南	2203.4	669.3	35.7	105.3	1367.3	25.8
广东	3151.3	714.5	25.4	73.8	2255.0	82.6
广西	1890.0	589.8	43.7	29.9	1202.9	23.6
海南	1558.1	332.4	19.2	35.4	1080.5	90.7
四川	1828.2	599.8	33.5	66.4	1092.9	35.7
贵州	1438.6	422.7	28.6	27.9	930.6	28.8
云南	1733.8	609.3	60.6	34.5	981.1	48.3
西藏	1211.0	180.1	114.7	2.6	896.8	16.8
陕西	1423.5	385.5	42.2	58.0	913.7	24.1
甘肃	1469.8	423.3	65.1	30.9	915.3	35.3
青海	1306.4	258.3	69.5	39.2	913.8	25.6
宁夏	1990.6	704.2	141.5	46.0	1063.2	35.8
新疆	2363.5	1035.1	144.3	173.4	941.6	69.1

4-2-39 1995年农村居民家庭经营费用支出

单位：元/人

地区	家庭经营费用支出	一、第一产业支出	1.农业支出	2.林业支出	3.牧业支出	4.渔业支出	二、第二产业支出
全国	**621.7**	**575.6**	**321.5**	**2.5**	**242.4**	**9.2**	**14.3**
北京	547.1	378.4	218.6	2.7	127.3	29.8	32.3
天津	825.9	783.6	417.9	4.0	360.9	0.7	24.7
河北	574.8	530.4	355.1	1.6	173.1	0.6	13.1
山西	278.9	240.2	182.8	1.8	55.4	0.2	10.0
内蒙古	664.0	644.1	448.9	0.9	194.2	0.1	8.8
辽宁	982.8	943.9	534.5	2.6	388.8	18.0	5.3
吉林	975.8	950.3	729.7	1.7	217.9	1.0	7.5
黑龙江	1002.0	969.1	771.5	1.1	182.6	13.8	4.0
上海	497.9	472.1	221.3	2.0	244.5	4.2	8.8
江苏	675.2	621.1	310.4	1.3	296.7	12.7	14.5
浙江	855.4	646.6	273.7	3.6	326.8	42.5	108.7
安徽	569.0	541.6	343.2	2.1	187.4	8.9	5.9
福建	599.2	529.4	253.8	10.7	249.3	15.7	20.4
江西	678.7	649.5	297.7	2.5	336.4	13.0	10.0
山东	722.8	696.9	423.2	3.0	270.3	0.5	6.4
河南	505.6	472.4	329.0	2.7	137.4	3.4	5.7
湖北	510.2	482.6	287.7	2.1	186.3	6.5	9.6
湖南	669.3	611.7	217.9	0.8	380.5	12.4	30.6
广东	714.5	646.4	239.1	1.7	354.9	50.7	12.9
广西	589.8	544.1	201.6	1.8	334.9	5.9	19.7
海南	332.4	317.4	183.6	14.1	106.9	12.8	1.7
四川	599.7	577.0	200.3	1.0	371.9	3.8	6.9
贵州	422.7	386.5	159.0	1.9	225.2	0.3	8.6
云南	609.3	550.4	261.8	4.3	277.7	6.5	15.2
西藏	180.1	123.7	85.8	0.4	37.5		1.8
陕西	385.5	357.8	230.6	2.2	124.9	0.1	10.5
甘肃	423.3	389.6	301.3	3.0	85.3		3.3
青海	258.3	230.9	161.4	0.5	69.0		1.2
宁夏	704.2	649.3	359.6	0.3	286.7	2.7	8.0
新疆	1035.1	986.2	768.2	3.8	208.4	5.7	4.8

4-2-39 续表　　　　单位：元/人

地　区	1.工业支出	2.建筑业支出	三、第三产业支出	1.交通运输业、邮电业支出	2.批发和零贸易、餐饮业支出	3.社会服务业支出	4.其他家庭经营支出
全　国	**11.0**	**3.3**	**31.8**	**16.4**	**7.8**	**2.6**	**5.0**
北　京	22.8	9.5	136.4	127.1	1.0	6.6	1.6
天　津	19.4	5.3	17.6	10.5	3.5	1.6	2.0
河　北	12.0	1.2	31.3	14.4	13.8	1.8	1.3
山　西	7.8	2.2	28.7	23.3	1.8	1.7	1.9
内蒙古	8.3	0.5	11.2	3.2	1.3	0.6	6.0
辽　宁	3.6	1.7	33.6	20.5	9.7	0.8	2.6
吉　林	4.6	3.0	18.0	7.9	5.6	1.4	3.1
黑龙江	2.3	1.7	29.0	17.1	3.3	2.4	6.2
上　海	0.4	8.4	17.1	10.9	0.8	4.6	0.9
江　苏	12.8	1.7	39.6	16.2	18.6	2.2	2.7
浙　江	97.3	11.3	100.1	46.2	29.0	12.2	12.6
安　徽	1.8	4.0	21.5	8.2	3.3	1.4	8.5
福　建	4.2	16.3	49.4	26.9	10.2	4.8	7.4
江　西	9.2	0.8	19.1	10.7	2.8	3.0	2.6
山　东	2.5	3.9	19.4	9.3	5.3	1.5	3.4
河　南	4.1	1.6	27.5	16.0	5.4	1.6	4.5
湖　北	7.4	2.2	18.0	5.5	8.5	1.7	2.3
湖　南	27.1	3.5	27.0	11.1	8.8	2.6	4.5
广　东	3.9	9.1	55.1	24.7	15.9	5.9	8.6
广　西	18.4	1.3	26.0	17.4	5.6	2.0	1.1
海　南	1.1	0.6	13.3	5.8	1.6	0.8	5.1
四　川	4.0	2.9	15.8	7.6	2.5	2.6	3.1
贵　州	6.5	2.1	27.7	5.9	12.3	4.2	5.3
云　南	11.0	4.2	43.7	26.0	5.8	2.7	9.3
西　藏	0.1	1.7	54.5	44.7	0.7	0.8	8.4
陕　西	9.3	1.2	17.2	10.2	5.2	1.1	0.7
甘　肃	1.6	1.6	30.5	7.8	1.9	0.8	19.9
青　海	1.1	0.2	26.1	17.9	5.1	2.2	0.9
宁　夏	7.9	0.0	46.8	39.1	4.4	1.4	1.9
新　疆	3.8	1.0	44.1	22.3	12.9	0.7	8.3

4-2-40 1995年农村居民消费支出

单位：元/人

地　区	消费支出	一、食品支出	二、衣着支出	三、居住支出
全　国	**1310.4**	**768.2**	**89.8**	**182.2**
北　京	2335.6	1183.4	229.5	225.0
天　津	1548.4	911.4	129.5	212.5
河　北	1104.3	627.4	89.6	165.4
山　西	928.0	586.0	103.0	77.6
内蒙古	1180.5	704.7	86.2	157.0
辽　宁	1471.9	887.1	138.4	169.9
吉　林	1494.6	841.9	134.0	189.8
黑龙江	1479.8	813.4	139.6	229.0
上　海	3387.0	1491.4	252.3	761.1
江　苏	1938.0	1061.4	126.8	344.6
浙　江	2378.4	1198.0	157.1	442.3
安　徽	1070.6	625.4	70.6	165.6
福　建	1793.7	1093.5	99.2	212.5
江　西	1256.1	774.6	70.3	167.6
山　东	1338.5	748.7	102.0	208.6
河　南	929.4	544.3	77.1	131.9
湖　北	1245.1	753.9	81.1	147.1
湖　南	1367.3	823.9	73.5	192.4
广　东	2255.0	1228.0	91.3	345.7
广　西	1202.9	760.3	49.2	139.5
海　南	1080.5	737.2	48.1	92.2
四　川	1092.9	718.3	63.5	127.3
贵　州	930.6	661.9	55.6	78.7
云　南	981.1	602.9	60.8	133.9
西　藏	896.8	667.1	92.7	45.0
陕　西	913.7	542.0	61.8	136.9
甘　肃	915.3	649.3	45.5	93.4
青　海	913.8	593.9	85.5	88.8
宁　夏	1063.2	617.7	84.4	144.9
新　疆	941.6	471.5	119.9	121.2

4-2-40 续表

单位：元/人

地　　区	四、家庭设备及用品支出	五、交通通信支出	六、文教娱乐支出	七、医疗保健支出	八、其他支出
全　　国	**68.5**	**33.8**	**102.4**	**42.5**	**23.1**
北　　京	196.2	91.7	246.3	107.3	56.3
天　　津	66.5	37.3	97.8	62.1	31.3
河　　北	58.2	33.5	73.0	40.9	16.3
山　　西	43.0	14.1	62.8	31.1	10.4
内 蒙 古	50.0	22.4	97.5	48.5	14.2
辽　　宁	60.1	35.6	107.2	48.6	25.1
吉　　林	64.9	33.1	138.3	57.8	34.8
黑 龙 江	56.4	34.2	113.7	74.8	18.7
上　　海	284.4	159.0	256.0	72.6	110.3
江　　苏	133.0	52.3	139.2	49.1	31.7
浙　　江	147.8	76.5	163.9	103.2	89.6
安　　徽	57.2	21.3	79.5	34.1	17.0
福　　建	83.1	70.6	148.7	44.4	41.8
江　　西	57.9	32.3	93.5	39.5	20.5
山　　东	73.7	43.1	106.1	40.3	16.1
河　　南	43.8	17.4	63.5	34.4	17.0
湖　　北	55.3	30.5	128.3	34.9	14.0
湖　　南	68.8	26.3	128.8	35.8	17.8
广　　东	140.5	82.1	245.2	67.5	54.8
广　　西	52.0	27.3	127.7	29.0	18.0
海　　南	49.2	17.0	92.5	24.6	19.7
四　　川	50.7	18.4	75.4	29.4	10.0
贵　　州	42.6	14.0	49.3	16.3	12.3
云　　南	54.3	21.5	58.1	32.0	17.6
西　　藏	61.6	8.5	6.4	6.4	9.1
陕　　西	41.6	15.1	65.1	41.3	9.8
甘　　肃	30.9	13.5	45.9	29.2	7.5
青　　海	34.3	22.5	33.7	34.7	20.5
宁　　夏	59.8	28.4	72.4	41.5	14.2
新　　疆	56.3	35.7	64.9	48.0	24.1

4-2-41 1995年农村居民现金支出

单位：元/人

地　区	现金支出	一、家庭经营费用支出	二、购买生产性固定资产支出	三、税费支出	四、消费支出	五、财产性和转移性支出
全　国	**1545.8**	**454.7**	**62.3**	**77.0**	**859.4**	**92.4**
北　京	2917.3	543.7	48.7	63.4	2073.6	188.0
天　津	2041.1	732.3	48.8	47.2	1098.0	114.9
河　北	1263.8	387.5	68.9	65.8	690.0	51.7
山　西	896.3	206.7	30.6	42.2	564.0	52.8
内蒙古	1404.2	434.4	101.2	104.2	689.2	75.3
辽　宁	1935.7	638.3	46.8	149.3	942.6	158.7
吉　林	2310.6	779.6	156.5	150.3	1092.9	131.3
黑龙江	2561.7	861.8	180.9	294.6	1058.0	166.5
上　海	3891.3	496.3	41.3	65.7	2933.5	354.5
江　苏	2108.3	528.3	51.5	83.9	1285.8	158.8
浙　江	3201.3	782.3	169.7	46.6	1986.8	215.9
安　徽	1321.7	399.3	66.1	94.1	682.5	79.8
福　建	2100.3	525.1	41.9	39.5	1311.0	182.8
江　西	1470.2	504.4	36.2	59.8	776.1	93.6
山　东	1514.6	422.8	56.7	117.8	851.9	65.5
河　南	1043.0	336.9	55.7	68.9	533.8	47.7
湖　北	1341.2	376.3	26.4	129.9	700.2	108.5
湖　南	1593.0	462.9	35.7	97.7	875.1	121.6
广　东	2609.0	630.2	25.4	38.0	1790.3	125.0
广　西	1389.5	490.3	43.7	19.3	784.2	52.0
海　南	976.6	239.3	19.2	7.5	654.6	56.1
四　川	1111.9	352.9	33.5	57.1	605.1	63.3
贵　州	815.9	237.6	28.6	24.1	456.4	69.2
云　南	1144.2	376.0	60.6	17.2	630.0	60.4
西　藏	652.0	108.6	114.7	2.6	413.4	12.8
陕　西	922.7	255.1	42.2	58.0	527.7	39.8
甘　肃	720.2	248.5	65.1	23.5	355.0	28.1
青　海	779.8	165.6	69.5	38.8	458.7	47.2
宁　夏	1394.0	472.0	141.5	44.6	662.2	73.8
新　疆	2009.2	940.4	144.3	172.6	682.1	69.7

4-2-42　1995年农村居民家庭经营费用现金支出

单位：元/人

地　区	家庭经营费用现金支出	一、第一产业支出	1.农业支出	2.林业支出	3.牧业支出	4.渔业支出	二、第二产业支出
全　国	**454.7**	**410.7**	**261.4**	**2.1**	**138.3**	**8.8**	**13.8**
北　京	543.7	375.0	216.9	2.7	125.5	29.8	32.3
天　津	732.3	690.0	363.3	3.6	322.3	0.7	24.7
河　北	387.5	345.8	262.3	1.5	81.4	0.6	11.9
山　西	206.7	168.0	139.0	1.8	27.1	0.2	10.0
内蒙古	434.4	416.7	351.7	0.8	64.2	0.1	6.5
辽　宁	638.3	601.3	383.3	0.5	199.5	18.0	4.6
吉　林	779.6	754.1	650.4	1.7	101.3	0.7	7.5
黑龙江	861.8	828.9	689.9	1.1	125.3	12.6	3.9
上　海	496.3	470.5	220.2	2.0	244.1	4.2	8.8
江　苏	528.3	476.2	283.2	1.3	179.9	11.9	14.5
浙　江	782.3	575.7	267.9	3.6	261.9	42.3	108.7
安　徽	399.3	375.4	262.6	1.9	102.1	8.8	5.8
福　建	525.1	455.3	231.1	10.6	197.9	15.7	20.4
江　西	504.4	475.6	268.6	1.7	193.1	12.2	10.0
山　东	422.8	403.2	278.5	2.9	121.5	0.4	5.6
河　南	336.9	305.4	237.5	2.2	62.6	3.2	5.3
湖　北	376.3	350.9	237.9	1.4	105.3	6.3	9.4
湖　南	462.9	406.6	194.9	0.8	198.8	12.1	29.7
广　东	630.2	563.1	220.1	1.6	294.8	46.6	12.6
广　西	490.3	444.6	194.6	1.8	242.4	5.9	19.7
海　南	239.3	225.6	163.3	8.0	41.5	12.8	1.7
四　川	352.9	332.5	154.4	0.8	174.0	3.3	6.7
贵　州	237.6	204.6	115.5	1.6	87.3	0.3	8.5
云　南	376.0	322.8	184.2	3.6	129.4	5.6	14.8
西　藏	108.6	52.4	46.2	0.4	5.8	0.0	1.8
陕　西	255.1	230.7	181.0	2.2	47.4	0.1	7.3
甘　肃	248.5	217.9	186.0	1.2	30.6	0.0	2.2
青　海	165.6	138.4	103.6	0.5	34.3	0.0	1.2
宁　夏	472.0	417.2	253.8	0.3	160.5	2.6	8.0
新　疆	940.4	891.7	723.3	3.7	159.0	5.7	4.8

4-2-42 续表 单位：元/人

地　区	1.工业支出	2.建筑业支出	三、第三产业支出	1.交通运输业、邮电业支出	2.批发和零贸易、餐饮业支出	3.社会服务业支出	4.其他家庭经营支出
全　国	**10.6**	**3.2**	**30.3**	**16.3**	**7.4**	**2.5**	**4.2**
北　京	22.8	9.5	136.4	127.1	1.0	6.6	1.6
天　津	19.4	5.3	17.6	10.5	3.5	1.6	2.0
河　北	10.7	1.2	29.9	14.2	13.4	1.7	0.6
山　西	7.8	2.2	28.6	23.3	1.8	1.7	1.9
内蒙古	6.1	0.5	11.2	3.2	1.3	0.6	6.0
辽　宁	3.4	1.2	32.4	19.7	9.7	0.7	2.3
吉　林	4.6	3.0	18.0	7.9	5.6	1.4	3.1
黑龙江	2.2	1.7	28.9	17.1	3.3	2.4	6.2
上　海	0.4	8.4	17.0	10.9	0.8	4.5	0.9
江　苏	12.8	1.7	37.6	16.2	16.8	2.2	2.5
浙　江	97.3	11.3	97.9	46.1	28.3	12.2	11.3
安　徽	1.8	4.0	18.2	8.2	3.3	1.4	5.3
福　建	4.2	16.3	49.3	26.9	10.2	4.8	7.4
江　西	9.2	0.8	18.8	10.7	2.8	3.0	2.3
山　东	2.2	3.3	14.0	8.7	3.3	0.9	1.1
河　南	3.7	1.6	26.2	15.8	4.3	1.6	4.5
湖　北	7.3	2.1	15.9	5.5	7.8	1.5	1.0
湖　南	26.2	3.5	26.6	10.8	8.8	2.6	4.5
广　东	3.9	8.7	54.6	24.6	15.9	5.9	8.2
广　西	18.4	1.2	26.0	17.4	5.6	2.0	1.1
海　南	1.1	0.6	12.0	5.8	1.6	0.8	3.8
四　川	3.9	2.8	13.7	7.5	1.9	2.1	2.2
贵　州	6.4	2.1	24.5	5.5	11.7	4.0	3.2
云　南	10.6	4.2	38.3	25.3	5.6	2.6	4.8
西　藏	0.1	1.7	54.3	44.4	0.7	0.8	8.4
陕　西	6.2	1.2	17.1	10.2	5.1	1.1	0.7
甘　肃	1.5	0.7	28.3	7.4	1.3	0.7	18.9
青　海	1.1	0.2	26.0	17.8	5.1	2.2	0.9
宁　夏	7.9	0.0	46.8	39.1	4.4	1.4	1.9
新　疆	3.8	1.0	43.9	22.3	12.9	0.7	8.0

4-2-43 1995年农村居民现金消费支出

单位：元/人

地　区	现金消费支出	一、食品支出	二、衣着支出	三、居住支出
全　国	**859.4**	**353.2**	**88.7**	**147.9**
北　京	2073.6	922.4	229.2	224.8
天　津	1098.0	486.4	129.4	187.3
河　北	690.0	252.6	87.7	127.8
山　西	564.0	228.8	102.5	71.5
内蒙古	689.2	232.9	85.7	137.9
辽　宁	942.6	407.9	138.0	120.7
吉　林	1092.9	482.4	134.0	147.6
黑龙江	1058.0	464.2	139.6	156.3
上　海	2933.5	1065.1	232.9	754.1
江　苏	1285.7	478.8	123.4	282.4
浙　江	1986.8	821.2	156.9	427.8
安　徽	682.5	285.1	69.9	118.5
福　建	1311.0	652.7	99.0	170.8
江　西	776.1	324.4	69.9	138.3
山　东	851.9	330.2	99.5	144.7
河　南	533.8	190.4	75.2	93.3
湖　北	700.2	258.7	79.5	99.0
湖　南	875.1	346.5	73.0	178.2
广　东	1790.3	794.0	89.7	317.3
广　西	784.2	369.1	49.2	112.2
海　南	654.6	357.4	48.1	46.2
四　川	605.1	266.5	63.1	91.9
贵　州	456.4	198.1	55.6	68.2
云　南	630.0	271.3	59.9	115.4
西　藏	413.4	204.0	92.1	25.9
陕　西	527.6	185.4	61.0	108.2
甘　肃	355.0	129.7	45.3	53.1
青　海	458.7	173.9	84.7	54.4
宁　夏	662.2	225.3	84.3	136.4
新　疆	682.1	233.4	116.8	103.5

4-2-43 续表

单位：元/人

地区	四、家庭设备及用品支出	五、交通通信支出	六、文教娱乐支出	七、医疗保健支出	八、其他支出
全国	**68.1**	**33.7**	**102.3**	**42.5**	**23.1**
北京	195.6	91.6	246.3	107.3	56.3
天津	66.3	37.3	97.8	62.1	31.3
河北	58.1	33.5	73.0	40.9	16.3
山西	42.7	14.0	62.8	31.1	10.4
内蒙古	50.0	22.4	97.5	48.5	14.2
辽宁	59.5	35.6	107.3	48.6	25.0
吉林	64.8	33.1	138.3	57.8	34.8
黑龙江	56.4	34.1	113.7	74.8	18.7
上海	283.6	159.0	256.0	72.6	110.3
江苏	128.8	52.3	139.2	49.1	31.7
浙江	147.7	76.5	163.9	103.2	89.6
安徽	57.2	21.3	79.4	34.1	17.0
福建	82.9	70.6	148.7	44.4	41.8
江西	57.8	32.3	93.5	39.5	20.5
山东	73.6	42.4	105.2	40.1	16.0
河南	42.6	17.4	63.5	34.4	17.0
湖北	55.3	30.5	128.3	34.9	14.0
湖南	68.8	26.3	128.8	35.8	17.8
广东	139.8	82.1	245.2	67.5	54.8
广西	51.7	27.3	127.7	29.0	17.9
海南	49.1	17.0	92.5	24.6	19.7
四川	50.5	18.4	75.4	29.3	10.0
贵州	42.6	14.0	49.3	16.3	12.3
云南	54.2	21.5	58.1	32.0	17.6
西藏	61.0	8.5	6.4	6.4	9.1
陕西	41.6	15.1	65.1	41.3	9.8
甘肃	30.8	13.5	45.9	29.2	7.5
青海	34.3	22.5	33.7	34.7	20.5
宁夏	59.8	28.4	72.4	41.5	14.2
新疆	55.8	35.7	64.9	48.0	24.1

4-2-44 2000年农村居民总收入

单位：元/人

地　区	总收入	一、工资性收入	二、家庭经营收入	三、财产性收入	四、转移性收入
全　国	**3146.2**	**702.3**	**2251.3**	**45.0**	**147.6**
北　京	5515.6	2819.1	2238.9	158.3	299.4
天　津	4649.1	1638.3	2825.5	42.9	142.5
河　北	3307.5	949.3	2217.1	62.7	78.6
山　西	2423.9	726.1	1579.2	19.7	98.9
内蒙古	3440.3	287.6	3049.5	35.2	68.0
辽　宁	3704.3	883.0	2577.9	58.2	185.3
吉　林	3259.1	343.9	2775.0	31.3	108.9
黑龙江	3712.6	338.0	3195.0	60.6	119.1
上　海	6399.5	4309.9	1547.5	142.8	399.3
江　苏	4542.0	1663.1	2636.1	48.1	194.7
浙　江	5325.2	2000.5	2844.9	181.0	298.7
安　徽	2585.6	547.8	1910.3	24.7	102.7
福　建	4103.5	1069.0	2556.7	77.0	400.9
江　西	2833.8	744.5	1959.5	18.8	111.1
山　东	3881.0	850.6	2809.4	57.8	163.2
河　南	2726.1	473.7	2134.3	29.2	88.9
湖　北	3008.1	547.7	2277.5	19.5	163.4
湖　南	3195.1	789.7	2130.1	20.7	254.6
广　东	4590.5	1362.2	2869.4	73.7	285.3
广　西	2649.2	483.8	2042.4	7.5	115.6
海　南	2840.7	151.4	2520.6	38.1	130.6
重　庆	2594.9	623.3	1793.4	8.5	169.7
四　川	2829.9	606.9	2059.2	30.0	133.9
贵　州	1947.5	274.9	1556.4	7.0	109.2
云　南	2246.9	263.6	1844.7	47.9	90.7
西　藏	1732.3	227.6	1325.2	106.5	72.9
陕　西	2032.8	446.0	1457.1	47.0	82.7
甘　肃	1958.0	355.0	1524.9	16.1	61.9
青　海	2000.3	312.3	1597.0	24.7	66.3
宁　夏	2819.8	484.0	2170.0	80.8	85.0
新　疆	3129.4	104.6	2926.7	40.4	57.6

4-2-45 2000年农村居民家庭经营总收入

单位：元/人

地　区	家庭经营总收入	一、第一产业收入	1.农业收入	2.林业收入	3.牧业收入	4.渔业收入	二、第二产业收入
全　国	**2251.3**	**1810.7**	**1231.7**	**27.9**	**502.8**	**48.3**	**133.7**
北　京	2238.9	1276.3	911.1	32.8	258.7	73.7	194.6
天　津	2825.5	2110.3	1334.0	2.0	724.4	49.9	121.9
河　北	2217.1	1595.7	1214.8	8.2	361.3	11.5	154.4
山　西	1579.2	1119.7	889.4	14.5	215.8		70.0
内蒙古	3049.5	2864.8	1667.2	15.5	1182.1		35.0
辽　宁	2577.9	2189.0	1463.2	7.9	641.4	76.6	93.4
吉　林	2775.0	2623.9	2192.5	7.2	421.4	2.8	25.4
黑龙江	3195.0	3034.0	2658.5	0.9	371.6	3.1	30.9
上　海	1547.5	1267.2	996.8	0.5	234.7	35.3	51.6
江　苏	2636.1	1916.0	1214.8	33.3	532.9	135.1	295.8
浙　江	2844.9	1570.7	972.4	33.2	500.1	65.0	569.5
安　徽	1910.3	1610.1	1160.4	22.3	403.9	23.5	93.5
福　建	2556.7	1704.5	1053.0	75.1	440.0	136.5	293.9
江　西	1959.5	1651.1	1084.9	27.7	483.1	55.4	88.3
山　东	2809.4	2260.2	1662.2	46.3	536.6	15.1	162.4
河　南	2134.3	1767.2	1309.7	25.0	412.3	20.3	95.8
湖　北	2277.5	1958.7	1357.0	37.6	478.7	85.4	103.5
湖　南	2130.1	1618.7	933.7	18.9	616.8	49.2	222.3
广　东	2869.4	2118.6	1217.8	44.4	564.0	292.5	218.6
广　西	2042.4	1744.8	943.6	49.9	701.7	49.6	105.2
海　南	2520.6	2083.5	1241.8	199.8	446.6	195.3	50.1
重　庆	1793.4	1561.6	832.5	13.7	685.4	30.0	49.4
四　川	2059.2	1768.1	992.6	22.5	736.3	16.6	91.3
贵　州	1556.4	1361.7	877.7	18.8	462.4	2.7	55.1
云　南	1844.7	1585.0	1048.7	42.2	488.7	5.4	76.3
西　藏	1325.2	797.9	517.2	9.1	271.6		177.8
陕　西	1457.1	1105.9	842.2	10.3	252.1	1.3	82.8
甘　肃	1524.9	1185.7	945.1	11.0	229.6		88.9
青　海	1597.0	1366.9	610.5	6.1	730.0	20.3	28.0
宁　夏	2170.0	1721.3	1097.6	6.9	581.4	35.5	66.3
新　疆	2926.7	2726.5	2260.6	31.5	434.3		17.6

4-2-45 续表　　　　　　　　　　　　　　　　　　　　　　　　　　　　　单位：元/人

地　区	1.工业收入	2.建筑业收入	三、第三产业收入	1.交通运输业、邮电业收入	2.批发和零售贸易、餐饮业收入	3.社会服务业收入	4.文教卫生业收入	5.其他家庭经营收入
全　国	**79.6**	**54.1**	**306.9**	**96.6**	**96.2**	**32.9**	**8.3**	**72.9**
北　京	93.3	101.2	768.0	385.0	234.7	59.9	33.9	54.5
天　津	98.6	23.4	593.3	207.0	229.3	34.0	25.5	97.6
河　北	131.8	22.6	467.0	148.6	197.4	33.4	18.0	69.7
山　西	31.6	38.4	389.5	159.5	67.4	31.7	5.0	126.0
内蒙古	29.0	6.1	149.6	28.0	41.0	11.8	7.4	61.4
辽　宁	65.9	27.5	295.4	82.6	103.6	27.6	9.5	72.1
吉　林	19.2	6.2	125.7	31.3	16.0	5.0	1.5	71.9
黑龙江	18.4	12.5	130.1	40.9	17.1	9.3	8.9	54.0
上　海	38.7	12.9	228.7	96.1	38.0	28.7	0.3	65.6
江　苏	206.4	89.4	424.3	134.9	145.6	51.7	5.8	86.3
浙　江	414.0	155.6	704.7	216.2	232.3	142.7	11.9	101.5
安　徽	42.7	50.8	206.7	52.8	56.3	32.3	6.0	59.3
福　建	120.3	173.5	558.3	141.1	173.9	73.7	22.8	146.8
江　西	46.6	41.6	220.1	57.0	65.7	40.0	6.9	50.5
山　东	115.2	47.2	386.8	120.7	123.0	39.2	4.5	99.3
河　南	65.6	30.3	271.2	67.1	79.5	26.8	9.4	88.5
湖　北	61.0	42.5	215.2	65.9	72.0	20.3	5.3	51.7
湖　南	93.0	129.4	289.1	93.2	119.6	36.9	4.3	35.1
广　东	68.8	149.7	532.1	160.2	187.2	60.1	19.2	105.6
广　西	57.7	47.5	192.4	43.9	94.1	17.9	6.4	30.1
海　南	30.4	19.7	387.0	83.0	69.1	37.8	5.6	191.6
重　庆	31.7	17.7	182.4	83.0	29.7	20.5	7.2	42.0
四　川	48.2	43.1	199.8	71.7	64.7	27.6	6.8	29.0
贵　州	29.3	25.7	139.6	40.6	42.5	10.9	3.6	42.0
云　南	65.2	11.2	183.4	44.0	37.9	5.9	1.4	94.2
西　藏	34.4	143.4	349.5	167.6	47.4	14.9	2.9	116.7
陕　西	52.7	30.0	268.5	119.2	87.5	16.1	6.8	38.9
甘　肃	32.4	56.5	250.3	70.2	54.8	18.1	10.0	97.2
青　海	16.0	11.9	202.2	103.7	28.2	3.7	12.3	54.3
宁　夏	51.7	14.6	382.4	191.8	123.5	25.5	3.7	38.0
新　疆	10.6	7.0	182.7	45.2	29.0	19.4		89.1

4-2-46　2000年农村居民现金收入

单位：元/人

地区	现金收入	一、工资性收入	二、家庭经营收入	三、财产性收入	四、转移性收入
全　国	**2381.6**	**700.4**	**1498.8**	**38.9**	**143.5**
北　京	5092.6	2809.4	1844.6	152.4	286.1
天　津	3938.5	1636.5	2118.5	41.3	142.1
河　北	2607.2	949.1	1522.8	57.3	78.0
山　西	1836.3	725.5	996.2	17.3	97.2
内蒙古	2448.9	287.6	2073.9	19.5	67.9
辽　宁	3050.7	881.3	1956.6	33.6	179.4
吉　林	2296.1	343.7	1829.5	15.1	107.8
黑龙江	2654.6	337.3	2175.0	24.6	117.7
上　海	5914.9	4305.2	1073.3	141.8	394.6
江　苏	3673.6	1648.2	1793.8	47.3	184.3
浙　江	4863.4	1991.9	2410.7	167.5	293.3
安　徽	1901.6	547.2	1230.5	23.1	100.7
福　建	3617.2	1066.2	2098.6	63.5	389.0
江　西	2004.9	744.3	1134.5	18.4	107.7
山　东	3090.7	848.7	2029.6	54.0	158.4
河　南	1854.4	473.4	1268.0	27.7	85.3
湖　北	2098.2	543.7	1388.6	8.8	157.1
湖　南	2440.7	789.5	1377.8	20.5	252.9
广　东	3759.5	1360.8	2051.2	73.7	273.9
广　西	1975.7	483.7	1369.0	7.4	115.5
海　南	2208.7	151.2	1904.2	27.6	125.7
重　庆	1627.8	623.3	827.7	8.4	168.4
四　川	1841.7	606.3	1078.5	29.9	127.0
贵　州	1136.4	273.6	748.5	7.0	107.3
云　南	1430.0	263.2	1038.2	41.7	87.0
西　藏	1174.8	225.6	842.8	39.3	67.1
陕　西	1559.0	445.6	988.0	43.5	81.9
甘　肃	1309.0	353.1	879.6	16.1	60.3
青　海	1365.7	311.0	974.1	24.7	55.9
宁　夏	2169.2	484.0	1535.1	73.0	77.1
新　疆	2444.3	104.5	2245.3	37.9	56.7

4-2-47 2000年农村居民家庭经营现金收入

单位：元/人

地 区	家庭经营现金收入	一、第一产业收 入			二、第二产业收 入	1.工业收入
			农业收入	牧业收入		
全 国	**1498.8**	**1044.5**	**600.6**	**383.5**	**133.7**	**79.6**
北 京	1844.6	836.2	481.7	250.2	194.6	93.3
天 津	2118.5	1325.6	661.3	632.2	121.9	98.6
河 北	1522.8	885.4	561.8	309.8	154.4	131.8
山 西	996.2	533.5	335.8	188.1	70.0	31.6
内蒙古	2073.9	1874.8	1012.7	848.4	35.0	29.0
辽 宁	1956.6	1541.0	945.8	514.4	93.4	65.9
吉 林	1829.5	1666.6	1362.5	297.7	25.4	19.2
黑龙江	2175.0	2012.1	1717.0	288.5	30.9	18.4
上 海	1073.3	785.9	581.8	170.3	51.6	38.7
江 苏	1793.8	1057.8	508.9	416.1	295.8	206.4
浙 江	2410.7	1133.6	569.5	463.6	569.5	414.0
安 徽	1230.5	916.1	568.3	308.1	93.5	42.7
福 建	2098.6	1189.1	616.6	447.1	293.9	120.3
江 西	1134.5	821.3	369.2	394.7	88.3	46.6
山 东	2029.6	1456.0	910.1	490.3	162.4	115.2
河 南	1268.0	896.0	546.0	316.1	95.8	65.6
湖 北	1388.6	1065.8	685.4	298.9	103.5	61.0
湖 南	1377.8	860.8	319.7	490.9	222.3	93.0
广 东	2051.2	1259.4	527.3	446.2	218.6	68.8
广 西	1369.0	1068.6	406.1	580.7	105.2	57.7
海 南	1904.2	1463.5	766.2	339.9	50.1	30.4
重 庆	827.7	591.8	157.7	398.0	49.4	31.7
四 川	1078.5	782.4	263.3	496.3	91.3	48.2
贵 州	748.5	551.2	254.8	280.9	55.1	29.3
云 南	1038.2	777.3	455.3	290.6	76.3	65.2
西 藏	842.8	311.9	187.0	110.9	177.8	34.4
陕 西	988.0	615.9	410.1	198.1	82.8	52.7
甘 肃	879.6	520.8	389.8	124.5	88.9	32.4
青 海	974.1	735.9	254.4	470.0	28.0	16.0
宁 夏	1535.1	1075.5	552.0	482.9	66.3	51.7
新 疆	2245.3	2019.6	1647.3	344.6	17.6	10.6

4-2-47 续表 单位：元/人

地　区	2.建筑业收入	三、第三产业收入	1.交通运输业、邮电业收入	2.批发和零售贸易、餐饮业收入	3.社会服务业收入	4.文教卫生业收入	5.其他家庭经营收入
全　国	**54.1**	**320.6**	**96.6**	**96.2**	**32.9**	**8.3**	**86.5**
北　京	101.2	813.8	385.0	234.7	59.9	33.9	100.2
天　津	23.4	671.0	207.0	229.3	34.0	25.5	175.2
河　北	22.6	483.1	148.6	197.4	33.4	18.0	85.8
山　西	38.4	392.7	159.5	67.4	31.7	5.0	129.3
内蒙古	6.1	164.1	28.0	41.0	11.8	7.4	75.9
辽　宁	27.5	322.2	82.6	103.6	27.6	9.5	98.9
吉　林	6.2	137.5	31.3	16.0	5.0	1.5	83.7
黑龙江	12.5	132.0	40.9	17.1	9.3	8.9	56.0
上　海	12.9	235.8	96.1	38.0	28.7	0.3	72.7
江　苏	89.4	440.2	134.9	145.6	51.7	5.8	102.2
浙　江	155.6	707.6	216.2	232.3	142.7	11.9	104.4
安　徽	50.8	221.0	52.8	56.3	32.3	6.0	73.6
福　建	173.5	615.6	141.1	173.9	73.7	22.8	204.1
江　西	41.6	224.9	57.0	65.7	40.0	6.9	55.3
山　东	47.2	411.2	120.7	123.0	39.2	4.5	123.7
河　南	30.3	276.2	67.1	79.5	26.8	9.4	93.4
湖　北	42.5	219.3	65.9	72.0	20.3	5.3	55.8
湖　南	129.4	294.7	93.2	119.6	36.9	4.3	40.7
广　东	149.7	573.1	160.2	187.2	60.1	19.2	146.6
广　西	47.5	195.2	43.9	94.1	17.9	6.4	32.8
海　南	19.7	390.5	83.0	69.1	37.8	5.6	195.1
重　庆	17.7	186.5	83.0	29.7	20.5	7.2	46.1
四　川	43.1	204.8	71.7	64.7	27.6	6.8	34.0
贵　州	25.7	142.2	40.6	42.5	10.9	3.6	44.6
云　南	11.2	184.6	44.0	37.9	5.9	1.4	95.4
西　藏	143.4	353.1	167.6	47.4	14.9	2.9	120.3
陕　西	30.0	289.3	119.2	87.5	16.1	6.8	59.7
甘　肃	56.5	269.9	70.2	54.8	18.1	10.0	116.8
青　海	11.9	210.2	103.7	28.2	3.7	12.3	62.4
宁　夏	14.6	393.4	191.8	123.5	25.5	3.7	48.9
新　疆	7.0	208.1	45.2	29.0	19.4		114.5

4-2-48　2000年农村居民纯收入

单位：元/人

地　区	纯收入	一、工资性收入	二、家庭经营纯收入	三、财产性收入	四、转移性收入
全　国	**2253.4**	**702.3**	**1427.3**	**45.0**	**78.8**
北　京	4604.5	2819.1	1437.6	158.3	189.6
天　津	3622.4	1638.3	1857.4	42.9	83.9
河　北	2478.9	949.3	1418.0	62.7	49.0
山　西	1905.6	726.1	1113.6	19.7	46.3
内蒙古	2038.2	287.6	1690.8	35.2	24.6
辽　宁	2355.6	883.0	1353.4	58.2	61.1
吉　林	2022.5	343.9	1611.2	31.3	36.2
黑龙江	2148.2	338.0	1699.4	60.6	50.3
上　海	5596.4	4309.9	933.7	142.8	209.9
江　苏	3595.1	1663.1	1770.9	48.1	113.0
浙　江	4253.7	2000.5	1917.9	181.0	154.2
安　徽	1934.6	547.8	1298.4	24.7	63.6
福　建	3230.5	1069.0	1844.3	77.0	240.2
江　西	2135.3	744.5	1319.9	18.8	52.1
山　东	2659.2	850.6	1676.9	57.8	73.9
河　南	1985.8	473.7	1427.2	29.2	55.7
湖　北	2268.6	547.7	1617.8	19.5	83.5
湖　南	2197.2	789.7	1329.1	20.7	57.6
广　东	3654.5	1362.2	2002.9	73.7	215.7
广　西	1864.5	483.8	1297.2	7.5	76.1
海　南	2182.3	151.4	1897.7	38.1	95.0
重　庆	1892.4	623.3	1155.6	8.5	105.0
四　川	1903.6	606.9	1194.2	30.0	72.5
贵　州	1374.2	274.9	1029.5	7.0	62.8
云　南	1478.6	263.6	1115.7	47.9	51.4
西　藏	1330.8	227.6	934.5	106.5	62.2
陕　西	1443.9	446.0	901.1	47.0	49.7
甘　肃	1428.7	355.0	1011.8	16.1	45.7
青　海	1490.5	312.3	1119.8	24.7	33.7
宁　夏	1724.3	484.0	1121.4	80.8	38.1
新　疆	1618.1	104.6	1451.3	40.4	21.7

4-2-49　2000年农村居民总支出

单位：元/人

地　区	总支出	一、家庭经营费用支出	二、购置生产性固定资产支出	三、税费支出	四、消费支出	五、财产性支出	六、转移性支出
全　国	**2652.4**	**654.3**	**63.9**	**95.5**	**1670.1**	**19.7**	**148.9**
北　京	4498.1	634.7	59.9	35.2	3425.7	57.8	284.8
天　津	3127.3	797.4	33.8	67.6	1995.6	7.3	225.7
河　北	2264.8	627.3	102.5	69.1	1365.2	16.2	84.4
山　西	1711.7	353.1	50.0	44.9	1149.0	10.4	104.3
内蒙古	3123.3	1009.6	119.7	220.4	1614.9	36.5	122.2
辽　宁	3385.4	1006.0	107.7	136.5	1753.5	58.3	323.5
吉　林	3016.7	867.3	101.3	201.2	1553.4	79.3	214.3
黑龙江	3390.1	1077.8	103.5	315.8	1540.3	101.4	251.1
上　海	5577.5	489.6	17.7	53.7	4137.6	26.7	852.3
江　苏	3434.3	678.0	28.8	103.3	2337.5	14.7	272.0
浙　江	4527.2	737.2	104.7	60.9	3230.9	34.3	359.3
安　徽	2045.6	452.2	53.7	93.3	1321.5	12.3	112.6
福　建	3412.0	596.7	38.9	46.1	2409.7	53.4	267.1
江　西	2447.2	518.6	47.4	80.5	1642.7	10.7	147.4
山　东	3036.2	905.6	107.9	134.5	1770.8	10.1	107.4
河　南	2119.5	540.2	66.1	97.4	1315.8	13.3	86.6
湖　北	2404.7	474.1	27.6	145.3	1555.6	16.9	185.2
湖　南	2964.8	642.2	40.5	108.3	1942.9	11.1	219.8
广　东	3613.1	753.1	30.6	55.1	2646.0	4.4	123.9
广　西	2317.1	662.2	50.9	41.5	1488.0	6.4	68.2
海　南	2145.3	530.3	27.2	33.8	1483.9	6.0	64.1
重　庆	2165.6	543.5	34.2	58.0	1395.5	7.3	127.0
四　川	2431.9	708.9	24.7	96.3	1484.6	6.7	110.7
贵　州	1717.5	447.1	45.1	36.1	1096.6	3.6	89.0
云　南	2066.4	625.7	50.5	35.5	1270.8	10.8	73.0
西　藏	1477.5	227.9	94.2	4.9	1116.6	19.9	14.1
陕　西	1917.8	431.5	70.1	68.8	1251.2	25.2	70.9
甘　肃	1639.0	402.3	46.4	49.4	1084.0	4.1	52.8
青　海	1845.8	348.1	136.4	46.9	1218.2	8.0	88.2
宁　夏	2582.6	837.9	118.9	68.0	1417.1	17.1	123.6
新　疆	2819.8	1198.2	115.2	177.2	1236.4	11.1	81.5

4-2-50 2000年农村居民家庭经营费用支出

单位：元/人

地区	家庭经营费用支出	一、第一产业支出	1.农业支出	2.林业支出	3.牧业支出	4.渔业支出	二、第二产业支出
全国	**654.3**	**571.7**	**315.8**	**4.3**	**234.6**	**16.9**	**27.2**
北京	634.7	338.9	173.4	31.1	84.4	50.0	121.4
天津	797.4	725.2	279.4	4.9	411.7	29.1	8.4
河北	627.3	536.6	359.7	2.4	169.7	4.9	31.0
山西	353.1	272.5	187.7	1.5	83.3		14.3
内蒙古	1009.6	964.6	504.0	3.3	457.3		12.3
辽宁	1006.0	915.9	510.3	3.8	362.3	39.4	25.2
吉林	867.3	827.7	612.1	2.6	212.3	0.7	7.0
黑龙江	1077.8	1039.2	826.2	2.3	204.0	6.8	9.5
上海	489.6	374.9	227.8	2.0	133.9	11.1	32.4
江苏	678.0	534.6	283.1	5.5	205.7	40.3	69.0
浙江	737.2	536.4	244.0	14.7	252.3	25.5	108.0
安徽	452.2	407.4	256.9	2.9	140.3	7.1	13.2
福建	596.7	496.7	237.3	5.0	211.2	43.3	35.3
江西	518.6	452.7	219.3	2.4	220.7	10.3	16.3
山东	905.6	795.4	474.9	8.1	310.8	1.7	40.5
河南	540.2	470.4	287.7	1.3	175.2	6.1	21.4
湖北	474.1	417.4	239.3	2.0	154.3	21.8	20.3
湖南	642.2	545.2	206.4	2.1	323.4	13.3	32.7
广东	753.1	647.8	240.9	9.0	262.7	135.3	25.1
广西	662.2	596.7	236.2	3.1	345.9	11.4	24.4
海南	530.3	494.2	301.3	8.2	147.3	37.4	5.6
重庆	543.5	468.4	154.2	1.6	303.9	8.7	14.1
四川	708.9	639.9	204.9	2.6	427.8	4.7	21.6
贵州	447.1	409.7	172.4	3.8	232.6	0.9	11.5
云南	625.7	527.7	268.1	4.8	253.8	1.0	36.6
西藏	227.9	160.8	106.5	0.3	54.0		2.9
陕西	431.5	349.3	228.7	3.4	115.8	1.5	17.7
甘肃	402.3	353.0	265.2	2.6	85.1		13.1
青海	348.1	296.9	169.7	1.7	124.1	1.4	5.5
宁夏	837.9	727.2	380.1	7.9	319.7	19.4	19.0
新疆	1198.2	1155.0	934.1	7.3	213.5		5.6

4-2-50 续表 单位：元/人

地　区	1.工业支出	2.建筑业支出	三、第三产业支出	1.交通运输业、邮电业支出	2.批发和零售贸易、餐饮业支出	3.社会服务业支出	4.文教卫生业支出	5.其他家庭经营支出
全　国	**21.4**	**5.9**	**55.4**	**26.2**	**14.0**	**3.8**	**1.1**	**10.1**
北　京	39.6	81.8	174.4	45.0	99.8	9.4	9.2	11.0
天　津	2.3	6.0	63.8	35.1	17.0	2.3	0.3	9.2
河　北	29.7	1.3	59.7	33.0	16.4	4.7	0.9	4.6
山　西	6.3	8.0	66.2	43.6	7.1	7.3	0.7	7.5
内蒙古	10.2	2.2	32.6	8.9	2.8	2.8	2.1	16.0
辽　宁	23.6	1.6	64.9	26.6	18.5	3.1	2.9	13.7
吉　林	3.5	3.5	32.5	11.2	1.0	1.5	0.1	18.8
黑龙江	2.7	6.9	29.0	15.1	3.1	1.6	0.8	8.3
上　海	23.1	9.3	82.2	52.3	1.5	9.8	1.2	17.4
江　苏	58.1	10.8	74.4	27.2	28.6	7.7	0.9	10.0
浙　江	98.5	9.5	92.9	52.1	15.2	14.9	0.6	10.1
安　徽	8.0	5.2	31.7	13.5	7.5	3.4	0.6	6.6
福　建	16.6	18.8	64.7	27.1	11.5	6.9	1.4	17.8
江　西	12.5	3.8	49.5	17.8	10.4	4.3	1.9	15.1
山　东	31.4	9.1	69.7	22.9	31.9	4.4	1.4	9.1
河　南	15.0	6.4	48.4	20.8	16.9	2.1	1.0	7.5
湖　北	16.7	3.5	36.4	17.7	10.9	1.9	0.9	5.0
湖　南	30.0	2.7	64.3	31.7	17.9	4.2	0.3	10.2
广　东	17.3	7.8	80.2	34.6	23.9	3.4	2.6	15.8
广　西	22.4	2.0	41.1	17.5	16.0	1.9	0.7	5.0
海　南	2.4	3.2	30.5	17.2	2.0	1.6	0.4	9.4
重　庆	9.8	4.4	61.0	36.4	5.5	4.0	0.8	14.2
四　川	19.3	2.4	47.4	27.6	9.3	2.8	1.5	6.2
贵　州	6.2	5.3	25.9	11.8	6.2	1.9	0.4	5.7
云　南	34.4	2.2	61.4	20.7	14.9	1.7	0.6	23.5
西　藏	2.8	0.1	64.2	49.3	1.5	0.6	0.0	12.7
陕　西	16.4	1.3	64.5	46.0	10.1	1.8	1.9	4.9
甘　肃	4.7	8.4	36.1	21.2	6.3	1.8	1.8	5.0
青　海	2.5	3.0	45.8	30.4	0.5	0.8	0.7	13.3
宁　夏	18.6	0.5	91.6	55.4	15.2	2.8	0.0	18.3
新　疆	3.4	2.2	37.6	15.6	4.4	3.6		14.0

4-2-51　2000年农村居民消费支出

单位：元/人

地　区	消费支出	一、食品支出	二、衣着支出	三、居住支出
全　国	**1670.1**	**820.5**	**96.0**	**258.3**
北　京	3425.7	1304.7	245.9	539.6
天　津	1995.6	800.0	162.1	282.5
河　北	1365.2	539.3	104.8	322.0
山　西	1149.0	558.9	113.4	143.9
内蒙古	1614.9	723.4	110.9	249.4
辽　宁	1753.5	815.7	152.7	243.1
吉　林	1553.4	705.4	103.2	273.4
黑龙江	1540.3	682.8	105.3	304.2
上　海	4137.6	1822.5	201.2	723.6
江　苏	2337.5	1017.6	126.7	441.6
浙　江	3230.9	1406.4	167.4	580.5
安　徽	1321.5	693.1	71.2	196.9
福　建	2409.7	1172.3	117.0	350.7
江　西	1642.7	894.5	84.4	223.9
山　东	1770.8	781.9	117.5	299.8
河　南	1315.8	654.1	86.9	206.1
湖　北	1555.6	827.3	75.2	179.4
湖　南	1942.9	1053.4	89.8	251.9
广　东	2646.0	1317.5	104.2	378.9
广　西	1488.0	825.0	51.6	201.1
海　南	1483.9	844.3	59.1	180.3
重　庆	1395.5	747.5	62.0	199.1
四　川	1484.6	810.8	72.3	212.8
贵　州	1096.6	687.4	53.0	138.9
云　南	1270.8	749.2	55.3	177.1
西　藏	1116.6	885.6	87.1	47.2
陕　西	1251.2	543.8	82.3	199.9
甘　肃	1084.0	525.2	60.5	171.1
青　海	1218.2	705.2	93.4	126.2
宁　夏	1417.1	691.3	96.7	227.4
新　疆	1236.4	618.2	114.3	170.9

4-2-51 续表 单位：元/人

地区	四、家庭设备及用品支出	五、交通通信支出	六、文教娱乐支出	七、医疗保健支出	八、其他支出
全国	**75.4**	**93.1**	**186.7**	**87.6**	**52.5**
北京	235.3	236.0	484.9	249.0	130.3
天津	95.0	87.4	235.2	270.9	62.5
河北	65.4	84.6	130.7	78.3	40.1
山西	48.8	48.8	135.4	60.3	39.5
内蒙古	61.0	93.4	232.6	104.5	39.9
辽宁	70.6	112.8	195.3	109.5	53.9
吉林	63.6	85.1	171.8	102.7	48.2
黑龙江	50.9	84.2	150.7	117.2	45.2
上海	225.2	278.6	559.1	208.9	118.3
江苏	115.0	155.5	269.0	129.5	82.7
浙江	145.9	275.5	328.0	200.1	127.2
安徽	57.6	58.4	145.5	58.0	40.8
福建	110.2	206.1	254.3	87.4	111.6
江西	55.5	95.6	184.2	63.5	41.0
山东	114.9	101.6	207.9	118.7	28.5
河南	69.4	56.4	133.1	63.5	46.3
湖北	69.4	72.7	209.9	69.7	52.1
湖南	78.1	99.4	222.5	82.2	65.7
广东	125.7	205.5	313.5	100.3	100.5
广西	62.9	64.8	186.8	52.4	43.4
海南	63.6	61.3	174.4	44.1	56.8
重庆	66.8	61.3	154.5	68.9	35.5
四川	62.6	54.4	159.5	72.8	39.2
贵州	38.2	26.9	97.3	27.7	27.3
云南	47.5	32.0	106.1	64.3	39.2
西藏	39.8	15.4	11.1	16.1	14.4
陕西	57.8	58.5	181.8	91.4	35.6
甘肃	42.2	43.8	143.9	70.6	26.7
青海	44.8	53.1	79.4	78.2	37.9
宁夏	62.1	79.8	145.0	88.5	26.4
新疆	45.7	61.0	106.0	73.7	46.7

4-2-52 2000年农村居民现金支出

单位：元/人

地区	现金支出	一、家庭经营费用支出	二、购买生产性固定资产支出	三、税费支出	四、消费支出	五、财产性支出	六、转移性支出
全国	**2140.4**	**544.5**	**63.9**	**89.8**	**1284.7**	**9.8**	**147.6**
北京	4374.6	629.3	59.9	34.4	3336.5	35.3	279.2
天津	2940.3	775.0	33.8	67.5	1833.6	4.8	225.7
河北	1977.4	559.1	102.5	65.7	1156.2	9.8	84.2
山西	1425.9	319.9	50.0	43.4	901.6	7.0	103.9
内蒙古	2355.7	713.7	119.7	219.1	1171.0	10.2	122.0
辽宁	2783.1	823.9	107.7	136.5	1386.0	5.5	323.5
吉林	2495.4	747.9	101.3	201.2	1204.5	26.2	214.3
黑龙江	2821.1	941.9	103.5	315.5	1187.6	21.8	250.9
上海	5200.0	487.0	17.7	52.8	3763.5	26.7	852.3
江苏	2970.2	638.4	28.8	97.0	1922.1	13.2	270.8
浙江	4160.2	710.7	104.7	57.1	2911.8	16.9	358.9
安徽	1614.7	395.4	53.7	91.7	954.9	6.7	112.3
福建	3017.5	570.1	38.9	41.4	2074.6	26.6	265.9
江西	1861.3	412.0	47.4	75.5	1170.7	10.4	145.2
山东	2575.0	742.9	107.9	126.6	1482.4	9.4	105.8
河南	1578.1	440.4	66.1	90.3	889.7	5.1	86.5
湖北	1808.6	393.0	27.6	138.7	1058.3	10.0	180.9
湖南	2363.3	523.3	40.5	102.8	1467.9	10.4	218.4
广东	3090.9	710.1	30.6	29.4	2197.6	4.4	118.7
广西	1809.4	567.3	50.9	30.3	1087.2	6.4	67.2
海南	1643.6	451.6	27.2	15.7	1083.2	1.9	64.0
重庆	1516.8	367.4	34.2	54.1	927.2	6.9	126.9
四川	1709.6	457.8	24.7	89.7	1021.3	6.6	109.4
贵州	1063.3	272.3	45.1	31.3	622.5	3.6	88.5
云南	1360.6	401.3	50.5	22.1	808.3	6.9	71.4
西藏	719.6	134.2	94.2	4.9	476.6	2.3	7.4
陕西	1599.5	372.7	70.1	68.0	1007.6	11.0	70.1
甘肃	1226.3	329.0	46.4	46.5	747.6	4.1	52.7
青海	1327.2	285.2	136.4	46.9	765.5	8.0	85.3
宁夏	2032.2	694.4	118.9	65.8	1017.4	14.3	121.4
新疆	2353.4	1100.4	115.2	177.2	871.4	7.7	81.5

4-2-53 2000年农村居民家庭经营费用现金支出

单位：元/人

地区	家庭经营费用支出	一、第一产业支出	1.农业支出	2.林业支出	3.牧业支出	4.渔业支出	二、第二产业支出
全国	**544.5**	**462.9**	**286.5**	**4.2**	**155.7**	**16.5**	**27.0**
北京	629.3	333.6	172.9	31.1	79.5	50.0	121.4
天津	775.0	702.8	275.8	4.9	392.9	29.1	8.4
河北	559.1	468.5	336.6	2.4	124.7	4.9	31.0
山西	319.9	239.4	172.8	1.5	65.1		14.3
内蒙古	713.7	668.7	429.8	3.3	235.6		12.3
辽宁	823.9	736.8	451.6	3.8	242.2	39.2	25.2
吉林	747.9	708.6	576.6	2.6	128.7	0.6	7.0
黑龙江	941.9	903.3	757.9	2.3	136.4	6.7	9.5
上海	487.0	372.5	227.4	2.0	131.9	11.1	32.4
江苏	638.4	496.5	264.7	5.0	187.0	39.8	67.6
浙江	710.7	510.0	241.6	14.5	228.9	24.9	107.9
安徽	395.4	350.8	245.8	2.9	94.9	7.1	13.2
福建	570.1	470.8	232.4	5.0	190.2	43.2	35.3
江西	412.0	347.3	205.5	2.4	129.5	9.9	16.3
山东	742.9	634.1	422.8	8.1	201.5	1.7	39.3
河南	440.4	371.5	251.0	1.2	113.2	6.0	21.1
湖北	393.0	336.4	212.1	1.9	103.6	18.7	20.3
湖南	523.3	426.7	194.0	2.0	217.8	12.8	32.4
广东	710.1	606.6	231.1	8.7	233.4	133.3	24.7
广西	567.3	501.9	232.1	3.1	255.3	11.4	24.3
海南	451.6	418.0	289.8	8.2	83.5	36.5	5.6
重庆	367.4	292.6	141.7	1.6	141.1	8.2	14.1
四川	457.8	389.1	165.5	2.4	216.6	4.5	21.5
贵州	272.3	235.1	137.1	3.6	93.7	0.6	11.3
云南	401.3	311.7	201.7	2.7	106.5	0.8	36.6
西藏	134.2	73.1	44.3	0.3	28.5		2.9
陕西	372.7	290.8	209.1	3.4	76.8	1.5	17.5
甘肃	329.0	279.8	224.5	2.6	52.7		13.1
青海	285.2	234.0	134.8	1.7	96.1	1.4	5.5
宁夏	694.4	583.8	307.7	7.9	248.9	19.3	19.0
新疆	1100.4	1059.9	893.4	6.7	159.8		5.6

4-2-53 续表

单位：元/人

地　区	1.工业支出	2.建筑业支出	三、第三产业支出	1.交通运输业、邮电业支出	2.批发和零售贸易、餐饮业支出	3.社会服务业支出	4.文教卫生业支出	5.其他家庭经营支出
全　国	**21.3**	**5.8**	**54.6**	**26.2**	**13.9**	**3.8**	**1.1**	**9.5**
北　京	39.6	81.8	174.4	45.0	99.8	9.4	9.2	11.0
天　津	2.3	6.0	63.8	35.1	17.0	2.3	0.3	9.2
河　北	29.7	1.3	59.6	33.0	16.4	4.6	0.9	4.6
山　西	6.3	8.0	66.2	43.6	7.1	7.3	0.7	7.5
内蒙古	10.2	2.2	32.6	8.9	2.8	2.8	2.1	16.0
辽　宁	23.6	1.6	61.9	26.6	18.5	3.1	2.9	10.7
吉　林	3.5	3.5	32.3	11.2	1.0	1.5	0.1	18.5
黑龙江	2.7	6.9	29.0	15.1	3.1	1.6	0.8	8.3
上　海	23.1	9.3	82.1	52.2	1.5	9.8	1.2	17.4
江　苏	58.1	9.4	74.4	27.2	28.6	7.7	0.9	10.0
浙　江	98.5	9.4	92.8	52.0	15.2	14.9	0.6	10.1
安　徽	8.0	5.2	31.5	13.5	7.5	3.4	0.6	6.4
福　建	16.6	18.8	64.0	27.1	11.2	6.9	1.4	17.4
江　西	12.5	3.8	48.4	17.8	10.4	4.3	1.9	14.0
山　东	30.4	8.9	69.5	22.8	31.9	4.4	1.4	8.9
河　南	14.8	6.3	47.8	20.7	16.7	2.1	1.0	7.2
湖　北	16.7	3.5	36.4	17.6	10.9	1.9	0.9	5.0
湖　南	29.7	2.7	64.2	31.7	17.9	4.2	0.3	10.2
广　东	17.2	7.5	78.9	34.4	22.9	3.3	2.6	15.8
广　西	22.4	2.0	41.1	17.5	16.0	1.9	0.7	5.0
海　南	2.4	3.2	28.0	17.2	2.0	1.6	0.4	6.8
重　庆	9.8	4.4	60.7	36.4	5.5	4.0	0.8	14.0
四　川	19.1	2.4	47.2	27.5	9.2	2.8	1.5	6.2
贵　州	6.1	5.3	25.9	11.8	6.2	1.9	0.4	5.7
云　南	34.4	2.2	53.0	20.6	14.6	1.5	0.6	15.7
西　藏	2.8	0.1	58.2	49.1	1.0	0.6	0.0	7.5
陕　西	16.2	1.3	64.3	46.0	10.1	1.8	1.9	4.7
甘　肃	4.7	8.4	36.1	21.2	6.3	1.8	1.8	5.0
青　海	2.5	3.0	45.8	30.4	0.5	0.8	0.7	13.3
宁　夏	18.6	0.5	91.6	55.4	15.2	2.8	0.0	18.3
新　疆	3.4	2.2	34.9	15.6	4.4	3.6		11.3

4-2-54 2000年农村居民现金消费支出

单位：元/人

地 区	现金消费支出	一、食品支出	二、衣着支出	三、居住支出
全 国	**1284.7**	**464.3**	**95.2**	**231.1**
北 京	3336.5	1216.7	245.8	538.6
天 津	1833.6	650.3	162.1	270.2
河 北	1156.2	330.9	104.2	322.0
山 西	901.6	313.6	113.3	141.8
内蒙古	1171.0	337.9	110.9	191.0
辽 宁	1386.0	483.8	152.7	208.2
吉 林	1204.5	446.3	103.2	183.6
黑龙江	1187.6	454.8	105.3	179.4
上 海	3763.5	1451.2	201.2	720.9
江 苏	1922.1	636.0	123.3	412.1
浙 江	2911.8	1098.3	167.4	569.8
安 徽	954.9	362.3	70.8	161.6
福 建	2074.6	854.5	117.0	336.9
江 西	1170.7	466.2	83.4	181.3
山 东	1482.4	506.7	116.2	288.1
河 南	889.7	286.5	85.6	161.4
湖 北	1058.3	358.3	72.2	154.9
湖 南	1467.9	590.2	89.6	240.3
广 东	2197.6	908.5	101.8	343.9
广 西	1087.2	437.0	51.6	188.4
海 南	1083.2	495.6	59.1	128.3
重 庆	927.2	299.8	62.0	178.5
四 川	1021.3	376.1	72.2	184.6
贵 州	622.5	224.9	53.0	127.2
云 南	808.3	305.8	55.3	158.1
西 藏	476.6	256.6	87.0	36.3
陕 西	1007.6	327.7	82.0	172.7
甘 肃	747.6	213.8	60.5	146.1
青 海	765.5	262.7	93.3	116.2
宁 夏	1017.4	302.7	96.7	216.2
新 疆	871.4	270.5	110.9	156.9

3-2-54 续表 单位：元/人

地区	四、家庭设备及用品支出	五、交通通信支出	六、文教娱乐支出	七、医疗保健支出	八、其他支出
全国	**74.4**	**93.1**	**186.7**	**87.6**	**52.5**
北京	235.3	236.0	484.9	249.0	130.3
天津	95.0	87.4	235.2	270.9	62.5
河北	65.4	84.6	130.7	78.3	40.1
山西	48.7	48.8	135.4	60.3	39.5
内蒙古	61.0	93.4	232.6	104.5	39.9
辽宁	69.9	112.8	195.3	109.5	53.9
吉林	63.6	85.1	171.8	102.7	48.2
黑龙江	50.8	84.2	150.7	117.2	45.2
上海	225.2	278.6	559.1	208.9	118.3
江苏	114.1	155.5	269.0	129.5	82.7
浙江	145.6	275.5	328.0	200.1	127.2
安徽	57.6	58.4	145.5	58.0	40.8
福建	106.8	206.1	254.3	87.4	111.6
江西	55.4	95.6	184.2	63.5	41.0
山东	114.8	101.6	207.9	118.7	28.5
河南	56.8	56.4	133.1	63.5	46.3
湖北	68.5	72.7	209.9	69.7	52.1
湖南	78.0	99.4	222.5	82.2	65.7
广东	123.7	205.5	313.5	100.3	100.5
广西	62.9	64.8	186.8	52.4	43.4
海南	63.6	61.3	174.4	44.1	56.8
重庆	66.7	61.3	154.5	68.9	35.5
四川	62.4	54.4	159.5	72.8	39.2
贵州	38.2	26.9	97.3	27.7	27.3
云南	47.5	32.0	106.1	64.3	39.2
西藏	39.8	15.4	11.1	16.1	14.4
陕西	57.8	58.5	181.8	91.4	35.6
甘肃	42.2	43.8	143.9	70.6	26.7
青海	44.7	53.1	79.4	78.2	37.9
宁夏	62.1	79.8	145.0	88.5	26.4
新疆	45.7	61.0	106.0	73.7	46.7

4-2-55　2005年农村居民总收入

单位：元/人

地　区	总收入	一、工资性收入	二、家庭经营收入	三、财产性收入	四、转移性收入
全　国	**4631.2**	**1174.5**	**3164.4**	**88.5**	**203.8**
北　京	8855.6	4524.3	3203.0	588.0	540.3
天　津	7459.7	2720.9	4455.5	152.9	130.5
河　北	4986.0	1293.5	3415.4	93.7	183.3
山　西	3628.3	1177.9	2268.7	62.7	119.0
内蒙古	5345.9	504.5	4557.2	73.1	211.2
辽　宁	6028.3	1212.2	4379.6	113.2	323.2
吉　林	5154.2	511.0	4205.5	148.4	289.4
黑龙江	6042.9	464.3	5148.7	230.6	199.3
上　海	8960.4	6159.7	1351.7	457.5	991.5
江　苏	6682.3	2786.1	3470.6	150.4	275.2
浙　江	8805.1	3238.8	4792.8	278.9	494.5
安　徽	3669.0	1010.1	2471.3	44.9	142.8
福　建	5499.3	1650.7	3333.9	98.7	416.0
江　西	4211.8	1227.9	2805.0	25.8	153.1
山　东	5677.0	1437.6	3957.0	102.8	179.7
河　南	3945.7	854.0	2965.6	35.9	90.2
湖　北	4221.8	941.6	3167.3	16.8	96.1
湖　南	4489.4	1228.8	2908.5	42.1	310.1
广　东	5957.8	2562.4	2944.2	167.3	284.0
广　西	3717.5	907.4	2710.9	18.3	80.9
海　南	4129.6	473.1	3433.8	55.6	167.1
重　庆	3783.0	1088.8	2441.5	30.7	222.0
四　川	4158.2	954.9	2970.7	41.6	191.0
贵　州	2660.6	583.3	1894.4	35.5	147.4
云　南	3179.2	348.3	2652.6	75.5	102.8
西　藏	2869.9	565.2	1973.8	217.2	113.6
陕　西	3037.0	756.7	2071.1	56.9	152.2
甘　肃	2888.0	586.7	2159.4	20.6	121.3
青　海	2942.1	560.5	2129.2	62.0	190.4
宁　夏	4179.7	702.1	3200.8	48.6	228.2
新　疆	4604.9	195.5	4253.0	33.9	122.6

4-2-56 2005年农村居民家庭经营总收入

单位：元/人

地　区	家庭经营总收入	一、第一产业收入	1.农业收入	2.林业收入	3.牧业收入	4.渔业收入	二、第二产业收入
全　国	**3164.4**	**2621.3**	**1704.1**	**53.2**	**786.0**	**78.0**	**167.1**
北　京	3203.0	1528.6	750.0	74.6	630.8	73.2	607.9
天　津	4455.5	2800.2	1517.5	15.8	1116.5	150.4	666.8
河　北	3415.4	2609.0	1849.3	14.7	744.9	0.1	273.4
山　西	2268.7	1665.4	1283.0	18.7	363.8		70.8
内蒙古	4557.2	4408.8	2601.5	21.7	1785.6		34.4
辽　宁	4379.6	3945.7	2372.7	23.0	1490.4	59.7	69.2
吉　林	4205.5	4020.8	3157.8	15.8	844.2	3.0	28.1
黑龙江	5148.7	5011.2	4045.3	17.1	941.2	7.6	10.2
上　海	1351.7	992.5	627.4	1.2	135.7	228.2	51.9
江　苏	3470.6	2465.2	1490.5	51.1	699.3	224.3	339.9
浙　江	4792.8	2494.8	1197.6	126.9	989.2	181.1	1150.8
安　徽	2471.3	2152.5	1626.0	35.3	426.7	64.4	74.1
福　建	3333.9	2379.1	1449.2	108.6	626.8	194.6	253.3
江　西	2805.0	2410.3	1686.3	69.6	597.6	56.8	134.5
山　东	3957.0	3177.4	2215.0	60.3	865.4	36.7	265.2
河　南	2965.6	2532.2	1801.6	34.2	672.7	23.7	129.8
湖　北	3167.3	2821.9	1933.9	47.8	678.0	162.3	111.6
湖　南	2908.5	2276.9	1384.9	60.1	763.3	68.6	246.1
广　东	2944.2	2426.4	1187.8	28.4	873.6	336.6	84.8
广　西	2710.9	2480.6	1391.0	84.2	918.8	86.7	60.6
海　南	3433.8	3017.0	1331.4	448.7	661.3	575.5	85.3
重　庆	2441.5	2245.5	1204.0	21.6	974.3	45.6	28.7
四　川	2970.7	2622.2	1341.9	30.8	1200.5	49.0	69.6
贵　州	1894.4	1622.9	973.2	26.2	621.7	1.9	53.3
云　南	2652.6	2426.5	1490.3	146.0	783.7	6.6	28.3
西　藏	1973.8	1688.1	1049.2	64.2	574.6	0.1	32.0
陕　西	2071.1	1728.0	1231.7	27.3	466.3	2.7	56.4
甘　肃	2159.4	1856.4	1440.0	43.7	372.1	0.7	73.4
青　海	2129.2	1762.2	994.2	11.5	752.5	4.0	54.3
宁　夏	3200.8	2719.8	1747.6	6.8	915.9	49.4	99.5
新　疆	4253.0	3899.0	3109.2	69.8	720.0		45.1

4-2-56 续表

单位：元/人

地　　区	1.工业收入	2.建筑业收入	三、第三产业收入	1.交通运输业、邮电业收入	2.批发和零售贸易、餐饮业收入	3.社会服务业收入	4.文教卫生业收入	5.其他家庭经营收入
全　　国	**111.2**	**55.8**	**376.1**	**139.0**	**145.1**	**40.0**	**13.2**	**38.8**
北　　京	202.0	405.9	1066.6	606.9	256.1	146.3	5.7	51.5
天　　津	549.7	117.1	988.5	513.4	284.1	125.9	0.8	64.4
河　　北	253.8	19.5	533.1	194.7	234.3	45.2	30.2	28.7
山　　西	22.2	48.6	532.4	245.8	136.8	69.3	7.7	72.8
内 蒙 古	23.8	10.6	114.0	44.4	29.6	15.0	7.8	17.1
辽　　宁	37.8	31.4	364.8	140.7	134.7	27.0	21.0	41.4
吉　　林	16.3	11.9	156.6	79.0	48.8	5.0	4.8	19.1
黑 龙 江	6.6	3.6	127.3	72.1	28.4	7.3	5.2	14.4
上　　海	12.3	39.6	307.3	162.1	105.2	21.9	15.4	2.8
江　　苏	221.0	118.9	665.5	298.5	247.3	70.7	5.4	43.6
浙　　江	891.8	259.1	1147.1	407.4	447.6	148.5	26.8	116.9
安　　徽	38.6	35.5	244.7	61.1	115.9	27.1	10.8	29.8
福　　建	93.8	159.5	701.5	227.4	270.7	92.8	15.9	94.6
江　　西	69.2	65.3	260.2	73.1	111.2	34.7	12.1	29.0
山　　东	209.4	55.8	514.4	166.5	186.2	54.9	28.2	78.7
河　　南	99.4	30.4	303.6	96.1	123.1	24.6	17.0	42.8
湖　　北	53.9	57.7	233.7	80.6	99.0	25.9	6.9	21.3
湖　　南	109.8	136.4	385.6	145.3	148.2	53.2	18.7	20.2
广　　东	48.1	36.7	433.0	111.2	223.0	48.2	9.8	40.9
广　　西	48.1	12.4	169.8	56.1	70.6	12.4	13.8	16.9
海　　南	37.7	47.6	331.6	113.0	100.5	27.8	5.4	85.0
重　　庆	18.7	10.0	167.4	37.0	76.4	11.2	20.1	22.6
四　　川	36.7	32.9	279.0	112.3	98.1	37.3	10.1	21.1
贵　　州	28.9	24.4	218.2	56.6	106.6	21.0	10.9	23.2
云　　南	16.0	12.3	197.7	78.4	77.6	9.1	5.5	27.2
西　　藏	3.7	28.3	253.8	177.1	45.8	13.8	0.1	17.0
陕　　西	43.8	12.7	286.7	111.5	96.5	40.1	11.0	27.7
甘　　肃	34.8	38.6	229.6	81.4	93.8	18.1	7.8	28.4
青　　海	16.1	38.2	312.7	129.9	109.7	21.0	11.0	41.2
宁　　夏	85.8	13.7	381.5	203.7	148.7	19.2		9.9
新　　疆	26.6	18.5	308.9	78.1	152.3	11.4	2.8	64.3

4-2-57 2005年农村居民现金收入

单位：元/人

地 区	现金收入	一、工资性收入	二、家庭经营收入	三、财产性收入	四、转移性收入
全 国	**3915.5**	**1173.1**	**2472.3**	**71.8**	**198.3**
北 京	8724.2	4520.7	3128.0	570.1	505.4
天 津	7032.5	2715.7	4033.1	154.2	129.4
河 北	4317.7	1292.7	2768.3	75.6	181.1
山 西	3053.1	1177.5	1702.6	56.8	116.2
内蒙古	4235.1	504.4	3498.9	32.8	199.0
辽 宁	5491.4	1212.2	3922.7	36.0	320.5
吉 林	4451.5	511.0	3613.9	37.4	289.2
黑龙江	5321.2	464.2	4578.8	79.7	198.5
上 海	8723.5	6159.7	1126.8	457.5	979.5
江 苏	6035.3	2776.9	2852.3	143.0	263.0
浙 江	8445.3	3232.0	4484.9	271.8	456.6
安 徽	3043.2	1009.7	1872.5	25.9	135.1
福 建	4963.4	1650.5	2822.4	80.0	410.5
江 西	3460.2	1227.9	2057.8	24.9	149.6
山 东	5114.5	1434.6	3415.5	89.5	174.9
河 南	3015.7	850.9	2046.5	31.9	86.4
湖 北	3454.2	941.2	2402.7	15.6	94.8
湖 南	3692.5	1228.8	2116.2	38.0	309.5
广 东	5381.7	2562.3	2369.5	166.6	283.3
广 西	2994.1	907.4	1989.0	18.0	79.8
海 南	3604.1	473.0	2909.1	55.6	166.4
重 庆	2653.1	1087.6	1315.3	30.1	220.1
四 川	3086.5	954.4	1901.9	40.8	189.4
贵 州	1953.5	583.1	1190.1	34.4	145.9
云 南	2175.1	348.3	1660.2	70.1	96.5
西 藏	1925.3	550.0	1117.0	152.2	106.0
陕 西	2576.0	756.7	1625.1	43.1	151.1
甘 肃	2217.4	586.2	1496.6	14.8	119.8
青 海	2287.5	560.5	1503.4	55.8	167.9
宁 夏	3463.4	702.1	2546.4	28.1	186.8
新 疆	3921.2	195.5	3580.4	22.8	122.4

4-2-58　2005年农村居民家庭经营现金收入

单位：元/人

地区	家庭经营现金收入	一、第一产业收入	农业收入	牧业收入	二、第二产业收入	1.工业收入
全国	**2472.3**	**1929.5**	**1104.9**	**700.3**	**166.9**	**111.2**
北京	3128.0	1454.7	647.8	661.1	607.8	202.0
天津	4033.1	2377.9	1115.5	1096.3	666.8	549.7
河北	2768.3	1962.0	1228.9	717.4	273.2	253.7
山西	1702.6	1099.3	729.8	354.8	70.8	22.2
内蒙古	3498.9	3350.6	1715.8	1613.1	34.4	23.8
辽宁	3922.7	3489.2	1989.6	1418.8	69.2	37.8
吉林	3613.9	3429.2	2641.9	768.9	28.1	16.3
黑龙江	4578.8	4441.3	3512.4	904.4	10.2	6.6
上海	1126.8	767.6	433.3	110.7	51.9	12.3
江苏	2852.3	1847.1	922.3	660.4	339.9	221.0
浙江	4484.9	2187.1	920.6	969.2	1150.8	891.7
安徽	1872.5	1553.7	1080.7	374.7	74.1	38.6
福建	2822.4	1867.7	1061.8	538.5	253.3	93.8
江西	2057.8	1663.2	997.6	552.3	134.5	69.2
山东	3415.5	2636.0	1676.3	862.8	265.2	209.4
河南	2046.5	1615.0	918.6	648.0	129.0	99.2
湖北	2402.7	2058.8	1340.3	522.6	110.7	53.0
湖南	2116.2	1484.6	709.4	662.0	246.1	109.8
广东	2369.5	1851.7	702.8	793.1	84.7	48.1
广西	1989.0	1758.7	758.2	842.4	60.6	48.1
海南	2909.1	2492.2	909.6	581.5	85.3	37.7
重庆	1315.3	1119.5	333.1	722.6	28.7	18.7
四川	1901.9	1553.5	470.1	1008.8	69.6	36.7
贵州	1190.1	918.6	417.4	477.4	53.3	28.9
云南	1660.2	1434.2	789.0	500.1	28.3	16.0
西藏	1117.0	831.4	413.1	359.9	32.0	3.7
陕西	1625.1	1281.9	815.6	437.8	56.4	43.8
甘肃	1496.6	1193.8	879.4	270.1	73.4	34.8
青海	1503.4	1136.4	562.1	560.1	54.3	16.1
宁夏	2546.4	2065.3	1170.6	839.4	99.5	85.8
新疆	3580.4	3226.5	2504.6	657.6	45.1	26.6

4-2-58 续表 单位：元/人

地　区	2.建筑业收入	三、第三产业收入	1.交通运输业、邮电业收入	2.批发和零售贸易、餐饮业收入	3.社会服务业收入	4.文教卫生业收入	5.其他家庭经营收入
全　国	**55.8**	**375.9**	**139.0**	**145.1**	**40.0**	**13.2**	**38.7**
北　京	405.8	1065.5	606.9	256.1	146.3	5.7	50.4
天　津	117.1	988.5	513.4	284.1	125.9	0.8	64.4
河　北	19.5	533.1	194.7	234.3	45.2	30.2	28.7
山　西	48.6	532.4	245.8	136.8	69.3	7.7	72.8
内蒙古	10.6	114.0	44.4	29.6	15.0	7.8	17.1
辽　宁	31.4	364.4	140.7	134.7	27.0	21.0	41.0
吉　林	11.9	156.6	79.0	48.8	5.0	4.8	19.1
黑龙江	3.6	127.3	72.1	28.4	7.3	5.2	14.4
上　海	39.6	307.3	162.1	105.2	21.9	15.4	2.7
江　苏	118.8	665.4	298.5	247.3	70.7	5.4	43.5
浙　江	259.1	1147.0	407.4	447.6	148.5	26.8	116.7
安　徽	35.5	244.7	61.1	115.9	27.1	10.8	29.8
福　建	159.5	701.4	227.4	270.7	92.8	15.9	94.6
江　西	65.3	260.1	73.1	111.2	34.7	12.1	28.9
山　东	55.8	514.3	166.5	186.2	54.9	28.2	78.7
河　南	29.7	302.5	96.1	123.1	24.6	17.0	41.8
湖　北	57.7	233.3	80.6	99.0	25.9	6.9	20.9
湖　南	136.4	385.6	145.3	148.2	53.2	18.7	20.2
广　东	36.7	433.0	111.2	223.0	48.2	9.8	40.9
广　西	12.4	169.7	56.1	70.6	12.4	13.8	16.8
海　南	47.6	331.6	113.0	100.5	27.8	5.4	85.0
重　庆	10.0	167.1	37.0	76.4	11.2	20.1	22.3
四　川	32.9	278.9	112.3	98.1	37.3	10.1	21.0
贵　州	24.4	218.2	56.6	106.6	21.0	10.9	23.2
云　南	12.3	197.7	78.4	77.6	9.1	5.5	27.2
西　藏	28.3	253.6	177.1	45.8	13.8	0.1	16.9
陕　西	12.7	286.7	111.5	96.5	40.1	11.0	27.6
甘　肃	38.6	229.5	81.4	93.8	18.1	7.8	28.3
青　海	38.2	312.7	129.9	109.7	21.0	11.0	41.2
宁　夏	13.7	381.5	203.7	148.7	19.2		9.9
新　疆	18.5	308.9	78.1	152.3	11.4	2.8	64.3

4-2-59　2005年农村居民纯收入

单位：元/人

地　区	纯收入	一、工资性收入	二、家庭经营纯收入	三、财产性收入	四、转移性收入
全　国	**3254.9**	**1174.5**	**1844.5**	**88.5**	**147.4**
北　京	7346.3	4524.3	1778.3	588.0	455.6
天　津	5579.9	2720.9	2626.5	152.9	79.7
河　北	3481.6	1293.5	1988.6	93.7	105.8
山　西	2890.7	1177.9	1563.5	62.7	86.5
内蒙古	2988.9	504.5	2223.3	73.1	188.1
辽　宁	3690.2	1212.2	2163.5	113.2	201.3
吉　林	3264.0	511.0	2395.5	148.4	209.2
黑龙江	3221.3	464.3	2363.9	230.6	162.4
上　海	8247.8	6159.7	774.6	457.5	856.0
江　苏	5276.3	2786.1	2125.0	150.4	214.8
浙　江	6660.0	3238.8	2789.4	278.9	352.9
安　徽	2641.0	1010.1	1499.3	44.9	86.8
福　建	4450.4	1650.7	2365.0	98.7	336.0
江　西	3128.9	1227.9	1786.4	25.8	88.8
山　东	3930.6	1437.6	2258.1	102.8	132.1
河　南	2870.6	854.0	1913.7	35.9	67.1
湖　北	3099.2	941.6	2049.0	16.8	91.7
湖　南	3117.7	1228.8	1713.4	42.1	133.6
广　东	4690.5	2562.4	1732.0	167.3	228.9
广　西	2494.7	907.4	1516.4	18.3	52.7
海　南	3004.0	473.1	2345.6	55.6	129.8
重　庆	2809.3	1088.8	1541.5	30.7	148.4
四　川	2802.8	954.9	1681.6	41.6	124.7
贵　州	1877.0	583.3	1153.4	35.5	104.8
云　南	2041.8	348.3	1530.1	75.5	87.8
西　藏	2077.9	565.2	1187.1	217.2	108.4
陕　西	2052.6	756.7	1118.9	56.9	120.1
甘　肃	1979.9	586.7	1263.4	20.6	109.2
青　海	2151.5	560.5	1359.6	62.0	169.4
宁　夏	2508.9	702.1	1561.9	48.6	196.2
新　疆	2482.2	195.5	2140.8	33.9	112.0

4-2-60 2005年农村居民总支出

单位：元/人

地区	总支出	一、家庭经营费用支出	二、购置生产性固定资产支出	三、税费支出	四、消费支出	五、财产性支出	六、转移性支出
全国	**4126.9**	**1189.7**	**131.1**	**13.1**	**2555.4**	**22.0**	**215.6**
北京	7119.0	1268.6	82.2	6.0	5315.7	9.4	437.0
天津	4943.0	1624.2	62.1	13.9	3036.0	7.5	199.3
河北	3711.0	1242.8	95.9	25.3	2165.7	13.3	168.0
山西	2719.4	626.8	46.2	7.5	1877.7	7.7	153.5
内蒙古	5091.9	2084.8	289.0	9.1	2446.2	46.8	216.1
辽宁	5672.5	2061.2	240.3	6.3	2805.9	37.1	521.8
吉林	4669.8	1591.8	353.7	13.0	2306.0	124.4	281.0
黑龙江	6151.3	2591.2	410.9	6.7	2544.7	157.3	440.6
上海	8717.2	533.6	95.7	4.4	7277.9	27.9	777.8
江苏	5281.3	1185.1	142.7	33.3	3567.1	6.1	346.9
浙江	8041.3	1750.3	196.5	21.1	5433.0	100.0	540.5
安徽	3360.4	861.6	108.9	14.6	2196.2	2.6	176.5
福建	4514.4	857.8	67.2	4.7	3292.6	12.2	279.9
江西	3776.5	931.7	112.8	16.0	2483.7	9.6	222.8
山东	4561.3	1496.0	118.5	34.3	2735.8	17.6	159.1
河南	3107.0	944.7	129.0	3.1	1891.6	5.0	133.7
湖北	3675.7	1038.1	79.0	11.6	2430.2	10.9	106.0
湖南	4289.5	1106.0	95.2	26.2	2756.4	8.8	296.8
广东	5081.0	1154.2	32.1	6.8	3707.7	10.6	169.7
广西	3696.7	1125.8	109.1	5.9	2349.6	6.3	100.2
海南	3127.2	984.9	57.1	4.6	1969.1	3.8	107.7
重庆	3273.4	839.0	71.5	5.3	2142.1	2.2	213.3
四川	3742.8	1188.2	68.2	12.8	2274.2	1.7	197.7
贵州	2490.7	675.7	86.0	2.2	1552.4	2.3	172.1
云南	3017.0	1015.4	102.0	5.4	1789.0	22.2	83.0
西藏	2389.2	447.6	175.1	4.4	1723.8	1.8	36.6
陕西	3111.3	858.5	141.4	7.2	1896.5	7.2	200.5
甘肃	2828.9	790.7	117.2	4.5	1819.6	3.9	93.1
青海	2966.2	643.2	145.7	4.4	1976.0	41.0	155.8
宁夏	4126.9	1418.4	322.3	2.6	2094.5	1.3	287.9
新疆	4302.3	1928.6	258.8	14.4	1924.4	60.7	115.4

4-2-61 2005年农村居民家庭经营费用支出

单位：元/人

地 区	家庭经营费用支出	一、第一产业支出	1.农业支出	2.林业支出	3.牧业支出	4.渔业支出	二、第二产业支出
全 国	**1189.7**	**1058.3**	**540.9**	**7.2**	**476.9**	**33.3**	**47.8**
北 京	1268.6	723.7	204.7	12.0	448.8	58.3	194.1
天 津	1624.2	1176.1	342.6	6.8	766.9	59.9	307.3
河 北	1242.8	1036.3	578.2	3.5	454.6	0.0	94.4
山 西	626.8	503.8	321.2	2.6	180.0		13.4
内蒙古	2084.8	2046.8	1030.8	7.0	1009.0	0.1	10.9
辽 宁	2061.2	1943.3	936.3	5.1	985.6	16.3	17.6
吉 林	1591.8	1553.5	1096.6	5.9	450.2	0.8	8.7
黑龙江	2591.2	2551.6	1848.2	3.5	697.5	2.4	1.3
上 海	533.6	416.4	180.6	10.7	86.2	139.0	5.4
江 苏	1185.1	1009.5	486.1	11.1	427.0	85.3	57.3
浙 江	1750.3	1189.6	365.4	13.4	704.1	106.7	355.5
安 徽	861.6	783.3	516.3	6.1	231.5	29.5	17.9
福 建	857.8	748.6	353.1	18.1	330.1	47.3	18.6
江 西	931.7	829.9	443.2	4.5	365.8	16.4	29.5
山 东	1496.0	1315.0	731.3	11.3	557.8	14.6	92.6
河 南	944.7	841.8	470.4	3.9	357.1	10.5	40.7
湖 北	1038.1	926.5	490.5	6.9	362.1	67.0	41.7
湖 南	1106.0	933.2	394.6	13.0	498.3	27.4	55.9
广 东	1154.2	1077.9	295.3	3.1	613.1	166.4	12.6
广 西	1125.8	1062.4	464.6	4.1	561.9	31.8	25.0
海 南	984.9	920.4	373.3	24.6	296.2	226.3	17.2
重 庆	839.0	788.4	228.5	6.7	535.8	17.5	7.8
四 川	1188.2	1094.9	325.9	5.8	744.3	19.0	21.9
贵 州	675.7	607.1	223.0	1.3	382.6	0.1	14.9
云 南	1015.4	949.6	459.0	10.8	476.8	3.0	9.1
西 藏	447.6	386.5	139.9	0.9	245.7	0.1	4.7
陕 西	858.5	753.3	440.2	3.3	306.9	2.9	18.5
甘 肃	790.7	687.2	490.0	13.1	184.0	0.1	33.8
青 海	643.2	524.4	296.8	1.2	225.8	0.5	11.8
宁 夏	1418.4	1277.7	637.0	0.7	607.3	32.7	46.7
新 疆	1928.6	1806.5	1383.9	7.9	414.7		10.4

4-2-61 续表 单位：元/人

地区	1.工业支出	2.建筑业支出	三、第三产业支出	1.交通运输业、邮电业支出	2.批发和零售贸易、餐饮业支出	3.社会服务业支出	4.文教卫生业支出	5.其他家庭经营支出
全　国	**40.2**	**7.6**	**83.6**	**39.0**	**30.6**	**5.5**	**2.3**	**6.2**
北　京	77.0	117.1	350.8	206.2	118.2	23.9		2.4
天　津	291.4	15.9	140.8	99.7	21.2	8.1	0.1	11.7
河　北	91.0	3.4	112.1	53.3	39.4	8.0	6.5	4.9
山　西	6.0	7.5	109.5	61.6	31.9	7.5	0.5	8.1
内蒙古	8.6	2.3	27.1	12.7	5.7	2.9	2.2	3.7
辽　宁	9.3	8.2	100.3	39.9	40.3	2.5	2.6	15.0
吉　林	4.9	3.8	29.6	22.1	2.7	1.0		3.9
黑龙江	0.7	0.5	38.3	25.8	7.5	0.9	1.5	2.6
上　海	1.8	3.7	111.7	64.2	18.0	26.0		3.5
江　苏	47.3	10.0	118.4	73.9	33.9	6.5	0.2	3.8
浙　江	336.2	19.4	205.2	87.3	79.0	11.2	3.0	24.8
安　徽	16.2	1.7	60.4	20.5	35.8	1.7	1.0	1.3
福　建	7.4	11.2	90.6	39.2	33.4	4.0	0.4	13.6
江　西	21.3	8.2	72.3	23.7	33.7	5.4	2.3	7.3
山　东	87.8	4.8	88.5	27.4	38.7	8.4	4.4	9.8
河　南	30.3	10.4	62.2	26.6	25.8	3.3	3.0	3.4
湖　北	19.5	22.1	69.9	26.1	33.1	4.3	1.6	4.9
湖　南	49.3	6.6	117.0	51.6	47.2	7.7	6.2	4.3
广　东	8.8	3.8	63.7	23.8	21.4	11.6	0.6	6.4
广　西	24.6	0.4	38.4	21.1	9.1	2.6	1.0	4.7
海　南	14.3	2.8	47.4	32.8	1.4	9.8	0.1	3.3
重　庆	4.7	3.2	42.7	10.2	25.0	1.4	3.6	2.5
四　川	17.7	4.1	71.4	46.9	13.7	6.1	1.6	3.0
贵　州	12.2	2.7	53.7	18.5	27.5	1.5	3.6	2.6
云　南	7.1	2.0	56.8	29.9	15.3	2.1	2.4	7.1
西　藏	0.1	4.6	56.4	49.4	0.8		0.2	6.0
陕　西	16.9	1.5	86.8	41.1	21.8	9.4	2.1	12.3
甘　肃	18.7	15.1	69.8	28.0	33.6	4.1	0.9	3.2
青　海	6.6	5.2	107.0	54.1	43.5	0.8	3.4	5.3
宁　夏	44.9	1.8	94.1	46.8	41.4	1.5	0.4	4.0
新　疆	7.2	3.3	111.7	38.0	63.6	1.2	0.4	8.5

4-2-62　2005年农村居民消费支出

单位：元/人

地　区	消费支出	一、食品支出	二、衣着支出	三、居住支出
全　国	**2555.4**	**1162.2**	**148.6**	**370.2**
北　京	5315.7	1736.0	378.7	854.4
天　津	3036.0	1171.4	257.3	614.3
河　北	2165.7	888.4	155.5	398.9
山　西	1877.7	830.5	202.4	200.6
内蒙古	2446.2	1054.3	150.0	334.7
辽　宁	2805.9	1127.2	221.0	378.2
吉　林	2306.0	1003.2	168.2	256.7
黑龙江	2544.7	923.6	184.1	527.0
上　海	7277.9	2683.9	366.4	1319.8
江　苏	3567.1	1569.3	191.2	512.5
浙　江	5433.0	2061.4	318.9	914.1
安　徽	2196.2	999.8	117.4	344.9
福　建	3292.6	1517.6	186.7	457.3
江　西	2483.7	1220.5	124.5	326.2
山　东	2735.8	1087.7	159.7	445.7
河　南	1891.6	859.0	132.4	318.0
湖　北	2430.2	1192.3	125.0	310.3
湖　南	2756.4	1433.0	127.9	307.3
广　东	3707.7	1789.4	143.5	530.3
广　西	2349.6	1186.7	79.5	379.7
海　南	1969.1	1134.8	66.4	146.0
重　庆	2142.1	1130.4	96.0	231.2
四　川	2274.2	1244.4	116.4	234.1
贵　州	1552.4	819.9	79.6	235.5
云　南	1789.0	975.7	80.3	225.8
西　藏	1723.8	1185.2	182.5	84.2
陕　西	1896.5	812.9	124.4	211.7
甘　肃	1819.6	858.9	92.3	240.7
青　海	1976.0	893.3	156.1	329.3
宁　夏	2094.5	922.5	143.1	345.9
新　疆	1924.4	803.8	171.4	333.2

4-2-62 续表

单位：元/人

地区	四、家庭设备及用品支出	五、交通通信支出	六、文教娱乐支出	七、医疗保健支出	八、其他支出
全国	**111.4**	**245.0**	**295.5**	**168.1**	**54.5**
北京	326.9	615.5	797.0	504.2	103.2
天津	117.1	327.6	328.9	179.2	40.3
河北	101.5	222.0	225.8	134.8	38.9
山西	68.9	160.3	279.5	102.9	32.7
内蒙古	84.4	293.3	309.4	176.4	43.6
辽宁	100.4	300.7	376.9	233.5	67.9
吉林	81.9	284.9	261.1	193.6	56.4
黑龙江	73.8	256.6	277.0	253.5	49.1
上海	458.1	747.5	936.5	561.7	204.0
江苏	168.0	363.8	478.9	198.6	85.0
浙江	260.5	618.3	723.0	415.6	121.3
安徽	106.4	196.7	256.8	133.7	40.6
福建	154.4	365.6	356.5	154.0	100.5
江西	96.4	229.6	276.3	154.7	55.6
山东	136.5	294.4	377.2	188.5	46.1
河南	82.7	159.7	177.7	123.4	38.8
湖北	110.0	223.2	271.9	135.4	62.2
湖南	114.3	219.0	329.3	168.2	57.5
广东	152.1	411.6	360.7	203.9	116.2
广西	95.5	214.1	226.4	123.4	44.5
海南	92.3	178.0	198.7	93.0	60.0
重庆	95.8	163.1	249.7	142.7	33.5
四川	102.1	171.5	225.2	144.5	36.2
贵州	61.7	99.2	160.9	71.8	23.8
云南	67.0	99.8	182.6	122.3	35.4
西藏	81.2	79.3	28.2	44.4	38.7
陕西	83.6	163.2	297.3	165.8	37.6
甘肃	74.1	155.0	257.9	114.0	26.7
青海	84.0	208.4	109.5	152.3	43.0
宁夏	77.2	178.5	177.9	198.8	50.6
新疆	68.0	183.0	159.3	169.3	36.4

4-2-63 2005年农村居民现金支出

单位：元/人

地区	现金支出	一、家庭经营费用支出	二、购买生产性固定资产支出	三、税费支出	四、消费支出	五、财产性支出	六、转移性支出
全国	**3567.3**	**1052.5**	**131.1**	**12.9**	**2134.6**	**22.0**	**214.2**
北京	7041.6	1255.7	82.2	6.0	5273.6	9.4	414.6
天津	4811.7	1573.3	62.1	13.6	2956.1	7.5	199.1
河北	3372.0	1152.9	95.9	25.3	1916.9	13.3	167.6
山西	2432.0	580.9	46.2	6.9	1636.8	7.7	153.3
内蒙古	4174.0	1621.0	289.0	9.1	1992.1	46.8	216.1
辽宁	5227.2	1930.3	240.3	6.3	2491.5	37.1	521.8
吉林	4202.0	1440.2	353.7	12.6	1990.2	124.4	281.0
黑龙江	5692.0	2381.4	410.9	6.7	2295.2	157.3	440.6
上海	8520.1	524.6	95.7	4.4	7091.5	27.9	776.0
江苏	4776.1	1118.4	142.7	33.3	3137.9	6.1	337.8
浙江	7753.7	1718.1	196.5	21.1	5178.6	100.0	539.5
安徽	2887.9	788.6	108.9	14.5	1797.7	2.6	175.7
福建	4127.9	836.4	67.2	4.6	2928.9	12.2	278.6
江西	3169.1	862.5	112.8	15.9	1946.2	9.6	222.1
山东	4197.1	1399.6	118.5	33.7	2470.4	17.6	157.4
河南	2657.9	868.0	129.0	3.0	1520.2	5.0	132.6
湖北	2974.5	954.0	79.0	11.6	1813.4	10.9	105.7
湖南	3552.8	948.7	95.2	26.0	2178.5	8.8	295.6
广东	4543.0	1101.4	32.1	6.8	3224.3	10.6	167.9
广西	3078.5	997.2	109.1	5.9	1860.4	6.3	99.8
海南	2609.9	913.0	57.1	4.6	1523.9	3.8	107.5
重庆	2344.0	558.6	71.5	4.9	1494.2	2.2	212.6
四川	2746.5	845.1	68.2	12.6	1623.0	1.7	195.9
贵州	1823.1	465.6	86.0	2.2	1095.6	2.3	171.4
云南	2146.8	681.1	102.0	3.9	1256.8	22.2	80.7
西藏	1360.3	173.9	175.1	4.3	969.5	1.8	35.8
陕西	2769.3	770.3	141.4	7.2	1642.8	7.2	200.4
甘肃	2170.1	656.8	117.2	4.2	1295.7	3.9	92.4
青海	2286.1	496.0	145.7	4.4	1445.4	41.0	153.7
宁夏	3426.8	1166.8	322.3	2.6	1648.5	1.3	285.3
新疆	3855.3	1824.0	258.8	14.4	1582.2	60.7	115.4

4-2-64 2005年农村居民家庭经营费用现金支出

单位：元/人

地　区	家庭经营费用现金支出	一、第一产业支出	1.农业支出	2.林业支出	3.牧业支出	4.渔业支出	二、第二产业支出
全　国	**1052.5**	**921.5**	**510.5**	**6.5**	**371.8**	**32.6**	**47.6**
北　京	1255.7	710.8	204.3	11.9	437.1	57.4	194.1
天　津	1573.3	1125.7	317.3	6.8	741.7	59.9	307.3
河　北	1152.9	946.8	553.3	3.5	389.9		94.4
山　西	580.9	458.0	306.1	2.6	149.3		13.4
内蒙古	1621.0	1583.2	914.7	7.0	661.5	0.1	10.9
辽　宁	1930.3	1812.4	904.0	5.1	887.1	16.3	17.6
吉　林	1440.2	1402.7	1063.7	5.9	332.4	0.8	7.9
黑龙江	2381.4	2342.2	1768.5	2.1	569.6	2.0	1.3
上　海	524.6	407.5	180.5	10.7	79.2	137.1	5.4
江　苏	1118.4	942.7	481.4	11.1	371.6	78.7	57.3
浙　江	1718.1	1157.4	354.9	13.4	686.0	103.1	355.5
安　徽	788.6	710.4	499.9	6.1	174.9	29.5	17.9
福　建	836.4	727.3	352.4	18.0	309.7	47.3	18.6
江　西	862.5	760.7	435.1	4.5	305.0	16.1	29.5
山　东	1399.6	1218.8	696.6	10.9	496.8	14.6	92.6
河　南	868.0	765.6	451.9	3.9	299.4	10.5	40.6
湖　北	954.0	842.7	465.3	5.8	305.0	66.6	41.7
湖　南	948.7	777.6	376.7	5.3	368.6	26.9	54.9
广　东	1101.4	1025.8	286.6	2.9	570.8	165.5	12.5
广　西	997.2	933.8	454.8	4.1	443.1	31.8	25.0
海　南	913.0	848.5	371.9	24.6	226.1	225.9	17.2
重　庆	558.6	508.5	219.4	6.7	265.0	17.4	7.8
四　川	845.1	751.8	277.5	4.7	451.6	18.0	21.9
贵　州	465.6	397.0	198.5	1.3	197.0	0.1	14.9
云　南	681.1	616.9	350.0	8.2	255.7	3.0	8.2
西　藏	173.9	116.3	91.9	0.9	23.5		1.9
陕　西	770.3	665.1	413.0	3.3	245.9	2.9	18.5
甘　肃	656.8	553.3	432.8	13.1	107.5		33.8
青　海	496.0	377.1	232.1	1.2	143.3	0.5	11.8
宁　夏	1166.8	1026.1	555.0	0.6	438.2	32.3	46.7
新　疆	1824.0	1701.9	1348.9	7.9	345.0		10.4

4-2-64 续表　　　　单位：元/人

地　区	1.工业支出	2.建筑业支出	三、第三产业支出	1.交通运输业、邮电业支出	2.批发和零售贸易、餐饮业支出	3.社会服务业支出	4.文教卫生业支出	5.其他家庭经营支出
全　国	**40.1**	**7.5**	**83.4**	**39.0**	**30.5**	**5.5**	**2.3**	**6.2**
北　京	77.0	117.1	350.8	206.2	118.2	23.9		2.4
天　津	291.4	15.9	140.4	99.7	20.8	8.1	0.1	11.7
河　北	91.0	3.4	111.7	53.3	39.3	7.8	6.5	4.9
山　西	6.0	7.5	109.5	61.6	31.9	7.5	0.5	8.1
内蒙古	8.6	2.3	27.0	12.6	5.7	2.9	2.2	3.7
辽　宁	9.3	8.2	100.3	39.9	40.3	2.5	2.6	15.0
吉　林	4.0	3.8	29.6	22.1	2.7	1.0		3.9
黑龙江	0.7	0.5	38.0	25.7	7.3	0.9	1.5	2.6
上　海	1.8	3.7	111.7	64.2	18.0	26.0		3.5
江　苏	47.3	10.0	118.4	73.9	33.9	6.5	0.2	3.8
浙　江	336.2	19.3	205.2	87.3	79.0	11.2	3.0	24.8
安　徽	16.2	1.7	60.3	20.5	35.8	1.7	1.0	1.3
福　建	7.4	11.2	90.6	39.2	33.4	4.0	0.4	13.6
江　西	21.3	8.2	72.2	23.7	33.7	5.3	2.3	7.3
山　东	87.8	4.8	88.2	27.4	38.7	8.4	4.4	9.5
河　南	30.2	10.4	61.8	26.5	25.6	3.3	3.0	3.4
湖　北	19.5	22.1	69.6	26.0	32.8	4.3	1.6	4.8
湖　南	48.6	6.3	116.3	51.3	46.8	7.7	6.2	4.3
广　东	8.8	3.7	63.1	23.7	20.9	11.6	0.6	6.3
广　西	24.6	0.4	38.4	21.1	9.1	2.6	1.0	4.7
海　南	14.3	2.8	47.4	32.8	1.4	9.8	0.1	3.3
重　庆	4.7	3.2	42.3	10.2	24.6	1.4	3.6	2.5
四　川	17.7	4.1	71.4	46.9	13.7	6.1	1.6	3.0
贵　州	12.2	2.7	53.7	18.5	27.5	1.5	3.6	2.6
云　南	6.9	1.4	56.0	29.7	14.9	2.1	2.4	7.0
西　藏	0.1	1.9	55.7	48.9	0.6		0.2	5.9
陕　西	16.9	1.5	86.8	41.1	21.8	9.4	2.1	12.3
甘　肃	18.7	15.1	69.8	28.0	33.6	4.1	0.9	3.2
青　海	6.6	5.2	107.0	54.1	43.5	0.8	3.4	5.3
宁　夏	44.9	1.8	94.1	46.8	41.4	1.5	0.4	4.0
新　疆	7.2	3.3	111.7	38.0	63.6	1.2	0.4	8.5

4-2-65 2005年农村居民现金消费支出

单位：元/人

地　区	现金消费支出	一、食品支出	二、衣着支出	三、居住支出
全　国	**2134.6**	**770.7**	**147.9**	**342.3**
北　京	5273.6	1697.3	378.5	853.2
天　津	2956.1	1092.2	256.6	614.3
河　北	1916.9	640.1	155.3	398.9
山　西	1636.8	596.8	202.3	193.6
内蒙古	1992.1	645.7	147.2	294.0
辽　宁	2491.5	837.5	220.2	354.4
吉　林	1990.2	736.9	168.1	207.5
黑龙江	2295.2	751.0	184.1	450.1
上　海	7091.5	2497.4	366.4	1319.8
江　苏	3137.9	1155.6	191.2	498.0
浙　江	5178.6	1835.3	318.5	886.4
安　徽	1797.7	638.9	117.2	310.2
福　建	2928.9	1211.7	186.7	402.9
江　西	1946.2	727.6	124.4	282.0
山　东	2470.4	826.9	158.7	442.8
河　南	1520.2	533.7	131.9	272.6
湖　北	1813.4	611.1	121.8	278.6
湖　南	2178.5	873.1	127.7	289.4
广　东	3224.3	1370.0	143.5	466.5
广　西	1860.4	750.5	79.5	326.7
海　南	1523.9	719.6	66.4	115.9
重　庆	1494.2	509.5	96.0	204.2
四　川	1623.0	623.6	116.0	208.1
贵　州	1095.6	375.4	79.6	224.2
云　南	1256.8	486.0	80.3	183.7
西　藏	969.5	447.0	177.3	75.0
陕　西	1642.8	562.3	124.2	208.9
甘　肃	1295.7	347.3	92.1	228.9
青　海	1445.4	406.5	154.6	294.9
宁　夏	1648.5	484.1	143.1	338.5
新　疆	1582.2	476.1	166.9	324.0

4-2-65 续表　　单位：元/人

地　区	四、家庭设备及用品支出	五、交通通信支出	六、文教娱乐支出	七、医疗保健支出	八、其他支出
全　国	**110.9**	**245.0**	**295.5**	**168.1**	**54.1**
北　京	326.3	615.5	797.0	504.2	101.6
天　津	117.1	327.6	328.9	179.2	40.3
河　北	101.5	222.0	225.8	134.8	38.7
山　西	68.9	160.3	279.5	102.9	32.5
内蒙古	84.4	293.3	309.4	176.4	41.7
辽　宁	100.4	300.7	376.9	233.5	67.9
吉　林	81.9	284.9	261.1	193.6	56.4
黑龙江	73.8	256.6	277.0	253.5	49.1
上　海	458.1	747.5	936.5	561.7	204.0
江　苏	166.9	363.8	478.9	198.6	85.0
浙　江	260.4	618.3	723.0	415.6	121.2
安　徽	103.6	196.7	256.8	133.7	40.5
福　建	154.4	365.6	356.5	154.0	97.0
江　西	96.3	229.6	276.3	154.7	55.4
山　东	136.5	294.4	377.2	188.5	45.5
河　南	82.6	159.7	177.7	123.4	38.6
湖　北	109.4	223.2	271.9	135.4	62.2
湖　南	114.3	219.0	329.3	168.2	57.5
广　东	152.0	411.6	360.7	203.9	116.2
广　西	95.5	214.1	226.4	123.4	44.4
海　南	92.3	178.0	198.7	93.0	60.0
重　庆	95.7	163.1	249.7	142.7	33.5
四　川	98.3	171.5	225.2	144.5	36.0
贵　州	61.7	99.2	160.9	71.8	22.8
云　南	67.0	99.8	182.6	122.3	35.2
西　藏	79.7	79.3	28.2	44.4	38.6
陕　西	83.6	163.2	297.3	165.8	37.6
甘　肃	73.8	155.0	257.9	114.0	26.6
青　海	82.6	208.4	109.5	152.3	36.5
宁　夏	77.2	178.5	177.9	198.8	50.6
新　疆	67.2	183.0	159.3	169.3	36.4

4-2-66　2010年农村居民总收入

单位：元/人

地　区	总收入	一、工资性收入	二、家庭经营收入	三、财产性收入	四、转移性收入
全　国	**8119.5**	**2431.1**	**4937.5**	**202.3**	**548.7**
北　京	15119.6	8229.2	3530.7	1339.9	2019.8
天　津	13258.4	5262.0	7034.8	368.4	593.2
河　北	8293.9	2653.4	5034.0	182.5	424.0
山　西	6393.6	2108.6	3615.8	214.2	455.1
内蒙古	9358.0	1036.8	7460.9	164.3	696.1
辽　宁	10902.5	2650.0	7383.6	234.2	634.8
吉　林	10085.5	1072.1	7835.0	377.5	800.9
黑龙江	11526.8	1241.6	9175.4	344.1	765.7
上　海	14777.6	9605.7	1184.9	970.3	3016.7
江　苏	11138.5	4896.4	5068.0	398.9	775.2
浙　江	15366.5	5822.5	8116.3	525.4	902.4
安　徽	6895.6	2203.9	4146.0	142.0	403.8
福　建	8993.1	3094.6	5051.9	245.1	601.6
江　西	7468.5	2394.6	4508.7	100.2	465.0
山　东	9877.3	2958.1	6181.3	238.3	499.7
河　南	7293.4	1943.9	4968.6	59.3	321.6
湖　北	7699.3	2186.1	5077.0	106.9	329.2
湖　南	7480.4	2655.6	4021.2	101.6	702.0
广　东	9386.8	4799.5	3606.7	401.2	579.5
广　西	6181.5	1707.2	4094.3	33.8	346.2
海　南	6904.9	1261.9	5147.9	107.8	387.4
重　庆	6726.7	2335.2	3646.6	90.5	654.4
四　川	6982.8	2248.2	4057.0	144.0	533.6
贵　州	4560.5	1303.9	2674.2	117.2	465.3
云　南	5837.6	930.0	4339.1	176.8	391.6
西　藏	5084.1	1108.8	3250.2	169.1	555.9
陕　西	5793.6	1734.5	3533.7	97.0	428.4
甘　肃	4771.9	1199.5	3193.8	39.9	338.8
青　海	5042.2	1269.8	3056.1	120.7	595.7
宁　夏	7330.8	1788.3	5034.6	98.7	409.2
新　疆	8806.9	556.3	7795.3	126.5	328.8

4-2-67 2010年农村居民家庭经营总收入

单位：元/人

地区	家庭经营总收入	一、第一产业收入	1.农业收入	2.林业收入	3.牧业收入	4.渔业收入	二、第二产业收入
全国	**4937.5**	**4046.1**	**2728.4**	**100.0**	**1098.6**	**119.1**	**279.6**
北京	3530.7	2142.4	805.1	139.1	1064.4	133.8	358.0
天津	7034.8	4633.4	2637.7	28.2	1726.1	241.4	889.1
河北	5034.0	3780.2	2696.1	42.5	1041.6		474.5
山西	3615.8	2846.7	2099.8	25.5	721.4		50.5
内蒙古	7460.9	7124.1	4255.8	28.1	2839.6	0.6	74.0
辽宁	7383.6	6529.6	3976.0	23.1	2452.2	78.3	204.9
吉林	7835.0	7491.2	6000.0	37.1	1443.5	10.7	75.0
黑龙江	9175.4	8785.5	7622.1	27.1	1131.1	5.2	53.4
上海	1184.9	681.5	472.4		161.0	48.1	37.0
江苏	5068.0	3217.1	2159.3	81.8	565.9	410.0	753.1
浙江	8116.3	4867.5	1659.1	182.3	2709.8	316.4	1670.7
安徽	4146.0	3493.6	2830.7	70.7	489.9	102.4	177.7
福建	5051.9	3669.6	2246.1	249.6	897.9	276.0	413.6
江西	4508.7	3625.3	2715.2	138.2	676.5	95.5	343.1
山东	6181.3	4908.2	3550.5	109.3	1197.8	50.6	414.0
河南	4968.6	4099.0	2977.8	51.5	1041.7	28.1	241.4
湖北	5077.0	4379.4	3115.1	65.6	869.1	329.6	223.4
湖南	4021.2	2971.1	1984.0	74.0	801.7	111.4	401.6
广东	3606.7	2970.7	1582.4	48.1	888.3	452.0	85.7
广西	4094.3	3669.9	2366.4	134.0	1074.5	95.0	97.8
海南	5147.9	4414.2	2030.2	843.8	932.1	608.0	236.8
重庆	3646.6	3161.9	1747.4	71.8	1284.6	58.2	66.3
四川	4057.0	3439.3	1809.8	50.6	1484.1	94.8	103.8
贵州	2674.2	2271.4	1437.2	45.7	782.7	5.8	66.8
云南	4339.1	3955.6	2467.4	417.6	1059.8	10.8	96.2
西藏	3250.2	2648.1	1552.6	129.5	965.5	0.4	96.6
陕西	3533.7	2865.8	2164.4	57.6	634.3	9.6	101.0
甘肃	3193.8	2837.0	2294.1	42.0	499.6	1.3	64.0
青海	3056.1	2499.7	1432.2	27.3	1026.2	14.0	66.5
宁夏	5034.6	4302.8	2834.4	7.6	1407.2	53.6	111.6
新疆	7795.3	7244.5	5636.3	192.2	1416.0		75.2

4-2-67 续表　　　　　　　　　　　　　　　　　　　　　　　　　　　单位：元/人

地　　区	1.工业收入	2.建筑业收入	三、第三产业收入	1.交通运输业、邮电业收入	2.批发和零售贸易、餐饮业收入	3.社会服务业收入	4.文教卫生业收入	5.其他家庭经营收入
全　　国	**165.6**	**114.0**	**611.8**	**218.2**	**258.2**	**64.6**	**28.3**	**42.4**
北　　京	80.1	277.9	1030.4	498.5	370.5	89.5	26.8	45.1
天　　津	418.7	470.4	1512.3	769.1	541.5	158.3	33.7	9.8
河　　北	424.6	49.9	779.3	252.7	393.1	69.5	50.3	13.7
山　　西	19.6	30.8	718.6	255.0	252.7	155.0	29.5	26.4
内 蒙 古	34.8	39.1	262.8	104.5	103.3	22.9	20.0	12.2
辽　　宁	143.2	61.6	649.1	212.5	294.4	67.3	29.1	45.7
吉　　林	36.7	38.3	268.9	148.6	79.8	13.0	4.5	23.0
黑 龙 江	7.4	46.1	336.5	208.6	85.0	14.0	15.8	13.1
上　　海	7.7	29.3	466.5	178.6	261.5	14.2	12.2	
江　　苏	561.2	191.9	1097.9	397.3	538.2	89.8	19.8	52.9
浙　　江	1169.5	501.2	1578.2	507.9	705.3	184.4	47.9	132.7
安　　徽	40.3	137.5	474.6	154.6	208.0	55.3	22.1	34.7
福　　建	116.5	297.1	968.7	317.6	433.2	122.1	31.2	64.6
江　　西	150.0	193.1	540.3	145.1	234.2	73.3	30.4	57.3
山　　东	316.7	97.3	859.1	239.2	385.2	92.4	58.5	83.9
河　　南	170.0	71.4	628.2	190.7	275.3	52.1	47.8	62.4
湖　　北	69.2	154.3	474.3	155.8	220.6	58.9	19.6	19.4
湖　　南	154.9	246.7	648.5	200.9	240.7	105.9	49.0	52.1
广　　东	22.3	63.4	550.2	150.3	304.2	46.6	7.3	41.9
广　　西	58.5	39.3	326.7	120.4	139.1	14.6	23.6	29.0
海　　南	58.7	178.1	497.0	224.3	161.8	32.5	7.9	70.4
重　　庆	19.7	46.6	418.4	134.4	199.6	13.2	39.5	31.8
四　　川	34.8	69.0	514.0	218.2	175.5	60.5	20.9	38.8
贵　　州	14.7	52.2	336.0	118.4	120.4	31.7	16.8	48.8
云　　南	44.7	51.5	287.3	138.7	100.0	10.2	15.1	23.3
西　　藏	33.8	62.8	505.6	296.6	130.4	43.9	0.2	34.5
陕　　西	52.0	49.0	566.9	247.7	163.3	98.0	25.0	33.0
甘　　肃	14.4	49.6	292.8	114.2	105.1	38.4	12.8	22.3
青　　海	42.1	24.5	489.9	231.8	173.4	15.4	30.9	38.4
宁　　夏	111.6		620.2	364.0	173.2	73.7	4.1	5.3
新　　疆	42.9	32.3	475.6	221.0	177.1	23.9	19.1	34.5

4-2-68　2010年农村居民现金收入

单位：元/人

地　区	现金收入	一、工资性收入	二、家庭经营收入	三、财产性收入	四、转移性收入
全　国	**7088.8**	**2427.9**	**3955.4**	**168.3**	**537.2**
北　京	14793.8	8224.2	3365.0	1329.8	1874.8
天　津	12509.0	5245.7	6325.0	353.3	585.0
河　北	7248.6	2652.8	4061.8	117.7	416.3
山　西	5667.4	2099.8	2975.3	184.5	407.9
内蒙古	7718.2	1036.6	5882.5	112.2	686.9
辽　宁	9907.7	2648.6	6557.3	70.4	631.4
吉　林	8386.0	1072.1	6448.8	64.2	800.8
黑龙江	10431.0	1237.9	8219.3	216.1	757.8
上　海	14603.8	9605.6	1014.1	970.3	3013.9
江　苏	10230.8	4862.8	4272.7	361.6	733.6
浙　江	15042.9	5816.8	7843.8	507.6	874.6
安　徽	5959.8	2201.6	3259.3	103.2	395.7
福　建	8270.2	3088.5	4352.3	245.1	584.3
江　西	6462.1	2394.6	3532.5	78.1	457.0
山　东	9093.7	2955.3	5486.8	177.0	474.6
河　南	5900.0	1942.1	3586.8	54.8	316.3
湖　北	6664.4	2185.6	4063.4	86.6	328.9
湖　南	6433.0	2655.3	2988.0	91.4	698.2
广　东	8638.6	4799.2	2862.4	400.1	576.9
广　西	5151.6	1706.1	3072.3	33.2	340.0
海　南	6118.3	1261.5	4366.4	107.8	382.6
重　庆	5312.9	2334.8	2244.5	81.3	652.3
四　川	5626.2	2247.2	2711.0	140.4	527.7
贵　州	3448.3	1303.7	1571.9	114.5	458.4
云　南	4565.2	928.9	3077.5	171.1	387.7
西　藏	3652.4	1108.7	1908.6	81.6	553.6
陕　西	5032.7	1734.4	2791.7	79.5	427.1
甘　肃	3856.0	1198.5	2290.5	31.9	335.1
青　海	4096.3	1269.8	2134.8	101.8	590.0
宁　夏	5879.2	1788.1	3655.1	60.6	375.4
新　疆	7517.3	556.3	6525.3	106.9	328.8

4-2-69　2010年农村居民家庭经营现金收入

单位：元/人

地　　区	家庭经营现金收入	一、第一产业收　　入	农业收入	牧业收入	二、第二产业收　　入	1.工业收入
全　　国	**3955.4**	**3064.4**	**1869.8**	**985.4**	**279.5**	**165.5**
北　　京	3365.0	1983.7	661.8	1061.8	358.0	80.1
天　　津	6325.0	3923.6	1953.5	1707.5	889.1	418.7
河　　北	4061.8	2808.0	1756.3	1012.0	474.5	424.6
山　　西	2975.3	2206.2	1466.7	714.2	50.5	19.6
内 蒙 古	5882.5	5545.8	2930.4	2586.7	74.0	34.8
辽　　宁	6557.3	5703.4	3240.3	2361.7	204.9	143.2
吉　　林	6448.8	6105.2	4687.3	1372.1	75.0	36.7
黑 龙 江	8219.3	7829.4	6706.9	1090.2	53.4	7.4
上　　海	1014.1	510.7	332.6	130.0	37.0	7.7
江　　苏	4272.7	2422.8	1443.5	519.9	753.1	561.2
浙　　江	7843.8	4596.5	1407.5	2694.7	1670.6	1169.5
安　　徽	3259.3	2607.1	2028.9	426.0	177.7	40.3
福　　建	4352.3	2970.5	1664.6	813.9	413.6	116.5
江　　西	3532.5	2649.1	1832.6	614.4	343.1	150.0
山　　东	5486.8	4214.3	2869.6	1191.7	413.9	316.7
河　　南	3586.8	2717.2	1623.1	1016.8	241.4	170.0
湖　　北	4063.4	3365.7	2306.3	675.2	223.4	69.2
湖　　南	2988.0	1937.9	1111.4	652.8	401.6	154.9
广　　东	2862.4	2227.0	957.8	776.7	85.7	22.3
广　　西	3072.3	2647.9	1454.7	971.4	97.8	58.5
海　　南	4366.4	3637.5	1430.7	786.9	236.8	58.7
重　　庆	2244.5	1760.7	680.0	964.2	66.3	19.7
四　　川	2711.0	2094.0	713.4	1241.3	103.7	34.8
贵　　州	1571.9	1169.0	573.7	545.3	66.8	14.7
云　　南	3077.5	2695.2	1507.3	770.8	95.6	44.7
西　　藏	1908.6	1306.4	731.9	461.7	96.6	33.8
陕　　西	2791.7	2123.8	1458.8	599.4	101.0	52.0
甘　　肃	2290.5	1933.7	1498.9	392.2	64.0	14.4
青　　海	2134.8	1578.4	773.7	767.3	66.5	42.1
宁　　夏	3655.1	2923.3	1590.9	1272.0	111.6	111.6
新　　疆	6525.3	5974.6	4517.5	1284.9	75.2	42.9

4-2-69 续表　　　　单位：元/人

地　区	2.建筑业收入	三、第三产业收入	1.交通运输业、邮电业收入	2.批发和零售贸易、餐饮业收入	3.社会服务业收入	4.文教卫生业收入	5.其他家庭经营收入
全　国	**114.0**	**611.4**	**218.2**	**258.2**	**64.6**	**28.3**	**42.0**
北　京	277.9	1023.3	498.5	370.5	89.5	26.8	38.1
天　津	470.4	1512.3	769.1	541.5	158.3	33.7	9.8
河　北	49.9	779.3	252.7	393.1	69.5	50.3	13.7
山　西	30.8	718.6	255.0	252.7	155.0	29.5	26.4
内蒙古	39.1	262.8	104.5	103.3	22.9	20.0	12.2
辽　宁	61.6	649.1	212.5	294.4	67.3	29.1	45.7
吉　林	38.3	268.7	148.6	79.8	13.0	4.5	22.9
黑龙江	46.1	336.5	208.6	85.0	14.0	15.8	13.1
上　海	29.3	466.5	178.6	261.5	14.2	12.2	
江　苏	191.9	1096.9	397.3	538.2	89.8	19.8	51.9
浙　江	501.2	1576.7	507.9	705.3	184.4	47.9	131.2
安　徽	137.5	474.6	154.6	208.0	55.3	22.1	34.6
福　建	297.1	968.2	317.6	433.2	122.1	31.2	64.1
江　西	193.1	540.3	145.1	234.2	73.3	30.4	57.3
山　东	97.3	858.6	239.2	385.2	92.4	58.5	83.3
河　南	71.4	628.2	190.7	275.3	52.1	47.8	62.4
湖　北	154.3	474.3	155.8	220.6	58.9	19.6	19.4
湖　南	246.7	648.5	200.9	240.7	105.9	49.0	52.1
广　东	63.4	549.6	150.3	304.2	46.6	7.3	41.3
广　西	39.3	326.7	120.4	139.1	14.6	23.6	29.0
海　南	178.1	492.1	224.3	161.8	32.5	7.9	65.5
重　庆	46.6	417.5	134.4	199.6	13.2	39.5	30.9
四　川	68.9	513.3	218.2	175.5	60.5	20.9	38.2
贵　州	52.2	336.0	118.4	120.4	31.7	16.8	48.8
云　南	50.9	286.7	138.7	100.0	10.2	15.1	22.7
西　藏	62.8	505.6	296.6	130.4	43.9	0.2	34.5
陕　西	49.0	566.9	247.7	163.3	98.0	25.0	33.0
甘　肃	49.6	292.8	114.2	105.1	38.4	12.8	22.3
青　海	24.5	489.9	231.8	173.4	15.4	30.9	38.4
宁　夏		620.2	364.0	173.2	73.7	4.1	5.3
新　疆	32.3	475.6	221.0	177.1	23.9	19.1	34.5

4-2-70 2010年农村居民纯收入

单位：元/人

地区	纯收入	一、工资性收入	二、家庭经营纯收入	三、财产性收入	四、转移性收入
全国	**5919.0**	**2431.1**	**2832.8**	**202.3**	**452.9**
北京	13262.3	8229.2	1816.8	1339.9	1876.4
天津	10074.9	5262.0	3895.2	368.4	549.3
河北	5958.0	2653.4	2729.8	182.5	392.3
山西	4736.3	2108.6	2028.5	214.2	385.0
内蒙古	5529.6	1036.8	3669.9	164.3	658.6
辽宁	6907.9	2650.0	3486.1	234.2	537.7
吉林	6237.4	1072.1	4085.9	377.5	701.9
黑龙江	6210.7	1241.6	3941.7	344.1	683.4
上海	13978.0	9605.7	589.7	970.3	2812.2
江苏	9118.2	4896.4	3215.0	398.9	607.9
浙江	11302.6	5822.5	4307.1	525.4	647.6
安徽	5285.2	2203.9	2626.4	142.0	312.9
福建	7426.9	3094.6	3558.4	245.1	528.7
江西	5788.6	2394.6	2919.4	100.2	374.3
山东	6990.3	2958.1	3456.9	238.3	337.0
河南	5523.7	1943.9	3240.4	59.3	280.1
湖北	5832.3	2186.1	3234.9	106.9	304.3
湖南	5622.0	2655.6	2463.9	101.6	400.9
广东	7890.3	4799.5	2203.7	401.2	485.9
广西	4543.4	1707.2	2510.2	33.8	292.3
海南	5275.4	1261.9	3563.3	107.8	342.4
重庆	5276.7	2335.2	2323.5	90.5	527.4
四川	5086.9	2248.2	2263.3	144.0	431.4
贵州	3471.9	1303.9	1706.3	117.2	344.6
云南	3952.0	930.0	2510.1	176.8	335.1
西藏	4138.7	1108.8	2308.8	169.1	552.0
陕西	4105.0	1734.5	1882.2	97.0	391.3
甘肃	3424.7	1199.5	1856.0	39.9	329.3
青海	3862.7	1269.8	1973.1	120.7	499.1
宁夏	4674.9	1788.3	2421.5	98.7	366.5
新疆	4642.7	556.3	3650.0	126.5	309.9

4-2-71　2010年农村居民总支出

单位：元/人

地　区	总支出	一、家庭经营费用支出	二、购置生产性固定资产支　出	三、建造生产性固定资产雇工支出	四、税费支出	五、消费支出	六、财产性支　出	七、转移性支　出
全　国	**6991.8**	**1915.6**	**189.4**	**3.9**	**8.6**	**4381.8**	**49.2**	**443.3**
北　京	11864.1	1564.2	104.2	12.2	3.6	9254.8	6.7	918.4
天　津	8329.1	2831.7	118.1	2.4	7.7	4936.7	42.5	390.1
河　北	6402.9	2072.3	119.8	0.9	25.7	3844.9	22.1	317.1
山　西	5566.8	1474.5	134.7	2.9	1.9	3663.9	10.5	278.4
内蒙古	9114.1	3434.4	438.2	4.7	5.9	4460.8	132.7	637.4
辽　宁	9604.7	3618.8	403.5	8.0	1.8	4489.5	79.8	1003.4
吉　林	9182.4	3399.2	458.9	1.0	5.9	4147.4	251.8	918.3
黑龙江	10982.0	4877.0	626.8	3.3	7.5	4391.2	561.7	514.6
上　海	11973.9	570.5	2.7		0.1	10210.5		1190.1
江　苏	9163.6	1604.7	164.1	1.1	34.6	6542.9	51.3	765.0
浙　江	13646.6	3445.8	205.3	3.2	10.7	8928.9	53.9	998.9
安　徽	5909.6	1357.8	148.0	2.6	8.0	4013.3	24.5	355.4
福　建	7414.4	1319.6	106.3	4.9	0.2	5498.3	25.0	460.1
江　西	5904.3	1484.5	133.3	0.4	7.5	3911.6	34.8	332.2
山　东	7981.0	2463.8	192.1	3.5	13.0	4807.2	44.2	457.2
河　南	5767.4	1562.5	184.4	5.0	2.8	3682.2	7.1	323.4
湖　北	6131.2	1713.2	142.2	0.5	10.3	4090.8	10.7	163.6
湖　南	6507.9	1464.5	103.3	1.1	8.9	4310.4	9.0	610.7
广　东	7199.1	1326.6	46.5	9.1	7.2	5515.6	13.8	280.4
广　西	5270.8	1475.2	152.1	0.1	2.8	3455.3	3.9	181.2
海　南	5067.5	1423.4	50.4	7.6	4.5	3446.2	6.9	128.6
重　庆	5495.6	1217.9	73.7	11.7	2.8	3624.6	0.7	564.4
四　川	6166.4	1654.1	114.9	7.7	9.8	3897.5	13.0	469.3
贵　州	4350.3	871.6	102.9	4.1	2.1	2852.5	8.5	508.6
云　南	5522.9	1672.1	166.8	3.9	3.4	3398.3	23.8	254.5
西　藏	3474.9	555.6	204.7			2666.9		47.7
陕　西	5998.2	1489.4	273.4	14.0	5.5	3793.8	28.1	393.9
甘　肃	4528.5	1192.4	176.3	0.9	4.4	2942.0	7.8	204.9
青　海	5186.8	898.2	145.1	0.7	0.0	3774.5	19.7	348.7
宁　夏	7191.6	2244.6	346.6	3.1	2.6	4013.2	6.0	575.4
新　疆	8241.0	3800.2	563.6	4.6	7.8	3457.9	182.5	224.4

4-2-72　2010年农村居民家庭经营费用支出

单位：元/人

地　区	家庭经营费用支出	一、第一产业支出	1.农业支出	2.林业支出	3.牧业支出	4.渔业支出	二、第二产业支出
全　国	**1915.6**	**1685.4**	**914.4**	**12.0**	**706.8**	**52.2**	**79.3**
北　京	1564.2	1014.3	211.8	7.8	713.2	81.5	198.9
天　津	2831.7	2066.9	665.7	13.1	1290.8	97.3	396.9
河　北	2072.3	1597.3	817.3	10.2	769.8		223.8
山　西	1474.5	1253.2	674.0	3.8	575.4		7.5
内蒙古	3434.4	3304.3	1803.3	12.3	1488.2	0.5	35.7
辽　宁	3618.8	3397.9	1658.5	5.0	1711.0	23.4	63.4
吉　林	3399.2	3315.4	2478.7	2.8	832.8	1.1	24.2
黑龙江	4877.0	4747.6	3809.9	14.9	920.4	2.5	18.8
上　海	570.5	296.1	158.0		90.6	47.5	1.0
江　苏	1604.7	1277.9	763.9	7.7	347.0	159.2	172.9
浙　江	3445.8	2842.9	476.7	17.1	2186.5	162.6	345.7
安　徽	1357.8	1217.0	845.5	5.0	317.0	49.6	18.9
福　建	1319.6	1164.5	526.3	37.2	552.5	48.6	53.6
江　西	1484.5	1210.9	751.6	13.0	400.0	46.4	93.2
山　东	2463.8	2139.3	1217.0	15.3	889.6	17.4	159.9
河　南	1562.5	1320.0	723.6	2.4	586.9	7.2	91.7
湖　北	1713.2	1470.6	866.7	7.7	470.4	125.7	73.8
湖　南	1464.5	1194.0	576.4	10.4	551.4	55.8	79.5
广　东	1326.6	1227.5	360.2	5.4	595.7	266.3	7.4
广　西	1475.2	1351.9	727.2	9.3	572.9	42.5	31.4
海　南	1423.4	1311.7	566.1	41.8	443.3	260.6	11.8
重　庆	1217.9	1073.5	366.8	12.9	662.3	31.5	31.9
四　川	1654.1	1465.4	483.3	8.3	942.8	31.0	30.2
贵　州	871.6	802.2	312.7	2.7	484.3	2.5	15.0
云　南	1672.1	1530.0	795.4	39.0	689.6	6.0	48.2
西　藏	555.6	466.1	227.3	0.8	238.1		4.4
陕　西	1489.4	1254.3	791.2	28.2	428.4	6.4	38.6
甘　肃	1192.4	1131.9	817.0	14.6	299.3	1.0	7.7
青　海	898.2	697.4	359.7	7.4	326.9	3.4	36.9
宁　夏	2244.6	2033.0	1002.3	1.6	1011.0	18.1	56.7
新　疆	3800.2	3624.3	2782.5	20.2	821.5		16.4

4-2-72 续表

单位：元/人

地　区	1.工业支出	2.建筑业支出	三、第三产业支出	1.交通运输业、邮电业支出	2.批发和零售贸易、餐饮业支出	3.社会服务业支出	4.文教卫生业支出	5.其他家庭经营支出
全　国	**57.4**	**21.9**	**150.9**	**68.2**	**61.4**	**10.2**	**5.7**	**5.4**
北　京	39.8	159.1	351.0	230.2	102.4	18.3		0.1
天　津	100.4	296.6	367.8	284.3	57.7	24.7	1.0	
河　北	212.8	11.1	251.2	89.0	124.8	14.7	18.4	4.3
山　西	2.4	5.1	213.8	89.4	69.8	42.5	8.6	3.4
内蒙古	21.7	13.9	94.5	53.3	28.9	4.9	4.7	2.6
辽　宁	58.5	5.0	157.5	90.5	51.9	11.8	1.4	1.9
吉　林	21.8	2.3	59.6	44.9	7.0	5.8	0.8	1.1
黑龙江	4.9	14.0	110.5	79.0	21.6	3.2	5.0	1.7
上　海	0.9	0.0	273.5	54.7	217.1	1.6		0.2
江　苏	134.6	38.3	153.9	93.6	50.1	7.4	0.6	2.2
浙　江	305.3	40.3	257.3	79.9	146.9	10.0	6.0	14.5
安　徽	7.1	11.8	121.9	44.9	56.7	10.3	3.6	6.3
福　建	31.4	22.2	101.4	57.2	27.9	11.9	2.1	2.3
江　西	48.8	44.3	180.4	48.9	97.2	15.2	5.5	13.6
山　东	148.3	11.6	164.6	35.5	97.8	10.8	6.1	14.4
河　南	65.9	25.7	150.8	70.0	64.6	5.0	8.4	2.9
湖　北	18.9	55.0	168.7	60.3	88.8	12.6	2.3	4.8
湖　南	54.5	24.9	191.0	65.3	86.5	16.3	14.1	8.7
广　东	6.2	1.2	91.8	37.2	45.6	6.8	0.6	1.5
广　西	23.3	8.2	91.9	39.3	34.2	4.9	8.4	5.1
海　南	6.2	5.5	99.9	89.8	3.0	1.2	0.1	5.8
重　庆	8.7	23.2	112.5	37.1	69.3	0.8	2.3	3.0
四　川	14.9	15.3	158.5	91.5	46.5	11.2	3.7	5.7
贵　州	4.5	10.5	54.4	26.8	18.4	1.1	3.6	4.5
云　南	27.9	20.3	93.9	49.8	28.7	1.3	8.3	5.8
西　藏	1.7	2.6	85.1	68.1	12.7	1.2		3.1
陕　西	22.0	16.6	196.6	120.1	37.4	23.2	7.8	8.2
甘　肃	2.8	4.8	52.8	27.9	15.4	6.5	0.5	2.5
青　海	19.3	17.5	163.9	102.4	45.6	2.2	12.0	1.8
宁　夏	56.6	0.1	155.0	88.8	32.5	33.5	0.1	0.1
新　疆	7.3	9.1	159.6	97.4	46.3	1.2	7.1	7.6

4-2-73　2010年农村居民消费支出

单位：元/人

地　区	消费支出	一、食品支出	二、衣着支出	三、居住支出
全　国	**4381.8**	**1800.7**	**264.0**	**835.2**
北　京	9254.8	2994.7	699.4	1990.2
天　津	4936.7	2060.8	365.9	888.3
河　北	3844.9	1351.4	250.9	839.7
山　西	3663.9	1372.5	315.8	614.7
内蒙古	4460.8	1675.0	317.7	752.0
辽　宁	4489.5	1714.2	369.2	745.0
吉　林	4147.4	1523.3	309.8	752.8
黑龙江	4391.2	1484.0	387.2	793.8
上　海	10210.5	3806.8	554.1	2070.3
江　苏	6542.9	2491.5	350.0	1170.9
浙　江	8928.9	3055.6	551.5	2044.3
安　徽	4013.3	1633.0	232.2	867.5
福　建	5498.3	2537.2	310.1	865.5
江　西	3911.6	1812.7	174.6	782.7
山　东	4807.2	1804.5	305.6	833.0
河　南	3682.2	1371.2	261.5	765.2
湖　北	4090.8	1763.1	217.6	816.4
湖　南	4310.4	2087.9	209.9	719.2
广　东	5515.6	2630.1	215.5	986.7
广　西	3455.3	1675.4	110.5	692.5
海　南	3446.2	1724.5	117.4	609.8
重　庆	3624.6	1750.0	224.1	548.0
四　川	3897.5	1881.2	226.6	625.3
贵　州	2852.5	1319.4	137.5	621.8
云　南	3398.3	1604.5	160.7	638.1
西　藏	2666.9	1325.7	326.7	352.9
陕　西	3793.8	1299.2	237.9	837.5
甘　肃	2942.0	1315.3	184.2	551.6
青　海	3774.5	1442.9	255.2	944.2
宁　夏	4013.2	1541.8	302.6	776.4
新　疆	3457.9	1394.4	303.7	695.2

4-2-73 续表

单位：元/人

地　　区	四、家庭设备及用品支出	五、交通通信支出	六、文教娱乐支出	七、医疗保健支出	八、其他支出
全　　国	**234.1**	**461.1**	**366.7**	**326.0**	**94.0**
北　　京	473.6	1112.4	950.6	840.6	193.2
天　　津	233.0	467.5	462.3	360.5	98.5
河　　北	218.9	464.8	296.1	344.3	78.9
山　　西	173.6	357.7	420.2	328.9	80.4
内 蒙 古	177.9	598.6	374.2	468.0	97.4
辽　　宁	185.2	449.0	500.3	413.8	112.9
吉　　林	171.9	368.6	454.1	462.4	104.5
黑 龙 江	164.6	455.9	560.7	443.2	101.9
上　　海	528.0	1459.5	997.7	584.5	209.7
江　　苏	327.7	785.5	908.1	362.3	146.9
浙　　江	410.6	1146.0	839.2	709.3	172.3
安　　徽	231.2	339.0	363.9	264.4	82.1
福　　建	292.7	638.1	462.2	251.4	141.2
江　　西	205.3	331.8	285.2	243.8	75.5
山　　东	324.7	649.2	421.9	383.9	84.5
河　　南	254.5	401.4	250.5	287.8	90.1
湖　　北	262.3	331.4	288.1	295.2	116.7
湖　　南	243.9	343.8	315.9	293.6	96.2
广　　东	235.0	637.1	326.5	307.4	177.3
广　　西	192.8	310.3	182.6	229.0	62.3
海　　南	135.2	312.5	318.0	138.4	90.5
重　　庆	260.7	281.7	239.0	270.3	50.7
四　　川	239.5	360.7	218.6	276.1	69.6
贵　　州	135.6	229.7	186.2	178.1	44.2
云　　南	167.7	337.9	206.5	239.9	43.1
西　　藏	181.3	282.4	51.1	71.2	75.8
陕　　西	233.4	336.2	397.6	376.2	75.8
甘　　肃	146.9	256.7	238.0	203.1	46.1
青　　海	193.6	369.6	198.5	307.9	62.6
宁　　夏	188.1	444.0	241.1	417.9	101.2
新　　疆	137.7	382.1	170.2	314.7	59.9

4-2-74 2010年农村居民现金支出

单位：元/人

地 区	现金支出	一、家庭经营费用支出	二、购置生产性固定资产支出	三、建造生产性固定资产雇工支出	四、税费支出	五、消费支出	六、财产性支出	七、转移性支出
全 国	**6307.4**	**1757.6**	**189.4**	**3.9**	**8.6**	**3859.3**	**49.2**	**439.4**
北 京	11753.2	1562.9	104.2	12.2	3.6	9182.2	6.7	881.4
天 津	8211.2	2799.6	118.1	2.4	7.7	4854.6	42.5	386.4
河 北	6011.1	1991.7	119.8	0.9	25.7	3534.6	22.1	316.2
山 西	5170.0	1354.6	134.7	2.9	1.9	3395.1	10.5	270.3
内蒙古	8093.0	2926.2	438.2	4.7	5.9	3951.2	132.7	634.2
辽 宁	8937.5	3348.5	403.5	8.0	1.8	4093.3	79.8	1002.7
吉 林	8646.2	3237.5	458.9	1.0	5.9	3772.8	251.8	918.3
黑龙江	10535.6	4660.8	626.8	3.3	7.5	4161.2	561.7	514.4
上 海	11799.1	563.3	2.7		0.1	10044.9		1188.1
江 苏	8587.3	1558.1	164.1	1.1	34.6	6041.9	51.3	736.3
浙 江	13374.7	3429.3	205.3	3.2	10.7	8677.9	53.9	994.5
安 徽	5377.4	1297.8	148.0	2.6	8.0	3541.9	24.5	354.7
福 建	6868.0	1279.0	106.3	4.9	0.2	4994.9	25.0	457.7
江 西	5219.1	1443.6	133.3	0.4	7.5	3269.1	34.8	330.4
山 东	7589.5	2411.9	192.1	3.5	12.8	4469.5	44.2	455.7
河 南	5326.9	1512.6	184.4	5.0	2.8	3292.0	7.1	323.0
湖 北	5294.4	1562.3	142.2	0.5	10.3	3406.1	10.7	162.3
湖 南	5567.8	1289.0	103.3	1.1	8.9	3552.7	9.0	603.8
广 东	6530.9	1292.4	46.5	9.1	7.2	4884.6	13.8	277.5
广 西	4475.6	1354.7	152.1	0.1	2.8	2783.2	3.9	178.7
海 南	4369.0	1367.9	50.4	7.6	4.5	2803.4	6.9	128.5
重 庆	4313.9	823.8	73.7	11.7	2.8	2837.1	0.7	564.2
四 川	5003.4	1269.7	114.9	7.7	9.8	3121.7	13.0	466.6
贵 州	3339.5	559.5	102.9	4.1	2.1	2159.1	8.5	503.3
云 南	4293.2	1267.9	166.8	3.9	3.4	2575.9	23.8	251.4
西 藏	2622.4	283.6	204.7			2088.5		45.7
陕 西	5562.3	1341.6	273.4	14.0	5.5	3506.2	28.1	393.5
甘 肃	3734.5	1012.6	176.3	0.9	4.4	2329.4	7.8	203.3
青 海	4333.1	726.2	145.1	0.7	0.0	3095.5	19.7	345.9
宁 夏	6129.5	1751.0	346.6	3.1	2.6	3446.8	6.0	573.4
新 疆	7464.2	3643.3	563.6	4.6	7.8	2838.0	182.5	224.4

4-2-75　2010年农村居民家庭经营费用现金支出

单位：元/人

地　区	家庭经营费用现金支出	一、第一产业支出	1.农业支出	2.林业支出	3.牧业支出	4.渔业支出	二、第二产业支出
全　国	**1757.6**	**1527.6**	**880.3**	**11.4**	**584.3**	**51.6**	**79.3**
北　京	1562.9	1013.0	211.3	7.8	712.4	81.5	198.9
天　津	2799.6	2036.1	659.5	13.1	1266.2	97.3	396.9
河　北	1991.7	1516.7	797.8	10.2	708.8		223.8
山　西	1354.6	1134.4	632.4	3.8	498.2		7.5
内蒙古	2926.2	2796.1	1717.5	12.3	1066.0	0.3	35.7
辽　宁	3348.5	3130.0	1540.5	5.0	1561.1	23.4	63.4
吉　林	3237.5	3153.8	2442.1	2.8	707.7	1.1	24.2
黑龙江	4660.8	4531.5	3772.6	14.9	741.5	2.5	18.8
上　海	563.3	288.8	156.8		84.5	47.5	1.0
江　苏	1558.1	1231.3	761.1	7.7	306.1	156.3	172.9
浙　江	3429.3	2826.4	474.2	17.1	2175.8	159.3	345.7
安　徽	1297.8	1157.0	837.5	5.0	265.1	49.6	18.9
福　建	1279.0	1123.9	525.6	37.1	512.9	48.3	53.6
江　西	1443.6	1170.1	732.4	13.0	378.8	45.9	93.2
山　东	2411.9	2087.3	1209.2	15.3	845.4	17.4	159.9
河　南	1512.6	1270.1	716.3	2.4	544.3	7.2	91.7
湖　北	1562.3	1320.9	794.4	7.4	397.5	121.7	73.1
湖　南	1289.0	1019.1	565.7	10.4	387.4	55.7	79.4
广　东	1292.4	1193.3	353.0	5.2	569.2	266.0	7.4
广　西	1354.7	1231.4	724.1	9.3	455.5	42.5	31.4
海　南	1367.9	1256.3	563.5	41.7	391.2	259.9	11.8
重　庆	823.8	679.5	346.5	12.9	288.7	31.4	31.9
四　川	1269.7	1081.2	425.4	8.1	617.8	29.9	30.2
贵　州	559.5	490.1	266.3	2.7	218.7	2.5	15.0
云　南	1267.9	1126.4	677.9	26.1	416.5	5.9	48.2
西　藏	283.6	194.1	145.7	0.8	47.7		4.4
陕　西	1341.6	1106.5	739.3	28.2	332.6	6.4	38.6
甘　肃	1012.6	952.2	749.2	14.6	187.6	0.8	7.7
青　海	726.2	525.5	292.7	7.4	222.0	3.4	36.9
宁　夏	1751.0	1539.3	867.6	1.5	652.1	18.1	56.7
新　疆	3643.3	3467.3	2727.2	20.2	719.9		16.4

4-2-75 续表　　　　单位：元/人

地　区	1.工业支出	2.建筑业支出	三、第三产业支出	1.交通运输业、邮电业支出	2.批发和零售贸易、餐饮业支出	3.社会服务业支出	4.文教卫生业支出	5.其他家庭经营支出
全　国	**57.4**	**21.9**	**150.7**	**68.1**	**61.3**	**10.2**	**5.7**	**5.4**
北　京	39.8	159.1	351.0	230.2	102.4	18.3		0.1
天　津	100.4	296.6	366.6	284.3	56.6	24.7	1.0	
河　北	212.8	11.1	251.2	89.0	124.8	14.7	18.4	4.3
山　西	2.4	5.1	212.7	89.4	69.8	42.5	8.6	2.3
内蒙古	21.7	13.9	94.5	53.3	28.9	4.9	4.7	2.6
辽　宁	58.5	5.0	155.0	90.5	49.4	11.8	1.4	1.9
吉　林	21.8	2.3	59.6	44.9	7.0	5.8	0.8	1.1
黑龙江	4.9	14.0	110.5	79.0	21.6	3.2	5.0	1.7
上　海	0.9	0.0	273.5	54.7	217.1	1.6		0.2
江　苏	134.6	38.3	153.9	93.6	50.1	7.4	0.6	2.2
浙　江	305.3	40.3	257.3	79.9	146.9	10.0	6.0	14.5
安　徽	7.1	11.8	121.8	44.9	56.7	10.3	3.6	6.3
福　建	31.4	22.2	101.4	57.2	27.9	11.9	2.1	2.3
江　西	48.8	44.3	180.4	48.9	97.2	15.2	5.5	13.6
山　东	148.3	11.6	164.6	35.5	97.8	10.8	6.1	14.4
河　南	65.9	25.7	150.8	70.0	64.6	5.0	8.4	2.9
湖　北	18.7	54.4	168.3	60.3	88.4	12.6	2.3	4.8
湖　南	54.5	24.9	190.4	65.2	86.1	16.3	14.1	8.7
广　东	6.2	1.2	91.6	37.2	45.6	6.8	0.6	1.5
广　西	23.2	8.2	91.9	39.3	34.2	4.9	8.4	5.1
海　南	6.2	5.5	99.9	89.8	3.0	1.2	0.1	5.8
重　庆	8.7	23.2	112.5	37.1	69.3	0.8	2.3	3.0
四　川	14.9	15.3	158.3	91.5	46.5	11.2	3.7	5.6
贵　州	4.5	10.5	54.4	26.8	18.4	1.1	3.6	4.5
云　南	27.9	20.3	93.4	49.8	28.3	1.2	8.3	5.8
西　藏	1.7	2.6	85.1	68.0	12.7	1.2		3.1
陕　西	22.0	16.6	196.6	120.1	37.4	23.2	7.8	8.2
甘　肃	2.8	4.8	52.6	27.9	15.3	6.4	0.5	2.5
青　海	19.3	17.5	163.9	102.4	45.6	2.2	12.0	1.8
宁　夏	56.6	0.1	155.0	88.8	32.5	33.5	0.1	0.1
新　疆	7.3	9.1	159.6	97.4	46.3	1.2	7.1	7.6

4-2-76　2010年农村居民现金消费支出

单位：元/人

地　区	现金消费支出	一、食品支出	二、衣着支出	三、居住支出
全　国	**3859.3**	**1313.2**	**263.4**	**801.4**
北　京	9182.2	2924.3	699.4	1989.7
天　津	4854.6	1978.7	365.9	888.3
河　北	3534.6	1065.2	250.6	815.9
山　西	3395.1	1124.9	315.8	593.5
内蒙古	3951.2	1186.2	317.5	731.9
辽　宁	4093.3	1344.3	369.1	718.7
吉　林	3772.8	1210.0	309.8	691.6
黑龙江	4161.2	1337.5	387.2	710.3
上　海	10044.9	3642.0	554.1	2069.5
江　苏	6041.9	2002.2	350.0	1159.2
浙　江	8677.9	2833.6	551.3	2015.6
安　徽	3541.9	1215.1	232.1	814.2
福　建	4994.9	2100.8	310.1	798.8
江　西	3269.1	1212.2	174.4	744.2
山　东	4469.5	1468.1	304.8	832.5
河　南	3292.0	1024.3	261.4	722.6
湖　北	3406.1	1096.3	214.0	802.7
湖　南	3552.7	1358.2	209.7	691.8
广　东	4884.6	2110.7	215.5	875.4
广　西	2783.2	1044.8	110.5	651.0
海　南	2803.4	1151.3	117.4	540.1
重　庆	2837.1	994.7	224.1	518.1
四　川	3121.7	1122.7	226.6	608.4
贵　州	2159.1	637.8	137.5	610.2
云　南	2575.9	839.7	160.7	580.6
西　藏	2088.5	782.6	300.9	343.7
陕　西	3506.2	1025.2	237.9	824.0
甘　肃	2329.4	712.4	184.2	542.0
青　海	3095.5	779.9	252.8	933.5
宁　夏	3446.8	975.4	302.6	776.4
新　疆	2838.0	850.1	301.2	625.9

4-2-76 续表 单位：元/人

地区	四、家庭设备及用品支出	五、交通通信支出	六、文教娱乐支出	七、医疗保健支出	八、其他支出
全国	**233.5**	**461.1**	**366.7**	**326.0**	**94.0**
北京	473.6	1112.4	950.6	840.6	191.5
天津	233.0	467.5	462.3	360.5	98.5
河北	218.9	464.8	296.1	344.3	78.9
山西	173.6	357.7	420.2	328.9	80.4
内蒙古	177.4	598.6	374.2	468.0	97.4
辽宁	185.2	449.0	500.3	413.8	112.9
吉林	171.9	368.6	454.1	462.4	104.5
黑龙江	164.6	455.9	560.7	443.2	101.9
上海	528.0	1459.5	997.7	584.5	209.7
江苏	327.6	785.5	908.1	362.3	146.9
浙江	410.6	1146.0	839.2	709.3	172.3
安徽	231.2	339.0	363.9	264.4	82.1
福建	292.3	638.1	462.2	251.4	141.2
江西	201.8	331.8	285.2	243.8	75.5
山东	324.6	649.2	421.9	383.9	84.5
河南	253.8	401.4	250.5	287.8	90.1
湖北	261.7	331.4	288.1	295.2	116.7
湖南	243.4	343.8	315.9	293.6	96.2
广东	234.7	637.1	326.5	307.4	177.3
广西	192.8	310.3	182.6	229.0	62.3
海南	135.2	312.5	318.0	138.4	90.5
重庆	258.4	281.7	239.0	270.3	50.7
四川	239.0	360.7	218.6	276.1	69.6
贵州	135.5	229.7	186.2	178.1	44.2
云南	167.6	337.9	206.5	239.9	43.1
西藏	180.9	282.4	51.1	71.2	75.8
陕西	233.3	336.2	397.6	376.2	75.8
甘肃	146.9	256.7	238.0	203.1	46.1
青海	190.7	369.6	198.5	307.9	62.6
宁夏	188.1	444.0	241.1	417.9	101.2
新疆	133.9	382.1	170.2	314.7	59.9

5

分地区全体居民和分城乡居民收支主要数据

一、2013年分地区全体居民收支主要数据

5-1-1　2013年分地区全体居民可支配收入

单位：元/人

地　区	可支配收入	一、工资性收入	二、经营净收入	三、财产净收入	四、转移净收入
全　国	**18310.8**	**10410.8**	**3434.7**	**1423.3**	**3042.1**
北　京	40830.0	25022.8	1295.7	6486.2	8025.4
天　津	26359.2	15567.7	2681.5	2445.4	5664.5
河　北	15189.6	8858.9	2462.3	1048.3	2820.1
山　西	15119.7	9424.0	2338.3	739.0	2618.5
内蒙古	18692.9	10004.9	4729.8	1075.2	2883.0
辽　宁	20817.8	11273.1	3919.1	1312.5	4313.1
吉　林	15998.1	7394.8	4548.3	691.7	3363.4
黑龙江	15903.4	8039.9	3949.8	881.6	3032.1
上　海	42173.6	26747.6	1345.6	6036.8	8043.7
江　苏	24775.5	14434.9	3926.0	2161.2	4253.5
浙　江	29775.0	17426.1	5600.2	3314.5	3434.2
安　徽	15154.3	8155.1	3662.3	814.3	2522.7
福　建	21217.9	12520.8	4129.5	2049.1	2518.6
江　西	15099.7	8293.6	2920.8	1118.3	2766.9
山　东	19008.3	10990.8	4297.8	1215.8	2503.8
河　南	14203.7	7134.8	3551.1	759.5	2758.3
湖　北	16472.5	8159.8	3913.3	957.2	3442.2
湖　南	16004.9	8124.8	3255.2	1158.0	3466.8
广　东	23420.7	17282.3	3094.2	1977.3	1066.9
广　西	14082.3	6868.0	3249.6	862.4	3102.3
海　南	15733.3	8672.1	3575.2	1210.4	2275.6
重　庆	16568.7	8818.8	2749.0	1193.3	3807.5
四　川	14231.0	7149.6	3173.4	864.0	3044.0
贵　州	11083.1	5595.9	2650.4	553.2	2283.6
云　南	12577.9	5715.6	3520.1	1316.6	2025.6
西　藏	9746.8	4786.7	3170.7	380.2	1409.2
陕　西	14371.5	8184.4	2217.3	874.1	3095.7
甘　肃	10954.4	5660.9	2175.8	753.9	2363.8
青　海	12947.8	7607.1	2050.1	561.9	2728.7
宁　夏	14565.8	8836.3	2991.7	474.1	2263.6
新　疆	13669.6	6864.8	4077.0	575.7	2152.1

注：从2013年起,国家统计局开展了城乡一体化住户收支与生活状况调查,表5-1-1到5-1-8数据来源于此调查样本，与2013年前的分城镇和农村住户调查的调查范围、调查方法、指标口径有所不同。

5-1-2 2013年分地区全体居民可支配收入构成

单位：%

地　区	可支配收入	一、工资性收入	二、经营净收入	三、财产净收入	四、转移净收入
全　国	**100.0**	**56.9**	**18.8**	**7.8**	**16.6**
北　京	100.0	61.3	3.2	15.9	19.7
天　津	100.0	59.1	10.2	9.3	21.5
河　北	100.0	58.3	16.2	6.9	18.6
山　西	100.0	62.3	15.5	4.9	17.3
内蒙古	100.0	53.5	25.3	5.8	15.4
辽　宁	100.0	54.2	18.8	6.3	20.7
吉　林	100.0	46.2	28.4	4.3	21.0
黑龙江	100.0	50.6	24.8	5.5	19.1
上　海	100.0	63.4	3.2	14.3	19.1
江　苏	100.0	58.3	15.8	8.7	17.2
浙　江	100.0	58.5	18.8	11.1	11.5
安　徽	100.0	53.8	24.2	5.4	16.6
福　建	100.0	59.0	19.5	9.7	11.9
江　西	100.0	54.9	19.3	7.4	18.3
山　东	100.0	57.8	22.6	6.4	13.2
河　南	100.0	50.2	25.0	5.3	19.4
湖　北	100.0	49.5	23.8	5.8	20.9
湖　南	100.0	50.8	20.3	7.2	21.7
广　东	100.0	73.8	13.2	8.4	4.6
广　西	100.0	48.8	23.1	6.1	22.0
海　南	100.0	55.1	22.7	7.7	14.5
重　庆	100.0	53.2	16.6	7.2	23.0
四　川	100.0	50.2	22.3	6.1	21.4
贵　州	100.0	50.5	23.9	5.0	20.6
云　南	100.0	45.4	28.0	10.5	16.1
西　藏	100.0	49.1	32.5	3.9	14.5
陕　西	100.0	56.9	15.4	6.1	21.5
甘　肃	100.0	51.7	19.9	6.9	21.6
青　海	100.0	58.8	15.8	4.3	21.1
宁　夏	100.0	60.7	20.5	3.3	15.5
新　疆	100.0	50.2	29.8	4.2	15.7

5-1-3 2013年分地区全体居民现金可支配收入

单位：元/人

地区	现金可支配收入	一、现金工资性收入	二、现金经营净收入	三、现金财产净收入	四、现金转移净收入
全国	**17114.6**	**10348.6**	**3354.2**	**526.6**	**2885.2**
北京	35154.1	24926.4	1566.2	954.7	7706.9
天津	24700.4	15373.8	3218.7	778.5	5329.4
河北	14325.9	8840.4	2427.2	358.8	2699.5
山西	14591.2	9390.2	2337.5	422.7	2440.7
内蒙古	17956.5	9997.6	4595.3	539.0	2824.6
辽宁	19862.4	11081.9	4347.7	331.1	4101.8
吉林	14910.3	7377.1	4013.3	220.3	3299.7
黑龙江	14863.3	8016.1	3584.2	309.3	2953.6
上海	35418.7	26436.9	1520.3	400.3	7061.3
江苏	23188.2	14344.1	4101.5	791.2	3951.4
浙江	28081.3	17302.0	6271.4	1340.1	3167.8
安徽	14403.7	8104.0	3611.0	298.8	2389.8
福建	20097.3	12432.0	4488.2	795.2	2381.9
江西	13990.6	8284.9	2517.5	495.0	2693.3
山东	18239.2	10937.4	4436.5	454.5	2410.8
河南	13050.7	7118.7	2975.9	344.1	2612.0
湖北	15550.5	8105.7	3900.5	271.2	3273.2
湖南	15116.6	8088.2	3028.2	630.2	3370.0
广东	22129.8	17132.9	3118.2	912.3	966.4
广西	13157.7	6840.9	2966.6	399.4	2950.8
海南	14953.3	8636.1	3717.3	502.4	2097.4
重庆	15297.0	8785.4	2325.4	442.7	3743.5
四川	13012.6	7103.7	2628.3	390.1	2890.5
贵州	10359.3	5588.4	2319.6	229.9	2221.4
云南	11681.1	5703.1	3189.1	836.0	1953.0
西藏	9089.6	4783.7	2727.7	198.5	1379.8
陕西	13746.8	8132.2	2196.6	453.9	2964.2
甘肃	10322.9	5647.1	2075.2	317.9	2282.7
青海	12429.2	7585.4	2291.8	138.5	2413.5
宁夏	13892.5	8806.5	3037.0	68.2	1980.7
新疆	13043.5	6839.8	3971.3	194.4	2037.9

5-1-4 2013年分地区全体居民现金可支配收入构成

单位：%

地　区	现金可支配收入	一、现金工资性收入	二、现金经营净收入	三、现金财产净收入	四、现金转移净收入
全　国	**100.0**	**60.5**	**19.6**	**3.1**	**16.9**
北　京	100.0	70.9	4.5	2.7	21.9
天　津	100.0	62.2	13.0	3.2	21.6
河　北	100.0	61.7	16.9	2.5	18.8
山　西	100.0	64.4	16.0	2.9	16.7
内蒙古	100.0	55.7	25.6	3.0	15.7
辽　宁	100.0	55.8	21.9	1.7	20.7
吉　林	100.0	49.5	26.9	1.5	22.1
黑龙江	100.0	53.9	24.1	2.1	19.9
上　海	100.0	74.6	4.3	1.1	19.9
江　苏	100.0	61.9	17.7	3.4	17.0
浙　江	100.0	61.6	22.3	4.8	11.3
安　徽	100.0	56.3	25.1	2.1	16.6
福　建	100.0	61.9	22.3	4.0	11.9
江　西	100.0	59.2	18.0	3.5	19.3
山　东	100.0	60.0	24.3	2.5	13.2
河　南	100.0	54.5	22.8	2.6	20.0
湖　北	100.0	52.1	25.1	1.7	21.0
湖　南	100.0	53.5	20.0	4.2	22.3
广　东	100.0	77.4	14.1	4.1	4.4
广　西	100.0	52.0	22.5	3.0	22.4
海　南	100.0	57.8	24.9	3.4	14.0
重　庆	100.0	57.4	15.2	2.9	24.5
四　川	100.0	54.6	20.2	3.0	22.2
贵　州	100.0	53.9	22.4	2.2	21.4
云　南	100.0	48.8	27.3	7.2	16.7
西　藏	100.0	52.6	30.0	2.2	15.2
陕　西	100.0	59.2	16.0	3.3	21.6
甘　肃	100.0	54.7	20.1	3.1	22.1
青　海	100.0	61.0	18.4	1.1	19.4
宁　夏	100.0	63.4	21.9	0.5	14.3
新　疆	100.0	52.4	30.4	1.5	15.6

5-1-5 2013年分地区全体居民消费支出

单位：元/人

地区	消费支出	一、食品烟酒支出	二、衣着支出	三、居住支出
全国	**13220.4**	**4126.7**	**1027.1**	**2998.5**
北京	29175.6	7008.5	2254.9	9120.5
天津	20418.7	6607.3	1652.0	4525.2
河北	10872.2	3042.5	905.9	2583.3
山西	10118.3	2691.9	998.8	2173.8
内蒙古	14877.7	4313.8	1676.2	2684.8
辽宁	14950.2	4250.3	1400.9	3238.8
吉林	12054.3	3292.3	1140.6	2475.9
黑龙江	12037.2	3440.5	1238.6	2585.7
上海	30399.9	8199.6	1603.7	10011.6
江苏	17925.8	5216.8	1325.0	3978.3
浙江	20610.1	5990.6	1499.1	5201.5
安徽	10544.1	3660.8	806.5	2353.6
福建	16176.6	5543.1	1032.7	3903.7
江西	10052.8	3450.4	772.7	2418.4
山东	11896.8	3560.9	1032.7	2660.4
河南	10002.5	2958.1	1012.4	2093.7
湖北	11760.8	3794.5	933.5	2625.3
湖南	11945.9	3899.1	851.5	2521.8
广东	17421.0	6097.3	951.1	3962.7
广西	9596.5	3362.8	435.7	2168.5
海南	11192.9	4468.8	484.8	2468.9
重庆	12600.2	4511.2	1213.0	2452.2
四川	11054.7	4074.5	906.1	2064.2
贵州	8288.0	2906.4	610.8	1678.5
云南	8823.8	3048.4	550.3	1858.3
西藏	6310.6	2742.6	633.3	1213.2
陕西	11217.3	3066.0	912.1	2383.8
甘肃	8943.4	2897.2	795.4	1796.2
青海	11576.5	3627.6	1087.1	2245.1
宁夏	11292.0	3226.2	1022.9	2036.2
新疆	11391.8	3676.7	1173.8	2160.4

5-1-5 续表

单位：元/人

地　　区	四、生活用品及服务支出	五、交通和通信支出	六、教育、文化和娱乐支出	七、医疗保健支出	八、其他用品及服务支出
全　　国	**806.5**	**1627.1**	**1397.7**	**912.1**	**324.7**
北　　京	1862.6	3278.0	3082.9	1765.7	802.6
天　　津	1135.3	2832.1	1596.5	1445.0	625.2
河　　北	696.8	1414.2	1039.2	956.1	234.3
山　　西	609.0	1145.5	1381.0	835.9	282.4
内 蒙 古	881.1	2036.4	1663.1	1176.0	446.2
辽　　宁	865.0	1814.8	1708.8	1213.4	458.2
吉　　林	616.0	1520.6	1417.3	1281.8	309.9
黑 龙 江	630.6	1335.9	1339.9	1153.1	312.9
上　　海	1457.8	3450.4	2751.9	2054.1	870.8
江　　苏	1047.6	2431.4	2271.3	1155.0	500.3
浙　　江	1053.6	3125.5	2019.1	1198.0	522.7
安　　徽	594.5	1190.0	1018.7	699.5	220.4
福　　建	992.9	1885.8	1570.8	774.7	473.0
江　　西	599.9	1045.8	990.7	547.2	227.7
山　　东	801.7	1540.8	1136.8	902.1	261.4
河　　南	790.3	1049.2	1076.9	766.2	255.6
湖　　北	735.6	1236.0	1302.9	876.8	256.2
湖　　南	783.3	1381.8	1353.2	865.4	289.9
广　　东	999.3	2400.1	1811.0	728.9	470.6
广　　西	573.2	1177.5	1064.2	643.0	171.7
海　　南	637.8	1157.6	1226.4	540.6	208.0
重　　庆	877.5	1214.4	1239.0	837.6	255.3
四　　川	774.8	1222.0	986.3	808.8	217.9
贵　　州	551.6	933.4	1011.1	447.6	148.7
云　　南	511.6	1110.9	962.1	642.1	140.0
西　　藏	393.6	702.4	218.6	183.1	224.0
陕　　西	729.8	1374.2	1438.1	1081.2	232.2
甘　　肃	558.2	1005.3	988.3	727.9	174.9
青　　海	702.2	1495.9	1046.6	1101.7	270.3
宁　　夏	762.9	1577.3	1273.0	1066.1	327.5
新　　疆	651.1	1510.1	1062.5	912.9	244.4

5-1-6　2013年分地区全体居民消费支出构成

单位：%

地　区	消费支出	一、食品烟酒支出	二、衣着支出	三、居住支出
全　国	**100.0**	**31.2**	**7.8**	**22.7**
北　京	100.0	24.0	7.7	31.3
天　津	100.0	32.4	8.1	22.2
河　北	100.0	28.0	8.3	23.8
山　西	100.0	26.6	9.9	21.5
内蒙古	100.0	29.0	11.3	18.0
辽　宁	100.0	28.4	9.4	21.7
吉　林	100.0	27.3	9.5	20.5
黑龙江	100.0	28.6	10.3	21.5
上　海	100.0	27.0	5.3	32.9
江　苏	100.0	29.1	7.4	22.2
浙　江	100.0	29.1	7.3	25.2
安　徽	100.0	34.7	7.6	22.3
福　建	100.0	34.3	6.4	24.1
江　西	100.0	34.3	7.7	24.1
山　东	100.0	29.9	8.7	22.4
河　南	100.0	29.6	10.1	20.9
湖　北	100.0	32.3	7.9	22.3
湖　南	100.0	32.6	7.1	21.1
广　东	100.0	35.0	5.5	22.7
广　西	100.0	35.0	4.5	22.6
海　南	100.0	39.9	4.3	22.1
重　庆	100.0	35.8	9.6	19.5
四　川	100.0	36.9	8.2	18.7
贵　州	100.0	35.1	7.4	20.3
云　南	100.0	34.5	6.2	21.1
西　藏	100.0	43.5	10.0	19.2
陕　西	100.0	27.3	8.1	21.3
甘　肃	100.0	32.4	8.9	20.1
青　海	100.0	31.3	9.4	19.4
宁　夏	100.0	28.6	9.1	18.0
新　疆	100.0	32.3	10.3	19.0

5-1-6 续表

单位：%

地区	四、生活用品及服务支出	五、交通和通信支出	六、教育、文化和娱乐支出	七、医疗保健支出	八、其他用品及服务支出
全国	**6.1**	**12.3**	**10.6**	**6.9**	**2.5**
北京	6.4	11.2	10.6	6.1	2.8
天津	5.6	13.9	7.8	7.1	3.1
河北	6.4	13.0	9.6	8.8	2.2
山西	6.0	11.3	13.6	8.3	2.8
内蒙古	5.9	13.7	11.2	7.9	3.0
辽宁	5.8	12.1	11.4	8.1	3.1
吉林	5.1	12.6	11.8	10.6	2.6
黑龙江	5.2	11.1	11.1	9.6	2.6
上海	4.8	11.3	9.1	6.8	2.9
江苏	5.8	13.6	12.7	6.4	2.8
浙江	5.1	15.2	9.8	5.8	2.5
安徽	5.6	11.3	9.7	6.6	2.1
福建	6.1	11.7	9.7	4.8	2.9
江西	6.0	10.4	9.9	5.4	2.3
山东	6.7	13.0	9.6	7.6	2.2
河南	7.9	10.5	10.8	7.7	2.6
湖北	6.3	10.5	11.1	7.5	2.2
湖南	6.6	11.6	11.3	7.2	2.4
广东	5.7	13.8	10.4	4.2	2.7
广西	6.0	12.3	11.1	6.7	1.8
海南	5.7	10.3	11.0	4.8	1.9
重庆	7.0	9.6	9.8	6.6	2.0
四川	7.0	11.1	8.9	7.3	2.0
贵州	6.7	11.3	12.2	5.4	1.8
云南	5.8	12.6	10.9	7.3	1.6
西藏	6.2	11.1	3.5	2.9	3.5
陕西	6.5	12.3	12.8	9.6	2.1
甘肃	6.2	11.2	11.1	8.1	2.0
青海	6.1	12.9	9.0	9.5	2.3
宁夏	6.8	14.0	11.3	9.4	2.9
新疆	5.7	13.3	9.3	8.0	2.1

5-1-7 2013年分地区全体居民现金消费支出

单位：元/人

地 区	现金消费支出	一、食品烟酒支出	二、衣着支出	三、居住支出
全 国	**10917.4**	**3822.8**	**1025.7**	**1155.1**
北 京	21787.7	6936.9	2253.7	2119.9
天 津	17064.1	6458.9	1649.2	1688.2
河 北	9177.1	2923.7	905.3	1128.0
山 西	8719.7	2498.4	996.9	1097.1
内蒙古	13235.4	4029.3	1676.7	1382.1
辽 宁	12689.2	4045.8	1400.2	1407.2
吉 林	10565.8	3146.0	1140.1	1198.3
黑龙江	10538.2	3335.0	1238.5	1271.8
上 海	21417.4	7937.7	1601.8	2320.2
江 苏	14634.1	4960.7	1323.1	1258.5
浙 江	16543.2	5800.0	1497.6	1610.4
安 徽	8718.6	3406.3	803.0	918.4
福 建	13158.6	5222.5	1031.8	1374.1
江 西	8005.6	3057.1	772.5	835.8
山 东	10078.2	3399.6	1029.7	1087.3
河 南	8498.8	2790.7	1012.2	904.0
湖 北	9586.4	3352.8	929.3	1063.5
湖 南	9961.6	3446.2	851.1	1090.1
广 东	14811.3	5808.4	947.0	1731.5
广 西	7753.1	2944.3	434.9	880.9
海 南	9330.7	4255.0	484.6	891.0
重 庆	10372.8	4004.2	1211.9	791.3
四 川	8916.0	3389.7	905.3	766.1
贵 州	6698.3	2299.1	610.5	750.0
云 南	7020.3	2535.9	550.1	639.7
西 藏	4736.1	2073.0	632.0	341.8
陕 西	9688.3	2887.9	912.0	1167.4
甘 肃	7528.9	2508.8	795.0	834.8
青 海	9714.8	3106.4	1085.6	1204.8
宁 夏	9785.4	2946.0	1022.6	1085.0
新 疆	9907.7	3353.3	1172.1	1051.3

5-1-7 续表　　　　单位：元/人

地　　区	四、生活用品及服务支出	五、交通和通信支出	六、教育、文化和娱乐支出	七、医疗保健支出	八、其他用品及服务支出
全　　国	**801.8**	**1624.8**	**1396.5**	**772.1**	**318.7**
北　　京	1856.7	3276.4	3079.8	1465.6	798.6
天　　津	1130.8	2817.3	1593.3	1135.7	590.8
河　　北	695.6	1413.9	1039.0	840.4	231.3
山　　西	600.3	1144.6	1380.0	736.9	265.7
内 蒙 古	881.0	2036.2	1663.0	1121.6	445.4
辽　　宁	863.4	1807.6	1708.3	1008.6	448.0
吉　　林	613.5	1516.9	1416.7	1225.8	308.4
黑 龙 江	629.4	1335.3	1339.7	1076.1	312.3
上　　海	1448.4	3432.5	2743.0	1076.5	857.4
江　　苏	1042.3	2427.3	2269.7	857.8	494.7
浙　　江	1045.4	3119.6	2016.2	946.6	507.5
安　　徽	591.9	1189.1	1018.5	574.8	216.7
福　　建	971.8	1882.5	1568.0	640.8	467.0
江　　西	599.2	1045.5	990.5	477.8	227.2
山　　东	796.7	1540.3	1136.4	832.4	255.8
河　　南	789.6	1048.5	1076.9	622.9	254.1
湖　　北	734.1	1234.5	1302.5	717.4	252.5
湖　　南	782.4	1380.3	1352.8	771.5	287.2
广　　东	992.5	2397.0	1807.2	670.4	457.3
广　　西	566.8	1176.5	1062.2	524.3	163.2
海　　南	606.2	1157.5	1238.0	496.4	202.0
重　　庆	875.4	1213.6	1239.0	786.5	251.1
四　　川	767.4	1219.4	984.8	669.3	214.1
贵　　州	550.4	933.0	1012.2	400.5	142.6
云　　南	510.0	1109.8	961.8	575.5	137.5
西　　藏	390.3	702.4	218.6	154.0	224.0
陕　　西	724.5	1371.9	1436.5	958.1	230.0
甘　　肃	551.0	1004.4	987.5	675.8	171.5
青　　海	694.8	1495.9	1041.2	818.0	268.1
宁　　夏	745.6	1576.1	1271.9	843.2	294.9
新　　疆	645.5	1509.5	1062.0	871.6	242.2

5-1-8 2013年分地区全体居民现金消费支出构成

单位：%

地 区	现金消费支出	一、食品烟酒支出	二、衣着支出	三、居住支出
全 国	**100.0**	**35.0**	**9.4**	**10.6**
北 京	100.0	31.8	10.3	9.7
天 津	100.0	37.9	9.7	9.9
河 北	100.0	31.9	9.9	12.3
山 西	100.0	28.7	11.4	12.6
内蒙古	100.0	30.4	12.7	10.4
辽 宁	100.0	31.9	11.0	11.1
吉 林	100.0	29.8	10.8	11.3
黑龙江	100.0	31.6	11.8	12.1
上 海	100.0	37.1	7.5	10.8
江 苏	100.0	33.9	9.0	8.6
浙 江	100.0	35.1	9.1	9.7
安 徽	100.0	39.1	9.2	10.5
福 建	100.0	39.7	7.8	10.4
江 西	100.0	38.2	9.6	10.4
山 东	100.0	33.7	10.2	10.8
河 南	100.0	32.8	11.9	10.6
湖 北	100.0	35.0	9.7	11.1
湖 南	100.0	34.6	8.5	10.9
广 东	100.0	39.2	6.4	11.7
广 西	100.0	38.0	5.6	11.4
海 南	100.0	45.6	5.2	9.5
重 庆	100.0	38.6	11.7	7.6
四 川	100.0	38.0	10.2	8.6
贵 州	100.0	34.3	9.1	11.2
云 南	100.0	36.1	7.8	9.1
西 藏	100.0	43.8	13.3	7.2
陕 西	100.0	29.8	9.4	12.0
甘 肃	100.0	33.3	10.6	11.1
青 海	100.0	32.0	11.2	12.4
宁 夏	100.0	30.1	10.5	11.1
新 疆	100.0	33.8	11.8	10.6

5-1-8 续表 单位：%

地 区	四、生活用品及服务支出	五、交通和通信支出	六、教育、文化和娱乐支出	七、医疗保健支出	八、其他用品及服务支出
全 国	**7.3**	**14.9**	**12.8**	**7.1**	**2.9**
北 京	8.5	15.0	14.1	6.7	3.7
天 津	6.6	16.5	9.3	6.7	3.5
河 北	7.6	15.4	11.3	9.2	2.5
山 西	6.9	13.1	15.8	8.5	3.0
内蒙古	6.7	15.4	12.6	8.5	3.4
辽 宁	6.8	14.2	13.5	7.9	3.5
吉 林	5.8	14.4	13.4	11.6	2.9
黑龙江	6.0	12.7	12.7	10.2	3.0
上 海	6.8	16.0	12.8	5.0	4.0
江 苏	7.1	16.6	15.5	5.9	3.4
浙 江	6.3	18.9	12.2	5.7	3.1
安 徽	6.8	13.6	11.7	6.6	2.5
福 建	7.4	14.3	11.9	4.9	3.5
江 西	7.5	13.1	12.4	6.0	2.8
山 东	7.9	15.3	11.3	8.3	2.5
河 南	9.3	12.3	12.7	7.3	3.0
湖 北	7.7	12.9	13.6	7.5	2.6
湖 南	7.9	13.9	13.6	7.7	2.9
广 东	6.7	16.2	12.2	4.5	3.1
广 西	7.3	15.2	13.7	6.8	2.1
海 南	6.5	12.4	13.3	5.3	2.2
重 庆	8.4	11.7	11.9	7.6	2.4
四 川	8.6	13.7	11.0	7.5	2.4
贵 州	8.2	13.9	15.1	6.0	2.1
云 南	7.3	15.8	13.7	8.2	2.0
西 藏	8.2	14.8	4.6	3.3	4.7
陕 西	7.5	14.2	14.8	9.9	2.4
甘 肃	7.3	13.3	13.1	9.0	2.3
青 海	7.2	15.4	10.7	8.4	2.8
宁 夏	7.6	16.1	13.0	8.6	3.0
新 疆	6.5	15.2	10.7	8.8	2.4

二、2011-2013年分地区城镇居民收支主要数据

5-2-1　2011年分地区城镇居民收入来源

单位：元/人

地　区	可支配收　入	总收入				
			工薪收入	经营净收入	财产性收入	转移性收入
全　国	**21809.8**	**23979.2**	**15411.9**	**2209.7**	**649.0**	**5708.6**
北　京	32903.0	37124.4	25161.2	1191.3	696.6	10075.2
天　津	26920.9	29916.0	18794.1	1059.3	462.3	9600.4
河　北	18292.2	19591.9	11686.6	1836.5	318.4	5750.4
山　西	18123.9	19666.1	13146.5	875.2	274.1	5370.3
内蒙古	20407.6	21890.2	14779.1	2320.4	513.4	4277.4
辽　宁	20466.8	22879.8	13093.9	2285.4	333.6	7167.0
吉　林	17796.6	19211.7	12217.1	1860.3	235.3	4899.0
黑龙江	15696.2	17118.5	10235.0	1529.1	141.3	5213.1
上　海	36230.5	40532.3	28550.8	1994.1	633.1	9354.3
江　苏	26340.7	28972.0	17761.6	3026.6	667.1	7516.8
浙　江	30970.7	34264.4	20334.3	4383.9	1572.3	7973.9
安　徽	18606.1	20751.1	12916.0	1874.5	570.0	5390.7
福　建	24907.4	27378.1	17438.8	2991.7	1752.8	5194.8
江　西	17494.9	18656.5	11654.4	1721.8	471.7	4808.6
山　东	22791.8	24889.8	17629.4	2294.9	615.7	4349.9
河　南	18194.8	19526.9	12039.2	2264.4	286.0	4937.3
湖　北	18373.9	20193.3	12622.4	1906.7	357.2	5307.0
湖　南	18844.1	20083.9	11550.1	2674.2	770.7	5089.0
广　东	26897.5	30218.8	21092.1	3035.3	1243.0	4848.4
广　西	18854.1	20846.1	13550.2	1699.8	844.9	4751.2
海　南	18369.0	20094.2	12876.9	2158.6	715.4	4343.2
重　庆	20249.7	21794.3	13827.7	1779.4	433.7	5753.4
四　川	17899.1	19688.1	12687.3	1670.5	523.2	4807.1
贵　州	16495.0	17598.9	10754.5	1614.7	356.4	4873.3
云　南	18575.6	20255.1	12416.2	1785.6	1274.0	4779.4
西　藏	16195.6	18115.8	15855.0	486.9	358.1	1415.8
陕　西	18245.2	20069.9	14051.3	771.8	214.2	5032.7
甘　肃	14988.7	16267.4	11195.3	914.3	161.7	3996.2
青　海	15603.3	17795.0	11404.0	1054.6	78.6	5257.8
宁　夏	17578.9	19654.6	12396.7	2367.5	198.5	4691.9
新　疆	15513.6	17631.2	12653.4	1412.3	149.1	3416.4

5-2-2 2011年分地区城镇居民现金消费支出

单位：元/人

地　　区	现金消费支出	服务性支出	一、食品支出	二、衣着支出	三、居住支出
全　　国	**15160.9**	**3930.7**	**5506.3**	**1674.7**	**1405.0**
北　　京	21984.4	6372.3	6905.5	2265.9	1923.7
天　　津	18424.1	4683.3	6663.3	1755.0	1763.4
河　　北	11609.3	2637.8	3927.3	1426.0	1372.3
山　　西	11354.3	2940.9	3558.0	1461.9	1327.8
内 蒙 古	15878.1	3870.1	4962.4	2514.1	1418.6
辽　　宁	14789.6	3762.4	5255.0	1854.6	1385.6
吉　　林	13010.6	3479.0	4252.9	1769.5	1468.3
黑 龙 江	12054.2	2817.7	4348.5	1681.9	1186.0
上　　海	25102.1	7721.3	8906.0	2053.8	2225.7
江　　苏	16781.7	4435.7	6060.9	1772.1	1187.7
浙　　江	20437.5	5639.4	7066.2	2139.0	1518.1
安　　徽	13181.5	3413.4	5246.8	1371.0	1501.4
福　　建	16661.1	4293.9	6534.9	1495.0	1661.8
江　　西	11747.2	2650.7	4675.2	1272.9	1114.5
山　　东	14560.7	3130.9	4827.6	2008.8	1510.8
河　　南	12336.5	2924.8	4212.8	1706.9	1087.1
湖　　北	13163.8	3131.7	5363.7	1677.9	1172.1
湖　　南	13402.9	3277.7	4943.9	1499.0	1292.6
广　　东	20251.8	6061.3	7471.9	1404.6	2005.2
广　　西	12848.4	3038.3	5074.5	1019.3	1237.9
海　　南	12642.8	3366.8	5673.7	780.1	1342.3
重　　庆	14974.5	3741.1	5847.9	2056.8	1205.7
四　　川	13696.3	3380.0	5571.7	1483.5	1226.1
贵　　州	11352.9	3014.2	4565.9	1209.9	1103.0
云　　南	12248.0	3145.5	4802.3	1587.2	827.8
西　　藏	10398.9	2301.7	5184.2	1261.3	781.1
陕　　西	13782.8	3807.8	5040.5	1673.2	1193.8
甘　　肃	11188.6	2874.6	4182.5	1470.3	1139.9
青　　海	10955.5	2511.7	4260.3	1394.3	1055.2
宁　　夏	12896.0	3162.0	4483.4	1701.7	1247.1
新　　疆	11839.4	2868.3	4537.5	1715.9	888.2

5-2-2 续表 单位：元/人

地　区	四、家庭设备及用品支出	五、交通通信支出	六、文教娱乐支出	七、医疗保健支出	八、其他支出
全　国	**1023.2**	**2149.7**	**1851.7**	**969.0**	**581.3**
北　京	1562.6	3521.2	3306.8	1523.3	975.4
天　津	1174.6	2699.5	2116.0	1415.4	836.8
河　北	809.9	1526.6	1204.0	956.0	387.4
山　西	832.7	1487.7	1419.4	851.3	415.4
内蒙古	1162.9	2003.5	1812.1	1239.4	765.1
辽　宁	929.4	1899.1	1614.5	1208.3	643.2
吉　林	839.3	1541.4	1468.3	1108.5	562.5
黑龙江	723.6	1363.6	1190.9	1083.0	476.9
上　海	1826.2	3808.4	3746.4	1140.8	1394.9
江　苏	1193.8	2262.2	2695.5	962.5	647.1
浙　江	1109.4	3728.2	2816.1	1248.9	811.5
安　徽	690.7	1365.0	1631.3	907.6	467.8
福　建	1179.8	2470.2	1879.0	773.3	667.0
江　西	914.9	1310.2	1429.3	641.2	389.1
山　东	1013.8	2204.0	1538.4	938.9	518.3
河　南	977.5	1573.6	1373.9	919.8	484.8
湖　北	814.8	1382.2	1489.7	915.7	347.7
湖　南	940.8	1975.5	1526.1	790.8	434.3
广　东	1370.3	3630.6	2647.9	948.2	773.2
广　西	884.9	2000.6	1502.7	779.1	349.5
海　南	729.9	1830.8	1141.8	783.3	360.9
重　庆	1079.3	1718.7	1474.9	1050.6	540.6
四　川	1020.2	1757.5	1369.5	735.3	532.5
贵　州	857.6	1395.3	1331.4	578.3	311.6
云　南	570.5	1905.9	1350.7	822.4	381.4
西　藏	428.0	1278.0	514.4	424.1	527.7
陕　西	914.3	1502.4	1857.6	1100.5	500.4
甘　肃	660.5	1289.8	1158.3	874.1	413.4
青　海	723.2	1293.5	967.9	854.3	406.9
宁　夏	885.4	1637.6	1441.2	978.1	521.5
新　疆	791.4	1377.7	1122.2	913.0	493.6

5-2-3 2011年分地区城镇居民现金消费支出构成

单位：%

地 区	现金消费支出	服务性支出	一、食品支出	二、衣着支出	三、居住支出
全 国	**100.0**	**25.9**	**36.3**	**11.0**	**9.3**
北 京	100.0	29.0	31.4	10.3	8.8
天 津	100.0	25.4	36.2	9.5	9.6
河 北	100.0	22.7	33.8	12.3	11.8
山 西	100.0	25.9	31.3	12.9	11.7
内 蒙 古	100.0	24.4	31.3	15.8	8.9
辽 宁	100.0	25.4	35.5	12.5	9.4
吉 林	100.0	26.7	32.7	13.6	11.3
黑 龙 江	100.0	23.4	36.1	14.0	9.8
上 海	100.0	30.8	35.5	8.2	8.9
江 苏	100.0	26.4	36.1	10.6	7.1
浙 江	100.0	27.6	34.6	10.5	7.4
安 徽	100.0	25.9	39.8	10.4	11.4
福 建	100.0	25.8	39.2	9.0	10.0
江 西	100.0	22.6	39.8	10.8	9.5
山 东	100.0	21.5	33.2	13.8	10.4
河 南	100.0	23.7	34.1	13.8	8.8
湖 北	100.0	23.8	40.7	12.7	8.9
湖 南	100.0	24.5	36.9	11.2	9.6
广 东	100.0	29.9	36.9	6.9	9.9
广 西	100.0	23.6	39.5	7.9	9.6
海 南	100.0	26.6	44.9	6.2	10.6
重 庆	100.0	25.0	39.1	13.7	8.1
四 川	100.0	24.7	40.7	10.8	9.0
贵 州	100.0	26.6	40.2	10.7	9.7
云 南	100.0	25.7	39.2	13.0	6.8
西 藏	100.0	22.1	49.9	12.1	7.5
陕 西	100.0	27.6	36.6	12.1	8.7
甘 肃	100.0	25.7	37.4	13.1	10.2
青 海	100.0	22.9	38.9	12.7	9.6
宁 夏	100.0	24.5	34.8	13.2	9.7
新 疆	100.0	24.2	38.3	14.5	7.5

5-2-3 续表 单位：%

地 区	四、家庭设备及用品支出	五、交通通信支出	六、文教娱乐支出	七、医疗保健支出	八、其他支出
全 国	**6.7**	**14.2**	**12.2**	**6.4**	**3.8**
北 京	7.1	16.0	15.0	6.9	4.4
天 津	6.4	14.7	11.5	7.7	4.5
河 北	7.0	13.1	10.4	8.2	3.3
山 西	7.3	13.1	12.5	7.5	3.7
内 蒙 古	7.3	12.6	11.4	7.8	4.8
辽 宁	6.3	12.8	10.9	8.2	4.3
吉 林	6.5	11.8	11.3	8.5	4.3
黑 龙 江	6.0	11.3	9.9	9.0	4.0
上 海	7.3	15.2	14.9	4.5	5.6
江 苏	7.1	13.5	16.1	5.7	3.9
浙 江	5.4	18.2	13.8	6.1	4.0
安 徽	5.2	10.4	12.4	6.9	3.5
福 建	7.1	14.8	11.3	4.6	4.0
江 西	7.8	11.2	12.2	5.5	3.3
山 东	7.0	15.1	10.6	6.4	3.6
河 南	7.9	12.8	11.1	7.5	3.9
湖 北	6.2	10.5	11.3	7.0	2.6
湖 南	7.0	14.7	11.4	5.9	3.2
广 东	6.8	17.9	13.1	4.7	3.8
广 西	6.9	15.6	11.7	6.1	2.7
海 南	5.8	14.5	9.0	6.2	2.9
重 庆	7.2	11.5	9.8	7.0	3.6
四 川	7.4	12.8	10.0	5.4	3.9
贵 州	7.6	12.3	11.7	5.1	2.7
云 南	4.7	15.6	11.0	6.7	3.1
西 藏	4.1	12.3	4.9	4.1	5.1
陕 西	6.6	10.9	13.5	8.0	3.6
甘 肃	5.9	11.5	10.4	7.8	3.7
青 海	6.6	11.8	8.8	7.8	3.7
宁 夏	6.9	12.7	11.2	7.6	4.0
新 疆	6.7	11.6	9.5	7.7	4.2

5-2-4 2011年大中城市居民收入来源

单位：元/人

城市	可支配收入	总收入	工薪收入	经营净收入	财产性收入	转移性收入
北京	34669.8	39224.5	26694.9	964.5	559.5	11005.6
天津	26920.9	29916.0	18794.1	1059.3	462.3	9600.4
石家庄	20534.0	22230.4	11994.2	2103.6	333.7	7798.9
太原	20148.7	22094.5	12435.1	174.1	283.8	9201.5
呼和浩特	28109.6	30057.5	17646.7	2886.9	1273.6	8250.4
沈阳	23326.2	26399.5	14923.9	3121.7	253.6	8100.2
大连	24276.2	28435.7	17947.3	1690.1	494.7	8303.6
长春	20487.3	21989.3	13885.3	1707.3	346.5	6050.2
哈尔滨	20030.6	22079.4	12397.6	2334.6	259.7	7087.5
上海	36230.5	40532.3	28550.8	1994.1	633.1	9354.3
南京	32200.0	35918.1	23863.5	1930.8	497.5	9626.4
杭州	34065.1	38275.5	23760.4	1607.5	2586.8	10320.8
宁波	34058.3	38719.4	24280.3	3997.2	1438.9	9003.0
合肥	22458.9	24828.3	15637.2	3002.8	641.3	5547.1
福州	26632.9	29370.3	19861.3	1700.8	1124.1	6684.0
厦门	33565.3	37573.3	25189.5	2702.6	2084.0	7597.1
南昌	20741.2	22287.7	14304.9	1412.2	470.8	6099.8
济南	28892.0	31895.1	23654.0	2413.0	344.8	5483.3
青岛	28567.5	31491.7	20099.6	2710.0	1054.9	7627.2
郑州	22476.6	24058.0	13098.9	2746.2	251.9	7961.0
武汉	23738.1	26737.6	16138.3	2303.0	460.9	7835.4
长沙	25481.3	26772.2	14323.9	3837.9	1258.6	7351.8
广州	34438.1	40167.1	28955.9	2735.4	850.4	7625.3
深圳	36505.0	40351.9	28458.7	5909.1	1971.9	4012.2
南宁	19971.9	22898.7	16937.3	701.7	502.5	4757.2
海口	20104.0	21642.8	13273.4	2593.1	707.9	5068.4
重庆	21955.0	23797.0	15210.6	1512.3	345.7	6728.4
成都	23932.1	26087.5	15568.0	1852.5	1096.5	7570.5
贵阳	19420.1	21105.9	12275.9	1578.2	440.5	6811.2
昆明	21984.4	23626.8	12145.9	1925.7	3093.7	6461.5
拉萨	17654.1	20040.0	18577.5	120.6	397.0	944.9
西安	21238.6	23233.1	15974.0	746.4	347.4	6165.3
兰州	15952.6	17314.0	11037.3	663.4	228.2	5385.2
西宁	15841.6	17894.5	9963.2	1113.4	91.3	6726.6
银川	19480.9	21730.2	12516.6	2677.3	260.6	6275.7
乌鲁木齐	16141.4	18778.0	13438.1	1253.0	164.1	3922.8

5-2-5 2011年大中城市居民现金消费支出

单位：元/人

城市	现金消费支出	食品	衣着	居住	家庭设备及用品	交通通信	文教娱乐	医疗保健	其他
北京	23582.0	7290.9	2395.5	2003.4	1697.6	3819.9	3697.4	1597.5	1080.0
天津	18424.1	6663.3	1755.0	1763.4	1174.6	2699.5	2116.0	1415.4	836.8
石家庄	12518.9	4341.3	1392.6	1439.5	861.7	1497.6	1355.9	1165.8	464.5
太原	13111.0	4286.1	1414.3	1562.2	957.2	1300.4	1783.6	1365.8	441.4
呼和浩特	19439.6	5987.6	2440.9	1788.7	1422.3	2700.3	2404.4	1731.2	964.3
沈阳	18146.9	5868.2	2270.1	1502.5	1043.8	2743.7	2175.4	1621.9	921.3
大连	18846.4	6964.9	2193.8	1607.6	1315.7	2381.1	2097.8	1420.1	865.3
长春	16328.5	5039.6	1948.7	1755.9	1095.0	2188.9	1936.2	1625.6	738.4
哈尔滨	16232.7	5309.5	2282.9	1549.3	1136.7	2103.1	1803.1	1315.6	732.5
上海	25102.1	8906.0	2053.8	2225.7	1826.2	3808.4	3746.4	1140.8	1394.9
南京	20763.3	7439.3	1932.9	1284.9	1636.3	2619.5	3732.0	1374.9	743.4
杭州	22642.1	8354.7	2261.2	1944.8	1052.3	4678.3	2613.7	1027.0	710.2
宁波	21779.1	8200.0	2322.8	1381.9	1181.2	3723.6	3028.2	1106.8	834.5
合肥	15697.1	5969.6	1674.1	1360.6	661.9	2337.1	2122.7	909.8	661.3
福州	18362.8	6907.2	1869.8	1659.0	1439.8	2641.6	2083.0	855.7	906.7
厦门	22314.3	7897.2	1590.0	2482.3	1436.4	4813.6	2198.8	1038.0	858.1
南昌	15234.2	5347.2	1656.9	1434.0	1329.1	2394.1	1576.3	904.1	592.7
济南	18045.2	5722.7	2202.5	1697.6	1412.3	2830.1	2146.6	1300.5	732.9
青岛	19296.6	7241.0	2592.5	1783.4	1138.6	2901.1	1930.0	1084.6	625.5
郑州	14605.5	5467.2	2299.4	975.3	1240.7	1541.9	1471.2	1037.8	572.1
武汉	17141.0	6782.4	2186.2	1386.3	942.1	2063.8	2098.8	1272.4	408.9
长沙	17595.3	6338.7	1818.3	1637.1	1128.1	2817.4	2335.1	1021.5	499.1
广州	28209.7	9591.6	2166.6	2092.1	1918.3	4751.1	4991.2	1317.9	1381.1
深圳	24080.0	8832.4	1912.6	2916.3	1632.2	4124.7	2890.3	900.4	871.3
南宁	14834.0	5343.8	972.5	1274.3	1039.2	2958.7	1943.1	965.4	337.0
海口	13655.7	5940.3	779.5	1480.7	730.2	2154.4	1264.6	943.1	362.9
重庆	16756.8	6440.7	2385.5	1236.1	1184.0	2031.1	1696.9	1158.9	623.7
成都	17795.0	6582.9	1628.7	1623.4	1292.4	2963.1	2068.6	931.0	704.9
贵阳	14300.1	5528.1	1295.4	1546.0	1194.7	1991.3	1764.4	603.5	376.8
昆明	14447.2	5445.3	2029.4	928.5	648.2	1959.7	1869.7	1048.3	518.2
拉萨	12787.1	5796.1	1777.9	768.6	737.3	1669.5	739.2	569.5	729.1
西安	16457.8	5747.7	1805.2	1496.4	1090.5	1906.8	2487.5	1348.6	575.1
兰州	12352.1	4714.5	1518.4	1206.4	758.1	1455.8	1301.3	986.3	411.3
西宁	10551.2	4329.6	1304.0	980.0	687.7	1141.9	868.6	863.8	375.8
银川	14931.2	5267.5	1840.9	1213.8	947.4	1985.3	1820.3	1201.2	654.8
乌鲁木齐	11756.3	4676.0	1589.3	754.0	712.2	1389.9	1301.5	893.4	440.0

5-2-6 2011年大中城市居民现金消费支出构成

单位：%

城市	现金消费支出	食品	衣着	居住	家庭设备及用品	交通通信	文教娱乐	医疗保健	其他
北京	100.0	30.9	10.2	8.5	7.2	16.2	15.7	6.8	4.6
天津	100.0	36.2	9.5	9.6	6.4	14.7	11.5	7.7	4.5
石家庄	100.0	34.7	11.1	11.5	6.9	12.0	10.8	9.3	3.7
太原	100.0	32.7	10.8	11.9	7.3	9.9	13.6	10.4	3.4
呼和浩特	100.0	30.8	12.6	9.2	7.3	13.9	12.4	8.9	5.0
沈阳	100.0	32.3	12.5	8.3	5.8	15.1	12.0	8.9	5.1
大连	100.0	37.0	11.6	8.5	7.0	12.6	11.1	7.5	4.6
长春	100.0	30.9	11.9	10.8	6.7	13.4	11.9	10.0	4.5
哈尔滨	100.0	32.7	14.1	9.5	7.0	13.0	11.1	8.1	4.5
上海	100.0	35.5	8.2	8.9	7.3	15.2	14.9	4.5	5.6
南京	100.0	35.8	9.3	6.2	7.9	12.6	18.0	6.6	3.6
杭州	100.0	36.9	10.0	8.6	4.6	20.7	11.5	4.5	3.1
宁波	100.0	37.7	10.7	6.3	5.4	17.1	13.9	5.1	3.8
合肥	100.0	38.0	10.7	8.7	4.2	14.9	13.5	5.8	4.2
福州	100.0	37.6	10.2	9.0	7.8	14.4	11.3	4.7	4.9
厦门	100.0	35.4	7.1	11.1	6.4	21.6	9.9	4.7	3.8
南昌	100.0	35.1	10.9	9.4	8.7	15.7	10.3	5.9	3.9
济南	100.0	31.7	12.2	9.4	7.8	15.7	11.9	7.2	4.1
青岛	100.0	37.5	13.4	9.2	5.9	15.0	10.0	5.6	3.2
郑州	100.0	37.4	15.7	6.7	8.5	10.6	10.1	7.1	3.9
武汉	100.0	39.6	12.8	8.1	5.5	12.0	12.2	7.4	2.4
长沙	100.0	36.0	10.3	9.3	6.4	16.0	13.3	5.8	2.8
广州	100.0	34.0	7.7	7.4	6.8	16.8	17.7	4.7	4.9
深圳	100.0	36.7	7.9	12.1	6.8	17.1	12.0	3.7	3.6
南宁	100.0	36.0	6.6	8.6	7.0	19.9	13.1	6.5	2.3
海口	100.0	43.5	5.7	10.8	5.3	15.8	9.3	6.9	2.7
重庆	100.0	38.4	14.2	7.4	7.1	12.1	10.1	6.9	3.7
成都	100.0	37.0	9.2	9.1	7.3	16.7	11.6	5.2	4.0
贵阳	100.0	38.7	9.1	10.8	8.4	13.9	12.3	4.2	2.6
昆明	100.0	37.7	14.0	6.4	4.5	13.6	12.9	7.3	3.6
拉萨	100.0	45.3	13.9	6.0	5.8	13.1	5.8	4.5	5.7
西安	100.0	34.9	11.0	9.1	6.6	11.6	15.1	8.2	3.5
兰州	100.0	38.2	12.3	9.8	6.1	11.8	10.5	8.0	3.3
西宁	100.0	41.0	12.4	9.3	6.5	10.8	8.2	8.2	3.6
银川	100.0	35.3	12.3	8.1	6.3	13.3	12.2	8.0	4.4
乌鲁木齐	100.0	39.8	13.5	6.4	6.1	11.8	11.1	7.6	3.7

5-2-7 2012年分地区城镇居民收入来源

单位：元/人

地区	可支配收入	总收入				
			工薪收入	经营净收入	财产性收入	转移性收入
全国	**24564.7**	**26959.0**	**17335.6**	**2548.3**	**707.0**	**6368.1**
北京	36468.8	41103.1	27961.8	1430.2	717.6	10993.5
天津	29626.4	32944.0	21523.8	1200.1	515.5	9704.6
河北	20543.4	21899.4	13154.5	2257.5	338.5	6149.0
山西	20411.7	22100.3	14973.6	1041.4	301.8	5783.4
内蒙古	23150.3	24790.8	16872.6	2698.7	564.0	4655.5
辽宁	23222.7	25915.7	14846.1	2710.3	493.0	7866.4
吉林	20208.0	21659.6	13535.3	2168.8	324.0	5631.5
黑龙江	17759.8	19367.8	11700.5	1729.3	186.1	5752.0
上海	40188.3	44754.5	31109.3	2267.2	575.8	10802.2
江苏	29677.0	32519.1	20102.1	3421.9	690.0	8305.2
浙江	34550.3	37994.8	22385.1	4694.4	1465.3	9450.0
安徽	21024.2	23524.6	14812.5	2155.3	549.6	6007.1
福建	28055.2	30877.9	19976.0	3337.0	1795.2	5769.7
江西	19860.4	21150.2	13348.1	1946.8	527.6	5327.7
山东	25755.2	28005.6	19856.1	2621.4	704.9	4823.2
河南	20442.6	21897.2	13666.5	2545.1	333.8	5351.8
湖北	20839.6	22903.9	14191.0	2158.3	476.2	6078.3
湖南	21318.8	22804.6	13237.1	3008.3	867.8	5691.4
广东	30226.7	34044.4	23632.2	3603.9	1468.7	5339.6
广西	21242.8	23209.4	14693.5	2131.8	883.7	5500.4
海南	20917.7	22809.9	14672.3	2397.4	717.6	5022.5
重庆	22968.1	24811.0	15415.4	2183.5	538.4	6673.6
四川	20307.0	22328.3	14249.3	2017.8	633.8	5427.3
贵州	18700.5	20042.9	12309.2	1982.5	355.7	5395.6
云南	21074.5	23000.4	14408.3	2425.0	1000.0	5167.1
西藏	18028.3	20224.2	17672.1	570.9	417.9	1563.3
陕西	20733.9	22606.0	15547.3	882.0	269.6	5907.1
甘肃	17156.9	18498.5	12514.9	1125.7	259.6	4598.2
青海	17566.3	19746.6	12614.4	1191.4	93.0	5847.8
宁夏	19831.4	21902.2	13965.6	2522.8	160.9	5252.9
新疆	17920.7	20194.6	14432.1	1633.2	145.5	3983.7

5-2-8 2012年分地区城镇居民现金消费支出

单位：元/人

地　区	现金消费支出	服务性支出	一、食品支出	二、衣着支出	三、居住支出
全　国	**16674.3**	**4340.2**	**6040.9**	**1823.4**	**1484.3**
北　京	24045.9	6968.7	7535.3	2638.9	1970.9
天　津	20024.2	5299.8	7343.6	1881.4	1854.2
河　北	12531.1	2724.8	4211.2	1542.0	1502.4
山　西	12211.5	3025.6	3855.6	1529.5	1438.9
内蒙古	17717.1	4283.0	5463.2	2730.2	1583.6
辽　宁	16593.6	4118.7	5809.4	2042.4	1433.3
吉　林	14613.5	3934.8	4635.3	2044.8	1594.1
黑龙江	12983.6	3035.4	4687.2	1806.9	1336.9
上　海	26253.5	7955.0	9655.6	2111.2	1790.5
江　苏	18825.3	5152.2	6658.4	1916.0	1437.1
浙　江	21545.2	5929.2	7552.0	2109.6	1551.7
安　徽	15011.7	4024.0	5814.9	1540.7	1397.0
福　建	18593.2	4705.1	7317.4	1634.2	1753.9
江　西	12775.7	2865.0	5071.6	1476.6	1173.9
山　东	15778.2	3450.5	5201.3	2197.0	1572.4
河　南	13733.0	3312.1	4607.5	1886.0	1190.8
湖　北	14496.0	3541.8	5837.9	1783.4	1371.2
湖　南	14609.0	3599.1	5441.6	1624.6	1301.6
广　东	22396.4	6749.6	8258.4	1520.6	2099.8
广　西	14244.0	3449.5	5552.6	1146.5	1377.3
海　南	14456.6	3790.3	6556.1	865.0	1521.0
重　庆	16573.1	3977.3	6870.2	2228.8	1177.0
四　川	15049.5	3805.7	6073.9	1651.1	1284.1
贵　州	12585.7	3248.2	4992.9	1399.0	1013.5
云　南	13883.9	3514.5	5468.2	1759.9	973.8
西　藏	11184.3	2453.2	5517.7	1361.6	845.2
陕　西	15332.8	4237.2	5550.7	1789.1	1322.2
甘　肃	12847.1	3322.7	4602.3	1631.4	1287.9
青　海	12346.3	2899.9	4667.3	1512.2	1232.4
宁　夏	14067.2	3456.4	4768.9	1875.7	1193.4
新　疆	13891.7	3368.2	5238.9	2031.1	1166.6

5-2-8 续表

单位：元/人

地　　区	四、家庭设备及用品支出	五、交通通信支出	六、文教娱乐支出	七、医疗保健支出	八、其他支出
全　　国	**1116.1**	**2455.5**	**2033.5**	**1063.7**	**657.1**
北　　京	1610.7	3781.5	3696.0	1658.4	1154.2
天　　津	1151.2	3083.4	2254.2	1556.4	899.9
河　　北	876.1	1723.8	1203.8	1047.3	424.6
山　　西	832.5	1672.3	1506.2	905.9	470.7
内 蒙 古	1242.6	2572.9	1971.8	1354.1	798.7
辽　　宁	1069.7	2323.3	1843.9	1309.6	762.1
吉　　林	871.5	1780.7	1642.7	1447.5	597.0
黑 龙 江	742.2	1462.6	1216.6	1180.7	550.5
上　　海	1906.5	4563.8	3723.7	1016.7	1485.5
江　　苏	1288.4	2689.5	3077.8	1058.1	700.1
浙　　江	1161.4	4133.5	2996.6	1228.0	812.4
安　　徽	811.2	1809.7	1932.7	1143.0	562.4
福　　建	1254.7	2961.8	2104.8	773.2	793.2
江　　西	966.2	1501.3	1487.3	670.7	427.9
山　　东	1126.0	2370.2	1655.9	1005.3	650.2
河　　南	1145.4	1730.4	1525.3	1085.5	562.1
湖　　北	978.3	1477.0	1651.9	1029.6	366.8
湖　　南	1034.3	2084.2	1737.6	918.4	466.7
广　　东	1467.2	4176.7	2954.1	1048.3	871.3
广　　西	1125.4	2088.6	1626.1	883.6	444.1
海　　南	777.2	2004.3	1319.5	993.2	420.1
重　　庆	1196.0	1903.2	1470.6	1101.6	625.7
四　　川	1097.9	1946.7	1587.4	772.8	635.6
贵　　州	849.9	1891.0	1396.0	654.5	388.8
云　　南	634.1	2264.2	1434.3	939.1	410.4
西　　藏	474.7	1387.5	550.5	467.2	580.1
陕　　西	986.8	1788.4	2078.5	1212.4	604.7
甘　　肃	833.2	1575.7	1388.2	1049.7	478.7
青　　海	923.7	1549.8	1097.2	906.1	457.5
宁　　夏	929.0	2110.4	1515.9	1063.1	610.7
新　　疆	950.2	1660.3	1280.8	1027.6	536.2

5-2-9 2012年分地区城镇居民现金消费支出构成

单位：%

地区	现金消费支出	服务性支出	一、食品支出	二、衣着支出	三、居住支出
全国	**100.0**	**26.0**	**36.2**	**10.9**	**8.9**
北京	100.0	29.0	31.3	11.0	8.2
天津	100.0	26.5	36.7	9.4	9.3
河北	100.0	21.7	33.6	12.3	12.0
山西	100.0	24.8	31.6	12.5	11.8
内蒙古	100.0	24.2	30.8	15.4	8.9
辽宁	100.0	24.8	35.0	12.3	8.6
吉林	100.0	26.9	31.7	14.0	10.9
黑龙江	100.0	23.4	36.1	13.9	10.3
上海	100.0	30.3	36.8	8.0	6.8
江苏	100.0	27.4	35.4	10.2	7.6
浙江	100.0	27.5	35.1	9.8	7.2
安徽	100.0	26.8	38.7	10.3	9.3
福建	100.0	25.3	39.4	8.8	9.4
江西	100.0	22.4	39.7	11.6	9.2
山东	100.0	21.9	33.0	13.9	10.0
河南	100.0	24.1	33.6	13.7	8.7
湖北	100.0	24.4	40.3	12.3	9.5
湖南	100.0	24.6	37.2	11.1	8.9
广东	100.0	30.1	36.9	6.8	9.4
广西	100.0	24.2	39.0	8.0	9.7
海南	100.0	26.2	45.4	6.0	10.5
重庆	100.0	24.0	41.5	13.4	7.1
四川	100.0	25.3	40.4	11.0	8.5
贵州	100.0	25.8	39.7	11.1	8.1
云南	100.0	25.3	39.4	12.7	7.0
西藏	100.0	21.9	49.3	12.2	7.6
陕西	100.0	27.6	36.2	11.7	8.6
甘肃	100.0	25.9	35.8	12.7	10.0
青海	100.0	23.5	37.8	12.2	10.0
宁夏	100.0	24.6	33.9	13.3	8.5
新疆	100.0	24.2	37.7	14.6	8.4

5-2-9 续表

单位：%

地　区	四、家庭设备及用品支出	五、交通通信支出	六、文教娱乐支出	七、医疗保健支出	八、其他支出
全　国	**6.7**	**14.7**	**12.2**	**6.4**	**3.9**
北　京	6.7	15.7	15.4	6.9	4.8
天　津	5.7	15.4	11.3	7.8	4.5
河　北	7.0	13.8	9.6	8.4	3.4
山　西	6.8	13.7	12.3	7.4	3.9
内蒙古	7.0	14.5	11.1	7.6	4.5
辽　宁	6.4	14.0	11.1	7.9	4.6
吉　林	6.0	12.2	11.2	9.9	4.1
黑龙江	5.7	11.3	9.4	9.1	4.2
上　海	7.3	17.4	14.2	3.9	5.7
江　苏	6.8	14.3	16.3	5.6	3.7
浙　江	5.4	19.2	13.9	5.7	3.8
安　徽	5.4	12.1	12.9	7.6	3.7
福　建	6.7	15.9	11.3	4.2	4.3
江　西	7.6	11.8	11.6	5.2	3.3
山　东	7.1	15.0	10.5	6.4	4.1
河　南	8.3	12.6	11.1	7.9	4.1
湖　北	6.7	10.2	11.4	7.1	2.5
湖　南	7.1	14.3	11.9	6.3	3.2
广　东	6.6	18.6	13.2	4.7	3.9
广　西	7.9	14.7	11.4	6.2	3.1
海　南	5.4	13.9	9.1	6.9	2.9
重　庆	7.2	11.5	8.9	6.6	3.8
四　川	7.3	12.9	10.5	5.1	4.2
贵　州	6.8	15.0	11.1	5.2	3.1
云　南	4.6	16.3	10.3	6.8	3.0
西　藏	4.2	12.4	4.9	4.2	5.2
陕　西	6.4	11.7	13.6	7.9	3.9
甘　肃	6.5	12.3	10.8	8.2	3.7
青　海	7.5	12.6	8.9	7.3	3.7
宁　夏	6.6	15.0	10.8	7.6	4.3
新　疆	6.8	12.0	9.2	7.4	3.9

5-2-10 2012年大中城市居民收入来源

单位：元/人

城市	可支配收入	总收入				
			工薪收入	经营净收入	财产性收入	转移性收入
北京	38545.5	43519.1	29683.8	1222.1	627.3	11985.9
天津	29626.4	32944.0	21523.8	1200.1	515.5	9704.6
石家庄	23038.5	24672.3	13425.0	2368.0	311.2	8568.1
太原	22586.9	24716.5	13796.3	571.5	334.9	10013.8
呼和浩特	30771.6	32602.9	19524.8	3751.8	1339.0	7987.3
沈阳	26430.8	30011.5	17119.0	3829.6	542.5	8520.4
大连	27539.2	31776.9	19619.8	2066.6	638.1	9452.5
长春	22969.7	24436.9	14972.0	1762.9	289.2	7412.8
哈尔滨	22477.0	24818.0	14220.7	2561.8	289.2	7746.4
上海	40188.3	44754.5	31109.3	2267.2	575.8	10802.2
南京	36266.7	40139.2	26125.2	2577.6	573.1	10863.3
杭州	37510.5	41842.5	25435.6	1647.7	2209.6	12549.7
宁波	37901.8	42643.1	27443.2	3795.9	1633.9	9770.1
合肥	25434.2	27885.2	17575.8	3487.5	701.2	6120.8
福州	30072.6	33140.0	22481.8	2063.9	1237.5	7356.8
厦门	37576.1	42687.8	28618.2	3397.6	1683.0	8989.0
南昌	23602.4	25152.1	16137.2	1752.3	620.0	6642.6
济南	32569.8	36244.1	26940.0	2864.6	561.5	5878.1
青岛	32144.7	35145.9	22811.2	2979.7	1140.6	8214.4
郑州	25301.0	27217.7	15300.5	3104.5	289.3	8523.5
武汉	27090.1	30507.8	18364.1	2469.1	616.6	9058.0
长沙	29084.3	30457.9	16896.9	4082.3	1867.5	7611.1
广州	38053.5	43824.3	31203.7	3337.9	1087.9	8194.9
深圳	40741.9	45423.7	30817.1	7220.1	2572.8	4813.8
南宁	22024.5	24501.3	17636.8	1242.3	594.0	5028.1
海口	22296.4	23915.8	14776.3	2665.7	705.2	5768.5
重庆	24539.4	26665.7	16404.7	2019.5	444.0	7797.5
成都	27193.7	29893.9	18054.4	2401.3	1100.5	8337.7
贵阳	21796.3	23944.7	13533.9	2462.3	469.2	7479.3
昆明	24659.7	26772.9	14754.1	3262.4	1931.5	6824.9
拉萨	19545.4	22258.3	20427.6	239.0	540.4	1051.3
西安	23846.5	26000.3	17429.1	821.2	426.5	7323.4
兰州	18198.7	19578.9	12366.6	841.5	417.3	5953.5
西宁	17633.5	19571.0	10673.2	1203.8	85.5	7608.4
银川	21900.5	24152.0	14510.7	2765.4	199.3	6676.6
乌鲁木齐	18385.1	21293.3	15081.3	1651.2	121.4	4439.5

5-2-11 2012年大中城市居民现金消费支出

单位：元/人

城市	现金消费支出	食品	衣着	居住	家庭设备及用品	交通通信	文教娱乐	医疗保健	其他
北京	25718.1	7971.1	2818.7	2032.4	1702.5	3994.5	4164.9	1741.4	1292.6
天津	20024.2	7343.6	1881.4	1854.2	1151.2	3083.4	2254.2	1556.4	899.9
石家庄	13378.4	4809.8	1535.5	1642.7	1141.0	1331.4	1466.8	1048.9	402.4
太原	13970.4	4651.6	1459.0	1466.2	878.8	1692.9	1945.2	1377.9	498.8
呼和浩特	21360.7	6517.4	2682.9	1921.4	1515.9	3194.2	2679.1	1948.6	901.2
沈阳	20002.9	6326.5	2413.3	1624.1	1288.8	3608.8	2270.5	1473.7	997.2
大连	20417.5	7699.7	2193.6	1649.6	1272.7	2613.8	2401.6	1715.7	870.8
长春	17863.0	5295.3	2181.8	2061.8	1039.7	2059.9	2388.0	2070.3	766.2
哈尔滨	17602.4	5796.5	2383.6	1857.7	1131.3	2210.7	1931.3	1468.8	822.6
上海	26253.5	9655.6	2111.2	1790.5	1906.5	4563.8	3723.7	1016.7	1485.5
南京	23145.3	8022.2	2208.3	1418.2	1825.0	2859.9	4351.2	1625.2	835.2
杭州	22800.1	8469.6	1991.3	1748.8	1255.2	4298.5	2975.8	1158.8	902.1
宁波	23288.1	8823.1	2401.3	1295.5	1079.5	4719.8	3235.1	953.2	780.6
合肥	18757.6	6420.5	1775.3	2078.6	1043.9	3185.1	2535.3	964.5	754.5
福州	20571.3	7993.5	2074.7	1420.5	1540.1	3170.1	2578.0	851.3	943.2
厦门	24921.6	8873.2	1745.3	2941.6	1419.7	5350.8	2652.9	1030.8	907.3
南昌	16450.0	5612.3	1761.2	1731.5	1505.4	2446.3	1799.4	855.2	738.7
济南	20031.7	6162.2	2341.1	1889.4	1521.8	3476.4	2440.0	1416.4	784.4
青岛	20391.1	7450.0	2851.4	1971.1	1272.2	2664.3	2067.0	1149.5	965.7
郑州	16778.6	6102.4	2643.7	1056.3	1353.0	1723.7	1878.0	1205.0	816.6
武汉	18813.1	7522.5	2159.8	1497.8	1185.7	2186.2	2402.1	1379.4	479.7
长沙	18522.3	6844.6	1969.1	1777.8	1266.2	2649.0	2459.1	949.5	607.0
广州	30490.4	10360.5	2223.1	2340.9	2032.5	5039.8	5574.8	1390.3	1528.6
深圳	26727.7	9702.9	1915.9	3167.4	1660.6	5398.2	2960.1	1021.3	901.2
南宁	14988.1	5624.0	1071.0	1087.9	1081.7	2562.6	2159.6	1044.8	356.6
海口	15735.6	6852.7	874.2	1940.4	846.7	2156.1	1437.3	1150.3	477.9
重庆	17872.5	7502.6	2306.3	1193.2	1241.0	2045.3	1638.8	1225.4	720.0
成都	19053.9	6751.6	1874.8	1733.7	1375.0	3184.8	2293.1	1030.9	810.0
贵阳	15718.3	6011.4	1345.9	1220.0	981.7	3013.9	1924.1	818.6	402.7
昆明	17417.8	6575.0	2416.9	1075.8	783.8	2512.4	2254.2	1183.7	616.1
拉萨	13952.7	6213.3	1877.3	835.3	840.5	1848.6	824.0	654.5	859.3
西安	18016.0	6238.2	1838.2	1620.6	1125.7	2169.2	2680.5	1585.4	758.2
兰州	14110.5	5226.0	1667.9	1492.9	995.0	1567.4	1486.6	1178.1	496.5
西宁	12114.3	4752.3	1362.5	1176.0	922.8	1642.3	935.8	903.0	419.6
银川	16389.5	5470.6	2065.7	1203.7	1046.2	2566.7	1912.2	1348.1	776.3
乌鲁木齐	13785.2	5296.5	1843.9	962.3	841.2	1665.1	1591.6	1015.9	568.7

5-2-12 2012年大中城市居民现金消费支出构成

单位：%

城　　市	现金消费支出	食　品	衣　着	居　住	家庭设备及用品	交通通信	文教娱乐	医疗保健	其他
北　京	100.0	31.0	11.0	7.9	6.6	15.5	16.2	6.8	5.0
天　津	100.0	36.7	9.4	9.3	5.7	15.4	11.3	7.8	4.5
石家庄	100.0	36.0	11.5	12.3	8.5	10.0	11.0	7.8	3.0
太　原	100.0	33.3	10.4	10.5	6.3	12.1	13.9	9.9	3.6
呼和浩特	100.0	30.5	12.6	9.0	7.1	15.0	12.5	9.1	4.2
沈　阳	100.0	31.6	12.1	8.1	6.4	18.0	11.4	7.4	5.0
大　连	100.0	37.7	10.7	8.1	6.2	12.8	11.8	8.4	4.3
长　春	100.0	29.6	12.2	11.5	5.8	11.5	13.4	11.6	4.3
哈尔滨	100.0	32.9	13.5	10.6	6.4	12.6	11.0	8.3	4.7
上　海	100.0	36.8	8.0	6.8	7.3	17.4	14.2	3.9	5.7
南　京	100.0	34.7	9.5	6.1	7.9	12.4	18.8	7.0	3.6
杭　州	100.0	37.1	8.7	7.7	5.5	18.9	13.1	5.1	4.0
宁　波	100.0	37.9	10.3	5.6	4.6	20.3	13.9	4.1	3.4
合　肥	100.0	34.2	9.5	11.1	5.6	17.0	13.5	5.1	4.0
福　州	100.0	38.9	10.1	6.9	7.5	15.4	12.5	4.1	4.6
厦　门	100.0	35.6	7.0	11.8	5.7	21.5	10.6	4.1	3.6
南　昌	100.0	34.1	10.7	10.5	9.2	14.9	10.9	5.2	4.5
济　南	100.0	30.8	11.7	9.4	7.6	17.4	12.2	7.1	3.9
青　岛	100.0	36.5	14.0	9.7	6.2	13.1	10.1	5.6	4.7
郑　州	100.0	36.4	15.8	6.3	8.1	10.3	11.2	7.2	4.9
武　汉	100.0	40.0	11.5	8.0	6.3	11.6	12.8	7.3	2.6
长　沙	100.0	37.0	10.6	9.6	6.8	14.3	13.3	5.1	3.3
广　州	100.0	34.0	7.3	7.7	6.7	16.5	18.3	4.6	5.0
深　圳	100.0	36.3	7.2	11.9	6.2	20.2	11.1	3.8	3.4
南　宁	100.0	37.5	7.1	7.3	7.2	17.1	14.4	7.0	2.4
海　口	100.0	43.5	5.6	12.3	5.4	13.7	9.1	7.3	3.0
重　庆	100.0	42.0	12.9	6.7	6.9	11.4	9.2	6.9	4.0
成　都	100.0	35.4	9.8	9.1	7.2	16.7	12.0	5.4	4.3
贵　阳	100.0	38.2	8.6	7.8	6.2	19.2	12.2	5.2	2.6
昆　明	100.0	37.7	13.9	6.2	4.5	14.4	12.9	6.8	3.5
拉　萨	100.0	44.5	13.5	6.0	6.0	13.2	5.9	4.7	6.2
西　安	100.0	34.6	10.2	9.0	6.2	12.0	14.9	8.8	4.2
兰　州	100.0	37.0	11.8	10.6	7.1	11.1	10.5	8.3	3.5
西　宁	100.0	39.2	11.2	9.7	7.6	13.6	7.7	7.5	3.5
银　川	100.0	33.4	12.6	7.3	6.4	15.7	11.7	8.2	4.7
乌鲁木齐	100.0	38.4	13.4	7.0	6.1	12.1	11.5	7.4	4.1

5-2-13　2013年分地区城镇居民收入来源

单位：元/人

地　区	可支配收　入	总收入	工薪收入	经营净收入	财产性收入	转移性收入
全　国	**26955.1**	**29547.1**	**18929.8**	**2797.1**	**809.9**	**7010.3**
北　京	40321.0	45273.8	30273.0	1487.2	574.3	12939.3
天　津	32293.6	35655.5	23231.9	1257.6	586.6	10579.5
河　北	22580.3	24142.9	14588.4	2449.4	374.0	6731.0
山　西	22455.6	24013.6	16216.4	1220.9	359.1	6217.2
内蒙古	25496.7	26978.1	18377.9	3612.8	508.6	4478.7
辽　宁	25578.2	27904.9	15882.0	3009.6	674.2	8339.1
吉　林	22274.6	23544.2	14388.3	2482.0	355.2	6318.7
黑龙江	19597.0	21149.2	12525.8	2237.6	264.2	6121.6
上　海	43851.4	48879.3	33235.4	2317.0	787.7	12539.2
江　苏	32538.0	35131.0	21890.0	3565.7	764.0	8911.3
浙　江	37851.0	41241.0	24453.0	5123.0	1486.0	10179.0
安　徽	23114.2	25006.2	15535.3	2558.7	833.3	6078.8
福　建	30816.4	33382.7	21443.4	3486.1	2106.6	6346.6
江　西	21872.7	22949.4	14767.5	2455.9	1068.2	4657.7
山　东	28264.1	30628.1	21562.1	2996.2	781.4	5288.4
河　南	22398.0	23686.5	14704.2	2706.8	491.5	5784.0
湖　北	22906.4	25180.5	15571.8	2340.0	535.8	6732.9
湖　南	23414.0	24643.0	13951.4	3215.4	1096.3	6379.9
广　东	33090.0	36503.9	25286.5	3791.3	1609.7	5816.4
广　西	23305.4	25028.7	15647.8	2326.7	997.9	6056.3
海　南	22928.9	24919.9	15773.0	2721.1	830.0	5595.8
重　庆	25216.1	26850.3	16654.7	2329.3	675.2	7191.1
四　川	22367.6	23893.9	14976.0	2286.7	784.0	5847.2
贵　州	20667.1	21413.0	13627.6	3244.9	576.3	3964.3
云　南	23235.5	24698.3	15140.7	2540.3	1459.3	5558.0
西　藏	20023.4	22560.7	19604.0	713.1	423.9	1819.7
陕　西	22858.4	24108.8	16441.0	1003.9	322.8	6341.1
甘　肃	18964.8	20149.0	13329.7	1301.7	365.1	5152.5
青　海	19498.5	22131.0	14015.6	1696.7	294.4	6124.4
宁　夏	21833.3	23766.8	15363.9	2626.1	196.4	5580.3
新　疆	19873.8	22387.9	15585.3	1803.5	152.7	4846.4

5-2-14　2013年分地区城镇居民现金消费支出

单位：元/人

地　　区	现金消费支出	一、食品支出	二、衣着支出	三、居住支出
全　　国	**18022.6**	**6311.9**	**1902.0**	**1745.1**
北　　京	26274.9	8170.2	2794.9	2126.0
天　　津	21711.9	7943.1	1950.7	2088.6
河　　北	13640.6	4404.9	1488.1	1526.3
山　　西	13166.2	3676.7	1627.5	1612.4
内 蒙 古	19249.1	6117.9	2777.2	1951.1
辽　　宁	18029.7	5803.9	2100.7	1936.1
吉　　林	15932.3	4658.1	1961.2	1932.2
黑 龙 江	14161.7	5069.9	1803.5	1543.3
上　　海	28155.0	9822.9	2032.3	2847.9
江　　苏	20371.5	7074.1	2013.0	1564.3
浙　　江	23257.2	8008.2	2235.2	2004.7
安　　徽	16285.2	6370.2	1687.5	1663.5
福　　建	20092.7	7424.7	1685.1	2013.5
江　　西	13850.5	5221.1	1566.5	1414.9
山　　东	17112.2	5625.9	2277.0	1780.1
河　　南	14822.0	4913.9	1917.0	1315.3
湖　　北	15749.5	6259.2	1881.9	1456.3
湖　　南	15887.1	5584.0	1520.4	1529.5
广　　东	24133.3	8856.9	1614.9	2339.1
广　　西	15417.6	5841.2	1015.9	1662.5
海　　南	15593.0	6979.2	932.6	1578.6
重　　庆	17813.9	7245.1	2333.8	1376.1
四　　川	16343.5	6471.8	1727.9	1321.5
贵　　州	13702.9	4915.0	1401.9	1496.5
云　　南	15156.1	5741.0	1356.9	1384.9
西　　藏	12231.9	5889.5	1528.1	964.0
陕　　西	16679.7	6075.6	1915.3	1465.8
甘　　肃	14020.7	5162.9	1747.3	1596.0
青　　海	13539.5	4777.1	1675.1	1684.8
宁　　夏	15321.1	4895.2	1737.2	1498.0
新　　疆	15206.2	5323.5	2036.9	1275.4

5-2-14 续表

单位：元/人

地　区	四、家庭设备及用品支出	五、交通通信支出	六、文教娱乐支出	七、医疗保健支出	八、其他支出
全　国	**1215.1**	**2736.9**	**2294.0**	**1118.3**	**699.4**
北　京	1974.3	4106.0	3984.9	1717.6	1401.1
天　津	1205.6	3468.9	2353.4	1694.3	1007.3
河　北	977.5	2149.6	1550.6	1117.3	426.3
山　西	870.9	1775.9	2065.4	1020.6	516.8
内蒙古	1233.4	2719.9	2111.0	1394.8	943.7
辽　宁	1145.6	2589.2	2258.5	1343.0	852.7
吉　林	908.4	2217.9	1935.0	1692.1	627.3
黑龙江	796.4	1661.3	1396.4	1334.8	556.2
上　海	1705.5	4736.4	4122.1	1350.3	1537.8
江　苏	1378.9	3135.0	3290.0	1122.0	794.0
浙　江	1400.6	4568.3	2848.7	1244.4	947.1
安　徽	898.6	2411.2	1904.1	869.9	480.2
福　建	1416.9	3219.5	2448.4	935.5	949.2
江　西	1004.2	1812.8	1671.2	672.5	471.6
山　东	1269.7	2474.8	1909.8	1109.4	665.5
河　南	1281.1	1768.3	1911.2	1054.5	660.8
湖　北	1059.2	1745.1	1922.8	1033.5	391.6
湖　南	1146.7	2409.8	2080.5	1078.8	537.5
广　东	1539.1	4544.2	3222.4	1122.7	894.0
广　西	1086.5	2564.9	2084.0	776.3	386.5
海　南	1030.8	2005.7	1923.5	734.3	408.3
重　庆	1325.9	1976.2	1722.7	1245.3	588.7
四　川	1196.6	2185.9	1877.5	1019.0	543.0
贵　州	1083.8	1870.1	1950.3	633.7	351.7
云　南	987.2	2197.7	2045.3	1085.5	357.6
西　藏	541.5	500.6	1551.3	618.0	638.9
陕　西	1060.5	2019.1	2208.1	1310.2	626.2
甘　肃	939.5	1503.6	1547.6	1117.4	406.4
青　海	890.1	1743.0	1472.0	813.1	484.4
宁　夏	1001.8	2503.7	1868.4	1158.8	658.0
新　疆	977.8	2210.3	1598.0	1179.8	604.6

5-2-15　2013年分地区城镇居民现金消费支出构成

单位：%

地　　区	现金消费支出	一、食品支出	二、衣着支出	三、居住支出
全　　国	**100.0**	**35.0**	**10.6**	**9.7**
北　　京	100.0	31.1	10.6	8.1
天　　津	100.0	36.6	9.0	9.6
河　　北	100.0	32.3	10.9	11.2
山　　西	100.0	27.9	12.4	12.2
内 蒙 古	100.0	31.8	14.4	10.1
辽　　宁	100.0	32.2	11.7	10.7
吉　　林	100.0	29.2	12.3	12.1
黑 龙 江	100.0	35.8	12.7	10.9
上　　海	100.0	34.9	7.2	10.1
江　　苏	100.0	34.7	9.9	7.7
浙　　江	100.0	34.4	9.6	8.6
安　　徽	100.0	39.1	10.4	10.2
福　　建	100.0	37.0	8.4	10.0
江　　西	100.0	37.7	11.3	10.2
山　　东	100.0	32.9	13.3	10.4
河　　南	100.0	33.2	12.9	8.9
湖　　北	100.0	39.7	11.9	9.2
湖　　南	100.0	35.1	9.6	9.6
广　　东	100.0	36.7	6.7	9.7
广　　西	100.0	37.9	6.6	10.8
海　　南	100.0	44.8	6.0	10.1
重　　庆	100.0	40.7	13.1	7.7
四　　川	100.0	39.6	10.6	8.1
贵　　州	100.0	35.9	10.2	10.9
云　　南	100.0	37.9	9.0	9.1
西　　藏	100.0	48.1	12.5	7.9
陕　　西	100.0	36.4	11.5	8.8
甘　　肃	100.0	36.8	12.5	11.4
青　　海	100.0	35.3	12.4	12.4
宁　　夏	100.0	32.0	11.3	9.8
新　　疆	100.0	35.0	13.4	8.4

5-2-15 续表 单位：%

地 区	四、家庭设备及用品支出	五、交通通信支出	六、文教娱乐支出	七、医疗保健支出	八、其他支出
全 国	**6.7**	**15.2**	**12.7**	**6.2**	**3.9**
北 京	7.5	15.6	15.2	6.5	5.3
天 津	5.6	16.0	10.8	7.8	4.6
河 北	7.2	15.8	11.4	8.2	3.1
山 西	6.6	13.5	15.7	7.8	3.9
内 蒙 古	6.4	14.1	11.0	7.2	4.9
辽 宁	6.4	14.4	12.5	7.4	4.7
吉 林	5.7	13.9	12.1	10.6	3.9
黑 龙 江	5.6	11.7	9.9	9.4	3.9
上 海	6.1	16.8	14.6	4.8	5.5
江 苏	6.8	15.4	16.2	5.5	3.9
浙 江	6.0	19.6	12.2	5.4	4.1
安 徽	5.5	14.8	11.7	5.3	2.9
福 建	7.1	16.0	12.2	4.7	4.7
江 西	7.2	13.1	12.1	4.9	3.4
山 东	7.4	14.5	11.2	6.5	3.9
河 南	8.6	11.9	12.9	7.1	4.5
湖 北	6.7	11.1	12.2	6.6	2.5
湖 南	7.2	15.2	13.1	6.8	3.4
广 东	6.4	18.8	13.4	4.7	3.7
广 西	7.0	16.6	13.5	5.0	2.5
海 南	6.6	12.9	12.3	4.7	2.6
重 庆	7.4	11.1	9.7	7.0	3.3
四 川	7.3	13.4	11.5	6.2	3.3
贵 州	7.9	13.6	14.2	4.6	2.6
云 南	6.5	14.5	13.5	7.2	2.4
西 藏	4.4	4.1	12.7	5.1	5.2
陕 西	6.4	12.1	13.2	7.9	3.8
甘 肃	6.7	10.7	11.0	8.0	2.9
青 海	6.6	12.9	10.9	6.0	3.6
宁 夏	6.5	16.3	12.2	7.6	4.3
新 疆	6.4	14.5	10.5	7.8	4.0

三、2011-2013年分地区农村居民收支主要数据

5-3-1 2011年分地区农村居民纯收入

单位：元/人

地　区	纯收入	一、工资性收入	二、家庭经营纯收入	三、财产性收入	四、转移性收入
全　国	**6977.3**	**2963.4**	**3222.0**	**228.6**	**563.3**
北　京	14735.7	9578.9	1363.3	1537.0	2256.6
天　津	12321.2	6829.2	3908.1	742.4	841.5
河　北	7119.7	3424.0	3006.2	206.4	483.2
山　西	5601.4	2684.9	2140.8	170.4	605.3
内蒙古	6641.6	1310.9	4217.5	337.6	775.6
辽　宁	8296.5	3179.8	4271.0	244.6	601.2
吉　林	7510.0	1469.2	4950.4	395.7	694.6
黑龙江	7590.7	1496.5	4784.1	545.2	764.9
上　海	16053.8	10493.0	876.8	1244.1	3439.9
江　苏	10805.0	5969.0	3490.3	414.3	931.4
浙　江	13070.7	6721.3	4981.8	555.7	811.9
安　徽	6232.2	2723.2	2986.1	106.0	417.0
福　建	8778.6	3889.5	4094.8	291.5	502.8
江　西	6891.6	2994.5	3421.4	111.5	364.2
山　东	8342.1	3715.3	3935.2	246.5	445.2
河　南	6604.0	2523.8	3601.1	108.1	371.0
湖　北	6897.9	2703.1	3731.3	84.5	379.1
湖　南	6567.1	3240.8	2725.2	112.2	488.9
广　东	9371.7	5854.7	2498.1	490.4	528.5
广　西	5231.3	1820.4	3007.9	41.2	361.8
海　南	6446.0	2004.6	3827.0	85.8	528.6
重　庆	6480.4	2894.5	2748.3	139.7	698.0
四　川	6128.6	2652.5	2761.7	140.4	574.0
贵　州	4145.4	1713.5	1980.2	59.5	392.1
云　南	4722.0	1138.6	2966.2	219.0	398.3
西　藏	4904.3	1008.0	3142.6	113.6	640.0
陕　西	5027.9	2395.5	2017.2	165.3	450.0
甘　肃	3909.4	1562.0	1866.8	82.5	398.2
青　海	4608.5	1775.4	2088.8	93.7	650.6
宁　夏	5410.0	2164.2	2730.4	116.4	398.9
新　疆	5442.2	804.7	3887.2	147.1	603.1

5-3-2 2011年分地区农村居民纯收入构成

单位：%

地区	纯收入	一、工资性收入	二、家庭经营纯收入	三、财产性收入	四、转移性收入
全国	**100.0**	**42.5**	**46.2**	**3.3**	**8.1**
北京	100.0	65.0	9.3	10.4	15.3
天津	100.0	55.4	31.7	6.0	6.8
河北	100.0	48.1	42.2	2.9	6.8
山西	100.0	47.9	38.2	3.0	10.8
内蒙古	100.0	19.7	63.5	5.1	11.7
辽宁	100.0	38.3	51.5	2.9	7.2
吉林	100.0	19.6	65.9	5.3	9.2
黑龙江	100.0	19.7	63.0	7.2	10.1
上海	100.0	65.4	5.5	7.7	21.4
江苏	100.0	55.2	32.3	3.8	8.6
浙江	100.0	51.4	38.1	4.3	6.2
安徽	100.0	43.7	47.9	1.7	6.7
福建	100.0	44.3	46.6	3.3	5.7
江西	100.0	43.5	49.6	1.6	5.3
山东	100.0	44.5	47.2	3.0	5.3
河南	100.0	38.2	54.5	1.6	5.6
湖北	100.0	39.2	54.1	1.2	5.5
湖南	100.0	49.3	41.5	1.7	7.4
广东	100.0	62.5	26.7	5.2	5.6
广西	100.0	34.8	57.5	0.8	6.9
海南	100.0	31.1	59.4	1.3	8.2
重庆	100.0	44.7	42.4	2.2	10.8
四川	100.0	43.3	45.1	2.3	9.4
贵州	100.0	41.3	47.8	1.4	9.5
云南	100.0	24.1	62.8	4.6	8.4
西藏	100.0	20.6	64.1	2.3	13.1
陕西	100.0	47.6	40.1	3.3	8.9
甘肃	100.0	40.0	47.8	2.1	10.2
青海	100.0	38.5	45.3	2.0	14.1
宁夏	100.0	40.0	50.5	2.2	7.4
新疆	100.0	14.8	71.4	2.7	11.1

5-3-3 2011年分地区农村居民消费支出

单位：元/人

地　　区	消费支出	服务性支出	一、食品支出	二、衣着支出	三、居住支出
全　　国	**5221.1**	**1408.2**	**2107.3**	**341.3**	**961.5**
北　　京	11077.7	3470.1	3593.5	862.6	2350.3
天　　津	6725.4	2020.3	2376.0	611.7	1346.3
河　　北	4711.2	1227.3	1579.7	334.1	1090.3
山　　西	4587.0	1324.3	1729.9	401.9	824.7
内 蒙 古	5507.7	1688.2	2067.0	395.2	880.3
辽　　宁	5406.4	1500.5	2116.3	446.1	860.2
吉　　林	5305.8	1457.7	1872.1	397.5	951.9
黑 龙 江	5333.6	1569.1	2072.4	473.8	824.7
上　　海	11049.3	3125.7	4517.2	644.5	1805.9
江　　苏	8094.6	2389.6	2839.9	554.8	1372.6
浙　　江	9965.1	2886.6	3714.8	717.5	1617.0
安　　徽	4957.3	1297.2	2055.2	297.0	885.2
福　　建	6540.9	1688.3	3032.2	395.4	1033.2
江　　西	4659.9	1153.8	2106.3	233.6	888.8
山　　东	5900.6	1517.0	2107.1	399.8	1127.0
河　　南	4320.0	1128.7	1559.7	362.8	846.9
湖　　北	5010.7	1468.3	1954.6	272.1	1086.9
湖　　南	5179.4	1371.2	2343.1	260.4	969.7
广　　东	6725.6	1988.0	3301.1	277.3	1172.3
广　　西	4210.9	1001.6	1844.9	123.9	1018.6
海　　南	4166.1	1062.5	2137.9	139.8	700.5
重　　庆	4502.1	1152.1	2108.6	309.0	555.8
四　　川	4675.5	1200.9	2161.7	281.9	727.4
贵　　州	3455.8	830.1	1646.5	186.2	639.3
云　　南	3999.9	1011.9	1884.0	209.1	702.4
西　　藏	2741.6	329.0	1384.7	331.2	328.0
陕　　西	4491.7	1429.0	1345.0	285.4	1108.6
甘　　肃	3664.9	943.9	1548.2	246.7	596.6
青　　海	4536.8	926.0	1716.4	347.5	1090.7
宁　　夏	4726.6	1133.4	1762.5	380.0	935.2
新　　疆	4397.8	1102.3	1589.5	372.1	1025.3

5-3-3 续表

单位：元/人

地　区	四、家庭设备及用品支出	五、交通通信支出	六、文教娱乐支出	七、医疗保健支出	八、其他支出
全　国	**308.9**	**547.0**	**396.4**	**436.8**	**122.0**
北　京	714.5	1228.2	1003.7	1035.2	289.7
天　津	352.3	781.6	542.1	571.7	143.8
河　北	316.9	520.2	315.4	434.7	120.0
山　西	243.8	458.8	448.4	349.3	130.1
内蒙古	243.3	728.9	525.9	534.2	132.9
辽　宁	225.4	577.7	550.0	482.9	147.9
吉　林	232.3	564.3	456.8	673.6	157.4
黑龙江	209.7	576.3	464.7	573.6	138.4
上　海	648.9	1308.9	916.1	908.6	299.2
江　苏	503.2	923.9	1044.6	645.6	209.9
浙　江	542.8	1380.6	846.1	921.3	225.0
安　徽	304.3	475.2	376.2	440.5	123.8
福　建	357.1	728.5	506.7	321.2	166.6
江　西	277.5	393.3	319.4	346.7	94.3
山　东	411.6	753.1	482.7	508.4	111.0
河　南	328.1	427.9	278.2	399.7	116.6
湖　北	359.6	414.4	341.9	438.2	143.1
湖　南	330.7	421.7	346.6	396.5	110.6
广　东	301.3	682.5	404.2	398.5	188.3
广　西	241.6	384.8	218.7	301.3	77.1
海　南	176.3	370.3	224.9	290.1	126.3
重　庆	348.3	401.7	334.8	375.3	68.6
四　川	301.0	431.1	276.6	413.1	82.7
贵　州	192.8	304.5	183.0	246.3	57.1
云　南	208.2	393.0	241.1	309.3	52.8
西　藏	186.0	348.9	40.9	65.8	56.2
陕　西	279.9	406.7	405.6	533.4	127.2
甘　肃	198.1	366.6	292.7	339.3	76.9
青　海	272.3	450.9	265.4	308.1	85.6
宁　夏	264.6	483.4	324.4	444.7	131.8
新　疆	198.6	530.6	229.7	376.9	75.3

5-3-4　2011年分地区农村居民消费支出构成

单位：%

地　区	消费支出	服务性支出	一、食品支出	二、衣着支出	三、居住支出
全　国	**100.0**	**27.0**	**40.4**	**6.5**	**18.4**
北　京	100.0	31.3	32.4	7.8	21.2
天　津	100.0	30.0	35.3	9.1	20.0
河　北	100.0	26.1	33.5	7.1	23.1
山　西	100.0	28.9	37.7	8.8	18.0
内 蒙 古	100.0	30.7	37.5	7.2	16.0
辽　宁	100.0	27.8	39.1	8.3	15.9
吉　林	100.0	27.5	35.3	7.5	17.9
黑 龙 江	100.0	29.4	38.9	8.9	15.5
上　海	100.0	28.3	40.9	5.8	16.3
江　苏	100.0	29.5	35.1	6.9	17.0
浙　江	100.0	29.0	37.3	7.2	16.2
安　徽	100.0	26.2	41.5	6.0	17.9
福　建	100.0	25.8	46.4	6.0	15.8
江　西	100.0	24.8	45.2	5.0	19.1
山　东	100.0	25.7	35.7	6.8	19.1
河　南	100.0	26.1	36.1	8.4	19.6
湖　北	100.0	29.3	39.0	5.4	21.7
湖　南	100.0	26.5	45.2	5.0	18.7
广　东	100.0	29.6	49.1	4.1	17.4
广　西	100.0	23.8	43.8	2.9	24.2
海　南	100.0	25.5	51.3	3.4	16.8
重　庆	100.0	25.6	46.8	6.9	12.3
四　川	100.0	25.7	46.2	6.0	15.6
贵　州	100.0	24.0	47.6	5.4	18.5
云　南	100.0	25.3	47.1	5.2	17.6
西　藏	100.0	12.0	50.5	12.1	12.0
陕　西	100.0	31.8	29.9	6.4	24.7
甘　肃	100.0	25.8	42.2	6.7	16.3
青　海	100.0	20.4	37.8	7.7	24.0
宁　夏	100.0	24.0	37.3	8.0	19.8
新　疆	100.0	25.1	36.1	8.5	23.3

5-3-4 续表

单位：%

地　区	四、家庭设备及用品支出	五、交通通信支出	六、文教娱乐支出	七、医疗保健支出	八、其他支出
全　国	**5.9**	**10.5**	**7.6**	**8.4**	**2.3**
北　京	6.5	11.1	9.1	9.3	2.6
天　津	5.2	11.6	8.1	8.5	2.1
河　北	6.7	11.0	6.7	9.2	2.5
山　西	5.3	10.0	9.8	7.6	2.8
内蒙古	4.4	13.2	9.5	9.7	2.4
辽　宁	4.2	10.7	10.2	8.9	2.7
吉　林	4.4	10.6	8.6	12.7	3.0
黑龙江	3.9	10.8	8.7	10.8	2.6
上　海	5.9	11.8	8.3	8.2	2.7
江　苏	6.2	11.4	12.9	8.0	2.6
浙　江	5.4	13.9	8.5	9.2	2.3
安　徽	6.1	9.6	7.6	8.9	2.5
福　建	5.5	11.1	7.7	4.9	2.5
江　西	6.0	8.4	6.9	7.4	2.0
山　东	7.0	12.8	8.2	8.6	1.9
河　南	7.6	9.9	6.4	9.3	2.7
湖　北	7.2	8.3	6.8	8.7	2.9
湖　南	6.4	8.1	6.7	7.7	2.1
广　东	4.5	10.1	6.0	5.9	2.8
广　西	5.7	9.1	5.2	7.2	1.8
海　南	4.2	8.9	5.4	7.0	3.0
重　庆	7.7	8.9	7.4	8.3	1.5
四　川	6.4	9.2	5.9	8.8	1.8
贵　州	5.6	8.8	5.3	7.1	1.7
云　南	5.2	9.8	6.0	7.7	1.3
西　藏	6.8	12.7	1.5	2.4	2.0
陕　西	6.2	9.1	9.0	11.9	2.8
甘　肃	5.4	10.0	8.0	9.3	2.1
青　海	6.0	9.9	5.9	6.8	1.9
宁　夏	5.6	10.2	6.9	9.4	2.8
新　疆	4.5	12.1	5.2	8.6	1.7

5-3-5 2011年分地区农村居民现金消费支出

单位：元/人

地　区	现金消费支出	服务性支出	一、食品支出	二、衣着支出	三、居住支出
全　国	**4733.4**	**1408.2**	**1651.3**	**341.1**	**930.2**
北　京	11021.2	3470.1	3541.4	862.3	2346.8
天　津	6673.3	2020.3	2324.1	611.5	1346.3
河　北	4514.2	1227.3	1396.0	333.9	1077.2
山　西	4355.8	1324.3	1499.6	401.8	823.9
内蒙古	4828.0	1688.2	1479.7	394.8	788.4
辽　宁	5081.4	1500.5	1826.5	446.1	825.0
吉　林	4891.6	1457.7	1564.2	397.5	845.7
黑龙江	5024.7	1569.1	1844.3	473.8	744.2
上　海	10834.1	3125.7	4303.5	644.5	1804.4
江　苏	7709.1	2389.6	2468.3	554.8	1359.2
浙　江	9792.5	2886.6	3554.8	717.0	1605.0
安　徽	4499.4	1297.2	1646.0	297.0	836.5
福　建	6113.0	1688.3	2654.6	395.4	982.9
江　西	4029.5	1153.8	1486.7	233.6	878.3
山　东	5623.6	1517.0	1831.4	398.9	1126.9
河　南	4047.9	1128.7	1323.4	362.8	811.4
湖　北	4383.0	1468.3	1337.9	271.0	1077.2
湖　南	4355.7	1371.2	1557.9	260.3	931.9
广　东	6149.9	1988.0	2817.8	277.3	1080.2
广　西	3522.6	1001.6	1212.5	123.9	962.7
海　南	3781.6	1062.5	1797.5	139.8	656.4
重　庆	3734.6	1152.1	1360.4	309.0	536.7
四　川	3924.3	1200.9	1424.5	281.9	713.4
贵　州	2670.7	830.1	881.0	186.2	619.9
云　南	3205.4	1011.9	1147.5	209.1	644.6
西　藏	2235.6	329.0	880.6	331.1	326.3
陕　西	4254.9	1429.0	1112.1	285.3	1104.7
甘　肃	3151.1	943.9	1060.7	246.7	570.3
青　海	3920.2	926.0	1103.7	346.8	1088.0
宁　夏	4209.6	1133.4	1245.4	380.0	935.2
新　疆	3889.7	1102.3	1138.1	368.4	976.4

5-3-5　续表　　　　单位：元/人

地　区	四、家庭设备及用品支出	五、交通通信支出	六、文教娱乐支出	七、医疗保健支出	八、其他支出
全　国	**308.6**	**547.0**	**396.4**	**436.8**	**122.0**
北　京	714.4	1228.2	1003.7	1035.2	289.3
天　津	352.3	781.6	542.1	571.7	143.8
河　北	316.9	520.2	315.4	434.7	120.0
山　西	243.8	458.8	448.4	349.3	130.1
内蒙古	243.2	728.9	525.9	534.2	132.9
辽　宁	225.4	577.7	550.0	482.9	147.9
吉　林	232.3	564.3	456.8	673.6	157.4
黑龙江	209.5	576.3	464.7	573.6	138.4
上　海	648.9	1308.9	916.1	908.6	299.2
江　苏	502.8	923.9	1044.6	645.6	209.9
浙　江	542.7	1380.6	846.1	921.3	225.0
安　徽	304.2	475.2	376.2	440.5	123.8
福　建	357.1	728.5	506.7	321.2	166.6
江　西	277.2	393.3	319.4	346.7	94.3
山　东	411.3	753.1	482.7	508.4	111.0
河　南	327.9	427.9	278.2	399.7	116.6
湖　北	359.4	414.4	341.9	438.2	143.1
湖　南	330.2	421.7	346.6	396.5	110.6
广　东	301.1	682.5	404.2	398.5	188.3
广　西	241.6	384.8	218.7	301.3	77.1
海　南	176.3	370.3	224.9	290.1	126.3
重　庆	348.2	401.7	334.8	375.3	68.6
四　川	300.9	431.1	276.6	413.1	82.7
贵　州	192.8	304.5	183.0	246.3	57.1
云　南	208.1	393.0	241.1	309.3	52.8
西　藏	186.0	348.9	40.9	65.8	56.2
陕　西	279.9	406.7	405.6	533.4	127.2
甘　肃	198.1	366.6	292.7	339.3	76.9
青　海	271.7	450.9	265.4	308.1	85.6
宁　夏	264.6	483.4	324.4	444.7	131.8
新　疆	194.4	530.6	229.7	376.9	75.3

5-3-6 2011年分地区农村居民现金消费支出构成

单位：%

地　　区	现金消费支出	服务性支出	一、食品支出	二、衣着支出	三、居住支出
全　　国	**100.0**	**29.8**	**34.9**	**7.2**	**19.7**
北　　京	100.0	31.5	32.1	7.8	21.3
天　　津	100.0	30.3	34.8	9.2	20.2
河　　北	100.0	27.2	30.9	7.4	23.9
山　　西	100.0	30.4	34.4	9.2	18.9
内 蒙 古	100.0	35.0	30.6	8.2	16.3
辽　　宁	100.0	29.5	35.9	8.8	16.2
吉　　林	100.0	29.8	32.0	8.1	17.3
黑 龙 江	100.0	31.2	36.7	9.4	14.8
上　　海	100.0	28.9	39.7	5.9	16.7
江　　苏	100.0	31.0	32.0	7.2	17.6
浙　　江	100.0	29.5	36.3	7.3	16.4
安　　徽	100.0	28.8	36.6	6.6	18.6
福　　建	100.0	27.6	43.4	6.5	16.1
江　　西	100.0	28.6	36.9	5.8	21.8
山　　东	100.0	27.0	32.6	7.1	20.0
河　　南	100.0	27.9	32.7	9.0	20.0
湖　　北	100.0	33.5	30.5	6.2	24.6
湖　　南	100.0	31.5	35.8	6.0	21.4
广　　东	100.0	32.3	45.8	4.5	17.6
广　　西	100.0	28.4	34.4	3.5	27.3
海　　南	100.0	28.1	47.5	3.7	17.4
重　　庆	100.0	30.8	36.4	8.3	14.4
四　　川	100.0	30.6	36.3	7.2	18.2
贵　　州	100.0	31.1	33.0	7.0	23.2
云　　南	100.0	31.6	35.8	6.5	20.1
西　　藏	100.0	14.7	39.4	14.8	14.6
陕　　西	100.0	33.6	26.1	6.7	26.0
甘　　肃	100.0	30.0	33.7	7.8	18.1
青　　海	100.0	23.6	28.2	8.8	27.8
宁　　夏	100.0	26.9	29.6	9.0	22.2
新　　疆	100.0	28.3	29.3	9.5	25.1

5-3-6 续表 单位：%

地区	四、家庭设备及用品支出	五、交通通信支出	六、文教娱乐支出	七、医疗保健支出	八、其他支出
全国	**6.5**	**11.6**	**8.4**	**9.2**	**2.6**
北京	6.5	11.1	9.1	9.4	2.6
天津	5.3	11.7	8.1	8.6	2.2
河北	7.0	11.5	7.0	9.6	2.7
山西	5.6	10.5	10.3	8.0	3.0
内蒙古	5.0	15.1	10.9	11.1	2.8
辽宁	4.4	11.4	10.8	9.5	2.9
吉林	4.7	11.5	9.3	13.8	3.2
黑龙江	4.2	11.5	9.2	11.4	2.8
上海	6.0	12.1	8.5	8.4	2.8
江苏	6.5	12.0	13.6	8.4	2.7
浙江	5.5	14.1	8.6	9.4	2.3
安徽	6.8	10.6	8.4	9.8	2.8
福建	5.8	11.9	8.3	5.3	2.7
江西	6.9	9.8	7.9	8.6	2.3
山东	7.3	13.4	8.6	9.0	2.0
河南	8.1	10.6	6.9	9.9	2.9
湖北	8.2	9.5	7.8	10.0	3.3
湖南	7.6	9.7	8.0	9.1	2.5
广东	4.9	11.1	6.6	6.5	3.1
广西	6.9	10.9	6.2	8.6	2.2
海南	4.7	9.8	5.9	7.7	3.3
重庆	9.3	10.8	9.0	10.0	1.8
四川	7.7	11.0	7.0	10.5	2.1
贵州	7.2	11.4	6.9	9.2	2.1
云南	6.5	12.3	7.5	9.6	1.6
西藏	8.3	15.6	1.8	2.9	2.5
陕西	6.6	9.6	9.5	12.5	3.0
甘肃	6.3	11.6	9.3	10.8	2.4
青海	6.9	11.5	6.8	7.9	2.2
宁夏	6.3	11.5	7.7	10.6	3.1
新疆	5.0	13.6	5.9	9.7	1.9

5-3-7 2012年分地区农村居民纯收入

单位：元/人

地　区	纯收入	一、工资性收入	二、家庭经营纯收入	三、财产性收入	四、转移性收入
全　国	**7916.6**	**3447.5**	**3533.4**	**249.1**	**686.7**
北　京	16475.7	10843.5	1318.1	1716.4	2597.8
天　津	14025.5	7922.3	4126.3	921.0	1056.0
河　北	8081.4	4005.3	3254.6	218.3	603.2
山　西	6356.6	3175.5	2334.4	140.8	705.9
内蒙古	7611.3	1459.1	4689.1	323.0	1140.2
辽　宁	9383.7	3630.2	4783.4	246.2	724.0
吉　林	8598.2	1792.0	5617.6	393.0	795.6
黑龙江	8603.8	1816.8	5433.7	580.3	773.0
上　海	17803.7	11477.7	902.6	1381.8	4041.5
江　苏	12202.0	6775.9	3873.9	458.5	1093.7
浙　江	14551.9	7678.2	5291.4	588.5	993.8
安　徽	7160.5	3243.5	3265.6	111.8	539.5
福　建	9967.2	4474.5	4570.4	319.8	602.4
江　西	7829.4	3532.7	3742.4	120.9	433.4
山　东	9446.5	4383.2	4234.6	257.2	571.6
河　南	7524.9	2989.4	3973.4	135.5	426.7
湖　北	7851.7	3189.8	4123.5	65.9	472.5
湖　南	7440.2	3847.6	2903.2	112.8	576.6
广　东	10542.8	6804.4	2566.1	556.5	615.8
广　西	6007.5	2246.0	3234.6	53.9	473.2
海　南	7408.0	2475.6	4182.7	173.3	576.4
重　庆	7383.3	3400.8	2975.3	175.6	831.6
四　川	7001.4	3088.9	3004.9	166.6	741.1
贵　州	4753.0	1977.7	2249.2	71.5	454.5
云　南	5416.5	1435.9	3328.1	234.2	418.4
西　藏	5719.4	1201.9	3678.7	127.7	711.1
陕　西	5762.5	2727.9	2294.4	200.1	540.2
甘　肃	4506.7	1787.7	2114.8	112.1	492.1
青　海	5364.4	1989.7	2221.9	95.3	1057.5
宁　夏	6180.3	2510.5	3071.5	101.6	496.7
新　疆	6393.7	1008.0	4239.0	170.7	976.0

5-3-8 2012年分地区农村居民纯收入构成

单位：%

地 区	纯收入	一、工资性收入	二、家庭经营纯收入	三、财产性收入	四、转移性收入
全 国	**100.0**	**43.5**	**44.6**	**3.1**	**8.7**
北 京	100.0	65.8	8.0	10.4	15.8
天 津	100.0	56.5	29.4	6.6	7.5
河 北	100.0	49.6	40.3	2.7	7.5
山 西	100.0	50.0	36.7	2.2	11.1
内 蒙 古	100.0	19.2	61.6	4.2	15.0
辽 宁	100.0	38.7	51.0	2.6	7.7
吉 林	100.0	20.8	65.3	4.6	9.3
黑 龙 江	100.0	21.1	63.2	6.7	9.0
上 海	100.0	64.5	5.1	7.8	22.7
江 苏	100.0	55.5	31.7	3.8	9.0
浙 江	100.0	52.8	36.4	4.0	6.8
安 徽	100.0	45.3	45.6	1.6	7.5
福 建	100.0	44.9	45.9	3.2	6.0
江 西	100.0	45.1	47.8	1.5	5.5
山 东	100.0	46.4	44.8	2.7	6.1
河 南	100.0	39.7	52.8	1.8	5.7
湖 北	100.0	40.6	52.5	0.8	6.0
湖 南	100.0	51.7	39.0	1.5	7.7
广 东	100.0	64.5	24.3	5.3	5.8
广 西	100.0	37.4	53.8	0.9	7.9
海 南	100.0	33.4	56.5	2.3	7.8
重 庆	100.0	46.1	40.3	2.4	11.3
四 川	100.0	44.1	42.9	2.4	10.6
贵 州	100.0	41.6	47.3	1.5	9.6
云 南	100.0	26.5	61.4	4.3	7.7
西 藏	100.0	21.0	64.3	2.2	12.4
陕 西	100.0	47.3	39.8	3.5	9.4
甘 肃	100.0	39.7	46.9	2.5	10.9
青 海	100.0	37.1	41.4	1.8	19.7
宁 夏	100.0	40.6	49.7	1.6	8.0
新 疆	100.0	15.8	66.3	2.7	15.3

5-3-9 2012年分地区农村居民消费支出

单位：元/人

地区	消费支出	服务性支出	一、食品支出	二、衣着支出	三、居住支出
全国	**5908.0**	**1641.3**	**2323.9**	**396.4**	**1086.4**
北京	11878.9	3827.0	3944.8	948.0	2199.8
天津	8336.5	2749.9	3019.9	780.7	1263.5
河北	5364.1	1443.5	1817.0	396.6	1137.3
山西	5566.2	1627.8	1860.0	501.8	1142.1
内蒙古	6382.0	1881.5	2379.8	481.8	1079.0
辽宁	5998.4	1672.9	2300.0	517.9	979.8
吉林	6186.2	1814.9	2268.8	478.7	836.8
黑龙江	5718.0	1713.9	2164.9	544.6	754.7
上海	11971.5	3426.5	4847.6	704.4	1834.1
江苏	9138.2	2741.8	3049.1	610.7	1493.2
浙江	10652.7	3005.1	3947.3	751.6	1950.1
安徽	5556.0	1478.8	2180.8	331.9	1139.8
福建	7401.9	1968.8	3403.5	471.4	1165.8
江西	5129.5	1314.9	2232.8	265.0	1030.2
山东	6776.0	1799.3	2321.5	454.7	1399.9
河南	5032.1	1353.6	1701.7	424.1	1060.7
湖北	5726.7	1736.3	2154.0	316.4	1206.2
湖南	5870.1	1617.0	2574.8	318.0	1088.2
广东	7458.6	2282.4	3658.7	319.5	1196.1
广西	4933.6	1261.0	2085.6	156.5	1200.8
海南	4776.3	1241.0	2410.1	178.9	828.6
重庆	5018.6	1373.6	2216.1	380.2	557.0
四川	5366.7	1481.7	2514.2	338.5	787.4
贵州	3901.7	1012.8	1740.6	226.8	758.4
云南	4561.3	1216.9	2080.6	241.1	804.4
西藏	2967.6	367.8	1592.0	372.6	251.6
陕西	5114.7	1682.0	1520.1	332.7	1258.1
甘肃	4146.2	1084.5	1648.6	303.1	682.3
青海	5338.9	1281.4	1858.6	404.5	1209.7
宁夏	5351.4	1353.1	1891.4	463.4	1033.2
新疆	5301.3	1314.7	1891.1	429.9	1298.5

5-3-9 续表 单位：元/人

地 区	四、家庭设备及用品支出	五、交通通信支出	六、文教娱乐支出	七、医疗保健支出	八、其他支出
全 国	**341.7**	**652.8**	**445.5**	**513.8**	**147.6**
北 京	773.5	1398.8	1152.7	1125.2	336.2
天 津	451.3	1066.3	766.1	760.4	228.4
河 北	349.9	604.3	358.5	543.7	156.8
山 西	298.3	626.0	498.0	490.2	149.7
内 蒙 古	269.0	912.2	514.0	588.9	157.4
辽 宁	250.5	668.7	556.6	548.8	176.2
吉 林	251.9	699.0	606.3	840.5	204.1
黑 龙 江	229.7	611.3	518.0	727.0	167.7
上 海	646.1	1704.8	952.1	1029.0	253.4
江 苏	532.9	1311.1	1184.2	724.2	232.7
浙 江	604.4	1499.9	902.2	746.1	251.1
安 徽	346.9	516.6	385.9	510.1	144.0
福 建	426.7	795.0	565.8	380.6	193.1
江 西	278.3	494.5	342.7	380.4	105.6
山 东	405.7	937.6	501.0	635.3	120.2
河 南	361.6	525.1	343.8	468.8	146.2
湖 北	397.9	496.1	394.6	591.9	169.7
湖 南	373.5	481.6	400.2	497.2	136.6
广 东	378.5	760.1	466.6	446.5	232.7
广 西	274.6	453.0	270.2	383.9	108.8
海 南	207.5	435.6	254.0	306.5	155.2
重 庆	413.5	489.3	394.2	482.2	86.0
四 川	333.2	463.9	329.3	498.3	101.9
贵 州	211.4	371.3	226.4	282.5	84.3
云 南	247.0	470.2	289.2	362.6	66.2
西 藏	173.3	364.0	40.9	82.7	90.5
陕 西	298.7	503.3	445.5	619.9	136.4
甘 肃	250.4	436.0	327.3	398.0	100.4
青 海	257.4	683.7	283.3	520.1	121.6
宁 夏	305.0	620.8	373.4	492.1	172.2
新 疆	219.1	646.4	261.7	444.2	110.2

5-3-10 2012年分地区农村居民消费支出构成

单位：%

地 区	消费支出	服务性支出	一、食品支出	二、衣着支出	三、居住支出
全 国	**100.0**	**27.8**	**39.3**	**6.7**	**18.4**
北 京	100.0	32.2	33.2	8.0	18.5
天 津	100.0	33.0	36.2	9.4	15.2
河 北	100.0	26.9	33.9	7.4	21.2
山 西	100.0	29.2	33.4	9.0	20.5
内蒙古	100.0	29.5	37.3	7.5	16.9
辽 宁	100.0	27.9	38.3	8.6	16.3
吉 林	100.0	29.3	36.7	7.7	13.5
黑龙江	100.0	30.0	37.9	9.5	13.2
上 海	100.0	28.6	40.5	5.9	15.3
江 苏	100.0	30.0	33.4	6.7	16.3
浙 江	100.0	28.2	37.1	7.1	18.3
安 徽	100.0	26.6	39.3	6.0	20.5
福 建	100.0	26.6	46.0	6.4	15.7
江 西	100.0	25.6	43.5	5.2	20.1
山 东	100.0	26.6	34.3	6.7	20.7
河 南	100.0	26.9	33.8	8.4	21.1
湖 北	100.0	30.3	37.6	5.5	21.1
湖 南	100.0	27.5	43.9	5.4	18.5
广 东	100.0	30.6	49.1	4.3	16.0
广 西	100.0	25.6	42.3	3.2	24.3
海 南	100.0	26.0	50.5	3.7	17.3
重 庆	100.0	27.4	44.2	7.6	11.1
四 川	100.0	27.6	46.8	6.3	14.7
贵 州	100.0	26.0	44.6	5.8	19.4
云 南	100.0	26.7	45.6	5.3	17.6
西 藏	100.0	12.4	53.6	12.6	8.5
陕 西	100.0	32.9	29.7	6.5	24.6
甘 肃	100.0	26.2	39.8	7.3	16.5
青 海	100.0	24.0	34.8	7.6	22.7
宁 夏	100.0	25.3	35.3	8.7	19.3
新 疆	100.0	24.8	35.7	8.1	24.5

5-3-10 续表

单位：%

地 区	四、家庭设备及用品支出	五、交通通信支出	六、文教娱乐支出	七、医疗保健支出	八、其他支出
全 国	**5.8**	**11.0**	**7.5**	**8.7**	**2.5**
北 京	6.5	11.8	9.7	9.5	2.8
天 津	5.4	12.8	9.2	9.1	2.7
河 北	6.5	11.3	6.7	10.1	2.9
山 西	5.4	11.2	8.9	8.8	2.7
内蒙古	4.2	14.3	8.1	9.2	2.5
辽 宁	4.2	11.1	9.3	9.1	2.9
吉 林	4.1	11.3	9.8	13.6	3.3
黑龙江	4.0	10.7	9.1	12.7	2.9
上 海	5.4	14.2	8.0	8.6	2.1
江 苏	5.8	14.3	13.0	7.9	2.5
浙 江	5.7	14.1	8.5	7.0	2.4
安 徽	6.2	9.3	6.9	9.2	2.6
福 建	5.8	10.7	7.6	5.1	2.6
江 西	5.4	9.6	6.7	7.4	2.1
山 东	6.0	13.8	7.4	9.4	1.8
河 南	7.2	10.4	6.8	9.3	2.9
湖 北	6.9	8.7	6.9	10.3	3.0
湖 南	6.4	8.2	6.8	8.5	2.3
广 东	5.1	10.2	6.3	6.0	3.1
广 西	5.6	9.2	5.5	7.8	2.2
海 南	4.3	9.1	5.3	6.4	3.2
重 庆	8.2	9.7	7.9	9.6	1.7
四 川	6.2	8.6	6.1	9.3	1.9
贵 州	5.4	9.5	5.8	7.2	2.2
云 南	5.4	10.3	6.3	8.0	1.5
西 藏	5.8	12.3	1.4	2.8	3.1
陕 西	5.8	9.8	8.7	12.1	2.7
甘 肃	6.0	10.5	7.9	9.6	2.4
青 海	4.8	12.8	5.3	9.7	2.3
宁 夏	5.7	11.6	7.0	9.2	3.2
新 疆	4.1	12.2	4.9	8.4	2.1

5-3-11 2012年分地区农村居民现金消费支出

单位：元/人

地　区	现金消费支出	服务性支出	一、食品支出	二、衣着支出	三、居住支出
全　国	**5414.5**	**1641.3**	**1863.1**	**396.1**	**1054.2**
北　京	11828.0	3827.0	3899.0	948.0	2196.4
天　津	8305.5	2749.9	2988.8	780.7	1263.5
河　北	5172.5	1443.5	1647.7	396.5	1115.2
山　西	5359.0	1627.8	1657.6	501.7	1137.4
内蒙古	5731.2	1881.5	1808.0	481.7	1000.9
辽　宁	5666.4	1672.9	2019.4	517.9	928.4
吉　林	5712.5	1814.9	1887.3	478.2	745.1
黑龙江	5451.8	1713.9	1990.3	544.6	664.2
上　海	11746.6	3426.5	4629.2	704.4	1827.6
江　苏	8796.5	2741.8	2723.0	610.7	1477.8
浙　江	10486.0	3005.1	3796.9	750.7	1936.6
安　徽	5153.8	1478.8	1836.8	331.8	1081.7
福　建	6998.8	1968.8	3030.2	471.4	1136.3
江　西	4456.1	1314.9	1580.0	264.9	1009.7
山　东	6513.8	1799.3	2059.8	454.4	1399.9
河　南	4779.6	1353.6	1474.2	424.1	1035.8
湖　北	5070.7	1736.3	1532.1	315.2	1173.5
湖　南	5023.8	1617.0	1748.3	317.9	1069.1
广　东	6867.2	2282.4	3155.9	319.4	1107.6
广　西	4165.2	1261.0	1373.9	156.5	1144.2
海　南	4435.6	1241.0	2122.4	178.9	775.6
重　庆	4359.5	1373.6	1564.0	380.1	550.2
四　川	4487.9	1481.7	1653.6	338.5	769.2
贵　州	3157.4	1012.8	1045.9	226.8	708.8
云　南	3735.3	1216.9	1331.0	241.1	728.3
西　藏	2303.6	367.8	930.4	372.5	249.3
陕　西	4883.9	1682.0	1293.4	332.7	1254.0
甘　肃	3689.0	1084.5	1210.0	303.1	663.7
青　海	4773.3	1281.4	1300.4	403.5	1204.0
宁　夏	4913.6	1353.1	1453.6	463.4	1033.2
新　疆	4784.7	1314.7	1391.2	426.6	1289.3

5-3-11 续表 单位：元/人

地　区	四、家庭设备及用品支出	五、交通通信支出	六、文教娱乐支出	七、医疗保健支出	八、其他支出
全　国	**341.4**	**652.8**	**445.5**	**513.8**	**147.5**
北　京	773.5	1398.8	1152.7	1125.2	334.5
天　津	451.3	1066.3	766.1	760.4	228.4
河　北	349.8	604.3	358.5	543.7	156.7
山　西	298.3	626.0	498.0	490.2	149.7
内蒙古	268.1	912.2	514.0	588.9	157.4
辽　宁	250.5	668.7	556.6	548.8	176.2
吉　林	251.9	699.0	606.3	840.5	204.1
黑龙江	228.5	611.3	518.0	727.0	167.7
上　海	646.1	1704.8	952.1	1029.0	253.4
江　苏	532.8	1311.1	1184.2	724.2	232.7
浙　江	602.5	1499.9	902.2	746.1	251.0
安　徽	346.9	516.6	385.9	510.1	144.0
福　建	426.4	795.0	565.8	380.6	193.1
江　西	278.3	494.5	342.7	380.4	105.6
山　东	405.6	937.6	501.0	635.3	120.2
河　南	361.6	525.1	343.8	468.8	146.2
湖　北	397.6	496.1	394.6	591.9	169.7
湖　南	373.0	481.6	400.2	497.2	136.6
广　东	378.4	760.1	466.6	446.5	232.7
广　西	274.6	453.0	270.2	383.9	108.8
海　南	207.5	435.6	254.0	306.5	155.2
重　庆	413.5	489.3	394.2	482.2	85.8
四　川	333.2	463.9	329.3	498.3	101.9
贵　州	211.4	371.3	226.4	282.5	84.3
云　南	247.0	470.2	289.2	362.6	65.8
西　藏	173.3	364.0	40.9	82.7	90.5
陕　西	298.7	503.3	445.5	619.9	136.4
甘　肃	250.4	436.0	327.3	398.0	100.4
青　海	256.6	683.7	283.3	520.1	121.6
宁　夏	305.0	620.8	373.4	492.1	172.2
新　疆	215.1	646.4	261.7	444.2	110.2

5-3-12　2012年分地区农村居民现金消费支出构成

单位：%

地　区	现金消费支出	服务性支出	一、食品支出	二、衣着支出	三、居住支出
全　国	**100.0**	**30.3**	**34.4**	**7.3**	**19.5**
北　京	100.0	32.4	33.0	8.0	18.6
天　津	100.0	33.1	36.0	9.4	15.2
河　北	100.0	27.9	31.9	7.7	21.6
山　西	100.0	30.4	30.9	9.4	21.2
内蒙古	100.0	32.8	31.5	8.4	17.5
辽　宁	100.0	29.5	35.6	9.1	16.4
吉　林	100.0	31.8	33.0	8.4	13.0
黑龙江	100.0	31.4	36.5	10.0	12.2
上　海	100.0	29.2	39.4	6.0	15.6
江　苏	100.0	31.2	31.0	6.9	16.8
浙　江	100.0	28.7	36.2	7.2	18.5
安　徽	100.0	28.7	35.6	6.4	21.0
福　建	100.0	28.1	43.3	6.7	16.2
江　西	100.0	29.5	35.5	5.9	22.7
山　东	100.0	27.6	31.6	7.0	21.5
河　南	100.0	28.3	30.8	8.9	21.7
湖　北	100.0	34.2	30.2	6.2	23.1
湖　南	100.0	32.2	34.8	6.3	21.3
广　东	100.0	33.2	46.0	4.7	16.1
广　西	100.0	30.3	33.0	3.8	27.5
海　南	100.0	28.0	47.8	4.0	17.5
重　庆	100.0	31.5	35.9	8.7	12.6
四　川	100.0	33.0	36.8	7.5	17.1
贵　州	100.0	32.1	33.1	7.2	22.4
云　南	100.0	32.6	35.6	6.5	19.5
西　藏	100.0	16.0	40.4	16.2	10.8
陕　西	100.0	34.4	26.5	6.8	25.7
甘　肃	100.0	29.4	32.8	8.2	18.0
青　海	100.0	26.8	27.2	8.5	25.2
宁　夏	100.0	27.5	29.6	9.4	21.0
新　疆	100.0	27.5	29.1	8.9	26.9

5-3-12 续表

单位：%

地　　区	四、家庭设备及用品支出	五、交通通信支出	六、文教娱乐支出	七、医疗保健支出	八、其他支出
全　　国	**6.3**	**12.1**	**8.2**	**9.5**	**2.7**
北　　京	6.5	11.8	9.7	9.5	2.8
天　　津	5.4	12.8	9.2	9.2	2.7
河　　北	6.8	11.7	6.9	10.5	3.0
山　　西	5.6	11.7	9.3	9.1	2.8
内 蒙 古	4.7	15.9	9.0	10.3	2.7
辽　　宁	4.4	11.8	9.8	9.7	3.1
吉　　林	4.4	12.2	10.6	14.7	3.6
黑 龙 江	4.2	11.2	9.5	13.3	3.1
上　　海	5.5	14.5	8.1	8.8	2.2
江　　苏	6.1	14.9	13.5	8.2	2.6
浙　　江	5.7	14.3	8.6	7.1	2.4
安　　徽	6.7	10.0	7.5	9.9	2.8
福　　建	6.1	11.4	8.1	5.4	2.8
江　　西	6.2	11.1	7.7	8.5	2.4
山　　东	6.2	14.4	7.7	9.8	1.8
河　　南	7.6	11.0	7.2	9.8	3.1
湖　　北	7.8	9.8	7.8	11.7	3.3
湖　　南	7.4	9.6	8.0	9.9	2.7
广　　东	5.5	11.1	6.8	6.5	3.4
广　　西	6.6	10.9	6.5	9.2	2.6
海　　南	4.7	9.8	5.7	6.9	3.5
重　　庆	9.5	11.2	9.0	11.1	2.0
四　　川	7.4	10.3	7.3	11.1	2.3
贵　　州	6.7	11.8	7.2	8.9	2.7
云　　南	6.6	12.6	7.7	9.7	1.8
西　　藏	7.5	15.8	1.8	3.6	3.9
陕　　西	6.1	10.3	9.1	12.7	2.8
甘　　肃	6.8	11.8	8.9	10.8	2.7
青　　海	5.4	14.3	5.9	10.9	2.5
宁　　夏	6.2	12.6	7.6	10.0	3.5
新　　疆	4.5	13.5	5.5	9.3	2.3

5-3-13　2013年分地区农村居民纯收入

单位：元/人

地　区	纯收入	一、工资性收入	二、家庭经营纯收入	三、财产性收入	四、转移性收入
全　国	**8895.9**	**4025.4**	**3793.2**	**293.0**	**784.3**
北　京	18337.5	12034.9	833.4	2023.5	3445.7
天　津	15841.0	9091.5	4571.6	1120.0	1058.0
河　北	9101.9	5236.7	3219.2	161.6	484.4
山　西	7153.5	4041.1	2273.9	93.2	745.3
内蒙古	8595.7	1694.6	5348.4	371.0	1181.7
辽　宁	10522.7	4209.4	5160.2	283.2	870.0
吉　林	9621.2	1813.2	6855.1	187.9	765.0
黑龙江	9634.1	1991.4	6365.4	429.6	847.8
上　海	19595.0	12239.4	1062.0	1446.8	4846.8
江　苏	13597.8	7608.5	4258.4	572.1	1158.7
浙　江	16106.0	9204.3	4758.6	727.5	1415.7
安　徽	8097.9	3733.5	3681.4	113.6	569.3
福　建	11184.2	5193.9	4890.5	359.9	739.8
江　西	8781.5	4422.1	3683.8	191.0	484.6
山　东	10619.9	5127.2	4525.2	283.9	683.8
河　南	8475.3	3581.6	4285.4	160.3	448.1
湖　北	8867.0	3868.2	4381.6	99.1	518.1
湖　南	8372.1	4595.6	2962.0	147.7	666.9
广　东	11669.3	7072.4	2596.4	1040.5	960.0
广　西	6790.9	2712.3	3420.4	70.4	587.8
海　南	8342.6	3001.5	4153.8	347.9	839.3
重　庆	8332.0	4089.2	3136.5	234.7	871.7
四　川	7895.3	3542.8	3321.2	202.3	829.1
贵　州	5434.0	2572.6	2355.9	78.4	427.2
云　南	6141.3	1729.2	3650.4	229.8	532.0
西　藏	6578.2	1475.3	4157.0	88.9	857.1
陕　西	6502.6	3151.2	2500.0	212.3	639.0
甘　肃	5107.8	2203.4	2231.0	132.9	540.5
青　海	6196.4	2347.5	2570.3	165.9	1112.7
宁　夏	6931.0	2878.4	3250.0	133.3	669.3
新　疆	7296.5	1311.8	4654.5	230.1	1100.0

5-3-14 2013年分地区农村居民纯收入构成

单位：%

地　区	纯收入	一、工资性收入	二、家庭经营纯收入	三、财产性收入	四、转移性收入
全　国	**100.0**	**45.2**	**42.6**	**3.3**	**8.8**
北　京	100.0	65.6	4.5	11.0	18.8
天　津	100.0	57.4	28.9	7.1	6.7
河　北	100.0	57.5	35.4	1.8	5.3
山　西	100.0	56.5	31.8	1.3	10.4
内蒙古	100.0	19.7	62.2	4.3	13.7
辽　宁	100.0	40.0	49.0	2.7	8.3
吉　林	100.0	18.8	71.3	2.0	8.0
黑龙江	100.0	20.7	66.1	4.5	8.8
上　海	100.0	62.5	5.4	7.4	24.7
江　苏	100.0	56.0	31.3	4.2	8.5
浙　江	100.0	57.1	29.5	4.5	8.8
安　徽	100.0	46.1	45.5	1.4	7.0
福　建	100.0	46.4	43.7	3.2	6.6
江　西	100.0	50.4	41.9	2.2	5.5
山　东	100.0	48.3	42.6	2.7	6.4
河　南	100.0	42.3	50.6	1.9	5.3
湖　北	100.0	43.6	49.4	1.1	5.8
湖　南	100.0	54.9	35.4	1.8	8.0
广　东	100.0	60.6	22.2	8.9	8.2
广　西	100.0	39.9	50.4	1.0	8.7
海　南	100.0	36.0	49.8	4.2	10.1
重　庆	100.0	49.1	37.6	2.8	10.5
四　川	100.0	44.9	42.1	2.6	10.5
贵　州	100.0	47.3	43.4	1.4	7.9
云　南	100.0	28.2	59.4	3.7	8.7
西　藏	100.0	22.4	63.2	1.4	13.0
陕　西	100.0	48.5	38.4	3.3	9.8
甘　肃	100.0	43.1	43.7	2.6	10.6
青　海	100.0	37.9	41.5	2.7	18.0
宁　夏	100.0	41.5	46.9	1.9	9.7
新　疆	100.0	18.0	63.8	3.2	15.1

5-3-15　2013年分地区农村居民消费支出

单位：元/人

地　　区	消费支出	服务性支出	一、食品支出	二、衣着支出	三、居住支出
全　　国	**6625.5**	**1816.0**	**2495.5**	**438.3**	**1233.6**
北　　京	13553.2	3819.8	4695.9	1172.9	2387.0
天　　津	10155.0	2731.0	3539.7	927.6	1403.4
河　　北	6134.1	1597.3	1963.3	458.0	1266.8
山　　西	5812.7	1793.1	1920.7	471.8	1206.0
内 蒙 古	7268.3	2187.8	2583.5	564.7	1111.6
辽　　宁	7159.0	2005.3	2518.9	584.2	1279.3
吉　　林	7379.7	2205.4	2438.5	535.2	1288.4
黑 龙 江	6813.6	2114.1	2397.7	551.1	1120.9
上　　海	14234.7	4543.1	5334.6	770.7	2260.4
江　　苏	9909.8	2932.6	3283.2	685.1	1788.7
浙　　江	11760.2	3492.8	4190.9	848.1	1933.8
安　　徽	5724.5	1529.3	2269.7	335.2	1138.9
福　　建	8151.2	2098.8	3600.8	483.6	1418.4
江　　西	5653.6	1372.7	2389.1	308.6	1163.1
山　　东	7392.7	1792.0	2553.7	493.4	1409.6
河　　南	5627.7	1528.7	1938.5	481.8	1043.9
湖　　北	6279.5	1850.0	2308.5	347.7	1415.7
湖　　南	6609.5	1822.5	2537.0	342.3	1438.3
广　　东	8343.5	2427.6	3736.6	309.2	1337.9
广　　西	5205.6	1328.1	2084.7	170.9	1360.5
海　　南	5465.6	1364.9	2625.0	181.0	937.7
重　　庆	5796.4	1633.5	2539.0	411.0	674.4
四　　川	6308.5	1642.4	2665.0	467.3	986.8
贵　　州	4740.2	1227.4	2036.2	254.2	980.8
云　　南	4743.6	1178.1	2097.6	211.4	906.3
西　　藏	3574.0	375.1	1938.9	370.6	189.7
陕　　西	5724.2	1954.0	1821.3	385.1	1206.2
甘　　肃	4849.6	1338.2	1798.5	352.7	794.0
青　　海	6060.2	1447.6	1872.0	449.3	1449.1
宁　　夏	6489.7	1670.0	2021.8	453.3	1409.6
新　　疆	6119.1	1538.9	2072.0	484.7	1623.8

5-3-15 续表 单位：元/人

地区	四、家庭设备及用品支出	五、交通通信支出	六、文教娱乐支出	七、医疗保健支出	八、其他支出
全国	**387.1**	**796.0**	**485.9**	**614.2**	**174.9**
北京	898.2	1452.2	1330.9	1167.1	449.1
天津	599.1	1816.2	750.4	732.6	386.0
河北	382.6	792.3	399.0	696.0	176.1
山西	288.2	699.1	502.5	559.0	165.4
内蒙古	302.3	1106.5	555.2	831.2	213.3
辽宁	299.4	850.3	632.9	789.5	204.4
吉林	273.1	961.2	691.4	968.6	223.4
黑龙江	288.7	809.3	601.4	839.2	205.2
上海	693.7	1718.7	963.7	1990.9	501.9
江苏	556.4	1420.8	1022.3	809.9	343.4
浙江	564.9	1891.1	1048.0	943.9	339.5
安徽	390.4	540.9	376.7	551.7	121.0
福建	483.4	806.3	592.8	481.7	284.3
江西	323.9	587.6	356.4	401.3	123.8
山东	438.1	1040.5	571.7	738.8	146.8
河南	416.0	616.0	408.1	603.7	119.7
湖北	425.0	605.9	407.4	624.4	144.9
湖南	420.3	640.0	426.3	638.3	167.1
广东	474.1	1041.0	685.3	502.0	257.5
广西	281.1	516.3	276.2	413.4	102.5
海南	291.5	589.2	354.5	362.2	124.4
重庆	474.3	581.8	443.3	535.9	136.7
四川	446.6	665.0	385.8	557.4	134.5
贵州	272.4	489.7	301.4	302.3	103.2
云南	258.8	589.9	241.1	352.9	85.5
西藏	273.1	522.8	63.6	71.5	143.9
陕西	344.1	581.0	463.8	776.4	146.5
甘肃	302.6	598.4	366.5	513.3	123.5
青海	314.9	910.9	270.1	676.7	117.1
宁夏	382.8	827.0	439.7	702.0	253.4
新疆	256.4	693.9	286.9	593.4	108.0

5-3-16 2013年分地区农村居民消费支出构成

单位：%

地 区	消费支出	服务性支出	一、食品支出	二、衣着支出	三、居住支出
全 国	**100.0**	**27.4**	**37.7**	**6.6**	**18.6**
北 京	100.0	28.2	34.6	8.7	17.6
天 津	100.0	26.9	34.9	9.1	13.8
河 北	100.0	26.0	32.0	7.5	20.7
山 西	100.0	30.8	33.0	8.1	20.7
内蒙古	100.0	30.1	35.5	7.8	15.3
辽 宁	100.0	28.0	35.2	8.2	17.9
吉 林	100.0	29.9	33.0	7.3	17.5
黑龙江	100.0	31.0	35.2	8.1	16.5
上 海	100.0	31.9	37.5	5.4	15.9
江 苏	100.0	29.6	33.1	6.9	18.0
浙 江	100.0	29.7	35.6	7.2	16.4
安 徽	100.0	26.7	39.6	5.9	19.9
福 建	100.0	25.7	44.2	5.9	17.4
江 西	100.0	24.3	42.3	5.5	20.6
山 东	100.0	24.2	34.5	6.7	19.1
河 南	100.0	27.2	34.4	8.6	18.5
湖 北	100.0	29.5	36.8	5.5	22.5
湖 南	100.0	27.6	38.4	5.2	21.8
广 东	100.0	29.1	44.8	3.7	16.0
广 西	100.0	25.5	40.0	3.3	26.1
海 南	100.0	25.0	48.0	3.3	17.2
重 庆	100.0	28.2	43.8	7.1	11.6
四 川	100.0	26.0	42.2	7.4	15.6
贵 州	100.0	25.9	43.0	5.4	20.7
云 南	100.0	24.8	44.2	4.5	19.1
西 藏	100.0	10.5	54.2	10.4	5.3
陕 西	100.0	34.1	31.8	6.7	21.1
甘 肃	100.0	27.6	37.1	7.3	16.4
青 海	100.0	23.9	30.9	7.4	23.9
宁 夏	100.0	25.7	31.2	7.0	21.7
新 疆	100.0	25.1	33.9	7.9	26.5

5-3-16 续表

单位：%

地区	四、家庭设备及用品支出	五、交通通信支出	六、文教娱乐支出	七、医疗保健支出	八、其他支出
全国	**5.8**	**12.0**	**7.3**	**9.3**	**2.6**
北京	6.6	10.7	9.8	8.6	3.3
天津	5.9	17.9	7.4	7.2	3.8
河北	6.2	12.9	6.5	11.3	2.9
山西	5.0	12.0	8.6	9.6	2.8
内蒙古	4.2	15.2	7.6	11.4	2.9
辽宁	4.2	11.9	8.8	11.0	2.9
吉林	3.7	13.0	9.4	13.1	3.0
黑龙江	4.2	11.9	8.8	12.3	3.0
上海	4.9	12.1	6.8	14.0	3.5
江苏	5.6	14.3	10.3	8.2	3.5
浙江	4.8	16.1	8.9	8.0	2.9
安徽	6.8	9.4	6.6	9.6	2.1
福建	5.9	9.9	7.3	5.9	3.5
江西	5.7	10.4	6.3	7.1	2.2
山东	5.9	14.1	7.7	10.0	2.0
河南	7.4	10.9	7.3	10.7	2.1
湖北	6.8	9.6	6.5	9.9	2.3
湖南	6.4	9.7	6.5	9.7	2.5
广东	5.7	12.5	8.2	6.0	3.1
广西	5.4	9.9	5.3	7.9	2.0
海南	5.3	10.8	6.5	6.6	2.3
重庆	8.2	10.0	7.6	9.2	2.4
四川	7.1	10.5	6.1	8.8	2.1
贵州	5.7	10.3	6.4	6.4	2.2
云南	5.5	12.4	5.1	7.4	1.8
西藏	7.6	14.6	1.8	2.0	4.0
陕西	6.0	10.1	8.1	13.6	2.6
甘肃	6.2	12.3	7.6	10.6	2.5
青海	5.2	15.0	4.5	11.2	1.9
宁夏	5.9	12.7	6.8	10.8	3.9
新疆	4.2	11.3	4.7	9.7	1.8

5-3-17 2013年分地区农村居民现金消费支出

单位：元/人

地　　区	现金消费支出	服务性支出	一、食品支出	二、衣着支出	三、居住支出
全　　国	**6112.9**	**1816.0**	**2054.5**	**437.7**	**1169.3**
北　　京	13470.2	3819.8	4635.1	1171.0	2377.6
天　　津	10088.6	2731.0	3485.2	927.4	1403.4
河　　北	5969.6	1597.3	1813.6	457.4	1254.7
山　　西	5463.2	1793.1	1711.2	470.5	1105.9
内 蒙 古	6763.3	2187.8	2090.3	564.6	1101.8
辽　　宁	6864.9	2005.3	2261.4	584.1	1246.7
吉　　林	6827.6	2205.4	2183.4	535.1	995.1
黑 龙 江	6542.1	2114.1	2212.6	550.9	1036.3
上　　海	13872.9	4543.1	5039.8	769.0	2228.3
江　　苏	9486.9	2932.6	2925.1	684.4	1731.4
浙　　江	11541.1	3492.8	4015.9	847.6	1902.5
安　　徽	5344.9	1529.3	1970.5	332.8	1064.3
福　　建	7552.5	2098.8	3136.5	483.4	1293.2
江　　西	4910.1	1372.7	1767.8	308.4	1041.7
山　　东	7184.2	1792.0	2352.8	492.3	1409.0
河　　南	5353.0	1528.7	1707.1	481.7	1001.1
湖　　北	5531.1	1850.0	1692.5	345.1	1286.9
湖　　南	5854.2	1822.5	1857.9	342.1	1365.1
广　　东	7881.5	2427.6	3374.0	309.5	1244.8
广　　西	4547.0	1328.1	1530.3	170.9	1271.0
海　　南	5090.7	1364.9	2335.1	180.8	875.6
重　　庆	5057.8	1633.5	1835.1	410.5	646.8
四　　川	5406.1	1642.4	1817.8	466.8	936.9
贵　　州	3888.3	1227.4	1230.1	254.0	944.1
云　　南	3953.0	1178.1	1393.6	211.2	824.6
西　　藏	2661.5	375.1	1037.4	369.5	180.9
陕　　西	5420.7	1954.0	1585.4	385.0	1141.0
甘　　肃	4393.7	1338.2	1362.4	352.7	781.4
青　　海	5506.6	1447.6	1319.9	449.1	1449.1
宁　　夏	5942.1	1670.0	1565.5	452.9	1407.0
新　　疆	5519.9	1538.9	1620.0	482.6	1481.1

5-3-17 续表 单位：元/人

地 区	四、家庭设备及用品支出	五、交通通信支出	六、文教娱乐支出	七、医疗保健支出	八、其他支出
全 国	**384.5**	**795.8**	**485.6**	**613.9**	**171.6**
北 京	891.1	1451.9	1330.4	1167.0	446.1
天 津	593.3	1815.8	750.4	732.5	380.7
河 北	381.5	792.2	398.9	696.0	175.3
山 西	279.4	699.0	502.2	557.1	137.9
内蒙古	302.3	1106.5	555.1	830.7	212.1
辽 宁	298.7	849.5	632.7	789.3	202.5
吉 林	271.1	960.4	691.4	968.6	222.5
黑龙江	288.5	809.1	601.4	838.6	204.6
上 海	671.4	1714.2	962.8	1990.7	496.6
江 苏	552.9	1420.2	1021.8	809.9	341.2
浙 江	558.4	1889.9	1046.7	942.7	337.4
安 徽	388.0	540.7	376.4	551.7	120.5
福 建	476.4	806.1	592.6	481.5	282.8
江 西	323.4	587.5	356.4	401.2	123.6
山 东	435.6	1040.4	571.6	738.8	143.7
河 南	415.8	616.0	408.1	603.7	119.6
湖 北	424.4	605.8	407.1	624.4	144.8
湖 南	419.8	639.7	426.3	638.3	165.1
广 东	472.0	1040.9	683.5	500.8	256.0
广 西	273.2	516.2	275.9	413.4	96.1
海 南	269.6	589.2	354.4	362.2	123.7
重 庆	472.2	581.5	442.9	535.1	133.7
四 川	445.5	664.7	385.6	556.0	132.8
贵 州	270.8	489.6	301.4	302.3	96.1
云 南	258.2	589.8	241.1	352.9	81.6
西 藏	271.9	522.8	63.6	71.5	143.9
陕 西	342.5	580.8	463.1	776.3	146.4
甘 肃	300.9	598.3	366.5	513.2	118.3
青 海	313.9	910.9	270.1	676.6	117.0
宁 夏	371.0	826.4	438.9	701.4	178.9
新 疆	254.7	693.8	286.8	593.4	107.6

5-3-18　2013年分地区农村居民现金消费支出构成

单位：%

地　区	现金消费支出	服务性支出	一、食品支出	二、衣着支出	三、居住支出
全　国	**100.0**	**29.7**	**33.6**	**7.2**	**19.1**
北　京	100.0	28.4	34.4	8.7	17.7
天　津	100.0	27.1	34.5	9.2	13.9
河　北	100.0	26.8	30.4	7.7	21.0
山　西	100.0	32.8	31.3	8.6	20.2
内蒙古	100.0	32.3	30.9	8.3	16.3
辽　宁	100.0	29.2	32.9	8.5	18.2
吉　林	100.0	32.3	32.0	7.8	14.6
黑龙江	100.0	32.3	33.8	8.4	15.8
上　海	100.0	32.7	36.3	5.5	16.1
江　苏	100.0	30.9	30.8	7.2	18.3
浙　江	100.0	30.3	34.8	7.3	16.5
安　徽	100.0	28.6	36.9	6.2	19.9
福　建	100.0	27.8	41.5	6.4	17.1
江　西	100.0	28.0	36.0	6.3	21.2
山　东	100.0	24.9	32.8	6.9	19.6
河　南	100.0	28.6	31.9	9.0	18.7
湖　北	100.0	33.4	30.6	6.2	23.3
湖　南	100.0	31.1	31.7	5.8	23.3
广　东	100.0	30.8	42.8	3.9	15.8
广　西	100.0	29.2	33.7	3.8	28.0
海　南	100.0	26.8	45.9	3.6	17.2
重　庆	100.0	32.3	36.3	8.1	12.8
四　川	100.0	30.4	33.6	8.6	17.3
贵　州	100.0	31.6	31.6	6.5	24.3
云　南	100.0	29.8	35.3	5.3	20.9
西　藏	100.0	14.1	39.0	13.9	6.8
陕　西	100.0	36.0	29.2	7.1	21.0
甘　肃	100.0	30.5	31.0	8.0	17.8
青　海	100.0	26.3	24.0	8.2	26.3
宁　夏	100.0	28.1	26.3	7.6	23.7
新　疆	100.0	27.9	29.3	8.7	26.8

5-3-18 续表

单位：%

地　　区	四、家庭设备及用品支出	五、交通通信支出	六、文教娱乐支出	七、医疗保健支出	八、其他支出
全　　国	**6.3**	**13.0**	**7.9**	**10.0**	**2.8**
北　　京	6.6	10.8	9.9	8.7	3.3
天　　津	5.9	18.0	7.4	7.3	3.8
河　　北	6.4	13.3	6.7	11.7	2.9
山　　西	5.1	12.8	9.2	10.2	2.5
内 蒙 古	4.5	16.4	8.2	12.3	3.1
辽　　宁	4.4	12.4	9.2	11.5	2.9
吉　　林	4.0	14.1	10.1	14.2	3.3
黑 龙 江	4.4	12.4	9.2	12.8	3.1
上　　海	4.8	12.4	6.9	14.3	3.6
江　　苏	5.8	15.0	10.8	8.5	3.6
浙　　江	4.8	16.4	9.1	8.2	2.9
安　　徽	7.3	10.1	7.0	10.3	2.3
福　　建	6.3	10.7	7.8	6.4	3.7
江　　西	6.6	12.0	7.3	8.2	2.5
山　　东	6.1	14.5	8.0	10.3	2.0
河　　南	7.8	11.5	7.6	11.3	2.2
湖　　北	7.7	11.0	7.4	11.3	2.6
湖　　南	7.2	10.9	7.3	10.9	2.8
广　　东	6.0	13.2	8.7	6.4	3.2
广　　西	6.0	11.4	6.1	9.1	2.1
海　　南	5.3	11.6	7.0	7.1	2.4
重　　庆	9.3	11.5	8.8	10.6	2.6
四　　川	8.2	12.3	7.1	10.3	2.5
贵　　州	7.0	12.6	7.8	7.8	2.5
云　　南	6.5	14.9	6.1	8.9	2.1
西　　藏	10.2	19.6	2.4	2.7	5.4
陕　　西	6.3	10.7	8.5	14.3	2.7
甘　　肃	6.8	13.6	8.3	11.7	2.7
青　　海	5.7	16.5	4.9	12.3	2.1
宁　　夏	6.2	13.9	7.4	11.8	3.0
新　　疆	4.6	12.6	5.2	10.7	1.9

6

农村住户固定资产投资基本情况

6-1 农村住户固定资产投资情况

单位：亿元

指　　标	2010年	2011年	2012年	2013年
农村住户固定资产投资完成额	**7886.0**	**9089.1**	**9840.6**	**10546.7**
一、按投资构成分				
1、建筑工程	5729.1	6535.5	6999.5	8072.6
#水利	17.0	10.7	11.1	34.1
住宅	5262.2	6040.7	6568.5	7387.3
2、安装工程	31.5	15.6	16.9	17.6
3、设备工具器具购置	1426.7	1572.3	1785.8	1778.1
#生产设备	864.3	1044.8	1255.0	1604.7
4、其他	698.7	965.7	1038.3	678.4
二、按投资方向分				
农业	1368.9	1938.6	2224.0	2077.6
采掘业	8.4	0.2	2.1	2.0
制造业	118.4	146.5	146.1	120.5
电力、燃气及水的生产和供应业	3.7	0.5	0.7	5.8
建筑业	209.9	117.3	53.6	137.4
交通运输、仓储和邮政业	553.8	525.8	563.5	119.3
信息传输、计算机服务和软件业	7.1	0.3	0.7	460.8
批发和零售业	48.1	59.7	47.7	28.7
住宿和餐饮业	37.7	37.8	45.9	
金融业				
房地产业	5308.5	6022.4	6519.9	7429.8
租赁和商务服务业	2.8	2.9	5.7	18.6
科学研究、技术服务和地质勘查业				
水利、环境和公共设施管理业	5.6	2.4	3.2	1.1
居民服务和其他服务业	188.7	224.2	219.3	104.9
教育	4.3	4.2	4.8	33.1
卫生、社会保障和社会福利业	2.9	0.0	0.2	1.0
文化、体育和娱乐业	17.2	6.4	3.1	5.6
公共管理和社会组织	0.1			0.4
国际组织				

注：表6-1到6-15为农村住户固定资产投资抽样调查资料。

6-2 分地区农村住户固定资产投资完成额

单位：亿元

地　区	2010年	2011年	2012年	2013年
全　国	**7886.0**	**9089.1**	**9840.6**	**10546.7**
北　京	52.1	59.1	47.5	49.5
天　津	26.4	27.0	21.5	27.2
河　北	460.8	609.1	556.7	564.5
山　西	217.9	235.4	278.4	286.5
内蒙古	91.2	112.2	126.0	145.0
辽　宁	249.4	294.8	300.9	316.3
吉　林	174.8	215.1	249.3	253.5
黑龙江	316.7	317.5	319.3	331.8
上　海	2.0	2.1	3.0	3.7
江　苏	377.7	379.2	380.5	390.8
浙　江	507.8	533.6	553.4	588.0
安　徽	439.1	447.8	482.0	530.7
福　建	206.1	233.8	257.4	281.6
江　西	305.3	333.7	395.8	415.3
山　东	697.8	842.3	936.2	913.2
河　南	786.6	834.6	891.4	899.4
湖　北	302.8	362.0	429.6	510.5
湖　南	362.5	473.2	557.0	616.2
广　东	353.3	470.0	501.3	512.9
广　西	338.3	409.8	463.4	523.7
海　南	38.4	58.1	80.9	72.3
重　庆	94.6	106.4	125.8	144.3
四　川	566.9	534.5	509.7	570.8
贵　州	159.1	209.5	212.9	270.8
云　南	219.8	258.2	277.6	346.5
西　藏				
陕　西	220.3	322.1	338.7	350.6
甘　肃	103.6	95.7	105.0	120.7
青　海	49.4	69.7	74.8	75.8
宁　夏	46.6	55.6	63.8	73.4
新　疆	118.5	187.2	300.8	361.1

6-3 2010年分地区农村住户固定资产投资结构情况

单位：亿元

地　区	投资额	建筑工程		设备工具器具购置	
			#住宅		#生产设备
全　国	**7886.0**	**5729.1**	**5262.2**	**1426.7**	**864.3**
北　京	52.1	48.8	46.8	2.7	0.4
天　津	26.4	13.2	13.0	8.4	6.6
河　北	460.8	366.9	356.9	51.2	1.0
山　西	217.9	148.9	125.7	55.4	45.1
内蒙古	91.2	41.8	29.1	41.0	27.9
辽　宁	249.4	178.3	158.7	31.4	6.2
吉　林	174.8	78.4	64.0	47.7	12.8
黑龙江	316.7	93.0	84.5	136.5	114.3
上　海	2.0	2.0	1.9	0.0	0.0
江　苏	377.7	231.7	193.4	116.9	82.6
浙　江	507.8	436.5	424.9	55.0	46.9
安　徽	439.1	347.7	342.7	79.7	51.7
福　建	206.1	171.4	164.7	30.4	24.8
江　西	305.3	246.9	221.8	45.2	41.5
山　东	697.8	441.3	395.1	152.7	50.8
河　南	786.6	692.3	641.3	80.1	74.7
湖　北	302.8	247.3	194.6	28.8	20.7
湖　南	362.5	299.2	287.8	45.8	15.2
广　东	353.3	290.4	282.6	18.3	0.3
广　西	338.3	245.7	239.7	65.7	55.3
海　南	38.4	25.8	25.4	2.2	
重　庆	94.6	59.2	53.6	8.1	0.6
四　川	566.9	410.7	331.8	82.1	15.8
贵　州	159.1	119.4	117.3	39.7	15.1
云　南	219.8	148.7	138.2	42.7	37.9
西　藏					
陕　西	220.3	147.6	140.6	66.5	50.3
甘　肃	103.6	77.2	74.5	17.7	10.1
青　海	49.4	39.8	38.5	6.5	3.6
宁　夏	46.6	26.7	26.3	15.5	10.0
新　疆	118.5	52.5	46.7	52.8	42.4

6-4 2011年分地区农村住户固定资产投资结构情况

单位：亿元

地区	投资额	建筑工程	#住宅	设备工具器具购置	#生产设备
全国	**9089.1**	**6535.5**	**6040.7**	**1572.3**	**1044.8**
北京	59.1	52.7	49.7	1.7	0.9
天津	27.0	14.9	14.7	4.9	0.9
河北	609.1	424.7	373.1	121.3	84.3
山西	235.4	155.9	152.9	63.4	37.4
内蒙古	112.2	26.8	24.6	34.5	24.5
辽宁	294.8	198.4	177.5	43.0	8.7
吉林	215.1	68.3	65.9	68.6	54.1
黑龙江	317.5	91.8	80.6	140.8	120.2
上海	2.1	2.1	2.1	0.1	0.1
江苏	379.2	221.7	171.8	122.1	89.1
浙江	533.6	459.5	441.8	56.0	47.4
安徽	447.8	355.5	325.4	78.7	66.1
福建	233.8	199.5	187.1	29.7	20.3
江西	333.7	255.2	243.3	34.0	22.7
山东	842.3	518.5	478.3	188.7	74.5
河南	834.6	742.8	696.9	84.4	83.9
湖北	362.0	345.7	319.1	8.6	5.5
湖南	473.2	399.5	379.1	50.7	19.6
广东	470.0	365.8	354.6	32.3	18.2
广西	409.8	288.1	283.4	68.2	31.4
海南	58.1	49.1	44.8	2.5	1.9
重庆	106.4	54.1	54.1	7.8	5.4
四川	534.5	417.2	348.3	60.5	33.8
贵州	209.5	157.7	152.1	39.8	19.6
云南	258.2	175.1	162.7	45.4	40.4
西藏					
陕西	322.1	245.2	229.0	61.2	46.4
甘肃	95.7	69.7	61.4	17.6	11.7
青海	69.7	57.2	55.9	8.2	3.7
宁夏	55.6	32.8	32.3	18.0	10.2
新疆	187.2	89.9	78.1	79.8	61.8

6-5 2012年分地区农村住户固定资产投资结构情况

单位：亿元

地区	投资额	建筑工程	#住宅	设备工具器具购置	#生产设备
全国	**9840.6**	**6999.5**	**6568.5**	**1785.8**	**1255.0**
北京	47.5	44.0	39.4	0.8	0.5
天津	21.5	10.2	10.0	6.7	5.9
河北	556.7	401.7	365.2	73.3	52.7
山西	278.4	190.2	186.0	68.9	48.9
内蒙古	126.0	31.9	25.3	41.8	37.8
辽宁	300.9	201.3	178.3	49.9	10.6
吉林	249.3	52.9	46.7	92.2	73.2
黑龙江	319.3	87.2	78.0	156.4	145.2
上海	3.0	2.7	2.6	0.2	0.2
江苏	380.5	228.8	213.7	114.0	92.3
浙江	553.4	482.7	458.4	52.2	45.2
安徽	482.0	368.3	352.8	106.8	87.6
福建	257.4	220.2	204.1	34.4	21.8
江西	395.8	311.4	299.7	34.6	22.6
山东	936.2	584.4	536.2	213.0	81.0
河南	891.4	793.3	753.3	90.0	89.5
湖北	429.6	335.1	309.1	65.0	45.7
湖南	557.0	476.0	461.8	60.1	19.7
广东	501.3	377.2	372.1	34.8	15.9
广西	463.4	341.5	325.0	72.7	51.3
海南	80.9	73.7	68.9	2.1	0.9
重庆	125.8	78.9	68.8	5.2	4.8
四川	509.7	389.7	331.8	70.2	35.9
贵州	212.9	159.7	158.6	34.3	17.5
云南	277.6	188.0	174.7	49.5	44.1
西藏					
陕西	338.7	236.4	231.3	81.7	56.3
甘肃	105.0	76.9	72.1	18.1	11.9
青海	74.8	63.0	61.4	9.8	8.4
宁夏	63.8	38.8	38.2	22.0	12.5
新疆	300.8	153.6	145.0	125.0	114.9

6-6 2013年分地区农村住户固定资产投资结构情况

单位：亿元

地区	投资额	建筑工程	#住宅	设备工具器具购置	#生产设备
全国	**10546.7**	**8072.6**	**7387.3**	**1778.1**	**1604.7**
北京	49.5	44.2	41.1	2.9	2.9
天津	27.2	13.8	13.1	11.1	11.1
河北	564.5	482.6	425.4	56.3	56.3
山西	286.5	199.3	190.7	72.8	72.8
内蒙古	145.0	89.3	74.1	46.5	46.5
辽宁	316.3	207.4	181.8	71.5	71.5
吉林	253.5	73.2	59.8	154.1	154.1
黑龙江	331.8	105.5	90.9	226.3	226.3
上海	3.7	3.5	3.1	0.0	0.0
江苏	390.8	367.4	344.0	12.0	12.0
浙江	588.0	553.4	501.9	22.1	22.1
安徽	530.7	372.2	352.6	130.5	130.5
福建	281.6	240.5	223.5	35.9	35.7
江西	415.3	371.9	362.4	28.5	28.5
山东	913.2	546.6	483.2	222.7	103.6
河南	899.4	794.0	701.0	97.5	96.9
湖北	510.5	406.6	358.2	74.7	74.7
湖南	616.2	524.8	497.2	74.9	74.9
广东	512.9	392.0	387.1	31.4	18.2
广西	523.7	387.3	366.7	81.1	57.6
海南	72.3	69.2	66.0	2.8	2.8
重庆	144.3	123.7	114.0	8.6	8.6
四川	570.8	463.9	428.7	74.6	74.6
贵州	270.8	210.5	205.0	26.7	26.7
云南	346.5	258.3	223.3	48.0	48.0
西藏					
陕西	350.6	287.1	273.8	51.6	51.6
甘肃	120.7	89.0	69.9	20.7	14.3
青海	75.8	61.8	58.4	12.2	12.2
宁夏	73.4	45.9	45.0	24.3	14.0
新疆	361.1	287.9	245.6	55.6	55.6

6-7 2010年分地区农村住户固定资产投资投向情况

单位：亿元

地　　区	投资额	农业	制造业	建筑业	交通运输、仓储和邮政业	房地产业	居民服务和其他服务业
全　　国	**7886.0**	**1368.9**	**118.4**	**209.9**	**553.8**	**5308.46**	**188.7**
北　　京	52.1	2.8			2.4	46.8	0.0
天　　津	26.4	5.8	2.0	0.7	4.9	13.0	
河　　北	460.8	68.0	1.0		24.9	366.9	
山　　西	217.9	37.9	0.0	0.3	24.8	147.5	0.3
内 蒙 古	91.2	43.2	0.2	3.5	5.2	33.0	1.2
辽　　宁	249.4	58.0	2.5	11.3	20.3	149.3	5.1
吉　　林	174.8	84.3	0.0	0.1	18.5	71.5	
黑 龙 江	316.7	201.6			22.2	93.0	
上　　海	2.0	0.1				1.9	
江　　苏	377.7	60.3	30.7	0.2	35.4	193.4	35.3
浙　　江	507.8	30.4	30.0		19.2	424.9	1.7
安　　徽	439.1	44.8	2.2	7.5	35.0	342.7	2.1
福　　建	206.1	24.1	1.9	1.4	5.9	165.3	2.0
江　　西	305.3	46.2	1.3	7.4	23.5	197.1	23.6
山　　东	697.8	156.8	30.5	1.3	56.9	439.9	4.7
河　　南	786.6	85.0	4.1	2.6	28.1	641.3	21.4
湖　　北	302.8	32.9	1.5	8.3	12.2	247.3	0.3
湖　　南	362.5	47.6	4.5	9.9	17.0	264.3	13.0
广　　东	353.3	48.5	0.8	33.5	17.4	250.3	1.3
广　　西	338.3	36.5	1.7	0.8	30.1	242.7	12.5
海　　南	38.4	11.2	0.0		0.6	25.8	0.3
重　　庆	94.6	26.8	0.6		2.6	64.7	
四　　川	566.9	53.4	2.0	109.4	40.6	294.0	51.4
贵　　州	159.1	15.1	0.2	0.2	23.0	117.3	1.3
云　　南	219.8	49.1	0.1	0.0		145.2	3.5
西　　藏							
陕　　西	220.3	23.1	0.1	5.5	38.7	141.8	4.0
甘　　肃	103.6	13.3	0.4	3.8	5.7	76.2	3.4
青　　海	49.4	4.5	0.1		5.0	39.8	
宁　　夏	46.6	8.0	0.1		12.3	26.3	
新　　疆	118.5	49.6	0.1	2.2	21.3	45.3	

6-8 2011年分地区农村住户固定资产投资投向情况

单位：亿元

地区	投资额	农业	制造业	建筑业	交通运输、仓储和邮政业	房地产业	居民服务和其他服务业
全国	**9089.1**	**1938.6**	**146.5**	**117.3**	**525.8**	**6022.37**	**224.2**
北京	59.1	6.5	0.0		0.8	49.7	2.1
天津	27.0	8.3			3.9	14.7	0.1
河北	609.1	162.3	14.9		37.0	373.1	21.7
山西	235.4	48.4	0.0	0.7	25.1	152.9	3.5
内蒙古	112.2	72.7			10.0	24.6	4.9
辽宁	294.8	67.1	3.2	13.6	25.3	177.5	8.1
吉林	215.1	124.2	0.1		14.6	65.9	10.2
黑龙江	317.5	207.7			20.6	80.6	8.5
上海	2.1	0.1				2.1	
江苏	379.2	70.2	29.8	0.2	35.3	159.5	53.8
浙江	533.6	38.1	30.9	0.6	17.9	441.8	2.5
安徽	447.8	72.2	5.4	8.5	29.9	325.4	1.7
福建	233.8	23.0	5.1	4.1	6.3	187.5	0.1
江西	333.7	53.0	1.0		11.3	255.2	13.1
山东	842.3	198.4	42.5	1.8	64.9	518.5	5.9
河南	834.6	79.9	2.3	2.5	28.2	696.9	21.2
湖北	362.0	8.1	1.4	3.1	1.8	345.7	0.1
湖南	473.2	66.2	5.1	11.2	19.6	350.0	13.6
广东	470.0	88.5			14.0	342.1	25.4
广西	409.8	82.6	1.7		36.7	283.4	5.3
海南	58.1	12.6	0.0		0.6	44.8	0.0
重庆	106.4	49.6	0.0	54.1	2.4		0.3
四川	534.5	156.0	1.1		26.7	348.3	2.3
贵州	209.5	34.0	0.3		22.2	152.1	0.9
云南	258.2	58.0	0.5	0.0		171.3	4.1
西藏							
陕西	322.1	48.8	0.1	2.8	19.6	230.0	5.9
甘肃	95.7	14.7	0.3	4.1	5.4	60.9	8.8
青海	69.7	7.1	0.1		5.1	57.2	0.1
宁夏	55.6	10.0	0.1		13.3	32.3	
新疆	187.2	70.1	0.6	10.0	27.3	78.3	0.1

6-9 2012年分地区农村住户固定资产投资投向情况

单位：亿元

地　区	投资额	农业	制造业	建筑业	交通运输、仓储和邮政业	房地产业	居民服务和其他服务业
全　国	**9840.6**	**2224.0**	**146.1**	**53.6**	**563.5**	**6519.95**	**219.3**
北　京	47.5	7.7			0.3	39.4	0.1
天　津	21.5	5.9	4.8		0.8	10.0	0.1
河　北	556.7	152.6	4.7		20.6	365.2	13.7
山　西	278.4	52.6	0.0	0.5	32.5	186.0	2.1
内蒙古	126.0	90.1	4.1		4.2	25.2	2.4
辽　宁	300.9	73.4	3.1	12.3	25.7	178.3	8.1
吉　林	249.3	171.4	0.0		19.0	46.7	12.1
黑龙江	319.3	211.5			20.7	78.0	9.2
上　海	3.0	0.4				2.6	
江　苏	380.5	72.4	30.5	0.2	36.1	158.6	51.2
浙　江	553.4	41.7	28.3	0.7	19.4	458.4	2.6
安　徽	482.0	77.5	3.1	2.6	43.4	352.8	2.3
福　建	257.4	25.1	2.4	3.0	12.3	204.1	0.2
江　西	395.8	58.1	1.6	3.6	11.9	306.6	12.8
山　东	936.2	220.8	44.1	2.1	66.2	584.4	6.5
河　南	891.4	79.2	4.9	5.3	30.5	745.0	22.4
湖　北	429.6	90.3	3.4		19.2	309.1	7.5
湖　南	557.0	70.9	5.1	11.7	22.8	422.3	15.7
广　东	501.3	116.0			18.9	359.1	7.3
广　西	463.4	95.5	2.6		21.4	325.0	18.9
海　南	80.9	10.8			1.3	68.9	0.0
重　庆	125.8	56.4	0.0		0.4	68.8	0.1
四　川	509.7	139.1	1.9		34.3	331.8	2.6
贵　州	212.9	35.0		0.1	16.7	158.6	2.4
云　南	277.6	62.6	0.5	0.2		183.9	4.5
西　藏							
陕　西	338.7	48.9	0.5	8.7	28.0	232.6	10.1
甘　肃	105.0	18.7	0.1	2.6	4.7	74.0	4.3
青　海	74.8	5.7	0.2		3.9	63.0	0.0
宁　夏	63.8	11.3	0.1		14.3	38.2	
新　疆	300.8	122.7	0.0		33.9	143.4	0.1

6-10 2013年分地区农村住户固定资产投资投向情况

单位：亿元

地区	投资额	农业	制造业	建筑业	交通运输、仓储和邮政业	房地产业	居民服务和其他服务业
全　国	**10546.7**	**2077.6**	**120.5**	**137.4**	**460.8**	**7429.76**	**104.9**
北　京	49.5	2.0	1.4	0.4	3.8	41.1	0.0
天　津	27.2	3.6	2.0	6.5	1.1	13.1	0.0
河　北	564.5	106.6	0.8	0.9	13.8	425.4	5.6
山　西	286.5	54.0	0.3	0.8	27.6	190.7	2.7
内蒙古	145.0	69.3		0.2	0.3	74.1	0.9
辽　宁	316.3	79.0	3.1	12.2	26.0	182.1	8.3
吉　林	253.5	186.7	0.0	0.1	1.8	59.8	0.9
黑龙江	331.8	158.1	0.1	42.9	2.3	90.9	0.1
上　海	3.7	0.4				3.1	0.0
江　苏	390.8	57.6	2.2	1.6	0.0	301.3	1.7
浙　江	588.0	68.5	16.7	1.0	4.4	485.6	0.9
安　徽	530.7	105.2	3.9	37.3	26.2	352.6	2.3
福　建	281.6	29.0	2.5	3.4	13.0	223.5	0.2
江　西	415.3	40.7	2.4	1.2	4.8	362.4	1.8
山　东	913.2	233.5	50.2	2.2	72.6	533.6	6.6
河　南	899.4	88.8	5.5	5.2	32.8	734.2	24.6
湖　北	510.5	83.8	5.2	12.8	48.3	358.2	0.9
湖　南	616.2	75.2	7.7	0.8		497.9	6.0
广　东	512.9	105.6	0.3	0.2	19.1	378.8	6.7
广　西	523.7	101.0	2.9	0.6	23.4	371.3	20.3
海　南	72.3	5.1		0.0	0.9	66.0	0.1
重　庆	144.3	20.4	0.0	0.9	2.5	114.6	0.9
四　川	570.8	84.6	11.3	0.3	35.0	428.7	4.1
贵　州	270.8	40.3	0.2	0.6		205.0	1.3
云　南	346.5	87.4	1.3	1.4	22.5	224.4	1.4
西　藏							
陕　西	350.6	42.0	0.3	0.3	31.9	273.8	0.3
甘　肃	120.7	20.4	0.1	3.0		86.1	5.1
青　海	75.8	6.2		0.5	7.4	60.9	0.4
宁　夏	73.4	13.0	0.1		15.2	45.0	
新　疆	361.1	109.6		0.0		245.6	0.8

6-11 农村住户固定资产投资和建房情况

年份	投资总额（亿元）	#竣工房屋投资	#住宅	房屋施工面积（万平方米）	房屋竣工面积（万平方米）	#住宅	竣工房屋造价（元/平方米）	#住宅
1985	478.4	350.1	313.2		78973.0	69542.0	44.0	45.0
1990	876.5	777.1	649.8	76819.0	71136.0	67812.0	109.0	96.0
1991	1042.6	912.5	759.3	85405.0	79501.0	74193.0	115.0	102.0
1992	1005.5	937.5	678.5	83392.0	65338.0	60442.0	143.0	112.0
1993	1137.7	1015.4	760.3	57432.0	56012.0	46129.0	181.0	165.0
1994	1519.2	1315.9	1002.7	72283.0	65390.0	57646.0	201.0	174.0
1995	2007.9	1709.4	1349.9	78192.0	73522.0	66230.0	233.0	204.0
1996	2544.0	2250.9	1766.4	96115.0	87277.0	79531.0	258.0	222.0
1997	2691.2	2405.8	1890.7	89309.0	85888.0	77287.0	280.0	245.0
1998	2681.5	2402.2	1907.2	89099.0	83864.0	77031.0	286.0	248.0
1999	2779.6	1908.2	1799.1	89050.0	83244.0	76758.0	229.2	234.4
2000	2904.3	1969.3	1846.8	88231.8	81270.2	75515.3	242.3	244.6
2001	2976.6	1908.2	1775.0	81048.2	74517.5	68799.3	256.1	258.0
2002	3123.2	1956.5	1858.1	80345.0	75125.7	69841.0	260.4	266.0
2003	3201.0	2053.2	1926.9	81123.7	75683.6	69741.1	271.3	276.3
2004	3362.7	2031.0	1933.4	71112.1	65801.5	62303.5	308.7	310.3
2005	3940.6	2190.6	2083.1	73109.2	66604.2	62292.4	328.9	334.4
2006	4436.2	2620.1	2490.2	76189.4	69237.9	64563.7	378.4	385.7
2007	5123.3	3228.3	3022.0	86665.6	78321.2	72676.4	412.2	415.8
2008	5951.8	3748.5	3547.1	91911.4	84407.0	78585.7	444.1	451.4
2009	7434.5	5029.9	4743.3	116099.4	105683.0	95570.5	475.9	496.3
2010	7886.0	5247.0	4931.7	106679.8	94114.8	87947.1	557.5	560.8
2011	9089.1	5983.7	5636.0	118455.2	103053.2	94939.1	580.6	593.6
2012	9840.6	6395.3	6051.6	105516.6	94187.8	87775.9	679.0	689.4
2013	10546.7	7249.6	6735.9	109242.0	92661.7	85953.0	782.4	783.7

6-12 2010年分地区农村住户固定资产投资和建房情况

地 区	投资总额(亿元)	#竣工房屋投资	#住宅	房屋施工面积(万平方米)	房屋竣工面积(万平方米)	#住宅	竣工房屋造价(元/平方米)	#住宅
全 国	**7886.0**	**5247.0**	**4931.7**	**106679.8**	**94114.8**	**87947.1**	**557.5**	**560.8**
北 京	52.1	42.7	41.6	948.1	630.5	611.0	677.6	680.7
天 津	26.4	12.0	11.9	134.6	104.6	98.7	1147.3	1203.4
河 北	460.8	324.5	300.2	5630.6	4815.0	4702.7	673.9	638.4
山 西	217.9	110.8	102.2	2486.0	1899.0	1714.0	583.4	596.5
内蒙古	91.2	38.6	35.2	507.0	469.0	360.0	822.4	978.8
辽 宁	249.4	187.8	171.2	4068.1	4068.1	3638.1	461.7	470.6
吉 林	174.8	63.3	61.9	949.6	949.6	922.6	666.4	671.1
黑龙江	316.7	89.3	81.8	1156.2	1086.0	969.6	822.3	844.1
上 海	2.0	2.0	1.9	17.6	17.6	16.8	1127.5	1127.5
江 苏	377.7	229.4	193.4	2544.0	2469.0	2409.0	929.2	802.9
浙 江	507.8	436.4	424.9	5978.0	5626.0	5457.0	775.7	778.6
安 徽	439.1	281.7	274.1	4968.0	4511.0	4344.0	624.4	631.0
福 建	206.1	101.2	97.6	3367.9	1724.9	1601.7	586.6	609.2
江 西	305.3	194.1	183.9	6686.6	4069.8	3974.3	476.8	462.8
山 东	697.8	421.1	386.0	8362.1	8278.1	7228.9	508.7	534.0
河 南	786.6	648.0	632.6	16653.0	15077.0	14002.0	429.8	451.8
湖 北	302.8	234.9	193.0	4086.9	3755.7	3604.9	625.4	535.4
湖 南	362.5	293.5	284.3	6810.0	6299.0	6041.0	465.9	470.6
广 东	353.3	251.7	247.8	4484.0	3437.0	3378.0	732.2	733.6
广 西	338.3	239.8	238.0	4959.9	4850.5	4801.0	494.3	495.7
海 南	38.4	24.7	24.1	341.8	279.5	271.8	883.2	888.5
重 庆	94.6	63.1	55.1	1353.7	1389.2	1373.2	454.0	401.5
四 川	566.9	374.9	331.8	8020.9	6862.1	5697.4	546.4	582.5
贵 州	159.1	112.2	111.1	2397.0	2193.0	2159.0	511.4	514.8
云 南	219.8	139.7	123.6	3883.0	3716.0	3458.0	376.0	357.4
西 藏								
陕 西	220.3	137.9	136.5	2306.7	2201.6	2155.2	626.4	633.3
甘 肃	103.6	77.1	74.5	1480.0	1326.0	1057.0	581.3	704.5
青 海	49.4	39.6	38.3	710.4	707.5	661.7	560.0	578.3
宁 夏	46.6	26.7	26.3	264.0	264.0	244.0	1013.2	1078.6
新 疆	118.5	48.6	46.7	1124.4	1038.6	994.4	467.8	469.4

6-13 2011年分地区农村住户固定资产投资和建房情况

地区	投资总额（亿元）	#竣工房屋投资	#住宅	房屋施工面积（万平方米）	房屋竣工面积（万平方米）	#住宅	竣工房屋造价（元/平方米）	#住宅
全国	**9089.1**	**5983.7**	**5636.0**	**118455.2**	**103053.2**	**94939.1**	**580.6**	**593.6**
北京	59.1	42.5	39.1	789.9	594.1	547.4	715.8	714.2
天津	27.0	13.4	12.9	119.0	113.1	110.3	1187.0	1168.3
河北	609.1	353.9	323.8	6055.3	5179.8	4640.1	683.2	697.8
山西	235.4	115.5	112.4	2525.0	1929.0	1815.0	598.9	619.2
内蒙古	112.2	36.4	26.7	616.0	582.0	428.0	625.0	624.3
辽宁	294.8	191.8	174.6	4484.2	4132.6	3674.9	464.2	475.2
吉林	215.1	73.3	67.2	1094.8	878.4	802.0	834.3	838.4
黑龙江	317.5	90.4	78.9	1104.9	1055.1	945.3	856.9	834.7
上海	2.1	2.1	2.1	12.4	12.4	12.4	1661.7	1661.7
江苏	379.2	192.2	171.8	2247.0	1925.0	1903.0	998.2	902.8
浙江	533.6	433.7	427.5	5598.0	5146.0	5010.0	842.9	853.4
安徽	447.8	292.7	275.9	4828.0	4130.0	3808.0	708.7	724.6
福建	233.8	128.3	125.0	3263.8	1816.4	1734.9	706.2	720.7
江西	333.7	204.4	208.2	4347.6	3628.7	3485.1	563.2	597.3
山东	842.3	516.6	475.2	10369.0	10153.5	9227.7	508.8	515.0
河南	834.6	688.1	676.3	16080.0	13829.0	12693.0	497.6	532.8
湖北	362.0	330.2	304.6	5498.6	5218.4	4215.6	632.8	722.5
湖南	473.2	377.8	357.1	6901.0	6393.0	6201.0	591.0	575.9
广东	470.0	311.0	301.5	4744.0	3951.0	3876.0	787.2	777.8
广西	409.8	278.1	272.5	5253.7	4952.7	4844.3	561.5	562.5
海南	58.1	40.0	37.1	663.8	416.7	349.1	959.5	1063.5
重庆	106.4	54.1	54.1	10603.0	8094.8	7328.9	66.8	73.8
四川	534.5	413.8	342.8	6161.2	5533.3	4709.7	747.9	727.9
贵州	209.5	152.5	146.3	2755.0	2410.6	2376.2	632.7	615.9
云南	258.2	164.5	144.8	4294.0	4157.0	3824.0	395.6	378.8
西藏								
陕西	322.1	222.7	223.3	3757.8	3079.3	3029.8	723.3	737.1
甘肃	95.7	59.1	56.7	1290.0	953.0	796.0	620.7	711.7
青海	69.7	54.7	53.4	808.8	771.6	719.3	709.3	743.0
宁夏	55.6	32.8	32.3	294.0	294.0	271.0	1115.7	1190.9
新疆	187.2	117.1	111.8	1895.5	1722.8	1561.3	679.8	716.1

6-14 2012年分地区农村住户固定资产投资和建房情况

地区	投资总额(亿元)	#竣工房屋投资	#住宅	房屋施工面积(万平方米)	房屋竣工面积(万平方米)	#住宅	竣工房屋造价(元/平方米)	#住宅
全国	**9840.6**	**6395.3**	**6051.6**	**105516.6**	**94187.8**	**87775.9**	**679.0**	**689.4**
北京	47.5	41.4	38.8	377.2	368.2	325.2	1125.3	1193.5
天津	21.5	10.3	10.1	74.3	73.6	70.5	1401.8	1435.2
河北	556.7	384.7	347.4	4954.5	4547.3	4458.2	846.0	779.3
山西	278.4	133.0	132.2	2676.0	2020.0	1907.0	658.6	693.1
内蒙古	126.0	27.8	26.3	460.0	401.0	359.0	692.8	732.9
辽宁	300.9	194.8	176.1	4498.1	4176.1	3690.2	466.5	477.2
吉林	249.3	51.2	45.5	602.6	581.2	504.2	880.9	901.8
黑龙江	319.3	84.7	67.3	1002.1	951.0	879.0	890.2	766.0
上海	3.0	2.6	2.5	18.5	18.5	17.6	1406.3	1414.7
江苏	380.5	222.2	213.7	2232.0	2167.0	2129.0	1025.4	1003.9
浙江	553.4	446.4	432.0	5459.0	5049.0	4867.0	884.2	887.6
安徽	482.0	334.6	322.5	5011.0	4364.0	4149.0	766.7	777.2
福建	257.4	120.8	117.3	2819.0	1738.9	1686.8	694.5	695.7
江西	395.8	249.2	239.3	5588.6	4703.6	4550.1	529.8	525.9
山东	936.2	560.4	529.3	11642.5	11153.9	10331.9	502.5	512.3
河南	891.4	730.9	716.3	15142.5	12938.4	11262.5	564.9	636.0
湖北	429.6	337.6	319.8	5152.5	4544.0	4138.2	742.9	772.7
湖南	557.0	435.9	424.1	7188.0	6681.0	6502.0	652.4	652.3
广东	501.3	337.6	332.7	4208.9	3410.8	3335.7	989.8	997.3
广西	463.4	298.3	295.8	5569.2	5081.0	4925.8	587.1	600.5
海南	80.9	64.6	55.5	730.8	529.2	494.1	1220.0	1123.3
重庆	125.8	66.4	57.1	992.0	851.3	731.8	780.2	779.6
四川	509.7	346.8	275.4	4372.6	3772.5	3235.6	919.3	851.0
贵州	212.9	152.2	151.1	2407.0	2194.0	2168.0	693.9	697.1
云南	277.6	176.5	155.5	4637.0	4531.0	4077.0	389.6	381.4
西藏								
陕西	338.7	233.4	228.4	3159.2	3037.5	2972.1	768.4	768.6
甘肃	105.0	93.1	89.3	1185.0	1139.0	1058.0	817.6	844.0
青海	74.8	55.0	53.5	824.2	744.0	665.0	739.3	804.6
宁夏	63.8	38.8	38.2	309.0	309.0	286.0	1254.6	1335.2
新疆	300.8	164.0	158.8	2223.5	2112.0	1999.6	776.5	794.0

6-15 2013年分地区农村住户固定资产投资和建房情况

地区	投资总额（亿元）	#竣工房屋投资	#住宅	房屋施工面积（万平方米）	房屋竣工面积（万平方米）	#住宅	竣工房屋造价（元/平方米）	#住宅
全国	**10546.7**	**7249.6**	**6735.9**	**109242.0**	**92661.7**	**85953.0**	**782.4**	**783.7**
北京	49.5	40.9	39.3	363.1	348.0	328.6	1176.5	1194.7
天津	27.2	15.2	14.4	112.1	103.8	95.7	1459.6	1503.6
河北	564.5	414.6	385.3	5228.6	4502.1	4038.9	920.9	953.9
山西	286.5	190.8	183.2	2700.2	2365.1	2263.7	806.7	809.5
内蒙古	145.0	80.8	72.8	914.4	890.0	782.6	907.7	930.3
辽宁	316.3	202.1	179.9	4581.0	4259.0	3747.2	474.5	480.2
吉林	253.5	61.7	58.9	804.9	796.3	747.8	774.6	787.5
黑龙江	331.8	91.9	85.8	941.0	865.0	797.0	1062.4	1076.5
上海	3.7	2.6	2.5	18.5	15.2	14.2	1713.2	1761.4
江苏	390.8	363.5	344.0	3248.0	3220.0	2955.0	1128.7	1164.1
浙江	588.0	503.9	474.4	6762.7	4009.6	3615.6	1256.8	1312.2
安徽	530.7	314.0	296.5	4962.1	4114.6	3841.5	763.2	771.8
福建	281.6	167.4	163.6	2759.9	1837.0	1777.1	911.1	920.6
江西	415.3	318.3	308.7	5806.8	4809.3	4666.8	661.9	661.5
山东	913.2	529.1	482.5	10689.7	10125.2	9361.9	522.5	515.3
河南	899.4	758.9	646.1	12405.4	10155.3	9572.6	747.3	675.0
湖北	510.5	386.3	346.9	5598.8	4584.5	4219.4	842.7	822.1
湖南	616.2	458.5	437.6	5889.4	4951.1	4686.4	926.1	933.7
广东	512.9	369.1	356.7	4210.8	3187.6	3072.4	1157.8	1161.1
广西	523.7	317.8	312.0	5668.6	5160.1	4941.8	615.8	631.3
海南	72.3	58.2	55.6	644.0	471.3	460.5	1235.3	1206.5
重庆	144.3	99.4	92.0	1405.0	1211.5	1141.4	820.7	806.3
四川	570.8	409.9	362.8	5634.2	4915.1	4148.7	834.0	874.6
贵州	270.8	193.3	189.8	2767.0	2452.0	2381.0	788.2	797.1
云南	346.5	228.2	206.9	6545.2	5327.3	4840.3	428.4	427.5
西藏								
陕西	350.6	261.3	250.2	3470.8	3140.6	3075.0	832.2	813.7
甘肃	120.7	77.2	70.1	1220.0	1159.0	1077.0	666.2	650.4
青海	75.8	57.8	55.6	802.2	733.0	665.4	788.3	836.1
宁夏	73.4	45.9	45.0	318.0	318.0	294.0	1442.5	1530.1
新疆	361.1	231.1	216.8	2769.6	2635.1	2343.5	877.0	925.3

住户调查简介

2013 年城乡一体化住户调查简介

实行城乡一体化住户调查，是推进城乡住户调查一体化改革、统筹城乡发展、构建和谐社会的必然要求，是调整国家收入分配格局、制定收入分配政策的客观需要，是提高住户调查数据质量的基本保障。从 2012 年四季度起，中国国家统计局实施了城乡一体化住户调查改革，统一了原分别组织的城镇住户调查和农村住户调查，规范了统计名称、统计分类和统计标准，并据此获得全体居民有关数据。

一、调查目的

为全面、准确、及时了解全国和各地区城乡居民收入、消费及其他生活状况，客观监测居民收入分配格局和不同收入层次居民的生活质量，更好地满足研究制定城乡统筹政策和民生政策的需要，为国民经济核算和居民消费价格指数权重制定提供基础数据，依照《中华人民共和国统计法》规定，开展住户收支与生活状况调查（以下简称住户调查）。

二、调查对象

住户调查对象为中华人民共和国境内的住户，既包括城镇住户，也包括农村住户；既包括以家庭形式居住的户，也包括以集体形式居住的户。无论户口性质和户口登记地，中国公民均以住户为单位，在常住地参加本调查。

三、调查组织

住户调查以省为总体进行抽样。国家统计局统一领导住户调查，负责制定调查方案，组织调查实施，监督调查过程，审核、处理、汇总调查数据，发布全国和分省城乡居民收入、消费和生活状况数据。国家统计局各调查总队按照本方案规定，负责组织本省住户调查工作。

四、调查内容

住户调查内容主要包括居民现金和实物收支情况、住户成员及劳动力从业情况、居民家庭食品和能源消费情况、住房和耐用消费品拥有情况、家庭经营和生产投资情况、收入分配影响因素情况、社区基本情况以及其他民生状况等。

五、样本抽选

样本抽选包括抽样方法设计、县级调查网点代表性评估、调查小区抽选以及摸底调查、调查住宅抽选、调查户落实等现场抽样工作。

国家统计局使用统一的抽样框，以省为总体，采用分层、多阶段随机抽样方法抽选调查住宅，确定调查户。全国共抽选出 1650 个县(市、区)的 1.6 万个调查小区，对抽中小区中的 200 多万个住户进行全面摸底调查，在此基础上随机等距抽选出约 16 万住户参加记账调查。在 95%的置信度下，全国居民人均可支配收入的抽样误差小于 1%。

六、数据采集与处理

主要采用调查户记日记账的方式采集居民收支数据，同时辅之以统一的调查问卷，收集与收入和支出有关的其他调查内容。所有调查工作由国家统计局派驻各地的调查队独立完成。由市县级调查队使用统一的方法和数据处理程序对原始调查资料进行编码、审核、录入，然后将分户基础数据直接传输至国家统计局进行统一汇总计算。国家统计局以数据库形式保存所有调查户信息、记账资料、问卷调查资料等基础数据和汇总计算结果。

七、数据发布

住户调查结果数据按年度和季度发布。全国和分省数据由国家统计局发布。

八、数据质量控制

住户调查实行全过程质量控制。国家统计局建立全过程质量控制制度，规范方案设计，科学抽选样本，认真组织培训，严格流程管理，加强监督检查。每个季度随机抽取6000个调查户进行电话回访，检查核实各地上报的数据。同时，也采用现场抽查等多种质量控制办法。

城乡住户调查一体化改革有关情况说明

城乡住户调查一体化改革就是将独立开展的城镇住户调查和农村住户调查合而为一，建立城乡一体化的住户调查。

一、城乡住户调查一体化改革背景

我国城乡居民收入数据过去一直由城镇住户调查和农村住户调查分别独立采集。城乡居民收入统计指标不尽一致，在城镇务工的农民工归类不明确，无法加总得到全国居民收入，难以精确测算全国居民收入差距。为满足城乡统筹发展需要，更加全面准确地反映居民收入分配格局，经国务院同意，国家统计局对长期分开进行的城镇住户调查和农村住户调查实施了一体化改革。按照统一调查指标、统一抽样方法、统一调查过程、统一数据处理和统一数据发布的原则，建立了城乡一体化住户收支调查制度，并于2013年起在全国统一实施。国家统计局根据调查结果，汇总计算出城乡可比的全国居民可支配收入，以及按地区、城乡等多种特征分组的居民可支配收入数据。

二、城乡住户调查一体化改革的主要内容

（一）统一了城乡居民收入统计指标。将原有的城镇居民可支配收入和农村居民纯收入指标统一为城乡可比的可支配收入指标，并按照国际标准进一步规范了收入分类以及财产净收入与转移净收入的统计方法。

（二）统一在常住地对居民开展抽样调查。按常住地和居住时间进行调查，尤其是对家在农村又常年外出的农民工，其收支情况由原来在农村户籍地向其家人调查，改为在常住地向其本人直接调查，以减少漏报。

（三）调查范围实现了全覆盖。抽样框采用第六次人口普查资料编制，加强了对流动人口、城乡结合部人群的覆盖，从抽样上做到不重不漏，覆盖完整。

三、城乡住户调查一体化改革后的居民收入数据变化

根据城乡一体化住户收支调查，2013 年，城乡可比的新口径全国居民人均可支配收入为 18311 元，其中城镇常住居民人均可支配收入为 26467 元，农村常住居民人均可支配收入为 9430 元。

由于指标和抽样方法的改变，新老口径居民收入统计数据有所差别。2013 年，城镇常住居民人均可支配收入数据比同期老口径数据低 1.8%；农村常住居民人均可支配收入数据比同期老口径数据高 6.0%；全国居民人均可支配收入与同期老口径城乡居民综合收入水平 基本一致。

与老口径数据相比，城镇常住居民人均收入数据略低的主要原因是：在城镇常住的农民工收入要低于城镇其他人口，这部分人口按城镇常住人口统计收入后，略微拉低了当年城镇居民收入水平数据。农村常住居民人均收入数据略高的主要原因是：原来农民工按农村常住人口统计时，其人数已计入计算农村居民人均收入的分母，但由于相关资料是由仍在原籍的家人代报，作为分子的收入可能会漏报，故相对新口径而言，老口径数据稍低。

住户调查主要收支指标解释

一、2013 年住户收支与生活状况调查主要收支指标解释

从 2012 年四季度起，国家统计局对分别进行的城乡住户调查实施了一体化改革，统一了城乡居民收入指标名称、分类和统计标准，建立了城乡统一的一体化住户调查，并据此获得全国居民有关数据。

（一）居民可支配收入

居民可支配收入指居民可用于最终消费支出和储蓄的总和，即居民可用于自由支配的收入。既包括现金收入，也包括实物收入。按照收入的来源，可支配收入包含四项，分别为：工资性收入、经营性净收入、转移性净收入和财产性净收入。

（二）居民消费支出

居民消费支出是指居民用于满足家庭日常生活消费需要的全部支出，既包括现金消费支出，也包括实物消费支出。消费支出可划分为食品烟酒、衣着、居住、生活用品及服务、交通和通信、教育文化和娱乐、医疗保健以及其他用品及服务八大类。

二、2012 年及以前的分城乡住户调查收支指标解释

2012 年及以前年份，中国的住户调查一直分城乡分别开展。由于分别调查，农村与城镇居民收入、支出等指标的统计口径有所不同，数据也不完全可比，城镇调查城镇居民可支配收入，农村调查农村居民纯收入。为了保持历史数据的可比，本年鉴中 2012 年及以前年份的数据和指标解释仍保持了原城镇住户调查和农村住户调查方案的原貌。

（一）城镇住户调查主要收支指标解释

1. 城镇居民家庭总收入

家庭总收入：指调查户中生活在一起的所有家庭成员在调查期得到的工薪收入、经营净收入、财产性收入、转移性收入的总和，不包括出售财物和借贷收入。收入的统计标准以实际发生的数额为准，无论收入是补发还是预发，只要是调查期得到的都应如实计算，不作分摊。

工薪收入：指就业人员通过各种途径得到的全部劳动报酬，包括所从事的主要职业的工资以及从事第二职业、其他兼职和零星劳动得到的其它劳动收入。

经营净收入：指家庭成员从事生产经营活动所获得的净收入。是全部生产经营收入中扣除生产成本和税金后所得的收入。如当期收入小于生产费用的开支，其差额记入“其他借贷支出 ”中。

财产性收入：指家庭拥有的动产（如银行存款、有价证券）、不动产（如房屋、车辆、土地、收藏品等）所获得的收入。包括出让财产使用权所获得的利息、租金、专利收入；财产营运所获得的红利收入、财产增值收益等。

利息收入：指资产所有者按预先约定的利率获得的高于存款本金以外的那部分收入。包括各类定期和活期存款利息、债券利息、储蓄性奖券和存款的“中奖”收入。利息与红利的差异：利息一般是预先约定的，与企业的经营状况无关，而红利的多少与企业的经营效益直接有关，一般不预先约定。利息收入是应得收入，包括银行代扣的利息所得税。

转移性收入：指国家、单位、社会团体对居民家庭的各种转移支付和居民家庭间的收入转移。包括政府对个人收入转移的离退休金、失业救济金、赔偿等；单位对个人收入转移的辞退金、保险索赔、住房公积金、家庭间的赠送和赡养等。

记账补贴：指调查户因承担记账工作从统计部门、工作单位和其它途径所得到的现金。不包括实物部分。

2. 城镇居民可支配收入

可支配收入：指调查户可用于最终消费支出和其它非义务性支出以及储蓄的总和，即居民家庭可以用来自由支配的收入。它是家庭总收入扣除交纳的所得税、个人交纳的社会保障费以及调查户的记账补贴后的收入。计算公式为：

可支配收入＝家庭总收入-纳所得税-人交纳的社会保障支出-账补贴

3. 城镇居民家庭总支出

家庭总支出：指家庭除借贷支出以外的全部实际支出。包括消费支出、购房建房支出、转移性支出、财产性支出、社会保障支出。支出统计是以实际购得的商品或服务的总价值填报，不论其付款方式是一次付清、分期付款，还是赊购，只要商品或服务已被消费就要按其总价值计量。如果采用分期付款或赊购形式，则要在借贷收入类相应的项目填入实付款与总的应付款的差额。

4. 城镇居民消费支出

消费支出：指调查户用于满足家庭日常生活消费需要的全部支出，包括食品、衣着、居住、家庭设备及用品、交通通信、文教娱乐、医疗保健、其他等八大类。消费支出构成是按照商品或服务的用途进行分类，如果消费支出的目的与用途不一致时，必须按照用途归入相应类内。

服务性消费支出：指调查户用于本家庭支付社会提供的各种文化和生活方面的非商品性服务费用。不包括为别人付款的服务。服务消费与商品消费不同，其特点在于其劳动过程和消费过程在时间与空间上的统一。

财产性支出：指家庭购买或维护财产所支付的利息等有关费用。

社会保障支出：指调查户成员参加国家法律、法规规定的社会保障项目中由个人交纳的保障支出。不包括职工所在单位交纳的那部分社会保障金。

食品：指居民为摄取身体所需要的营养和满足某种嗜好而进食的各种消费品，包括在商店、集市、工作单位食堂和饮食业购买的主食、副食、烟草、酒、饮料以及干鲜瓜果、糖果、糕点、奶制品等。

粮食：指居民用作主食的各种成品粮及其加工品，包括大米、面粉、粗杂粮以及各种粗、细粮制品，不包括薯类、豆类及糕点食品。

大米：包括粳米、籼米、杂交米、糯米等。

面粉：指小麦面粉。

淀粉及薯类：各种薯类、淀粉以及淀粉制品。包括马铃薯、红薯及各种淀粉和制品。

干豆类及豆制品：包括大豆、杂豆等各种豆类及豆制品。

油脂类：指各种食用油脂，包括植物油和动物油。

食用植物油：以植物果实为原料榨取的油料。包括花生油、菜籽油、芝麻油、豆油、茶油、葵花籽油等。也包括以几种植物果实为原料混合加工提取的食用调和油、色拉油等。

肉禽蛋水产品类：包括肉、禽、蛋和水产品。

肉类：指各种家畜、野畜肉食品，包括活的、鲜的、冻的以及各种加工制品。

猪肉：指鲜、冻猪肉，包括内脏、头、爪、皮、骨头、猪血。不包括各种猪肉加工品。

牛肉：指鲜、冻牛肉，包括内脏、头、爪。不包括各种牛肉加工品。

羊肉：指鲜、冻羊肉，包括内脏、头、爪。不包括各种羊肉加工品。

禽类：指用于食用的各种家禽和野禽。

蛋类：包括各种禽蛋和禽蛋制品。

水产品类：包括鱼、虾、蟹、贝、藻等各类海水和淡水产品。

蔬菜类：包括各种叶菜、茎菜、根菜、花菜、果菜以及各种食用菌类。

鲜菜：指没有经过腌制、干制、霉制等加工的新鲜的蔬菜。包括经过简单洗切的净菜。主要品种：白菜、洋白菜、菠菜、油菜、芹菜、韭菜、空心菜、大葱、菜花、萝卜、胡萝卜、葱头、生姜、莴笋、蒜苔、蒜头、黄瓜、冬瓜、丝瓜、西红柿、茄子、青椒、豆角、莲藕、豆芽菜、毛豆角、红辣椒、蚕豆芽、鲜黄花菜、鲜香菇等。

干菜：指鲜菜经过干制的加工品。包括干制的笋干、黄花菜、黑木耳、蘑菇、食用白木耳等菌类食品。也包括水发的笋干、黑木耳。

菜制品：指鲜菜的再制品。包括腌菜、榨菜、泡菜、酱菜、萝卜干、蔬菜罐头、速冻蔬菜等。

调味品：包括食用盐、酱油、虾油（鱼卤）、醋、味精、鸡精、糖精、料酒、辣椒酱、花生酱、芝麻酱、蕃茄酱、花椒、八角、茴香、胡椒、咖喱粉、五香粉、炸鸡粉等。

糖烟酒饮料类：包括各类糖、烟草、酒类和饮料。

糖类：以糖为主要原料，生产加工的食品。包括食糖、糖果、糖类小食品。不包括糖精。

烟草类：包括卷烟、烟叶。

酒类：是用高粱、大麦、米、葡萄或其他水果发酵制成的含酒精饮料。主要有白酒、黄酒、葡萄酒、啤酒。

饮料：饮料是指以水、粮食、果蔬或奶为基本原料加工而成的流体、半流体或固体冲剂食品。不包括白开水。

干鲜瓜果类：包括干鲜瓜果及制品。

鲜果：包括苹果、梨、山楂、桃、杏、李、梅、樱桃、葡萄、柿子、猕猴桃、草莓、树莓、越橘、香蕉、椰子、芒果、菠萝、龙眼、荔枝、枇杷、杨梅、油橄榄、石榴、甘蔗、荸荠、莲蓬、百合等。不包括各类坚果。

鲜瓜：包括西瓜、甜瓜、哈密瓜等。

其他干鲜瓜果类及制品：指鲜果、鲜瓜以外的各种干鲜瓜果及制品。主要有干果、坚果、果仁及瓜果制品等。干果是由各种水果经过日晒或烘干而成的食品。带壳的有荔枝干、桂圆干等；带皮的有葡萄干、红枣、黑枣、南枣、无花果等；对切的有杏干、桃干等；片状的有山楂干、苹果干、梨干等。瓜果制品是指鲜瓜果经过工业加工而成的再制品，包括各种蜜饯（果脯、桔饼、加应子、话梅、蜜饯、蜜枣等）、水果罐头、果酱、山楂糕、山楂片等。坚果及果仁包括生的和熟的大核桃、小核桃、板栗、银杏、榛子、松子、瓜子、花生、芝麻和各种坚果及果仁的加工品。包括湿花生、嫩花生、鱼皮花生、糖衣花生、油炸花生等。

糕点：指以面粉和糖为基本原料，以油、蛋、奶、果仁、果料等为辅料，经过调制、成型、熟制而成的食品。包括饼干和蛋糕、冻米糕、米花糖，不包括面包。幼儿园、中小学生交纳的点心费，如不能分清具体品种，归入糕点指标。

奶及奶制品：包括鲜奶品、奶粉、酸奶以及其他奶制品。不包括代乳粉、糕干粉等以粮食或豆类为主加工的制品。

其它食品：指上述各类食品以外的其他食品，包括半成品净菜、面筋、奶糕、代乳粉、蜂蜜、发酵粉、甜酒药、糖桂花、各种膨化食品等。

饮食服务：包括在外用餐和食品加工费。

食品加工服务费：指用于食品加工所支付的加工服务费，包括磨粉、爆米花、炒花生、做糕点、加工彩蛋等费用。

在外饮食：指在家庭以外地点的自费用餐支出，包括在单位食堂、餐饮业、亲友家的用餐支出。对于从单位食堂、餐饮业购买并带回家直接食用的食品，若能单列具体品种的，则分别计入相应的食品项中，若不能单列的，则作为在外用餐支出。公费在外饮食不含在内。

衣着：指各种穿着用品及加工穿着品的各种材料，包括棉、麻、丝、毛和各种人造纤维、合成纤维纺织的各种布匹、呢绒、绸缎及其加工的服装，各种鞋、袜、帽及其他零星穿着用品等。

服装：指以各种棉布、棉花化纤混纺布、化纤布、呢绒、绸缎、毛皮等为材料加工的各式服装，以及棉、麻、毛、丝、化纤纯纺或混纺经针织而成的服装，按穿着对象分为男士服装、女士服装、各式童装，不包括塑料雨衣和胶布雨衣（雨披）。

衣着材料：指以棉、麻、丝、毛和各种人造纤维纺织及混纺的各种衣着材料，也包括加工衣着品所需的其他各种材料。不包括用于加工床上用品、窗帘、台布的布料。

鞋类：包括用棉布、呢绒、绸缎、化纤、塑料、橡胶、皮革、人造革等为材料制作的有各种式样和用途的皮鞋、旅游鞋、布鞋、雨鞋、凉鞋、拖鞋、运动鞋、健身鞋、婴儿鞋等。

其他衣着用品：指除服装、鞋以外的各种穿着用品，主要有帽子、袜子、手套、护脚套、耳罩、胸罩；装饰性服饰件，如头纱、披巾、红领巾、领带、领带夹、面纱、发带、围巾；雨披；鞋垫；鞋带；皮带等。

衣着加工服务费：指为加工服装、鞋、帽等穿着用品所支付的各项加工维修、保养和洗涤等服务费。包括拷边、裁剪、绒线编结（手织或机织）、打油、洗涤、修鞋等费用。

居住：指与居住有关的支出，包括住房、水、电、燃料方面的支出。

住房：指调查户用于住房的直接支出，包括房租、房屋维修支出、物业管理费、房屋装潢支出。不包括购建房支出，也不包括自有住房虚拟租金。

水电燃料及其他：指调查户支付的水费、电费、燃料费、取暖费等支出。

水：指调查户支付的自来水费。不包括桶装饮用水。其消费量以吨或立方米为计量单位。

电：住户用于照明和使用家用电器等所支付的电费。

燃料：指家庭用于购买煤炭、液化气、煤气等的燃料支出。

取暖费：指调查户使用集中供暖而支付的取暖费用。

其他：指调查户用于水、电、燃料支出以外的其他支出，包括取暖费、管道燃气的初装费、液化气的开户费、电力一户一表的扩容费等。

居住服务费：指用于住房各种服务费用，包括物业管理费、住房维修服务费等。

物业管理费：指住户向承担本住宅管理的物业管理部门交纳的物业管理费。包括治安费、清洁费、绿化费等。

维修服务费：指调查户用于住房装潢和维修房屋所支付的人工费、招待费等。

其他居住服务费：除上述各项住房支出外的其他各类住房支出

家庭设备及用品：指家庭各类日用消费品及家庭服务。包括日用耐用消费品、室内装饰品、床上用品、家庭日用杂品、家具、家庭服务。不含个人用品和服务。

耐用消费品：指价值比较高、消费期较长的家用电器和家庭设备。

家具：主要有坐卧类家具，如椅子、凳子、沙发、床；凭椅类家具，如桌子、茶几；贮藏类家具，如柜、箱；隔断类家具，如屏风等。

家庭设备：指家庭使用的各类电气和电子器具，不包括文娱用家电。包括制冷电器，如冰箱、冷饮机；空气调节器，如空调、电扇、冷热风机、换气扇、空气除湿机；清洁电器，如洗衣机、电熨斗、吸尘器、干衣机；厨房电器，包括热水器、微波炉、电饭煲、消毒碗柜、电炒锅、食品加工机；电暖器具，如取暖器、油汀等。

室内装饰品：指美化、装饰房间用的各种装饰品及工艺品，包括纺织装饰品、装饰灯具及其它装饰品。不含珍藏的艺术品。

床上用品：指以棉、毛、丝及合成纤维等材料纺织或针织制品，各种纺织品制成的各种床上用品。包括毛毯、床单、被单、床罩、被套、枕具、蚊帐、凉席、垫褥以及各种棉被、鸭绒被、棉毯、线毯、电热毯、毛巾被等。

家庭日用杂品：指除家具、室内装饰品、各种家庭设备以及床上用品以外的各类家庭日用品。包括厨、炊、茶具、家用工具、家庭清洁用品等日用杂品。包括各种材料制作的锅、勺、刀、水壶、案板、水缸、碗、碟、匙、筷，各种炉灶具（电炉、煤油炉、煤炉、鼓风机、煤气灶、煤气瓶等）、各种茶具及咖啡具等；各种榔头、钳子、锯子、板手、锉刀、泥刀等泥工、木工、电工等家用工具；肥皂、香皂、洗衣粉、洗衣皂、丝毛洗剂、洗洁精、去污粉、衣物漂白剂、衣物柔软剂、空气清新剂、家居消毒剂、除臭剂、家具光亮剂、地板蜡、鞋油等家居清洁用各种日用化工产品；小五金（如元钉、木螺丝、铁丝、合页、插销、门勾、锁等）；各种电料（如插座、插头、开关、灯头、电线、镇流器、日光灯管、日光灯架、灯泡、灯罩、普通台灯、电表）；各种材料的自来水管、各种水笼头、阀门、水表等；各种保温瓶（如大口冰瓶、热水瓶、气压热水瓶、瓶胆等）；各种扫帚、床刷、剪刀、扇子、竹帘、烟筒、火柴、照明用蜡烛、各种灭蚊用品、电池、皮鞋刷等；各种材料制成的脸盆、脚盆、水桶、洗衣板、簸箕、手电筒、窗纱、雨伞等；各种纸制品（如卫生纸、卫生巾、餐巾纸、皱纹纸、纸杯等）；各种购物袋（如网线袋、塑料袋、纺织袋、编织袋等）；做衣服用的针线、顶针、编织衣物的针、勾针等。

家具材料：指自制家具用的材料，包括木材、胶合板、纤维板、玻璃、粘胶、油漆以及各种零配件材料等。住房装潢时自制的各种柜、家具，应对用于家具部分的支出进行估算。

家庭服务：指家政服务支出及加工维修费用。

家政服务：指家庭日常生活中，各类家庭服务所支付的费用，如雇请的长期或计日、计时的保姆费、钟点工、搬运费、送气费、送煤费、管道疏通费等。不包括家庭的托幼费、归入物业管理的治安费和清洁费。

加工维修服务费：指家庭用于加工和维修所支付的服务费用。包括各种设备维修（零配件）、自制家具加工费、修锁和配钥匙的费用等。

交通通信：指用于交通和通信工具和相关的各种服务费、维修等支出。

交通：指购置交通工具及零配件、支付各种交通费、修理服务费、油料费等的支出。

家庭交通工具：指家庭购买摩托车、自行车、家用汽车及其他家庭交通工具的支出。不包括购买经营用交通工具。

车辆用燃料及零配件指用于家庭交通工具的燃料及充电费和零配件。

交通工具服务支出：除车辆用油支出和零配件外的使用各项交通工具所发生的相关费用，包括交通工具维修费其它相关支出。

交通费：指家庭成员乘坐各种交通工具所支付的交通费。不包括因公出差暂由个人垫付的交通费。

通信：指家庭用于通信方面的全部支出。包括通信工具、电话费、邮费及其他通信费用。

通信工具：指购买各种通信工具所支付的费用。包括固定电话机、移动电话机、寻呼机、传真机等。

通信服务：指家庭用于电话初装费、入网费、电信费、邮费等方面的服务支出。

文教娱乐：指调查户用于教育和文化娱乐方面的支出。

文化娱乐用品：指调查户用于购置家庭文娱用耐用消费品和其它文娱用品的支出。其中，购买家庭影院的根据其设备配置情况分别记为彩色电视机、影碟机、组合音响等。

文化娱乐服务：指和文化娱乐活动有关的各种服务费用。

参观游览：指参观各类展览、游览公园的门票及游览设施的使用费。

健身活动：指为锻炼身体而进行的各类健身活动的费用。如游泳、打球、去健身房等。如果是一次性购买活动卡，要一次性记录花费。

团体旅游：指随旅游团参加国内或出境旅游，无法拆分旅游花费的。如是自费旅游或可以拆分旅游花费，需分别记入各项花费中。

其它文娱活动费：指除以上 3 项文娱活动以外的其它文娱活动费。如电影票、演出门票、体育娱乐用品的租借费、游泳场的沐浴费、存衣费、有限电视安装及使用费等。

文娱用品修理服务费：指文娱用品的修理服务费用及零配件。

教育：是指按一定的目的要求，对受教育者的德育、智育、体育、爱好、技能等诸方面施以影响的一种有计划的活动，与这一活动直接相关的支出即为教育支出。包括学费、教材费、家教费、赞助费、寄宿学生的住宿费等。

教材：指为接受各类教育购买的学习用书。

教育费用：包括付给学校的各种学费、杂费及其它教育支出。

医疗保健：指用于医疗和保健的药品、用品和服务费用。包括医疗器具、保健用品、医药费、滋补保健品、医疗保健服务及其他医疗保健费用。实行医疗改革的单位，医疗基金（医保卡）支付的全部费用计入工资及补贴收入中，同时记入相应的医疗保健支出中。个人先现金支付然后到单位报销的医疗费在记入相应消费的同时,如果是在职职工则记入工资性收入,如果是离退休职工则记入离退休金中。

医疗器具：指家庭购买的用于医疗的器具。包括血压计、体温计、注射器等。

保健器具：指用于身体保健的器具。包括按摩器、健身球、磁疗枕（药枕)、护膝、护腰、护肩等。不包括体育运动器械，如扩胸器、哑铃等。

药品费：指去医院治疗或直接向药店购买的西药、中成药、中草药（包括药用的白木耳)，包括输血费。交纳的子女统筹医疗费也作为药品费统计。不包括滋补品和可报销部分的药品费。

滋补保健品：为了简化统计归类，市场上销售的具有滋补保健作用的保健食品均统计在内,包括人参、鹿茸、蜂王浆、阿胶、青春宝、西洋参、各种营养口服液、燕窝、胎盘等。

医疗费：指用于医疗保健的服务性支出。包括挂号费、诊疗费、注射费、手术费、透视费、镶牙费、出诊费、送药费、陪侍费、住院费、救护车费等。

其他医疗保健支出：指除医疗器具、保健用品、药品费、滋补保健品、医疗保健服务以外的其他医疗保健支出，包括胶布、纱布、药棉及学习气功和太极拳学费等。

其他：指无法直接归入上述各类支出以外的个人用品和其他商品与服务支出。

其他商品：指七大类以外的个人用品和各种其他商品。

服务：指用于个人消费中的服务费，包括旅馆住宿费、理发洗澡费、美容费等。

（二）农村住户调查主要收支指标解释

1. 农村居民总收入与总支出

总收入：指调查期内农村住户和住户成员从各种来源渠道得到的收入总和。按收入的性质划分为工资性收入、家庭经营收入、财产性收入和转移性收入。

工资性收入：指农村住户成员受雇于单位或个人，靠出卖劳动而获得的收入。

在非企业组织中劳动得到的收入：指农村住户成员在不具备企业性质的行政事业单位和各种组织中劳动得到的收入。包括村干部和民办教师的工资(奖金、补贴)，乡及以上行政、事业单位工作人员的工资(奖金、补贴)等。

在本地劳动得到的收入：指农村住户成员在住户所属乡(镇)地域范围内受雇于单位或个人，靠出卖劳动而获得的收入。

常住人口外出从业得到的收入：指农村住户成员到住户所属乡(镇)地域范围以外从业得到的收入。

家庭经营收入：指农村住户以家庭为生产经营单位进行生产筹划和管理而获得的收入。农村住户家庭经营活动按行业划分为农业、林业、牧业、渔业、工业、建筑业、交通运输业邮电业、批发和零贸易餐饮业、社会服务业、文教卫生业和其他家庭经营。

农业收入：指包括谷物种植业，豆类和薯类作物种植业，棉、麻等植物性纺织原料种植业，油料、糖料作物种植业，烟草种植业，药材种植业，蔬菜、瓜类作物种植业，饲料作物种植业，茶、桑、果树种植业。

种植业收入：是指农村住户当年从承包地和自营地上收获的粮食、经济作物、蔬菜、茶叶、水果、水生植物（如菱、藕等）等的主产品和副产品的全部收入。但生产用的绿肥和青饲料不作为收入，用来沤肥的副产品以及野生植物的采集和家庭兼营商品性手工业不作为种植业收入。

林业收入：是指农村住户当年采伐竹木收入、出售树苗和从人工栽培的竹林上不经砍伐而取得的各种林产品收入，如生漆、棕片、五倍籽、松脂、紫胶、竹笋、油桐籽、油茶籽、乌桕籽、核桃、各种林木子实，以及修剪竹木枝叶（荆条、柳条、蒲葵叶）等等；包括野生林木的采集产品收入；但不包括桑叶、茶叶、水果、花卉，它们算在种植业收入中。

畜牧业收入：是指农村住户当年出售、屠宰的畜禽、小动物和畜禽产品收入。包括家畜（仔畜、架子猪也包括在内)、家禽（包括幼禽）及其他小动物收入；也包括出售鹌鹑、鸽子等收入，按出售和屠宰的产品计算。畜禽的繁殖和增重，不计算收入；活的家畜、家禽及其他小动物的产品（如蛋类、羊毛、蜂蜜、蜂蜡等）收入，按全部产品计算；动物屠宰和死后的畜产品（如猪鬃、羊皮、蚕茧等）收入，按全部产品计算。牧区和半牧区农民出卖大牲畜的收入，应作为畜牧业收入；农户出售肉牛的收入和专门饲养大牲畜出售的收入应作为畜牧业收入，但变卖属于固定资产的役畜的现金收入，不能作为牧业收入，而应计算在出售财物收入中；包括野生动物的狩猎及其产品的采集收入。

渔业收入：是指农村住户当年捕捞天然水生的和人工养殖的鱼、虾、蟹、贝、藻类等淡水水产品和海水水产品的全部收入。包括养殖观赏鱼类的收入。

工业收入：是指农村住户的个体企业（有固定场所和生产设备、有专业生产劳动力，年内生产三个月以上）利用手工和机械进行自然资源开采，农副产品,工业品加工和修理以及从事手工业(手工业指依靠手工劳动,使用简单工具从事的工业性生产活动，包括各种制作、刺绣、编织、雕刻、加工等手工业。)所得全部产品收入，来料加工的产品，按加工费计算收入。自制自用的产品不计收入。

建筑业收入：是指农村住户成员当年从事房屋或建筑物的新建和维修以及设备安装所得到的劳动报酬,参加国家举办的基本建设工程所得到的收入。

交通运输业、邮电业收入：是指农村住户成员当年从事对本户以外的单位或个人进行货物运送、旅客运送及从事邮电行业活动的收入。

批零和零售贸易、餐饮业收入：是指从事批发贸易、零售商业和餐饮业活动的收入。

社会服务业：是指从事于日常生活及社会公共服务等服务活动的收入。包括从事社会服务业、金融保险业、房地产管理、旅馆、车店、理发、照相、洗染、缝纫、修理、导游等收入。

文教卫生业：指在文教卫生等单位从事有关活动的收入。如在教育、文化艺术事业、广播电视业从事有关活动的收入；在体育事业单位、体育设施管理单位、体育队、体育训练机构等从事体育活动的收入；在医疗、防治、检疫及其他卫生事业的收入等。

财产性收入：指金融资产或有形非生产性资产的所有者向其他机构单位提供资金或将有形非生产性资产供其支配，作为回报而从中获得的收入。

转移性收入：指农村住户和住户成员无需付出任何对应物而获得的货物、服务、资金或资产所有权等，不包括无偿提供的用于固定资本形成的资金。一般情况下，是指农村住户在二次分配中的所有收入。包括在外人口寄回和带回、农村外部亲友赠送、救济金、保险赔偿收入、退休金、土地征用补偿收入等。

总支出：是指农村住户全年用于生产、生活和再分配等方面的全部实际支出。包括家庭经营费用支出、购置生产性固定资产支出、税费支出、生活消费支出、转移性支出和财产性支出。

家庭经营费用支出：指农村住户以家庭为基本生产经营单位从事生产经营活动而消费的商品和服务、自产自用产品。所消费的未计算为住户收入的自产自用产品,不计算为费用支出;库存的化肥、农药也不计算为本期费用支出。

农业生产支出：指用于农业生产活动费用。如种籽、肥料、农药、小农具购置和修理、油料费、耕畜的饲料、饲草费、机耕费、排灌费、电费等，此外还包括家庭兼营商品性手工业等所支付的有关费用。

种植业生产支出：是指种植各种农作物所支付的生产费用。如种籽、肥料、农药、小农具购置和修理、油料费、耕畜的饲料、饲草费、机耕费、排灌费、电费等。

林业生产支出：是指经营林业生产而支付的费用。如树种、树苗、肥料、农药、电费及小型工具的购置维修等开支，但不包括林业的基本建设投资。

牧业生产支出：是指经营牧业生产所支付的费用。如购买仔畜（包括架子猪）、幼禽支出；肉用牛、羊的饲料、饲草支出；生猪、家禽等的饲料、燃料、防疫医疗费；电费和小型用具购置、维修等支出。但耕畜的饲料费应列为“种植业生产费用支出”。

渔业生产支出：是指养殖水生动物、培养海藻和捕捞生产过程中的开支。包括鱼苗、饵料、电费以及小型渔具和用具的购置、维修及油料费等支出。但不包括添置的固定资产支出。

工业生产支出：是指进行工业生产所支付的生产费用。包括工业生产耗用的原料、燃料、电费及小型工具的购置、维修等开支，还包括来料加工产品所耗用的燃料、电费，但不包括自产自用和来料加工产品所耗用的原材料。

建筑业生产支出：是指为了从事本户以外的房屋或建筑物的新建与维修以及设备安装而耗用的建筑材料、电器设备、燃料、电费以及小型工具的购置、维修等开支。

交通运输业生产支出：是指为从事对本户以外单位或个人进行货物运送和旅客运送所耗用燃料和小型工具的购置、维修等开支。

批零和零售贸易、餐饮业生产支出：是指从事批发贸易、零售商业、和餐饮业活动时所购买的生产用具支出、租用铺面支出、帮工工资支出、燃料支出、电费支出及其他费用开支。

社会服务业生产支出：指用于包括金融保险业、房地产管理、旅馆、车店、理发、照相、洗染、缝纫、修理、导游等日常生活及社会公共服务等服务活动的费用支出。

文教卫生业生产支出：指在文教卫生等单位从事有关活动的支出。如在教育、文化艺术事业、广播电视业从事有关活动的支出；在体育事业单位、体育设施管理单位、体育队、体育训练机构等从事体育活动的支出；在医疗、防治、检疫及其他卫生事业的支出等。

其他家庭生产经营支出：是指上述各项家庭经营费用支出以外的其他支出，包括各项劳务所支出的费用。

购置生产性固定资产支出：指农村住户用于建造和购置生产性固定资产所支出的费用。

税费支出：是指农村住户从事生产经营活动以现金和实物形式缴纳的各种税费。

消费支出：指农村住户用于物质生活和精神生活方面的消费支出。消费支出分为食品支出、衣着支出、居住支出、家庭设备及用品支出、交通通信支出、文教娱乐支出、医疗保健支出、其他支出。

食品支出：指农村居民年内消费各类食品支出。包括主食、副食、其他食品、在外饮食和食品加工费支出。

衣着支出：指农村住户用于各种穿着用品及加工穿着用品的材料支出。包括棉花、丝棉、化纤棉、驼毛、棉布、各种化纤布、绸、缎、呢绒、各类成衣、棉、毛、丝、麻纺织品，背心、汗衫、棉毛衫裤、卫生衫裤、袜子等针织品，毛线、毛线织品、各种鞋、帽等消费品及衣着的加工修理费(指农村住户为加工或修补服装、鞋帽等衣着所支付的服务费)。但不包括用各种布料做的床上用品，室内装饰品。

居住支出：指与农村住户居住有关的所有支出。包括新建(购)房屋、房屋维修、居住服务、租赁住房所付的租金、生活用水、生活用电、用于生活的燃料等支出。

家庭设备及用品支出：指农村住户消费的各种耐用消费品、其他家庭用品及用品的加工修理费用。

交通通信支出：指农村住户用于交通和通讯的工具、各种服务费、维修费用支出。

文教娱乐支出：指农村住户用于文化、教育、娱乐方面的支出。包括文化教育娱乐用品支出和文化教育娱乐服务支出。

医疗保健支出：指农村住户用于医疗和保健的药品、医疗器械和服务费用。包括医药卫生保健用品、医疗保健服务费和医疗卫生设备、用品加工修理费等。

其他支出：指上述各类支出以外的商品和服务支出。

财产性支出：为获得其他住户财产(包括无形资产)的使用权而支付的各种费用。

转移性支出：指农村住户和住户成员没有获得任何对应物而支出的货物、服务、资金或资产所有权等，不包括无偿提供的用于固定资本形成的资金。一般情况下，指农村住户在二次分配中的所有支出。

2. 农村居民现金收入与支出

现金收入：指农村住户和住户成员在调查期内得到以现金形态表现的收入。按来源分成工资性收入、家庭经营现金收入、财产性收入、转移性收入。

现金支出：指农村住户在调查期内用于生产、生活和再分配所支付的现金。包括家庭经营费用支出、缴纳的税费、购买生产性固定资产、生活消费、财产性和转移性支出。

3. 农村居民纯收入

纯收入：指农村住户当年从各个来源得到的总收入相应地扣除所发生的费用后的收入总和。纯收入主要用于再生产投入和当年生活消费支出，也可用于储蓄和各种非义务性支出。"农民人均纯收入"按人口平均的纯收入水平，反映的是一个地区或一个农户农村居民的平均收入水平。计算方法：

纯收入＝总收入-家庭经营费用支出-税费支出-生产性固定资产折旧-农村内部亲友赠送

（三）分组指标说明

1. 收入五等份分组方法

是将所有调查户按户的人均可支配收入（城镇居民）、或按人均纯收入（农村居民）由低到高排队，按 20%、20%、20%、20%、20%的比例依次分成为：低收入组、中等偏下收入组、中等收入组、中等偏上收入组、高收入组五组。

2. 四大经济区域

东部地区：包括北京、天津、河北、上海、江苏、浙江、福建、山东、广东、海南 10 个省（市）。

中部地区：包括山西、安徽、江西、河南、湖北、湖南 6 个省。

西部地区：包括内蒙古、广西、重庆、四川、贵州、云南、西藏、陕西、甘肃、青海、宁夏、新疆 12 个省（区、市）。

东北地区：包括辽宁、吉林、黑龙江 3 个省。